内容学と架橋する
普遍的保健体育科教育論

編著 後藤 幸弘

株式会社 杏林書院

編著

後藤 幸弘 兵庫教育大学大学院名誉教授

著者

佐々 敬政 宮崎大学准教授

田中　譲 前大阪産業大学教授

筒井 茂喜 兵庫教育大学大学院教授

中島 友樹 鹿児島大学講師

野津 一浩 静岡大学准教授

日高 正博 宮崎大学教授

序文−刊行にあたって−

　「教科教育学」とは，学校における教科の実践にかかわって，教科の本質・目的・内容・方法などの諸事象を対象として科学的研究を行う分野である．本書のタイトルを「内容学と架橋する普遍的体育科教育論」としたのは，免許科目である保健体育科教育法，あるいは保健体育科教育学についての捉え方があまりにも方法論に偏しているように感じることがベースにある．方法は，目標・内容と学習者の交点において考えられるべきものである．すなわち，運動学を代表とする体育諸科学と教科教育学は，連動・一体化される必要があるとの思いを“架橋する”の言葉に込めたのである．また，指導要領の改訂ごとに，現場が振り回されない普遍的なテキストにしたいとの思いが普遍的体育科教育論とさせたのである．

　体育科は，身体運動文化を教科成立の基盤とし，一言でいえば，「的確な判断に基づく行動力の育成」を目指す教科なのである．練習は同じことの繰り返しと思わせるのではなく，創造的行為の連続であると認識できる子どもを育成しなければならない．

　身体運動文化（スポーツ）は，社会的・生理学的・運動学的・心理学的・教育学的に研究するに値する国際的な現象で，社会的にもその重要性は大きくなっている．しかし，それらの意味については，多くのスポーツ実践者に学問的な関心をほとんど持たれてこなかった．それは，スポーツがあまりにも身近に位置しているため，明らかになっている・わかっているという錯覚を生じさせているからである．スポーツは楽しければそれでよいのだという「一種の思考停止・判断停止」に支配されている傾向がある．

　また，体育やスポーツに関して多くの誤解がある．払拭していただきたい代表的な6つの誤解を表1に示した．

　一方，「楽しい体育」が標榜されて久しい．楽しさを生み出す源は，それぞれの運動の構造に潜む「課題性」である．学習の過程で学習者が直接の対象とするのは，「楽しさ」ではなく，「運動課題」を解決するための知識・技術等である．教材に学ぶべき内容を見いだし，それに興味や価値を感じ，どのようにすべきかに対して見通しが持てたときに，児童・生徒は意欲的・主体的に学習するのである．

　子どもは，「いつ・どこで・どのくらいの力で・どのように」身体を動かせばよいのかという「技術」を，また「それはなぜか」という「運動の仕組みとその必然性や合理性」を学びたいのである．そして，実際に身体で表現できたときに「よろこび」や「楽しさ」を感じ，そうしたときに本物の「意欲」や「関心」が湧き上がってくるのである．ところが，「技術」はフォームとして外形的に観察されるため，ややもすると形式的に捉えられ，その「合理性」や「科学性」，「歴史性」が十分に教えられていないように思われる．また，ルールは，「みんなが楽しく運動できる」ことを根幹として存在していることの認識が乏しい（たとえば，バスケットボールの24秒ルールは，

表 1　払拭してほしい代表的な6つの誤解

表面的理解	本質的理解
スポーツをすれば楽しい	楽しさを主体的に引き出す能力の育成 達成の楽しさが中核（目標設定行為の必要性）
競争は悪いものだ	試合は共同作業 敵は自分を上手にしてくれる仲間 達成を競争する世界（競技スポーツとの相違）
技術の位置づけ （パフォーマスとの誤解）	体育科の中核的教育内容 運動課題解決のための合理的な身体操作の系統 運動成果・記録（パフォーマンス）との誤解
練習の意味 （同じことの繰り返し）	創造的行為の繰り返し 認識・思考・実践の全過程を繰り返す学習の本質
運動はしんどいものだ	体を動かす爽快感を味合わせる 鍛えることよりも整えるが重要
体育の学習は実践だ	体育は，認識→思考→実践の全過程を通して行われる学習である

ゲームの本質にかかわらないところで時間を浪費しないためにあり，サッカーのゴールキーパーに関するルールの変遷と共通する）．

　それぞれのスポーツや技術が誕生した経緯や考案した先人に関する知識は，ほとんどの実践で指導されていない．すなわち，スポーツ技術論，スポーツ戦術論，スポーツルール論，スポーツ史等についての「知識の学習」が教師教育においても等閑視されているように思われる．

　これでは，それぞれのスポーツや技術が生まれた歴史的必然性，風土，国民性等の理解は難しく，体育の学習を豊かなものになし得ない．また，スポーツは多様な矛盾を含む文化であるので，その矛盾の克服・止揚が人類の課題となり，体育はそのための基礎的学習の場とならなければならない．

　繰り返すが，著者は，体育科の主要な目標は「的確な判断に基づく行動力の育成」にあると考えている．換言すれば，スポーツマンはクレバーでスマートな人の代名詞にならなければならないと考えている．そのためには，身体運動文化の歴史，意味，意義，等々についての理解を深め，教養としてたしなめる必要がある．

　本書は，身体運動文化から教育内容を措定でき，その奥深さに触れ，それを教育に活かせる教師の養成，「よい体育授業」のできる教師のためのテキストとしてまとめたものである．本書がその思いにせまれ，多くの人に利用いただければ幸いである．また，具体的な実践例や論理的背景は，参考文献に示す著者らの論文をお読みいただきたい．

　　　2024 年 2 月

　　　　　　　　　　　　　　　　　　　　　　　　　　編著者　後藤幸弘

第1章

教科の成立基盤（身体運動文化）と教科の特性

1．教科の成立（編成原理）

　教育（学習）内容をその性質にしたがって組織・類別した基本単位が教科である．その類別基準は，①文化内容（教科）の論理的性質，②学力形成の目標方向，③学習者の認知発達水準，等でこれらが絡み合った中で教科は成立している．

　言語的性質を持つ内容が集まって国語科が，数量的性質を持つ内容が集まって算数科が成立しているのは①の例である．また，寺小屋時代の読み（read），書き（write），計算（arithmetic）からなる教科分けは，読む能力，書く能力，計算する能力を形成するという，学力形成の目標方向が主軸となっている②の例である．同様に，戦後，地理科と歴史科の2教科が社会科1教科に統合された例は，社会的な問題解決能力を形成したいという目標方向からの要請によるものである．さらに，小学校低学年における生活科や合科を取り入れた教科組織は，中学校，高校における分化した教科組織に対して，学習者の認知の発達水準が修正因子になっている③の例である．

　教科間の構造は，歴史の進行につれて変換している．したがって，教科間の構造をどの様な視座から捉えたら良いのかは常に問われなければならない．広岡（1976）は，「学習過程の最適化」において，「現代社会の知識状況の中にあって，どんな認知能力を形成したらよいか」の学力観を持ってすることが正当であり，その学力観は，「情報処理能力」としての学力に要約できるとしている．

　図1−1は，人間における情報処理過程を模式的に示したものである（吉田，1967）．まず，刺激S（情報）が受容器（感覚器）を通って神経系へとインプットされ，ブラックボックスで示される神経系の内部において変換され，効果器（運動器）を通して，反応Rとなってアウトプットされる．神経系内部下段（1）は皮質下信号系で，反射活動における情報変換で，前感覚→反射信号の変換過程で成立している．中段（2）は第1信号系で，感覚・知覚→感情→運動・動作信号の過程で成り立っている．上段（3）は第2信号系で，言語能力を持つ人間になってはじめて現れる高次な情報変換過程で，皮質を介する知識→価値判断→意思の変換過程で成り立っている．

　ヒトは（1）（2）（3）の重層した神経内情報処理メカニズムを持ち，第1信号系（2）と第2信号系（3）との間には交互作用が存在する．人間の情報処理の特質は，皮質下信号系と第1信号系とを基底として，第2信号系＝言語レベルの情報処理をなし得る点にある．すなわち，言語記号が持つ威力によって高度な情報処理をなし得る点

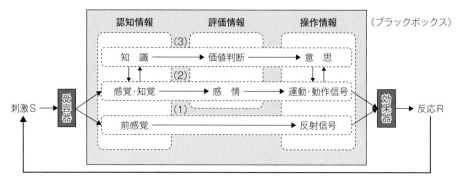

図1-1　人間における情報処理過程

（1）皮質下信号系能力：反射信号レベル，（2）第1信号系能力：知覚活動による情報交換レベル，（3）第2
信号系能力：言語能力による情報交換レベル．↓↑は，第1信号系と第2信号系との間には，交互作用が成
立することを意味する．

（吉田民人（1967）情報科学の構想，218. 加藤秀俊，竹内郁郎，吉田民人，社会的コミュニケーション．培風館）

が人間の特徴である．ヒトをホモロクエンス[注1]と呼ぶことがあるのもこのためであ
る．

　情報処理の第1段階である認知については，言語記号を用いることによって概念把
握が可能となり，知覚（感性的把握）は知識（概念的把握）へと高められる．第2段
階である「評価」については，言語を媒介として評価することによって，快か苦かの
情緒が，美か醜か，善か悪か等の価値感情（情操）へと高められる．同様に，第3段
階の「操作」についても，言語の介入によって意図的な計画処理が可能となり，衝動
活動も意思行為へと高められる．

　したがって，広岡（1976）は，人間に特有な第2信号系レベルの情報処理をよくす
るためには，次の4種の能力が必要と考えられるとしている．

（1）第2信号系レベルを成立させるための信号化能力
（2）認知過程を成立させるための認知能力
（3）評価過程を成立させるための評価能力
（4）操作過程を成立させるための操作能力

また，これらの情報処理能力に対して次の教科群が対応するとしている．

（1）信号化能力：基礎教科→国語科，数学科
（2）認知能力：内容教科→社会科，理科
（3）評価能力：表現教科→音楽科，美術科
（4）操作能力：技術教科→保健体育科，技術科，家庭科

注1）ヒトは，ホモエレクトス（直立歩行するヒト）・ホモファーベル（ものを創るヒト）・ホモサピエンス（考える
　　ヒト）・ホモルーデンス（遊ぶヒト）・ホモロクエンス（話すヒト）等の呼び方がある．これらはヒトの特徴を
　　示し，教育においてこれらの力を養成しなければならないことを示唆しているとみることができる．

2．保健体育科

　　保健体育科は，情報処理の第3段階に当たる「操作」に関して優れた能力を形成しようとする技術教科群の1つである．

　　第1信号系レベルにおける操作は，いわば衝動活動で，快・不快の評価に従って行動が生起する．この衝動活動が言語の介入を受けて組織されると，意思行為という第2信号レベルの操作へと高まる．意思行為は多かれ少なかれ予期する意図を計画的に実現していく活動で，情報処理過程の第2段階における美的評価によって価値上の磨きがかけられ，第3段階に入って意思行為に変換され環境に働きかける力に転化する．

　　主体が環境に働きかける力には，（1）外に対して働きかける力（外的環境操作（形成）能力）と，（2）環境から自己自身に対して働きかける力（内的環境操作（形成）能力）がある．これらの力を合わせて，操作能力や技術などと呼んでいる．

　　保健体育科は，すぐれた運動環境を形成するとともに，自己自身に働きかけて，すぐれた内的環境や自己を形成することを目指す教科である．これらの内と外の環境を形成する技術は，取りも直さず身体的，精神的，社会的に健康な人間の形成を目指すものである．

　　わが国の教育界には，このような技術的能力を知識能力や評価能力に対して下位に従属させ，軽視する傾向がある．しかし，ヒトの情報処理過程を考えるならば，「知覚－思考－実践」の全過程が関与しなければならない身体操作技術が教科の中心的内容である保健体育科は重視されなければならない．また，体育科は学習者の認知水準や認知形式の発達段階（身体操作期）を考慮すれば，小学校期においては中核的教科と成り得る．

　　以上のことから，保健体育科は，後述する「身体運動文化」を教科成立の基盤とし，自分の身体という意味の内的，およびゲーム（運動）場面での環境という意味での外的環境操作能力を育成する教科ということができる．換言すれば，的確な判断に基づく行動力の育成が大きな目標で，具体的には身体を整える力と勝敗にかかわる諸問題の解決能力を育成する・できるところに教科の存在根拠がある．

3．体育科にかかわる文化論

　　著者らは，体育科の拠って立つ文化基盤を身体運動文化とするのがよいと考えている．この点については，これまで次に示すようにさまざまな考え方があった．

　　①運動文化（丹下保夫，学校体育同志会）：活動する主体と客体としての運動文化（財）との相互作用（所与性としての身体運動と所産性としての身体運動）による運動文化の発展と創造を企図する．

　　②体育文化（城丸章夫，正木健雄ら，教育科学研究会「身体と教育部会」）：身体づ

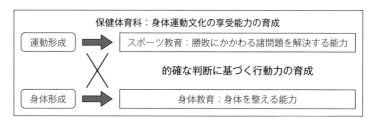

図1-2　体育科で育成する２つの能力と目標の関係

くりを重視する.

③スポーツ文化（1975年欧州スポーツ関係閣僚会議）：スポーツに内在する価値（ルール，戦術，技術，マナー）は，スポーツ活動で発生する人間の欲求の解消やトラブルの克服によって生産された所産で，人間が豊かで充実した生活を営むのに不可欠な教育意義のある文化と承認する.

④身体文化（旧ソビエト，旧東ドイツ）：国民大衆の身体能力の発達に向けられた科学的・実践的成果の総体．身体訓練とそれによる人格の発達を重視する.

⑤身体運動文化（後藤幸弘，日高正博）：生存性にかかわる「からだ」を中核に，欲求や必要に基づいた身体運動を伴う遊びや労働を基底に，社会の変化や諸学と関連しながら発展・構築された人間の身体運動にかかわる総合文化（Culture of Human Movement）で，所与性としての身体運動と所産性としての身体運動の相互作用によって，教養のある人づくりを目指す.

　著者らの提案する身体運動文化は，運動文化・身体文化・スポーツ文化を包摂・止揚する概念で，図1-2に示すように，主体としての私の「からだ」を形成することをめざして成立する「身体教育（身体形成）」に機能する側面としての内容と，プレー（遊び）の性格を有する種々のスポーツ活動における行為能力を形成することをめざして成立する「スポーツ教育（運動形成）」に機能する側面がある.

　換言すれば，保健体育科は身体運動文化の享受能力の形成を目的とする教科で，具体的には勝敗に関する諸問題を解決する能力と身体を整える能力を身に付けさせる過程で，結果として的確な判断に基づく行動力の育成を企図する教科といえる.

4．身体運動文化・教育・スポーツ・健康の関係

　図1-3は身体運動文化，教育，スポーツ，健康の４つの概念の関係を示したものである．外円が身体運動文化を示し，スポーツはその中心を占める実態概念で，競技スポーツもあればレクリエーションスポーツもある．また，点線はスポーツを狭義に，実線は広義に考えた場合を示している．一方，体育は関係概念であり，身体運動文化から教育内容を措定し，教育に活かそうとする試みであり，中央に横たわるものとして位置づけられる.

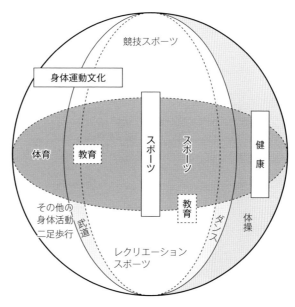

図1−3 身体運動文化−教育−スポーツ−健康の関係
（後藤幸弘（2006）大阪体育学会における研究の方向性−実践学・総
合科学としての研究を−．大阪体育学研究，44（サプリメント）：5−6）

　　三日月で示す健康教育は，意図的に運動を健康に利用しようとするもので，無意識
的な日常運動がその対局の三日月として位置づく関係にあるとするものである．

演習課題 「体育」と「スポーツ」の関係の異同を考えてみよう．

5．保健体育授業の構造

　　図1−4は体育授業の構成要素とその関連構造を示したものである．一般に授業は，
教師，教材（教育内容），学習者で成立するとされている．しかし，体育科では，こ
れに加え施設・用具の条件，学習集団をどのように編成するかが学習活動を支える要
件として重要になることを示している．

　　これを1授業として捉えれば，目標は本時の目標，立体化し単元レベルで捉えれ
ば単元目標，学年レベルで捉えれば学年目標となる．したがって，教育内容の配列と
いう概念（カリキュラム）が成立し，学習者の発達的変化に学習者論が成立する．また，
学習者と教育内容の間には学習過程論が，教授活動には指導論や教授行動（教授技術）
が含まれる．体育科教育学は，これらの要素とそれらの要素間の関連，そしてそれら
の評価を考究する学問であるということができる．

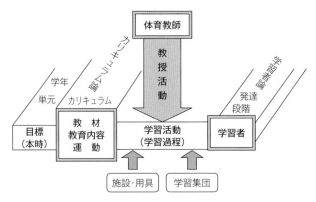

図1-4　体育授業の構成要素とその関連構造

6. 保健体育授業の機能

　体育授業には次の2つの大きな機能がある．1つは，身体運動文化の継承伝達の機能で，運動そのものを体験・理解し，その意味・意義を実感させるものである．もう1つは，身体運動文化の創造ができる，身体活動を通して身体観，運動観，健康観を確立し，生涯にわたってたしなめるという生活化の機能である．換言すれば，身体運動文化を理解，実践できる資質・能力の育成機能である．

📖 参考文献

・後藤幸弘（1989）兵庫教育大学大学院修士課程における研究・教育の成果と教科教育実践学−生活・健康系教育修士課程における研究の現状：保健・体育コースの研究−．昭和63年度教育研究学内特別研究費による研究プロジェクト報告，69-80．
・後藤幸弘（2006）大阪体育学会における研究の方向性−実践学・総合科学としての研究を−．大阪体育学研究，44（サプリメント）：5-6．
・広岡亮蔵（1978）学習論−認知の形成−．80-85，明治図書出版．
・丹羽劭昭，辻野昭編著（1984）「スポーツと教育」の展開．第一法規出版．
・吉田民人（1967）情報科学の構想，218．加藤秀俊，竹内郁郎，吉田民人，社会的コミュニケーション．培風館．

[後藤幸弘・佐々敬政]

第2章

保健体育科の目標と学力

1．教科の目標

　　教科の学びの目的や考え方は，時代の要請に応じて変化している．現行の学習指導要領（平成29年告示）は，その考え方を見つめ直すことを求めている．これまでは，各教科で取り扱う内容を教え学ばせることで，子ども達がそれらを活用して自分で考えることができるようになっていくと捉えられてきた．内容を教える教科の学習から自分で考え判断することができる力を育成する教科の学習へと考え方を転換していくことが求められている．

　　文部科学省は，身につけるべき資質・能力の代表として，思考力，判断力，表現力をあげている．言い方を変えれば，物事をじっくり考え，根拠をもとに判断し，相手にわかりやすく伝える力である．さらに，コミュニケーション力の育成にも重点を置いている．

　　各教科の目標で「見方・考え方を働かせる」というフレーズによって，すべての教科で自ら考え判断することのできる力の育成が目指されるようになっている．

　　保健体育科においては，著者らがこれまでにも主張してきたように，生涯にわたる心身の健康の保持増進や豊かなスポーツライフの実現に向けて，それらの意味や価値を追究していく見方・考え方を働かせることができるようにすることを志向することが求められているのである．

2．教科「保健体育」の目標（平成20（2008）年改訂）

（1）各学校段階の体育科・保健体育科の目標

　　学習指導要領では，教科「保健体育」の目標が，心と体を一体として把握する心身一元論に立って，適切な運動の経験と健康・安全についての理解を手段とした内容によって運動に親しむ資質や能力を育てるとともに，健康の保持増進と，体力の向上の近い目標を達成し，究極の目標である明るく楽しい生活を営む態度を育てることに迫ろうとしている．

　　また，科目「体育」の目標としては，「各種の運動の合理的な実践を通して，運動技能を高め運動の楽しさや喜びを深く味わうことができるようにするとともに，体の調子を整え，体力の向上を図り，公正，協力，責任などの態度を育て，生涯を通じて継

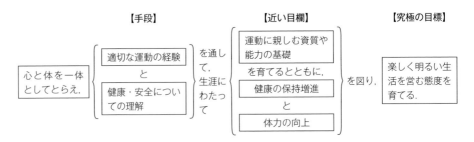

図2-1　小学校（平成20年8月告示）学習指導要領に示される体育科の目標

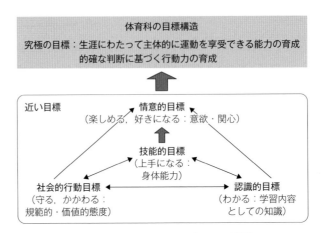

図2-2　体育科の4つの目標の関連構造
（後藤幸弘（1988）体育と保健．29，タイムスより改変）

続的に運動ができる資質や能力を育てる.」とされている（図2-1）.

　なお，図2-2は後藤の示す体育科の目標の関連構造図である．この目標構造は，多くの授業実践の態度測定の結果，上手にさせることが体育を好きにさせる基底的条件であるとする結果に基づいている.

　すなわち，技能的目標を中核として，認識的目標，社会的行動目標がそれを支え，そして上手になることによって情意的目標に迫ることができ，これらの積み重ねによって，究極の目標である，「生涯にわたって主体的に運動を享受できる」「的確な判断に基づく行動力」のある人間の形成が達成できるとするものである．また，細い矢印は仲間と仲良くできるから楽しかった，「あっ，そうか」とわかったから楽しかった等の道筋もあることを示している．学習指導要領で示されている意欲・関心は情意的目標，身体能力は技能的目標，学習内容としての知識は認識的目標，規範的・価値的態度は社会的行動目標に対応しているとみることができる.

（2）小・中・高の保健体育科における目標の同一性

　図2-3からわかるように，小・中・高の体育・保健体育科の近い目標は，運動に親しむ資質や能力，体力の向上，健康の保持増進の3本柱から成り立っていること

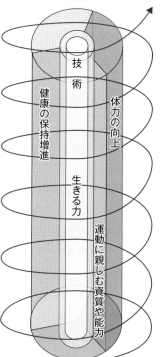

明るく豊かで活力ある生活を営む態度

（例）体つくり運動の内容

［高等学校］
心と体を一体としてとらえ，健康・安全や運動についての理解と運動の合理的，計画的な実践を通して，生涯にわたって豊かなスポーツライフを継続する資質や能力を育てるとともに健康の保持増進のための実践力の育成と体力の向上を図り，明るく豊かで活力ある生活を営む態度を育てる．

［中学校］
心と体を一体としてとらえ，運動や健康・安全についての理解と運動の合理的な実践を通して，生涯にわたって運動に親しむ資質や能力を育てるとともに健康の保持増進のための実践力の育成と体力の向上を図り，明るく豊かな生活を営む態度を育てる．

［小学校］
心と体を一体としてとらえ，適切な運動の経験と健康・安全についての理解を通して，生涯にわたって運動に親しむ資質や能力の基礎を育てるとともに健康の保持増進と体力の向上を図り，楽しく明るい生活を営む態度を育てる．

技術
健康の保持増進
体力の向上
生きる力
運動に親しむ資質や能力

ア　体ほぐしの運動
イ　体力を高める運動
①大きな力を発揮する能力を高めるための運動
②スピーディーなあるいはパワフルな動きができる能力を高めるための運動
③動きを持続する能力を高めるための運動
④体の柔らかさを高めるための運動
⑤動きの巧みさを高めるための運動
⑥総合的に体力を高めるための運動

ア　体ほぐしの運動
イ　体力を高める運動
①体の柔らかさを高めるための運動
②巧みな運動を高めるための運動
③力強い動きを高めるための運動
④動きを持続する能力を高めるための運動

ア　体ほぐしの運動
イ　体力を高める運動
①体の柔らかさおよび巧みな動きを高めるための運動
②力強い動きおよび動きを持続する能力を高めるための運動

図2-3　保健体育科の目標から読み取る教育内容と学習理論

が読み取れる．また，これらの目標はいずれも動き（身体操作）とかかわって達成されるもので，技能的目標が中核となっていることを示唆している．すなわち，小・中・高等学校の体育・保健体育科の目標の同一性は，この3本柱を核とするスパイラル学習によって究極の目標を達成しようとされていると読み取れる．

　たとえば，小・中・高等学校のいずれにおいてもバスケットボールが示されているが，それらはスパイラル的により質の高いものに立ち上げられなければならないのである．このことは，「体つくり運動」の内容の重点が，学習者の発達トレーナビリティに基づき，小学校では体力の主要3要素の「動きをまとめる力（調整力）」を，中学校では「動きを続ける力（持久力）」を，さらに高等学校では「動きを起こす力（筋力・瞬発力）」を中心に扱うように示されていることからも理解される．

演習課題　現行の学習指導要領に示されている保健体育科の目標は図2-1〜3と同様の構造になっているかを調べよう．

3．体育科の目標を考える 4 つの基礎理念

（1）戦後の学習指導要領の目標理念の変遷

　戦後の学習指導要領を概観すると，目標理念が「身体の教育」から「身体を通しての教育」「運動のなかの教育」へと変遷していることが認められる．しかし，これからの体育では，これらの理念は，選択して考えるべきものではなくそのバランスが求められる．また，「運動についての教育（Education about Sport Science）」という目標理念も含み込ませることが，身体運動文化の奥深さを理解するためには重要である．体育科の目標を考える 4 つの基礎理念の内容は，以下のようにまとめられる．

- （1）身体の教育（Education of Physical）：からだの教育，発達刺激としての運動，生理・解剖学に基づく形式体操
- （2）身体活動を通しての教育（Education through Physical Activity）：運動を手段とする教育，外在的価値（extrinsic value）がねらい（運動手段論），必要としての運動
- （3）運動（スポーツ）のなかの教育（Education in Movement（Sport））：運動を目的とする教育，内在的価値（instrinsic value）がねらい（運動内容論），欲求としての運動（過程での楽しみ），目的としての運動（運動の本質的価値）
- （4）運動についての教育（Education about Sport Science）：運動についての認識の教育，「なぜそうなるのか」という思考ないし認識の教育，スポーツ科学の教育，科学的知識の実践的適用は，運動をわかりやすく，意味のあるものにするための理論的基礎を用意する

（2）世界の動向

　世界の体育の目標理念も，わが国の目標と同じように，「運動による教育」から「運動のなかの教育」へ転換している．代表的な考えを以下に示す．

- （1）スポーツの行為能力の育成：西ドイツ（学習指導要領）
- （2）スポーツ活動を促し，スポーツ活動の能力を与えること：スイス（ウィッドマー）
- （3）競争的で表現的な運動をプレーする性向や能力を育成すること：アメリカ（シーデントップ）
- （4）スポーツ参加者の役割を社会化すること：アメリカ（ベイン）
- （5）スポーツ分野における主体者の育成：学校体育研究同志会
- （6）生涯にわたって運動を主体的に享受できる能力の育成：兵庫教育大学（教養体育実技）
- （7）的確な判断に基づく行動力の育成（1，6 を含意する）：後藤幸弘（体育科では瞬時の判断力と熟考しての判断力が養成でき，この判断力はすべての生活場面に転移し，生涯にわたって生き残る力であるとするものである．）

ここでは，ドイツにおけるスポーツ教育の理念について若干の補足をしておく．スポーツ教育は，現代社会の変化によって生じた人々のスポーツ要求（必要性）の拡大を基盤として登場した主張で，その眼目はスポーツをライフサイクルのなかに位置づけ，スポーツを主体的に実践していくことのできる人間を形成することにある．すなわち，西ドイツ（当時）の学習指導要領ではスポーツ教育の目的を，（1）習熟，（2）戦術，（3）コンディショニング，（4）組織すること，の4つの要素から構成されるスポーツの行為能力の育成として示し，スポーツ参加に必要な総合的な能力の育成を目指している．

　スポーツの行為能力の理念は，スポーツ場面で獲得された諸能力が広範な生活場面に転移するという陶冶論的立場から転向し，社会で行われているスポーツを行うために必要な具体的な能力獲得を教授学理論展開の出発点としている．

　一方，アメリカでは教育は地方に委ねられているため，国家レベルでのスタンダードはないという弱点を有していた．そこで，NASPE（National Association for Sport and Physical Education：全米スポーツ・体育教育協会）がナショナルスタンダードを発表し（1995年），体育（Physical Education）では，"Physically Educated Person" の育成を目標とし，次のような能力を有することを意味するとした．

　（1）多様な身体活動を行うのに必要な運動技能や運動様式を身につけている
　（2）運動の概念や作戦，戦術を理解し，学習場面や実践で適用できる
　（3）定期的に身体活動を行う
　（4）フィットネスの水準が健康を増進するレベルに達している
　（5）身体活動の場で自他を尊重し，責任ある個人的社会行動を示す
　（6）健康や楽しさ，挑戦，自己表現，社会的交流などの身体活動的価値を認める

4．学力と教育内容

　学力とは何であろうか．この問題は社会的要求を唯一の視座として解明しようとするのがこれまで慣行であった．

　現在でも「体育における学力とは」と尋ねると，「体力と運動能力」という答えが返ってくることをよく経験する．これは学力低下が社会的問題となった半世紀以上前の昭和30年代に「文字の書けない子」「算数のできない子」を作ったという理由で基礎学力の充実が叫ばれ，体育の分野でも基礎体力の不足が議論された時代の学力観である．また，昭和39年（1964）に開催された東京オリンピックがさらにそれを増強した．

　そこでは，スポーツや運動に連なる基礎的技能を系統的・発展的に学習させる系統学習の方式が導入され，文化として客観的に存在する運動のパターン，すなわち技術をただ機械的に，生産的に身につけさせた結果としての技能や，測定可能な運動能力・体力のみが強調された（技術を教え習得させることが悪いという意味ではない．技術の持つ合理を教えることなく形式を身につけさせようとすることの問題と捉えられた

い）．その結果，学習を味気ないものにし，子ども達に運動の楽しさや喜びを味わわすことができず，運動好きの体育嫌いや落伍者を生むにいたり，「学校体育校門を出ず」といった言葉が聞かれるようになった．そこでは，生活文化現象としての身体運動文化（スポーツ）を主体的に実践できる態度や能力は育たなかったのである．

社会的視座からの学力観をとれば，「社会の理論」は立つであろうが，「教育の論理」は伏せられやすい．その結果は，戦前の体育が示すように，国家や社会の要求が変転するにつれて，学力観が変転することになりかねない．

広岡（1973）は，子ども＝学習者の認知の成長路線上で望ましい学力の仕組みを取りだすことを提案している．すなわち，子どもの認知は，単なる心理的な自主的成熟によって成立するのではなく，学習主体と環境社会との相互作用（学習⇔環境社会）によって成立するので，望ましい学力のあり方を考えるにあたって，「子ども⇔社会」的視座をとるのが適性であろうと述べている．

ここでは，主体的に社会環境に立ち向かう子どもを想定し，学力の本質的性格を学習者の主体的な操作活動においている．すなわち，①観察する力，②考察する力，③法則化する力，④適用する力，などの操作活動こそが学力の持つ本質的性格であり，現代の学力とは「情報処理力としての学力」であるとしている．図2-4は，広岡の提案する学力の仕組みを示したもので，①基礎的・基本的な知識・技術（外層），②学び取り方の能力（中層），③感じ方・考え方・行い方の態度（内層）で構成されている．①は学習者と環境社会とが接触する接点に生じるがゆえに外層に位置する．②と③は学習者の主体活動であるがゆえにより内面的な能力で，なかでも③は人格の核心にあたるがゆえに最も内層に位置するという．

このように考えてくると，学力は，教授-学習過程のプロセスを通して獲得される問題解決能力であり，体育における学力は運動実践にかかわる諸問題を処理（解決）できる能力，あるいは，的確な判断に基づく行動力と置きかえることができよう．すなわち，学力は内容的側面と機能的側面とが統一されたものであるといえる．また，学力の構造を図2-4のように考えるならば，教育内容もこれに対応して設定されなければならない．

運動実践にかかわる諸問題を処理（解決）する力は，スポーツ的自立人間を目ざして指導内容を追求している稲垣（1977）が提唱する，①自らのスポーツライフを創意工夫し実践できる，②スポーツ活動の場における意思決定に際し，主体的な判断と責任ある言動がとれる，③任意の集団を形成する能力，そのなかにとけ込む能力を持つ，④新しいスポーツ文化の創意に意欲を持つ，⑤スポーツについての基本的な能力を身につける，などの内容を含むものである．

これらのことから，次の5つが体育科における学力と捉えるのが妥当であると考えられる．

（1）主体的に運動に取り組み，技能や体力を伸ばす能力

（2）互いに助け合い，学びあいながら技能や体力を伸ばす能力

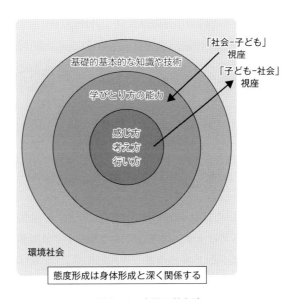

図2-4　広岡の学力論
（広岡亮蔵（1973）学習論-認知の形成-. 45-52, 明治図書出版）

（3）運動の原理，本質を感じ取り認識する能力

（4）運動の文化的価値を認識し，生涯にわたって実践する能力

（5）スポーツの楽しさを引き出せる・強くする能力

　授業場面においては，実践から生まれる多様な認識を引き出し，これを子ども達相互の話し合いによって交流させ，ねり上げ，再び実践に移し，「あっ，わかった」「あっ，そうか」という新しい発見に至らしめ，ブルーナー（1963）のいう「感性的認識」を「理性的認識」にまで高めることを意味している．体育科においても，主体的な学びとり方や感じ方・考え方を学力観との関係からも教育（学習）内容とする必要性があるのである．

📖　参考文献

・Arnold PJ（1979）Meaning in Movement, Sport and Physical Education. Heinemann Educational Publishers.

・ブルーナーJ.S. 著，鈴木祥蔵，佐藤三郎訳（1963）教育の過程．岩波書店．

・後藤幸弘（1988）体育と保健．29，タイムス．

・広岡亮蔵（1973）学習論-認知の形成-. 45-52，明治図書出版．

・稲垣正弘（1977）スポーツ教育と指導法．体育科教育法，25（8）：15-18.

・菊幸一（2022）学校体育のプロモーション-体育社会学からのアプローチ-. 創文企画．

・丹羽劭昭，辻野昭編著（1984）「スポーツと教育」の展開．第一法規出版．

・野津一浩（2023）見方・考え方を鍛える体育の授業づくり-体育の教科内容を捉え直す-/何のために教科として体育を学ぶのか．体育科教育，71（3）：64-67.

[佐々敬政・野津一浩・後藤幸弘]

第3章

保健体育科の領域編成

1．運動領域の考え方の基礎になる遊びの分類論

　　表3−1はロジェ・カイヨワ（1970）の示した遊びの分類である．この考え方は，スポーツの分類，機能的特性の面から学習指導要領の運動領域の編成に大きな影響を与えた．彼は，多様な遊びを内的原動力（欲求）によってアゴーン，アレア，ミミクリー，イリンクスの４つの基本的領域に分けるとともに，パイディアからルドゥスという未組織な遊びから組織だった遊びへの発達に即した分類を示した．すなわち，人間の遊びは，①自分の優れていることをある一定のルールを中心にして競い合い，それによって相手よりも優れていることを証明することによって喜びや楽しみを見出す遊びのアゴーンと，②自分自身はあまり努力しないで幸運を手に入れることに楽しみを見出す遊びで，賭けとか，運の要素アレアを中心とするもの，③一時的に人格を偽り他者になったり，他人を装ったりする模倣や変身遊びのミミクリー，④子どものくるくる回り，ブランコ，ジェットコースター等のようにめまいとか陶酔の世界にひたる遊びのイリンクス，の４つに分類するものである．人間の遊びは，これらの要素が色々に絡み合って，１つの遊びを構成しているというのである．

　　さらに，これらの遊びにもパイディアからルドゥスという遊びの質的高まりがあるとする．パイディアは，即興的遊び，あまり努力を必要としない未組織な遊びを意味する．一方ルドゥスは，名前，約束，技術，道具などを持った遊びで，無償の困難に

表3−1　遊びの分類

	アゴーン（競争）		アレア（機会）	ミミクリー（模擬）	イリンクス（眩暈）
パイディア （無秩序） から	ルールのない	競争 闘争 など	番決め唄 表か裏か	子どもの物真似 幻想の遊び 人形遊び 玩具の武具 仮面，変装	子どものくるくる回り 回転木馬 から ブランコ ワルツ
↓	陸上競技		賭け ルーレット		祭りの見世物
（秩序） だったものへ ルドゥス	ボクシング，ビリヤード フェンシング サッカー，チェス スポーツ競技一般		宝籤 （単式，複式，繰越式）	演劇 一般のスペクタクル芸術	スキー 登山 綱渡り

どの欄においても，色々な遊びは，大体のところ，上から下へ，パイディアの要素が減り，ルドゥスの要素が増す順序にしたがって並べられている．
（ロジェ・カイヨワ著，清水幾太郎，霧生和夫訳（1970）遊びと人間．79，岩波書店より改変）

表3-2　機能的特性に基づく運動の分類

Ⅰ. 欲求の充足に基づく運動(スポーツ・ダンス)
　　1. 挑戦欲求に基づく運動スポーツ(アゴーン)
　　　　(1) 他者へ挑戦し，勝敗を競い合うことが楽しい運動競争型
　　　　　　①個人対個人のスポーツ
　　　　　　②集団対集団のスポーツ
　　　　(2) 自然や人工的に作られた物的障害へ挑戦し，それを克服することが楽しい運動
　　　　　　──克服型
　　　　(3) 記録やフォームなどの観念的基準へ挑戦し，それを達成することが楽しい運動
　　　　　　──達成型
　　2. 模倣・変身の欲求に基づく運動表現・ダンス(ミミクリー)
　　　　(1) リズムを動きで模倣したり，リズミカルな動きで変身することが楽しい運動
　　　　　　──リズム型
　　　　(2) 具体的な対象を模倣したり，それに変身することが楽しい運動
　　　　　　──模倣遊び型
　　　　(3) 形式をもつリズミカルな動きを模倣したり，それを表す対象に変身することが楽しい運動
　　　　　　──フォークダンス型
　　　　(4) 特定の考えや対象を動きによって模倣したり，それに変身したりして表現することが楽しい運動
　　　　　　──創作ダンス
Ⅱ. 必要の充足を求めて行われる運動(体つくり運動：旧体操)
　　身体の必要の種類に応じて分類される.

挑戦し，それを克服することに喜びを感ずる組織だった遊びを意味する.

　表3-2は機能的特性に基づく運動の分類を示している. すなわち運動とは，人間の欲求の充足と必要の充足を求めて行うものがあり，前者は，アゴーンに分類される挑戦欲求に基づく運動とミミクリーに分類される模倣・変身の欲求に基づく運動に分けられるとするものである.

2. 学習指導要領の改訂に伴う小・中・高等学校の運動領域の関係と運動領域の変化

　高等学校は，国民として共通に必要な基礎・基本を学習させるという義務教育の小・中学校とは大きく異なる. しかし，最近では高校進学率が100％に近くなり，中高の連係が望まれている. すなわち，学習指導要領では4・4・4制の原則をベースに，まず，小学校中学年までは，各種の運動の基礎を培う(運動が好きになる)時期で，中学校2年生までは，多様な運動種目を体験する(特性に触れ楽しさを味わう)，そして中学3年生以降は，運動を選択し学び方を深める(得意な運動を獲得する)時期と考えてカリキュラムを作成することが望まれている.

　自己の好む運動を選択して履修できる選択体育は，中学校3年生から始まり，器械運動，陸上競技，水泳，ダンスから1領域以上選択，球技，武道から1領域以上選択となっている. 高校では，小・中学校での教育内容を踏まえ，体つくり運動を除き，選択制の幅がさらに拡大している. すなわち，7つの運動領域のうち体つくり運動のみが必修で，高校1年生では中学校3年生と同様の選択となるが，高校2年生からは，残りの6領域の中から2領域以上を選択して履修すればよいことになっている. 中

学校3年生から高校3年生の4年間をかけて，自己の興味・関心や特性にあった運動を選択し，じっくり時間（大単元制）をかけて学習することによって技能の上達を図り，生涯にわたってたしなむことのできる得意なスポーツをもてるようにしようとしているのである．

3. 学習指導要領の変遷と概要

　表3-3は戦後これまでに9度改訂された小学校体育科の学習指導要領等の変遷をたどり，改訂の際に議論された点や，それぞれの特徴や問題点を整理した結果の概要をまとめたものである．

　戦後の学習指導要領の変遷を概観すると，社会的要請の影響を受けながら系統主義・経験主義の両極を揺れ動き，時代に翻弄されてきたといえる．今後は，点線で示すように，どちらかといった極端な考え方ではなく，両者の良さを取り入れた新たな方向性を探らなければならない．その1つの指針として，第2章で記述した体育理念の変遷が示唆に富む．戦後，身体の教育，身体活動を通しての教育，運動のなかの教育，運動についての教育，と時代とともに変遷してきた．これらは，その時代がそうであった，で概念化して終えるのではなく，今後は，すべてを含み混ませた理念を持つことが大切である．戦前の身体の教育は身体をつくりあげていくこと，戦後の身体活動を通しての教育では運動を手段と捉えていたが，現在でも思考力を育むための手段として取り組むことは資質・能力を育むうえで欠かせない考え方となる．運動のなかの教育は子ども達を運動そのものの楽しさに誘うことであり，取り組ませる運動が持つ特性にたっぷり浸らせることが目指されなければならない．

📖 参考文献

・細江文利（2000）小学校体育授業の考え方・進め方．大修館書店．
・文部省（1977）小学校学習指導要領．大蔵省印刷局．
・文部科学省（2008a）小学校学習指導要領解説 体育編．東洋館出版社．
・文部科学省（2008b）中学校学習指導要領解説 保健体育編．東洋館出版社．
・文部科学省（2017a）小学校学習指導要領解説 体育編．東洋館出版社．
・文部科学省（2017b）中学校学習指導要領解説 保健体育編．東洋館出版社．
・文部科学省（2018）高等学校学習指導要領（平成30年告示）解説 保健体育編．東山書房．
・ロジェ・カイヨワ著，清水幾太郎，霧生和夫訳（1970）遊びと人間．岩波書店．
・佐々敬政，中島友樹，後藤幸弘（2011）体育カリキュラム作成に向けての基礎的考察．兵庫教育大学研究紀要，38：203-216.
・高田典衛（1985）基本の運動とゲームの授業づくり．明治図書出版．

[佐々敬政・野津一浩・中島友樹・後藤幸弘]

表3-3　体育科学習指導要領の変遷

見る・聞く・話す 経験主義（育）		読み・書き・計算 系統主義（教）

教育の生活化
昭和20(1945)年
昭和22(1947)年①小中高
昭和24(1949)年　小　（試案）
昭和26(1951)年　中高(試案)
昭和28(1953)年　小　（試案）
昭和31(1956)年　高(試案)
＜民主主義改革期(GHQ)＞

◎児童中心主義・経験主義
　○修身の廃止　○社会科・家庭科・自由研究が新たに設定
◎学習指導要領は試案（手びきの意味合い）
　○4経験領域：「技能教科(国語，算数)・社会」「自然(社会・理科)」
　　　　　　　「創造的教科(音楽，図工，家庭)」「健康教科(体育)」
□生活体育：目標−内容−教材−単元−方法の一貫性を図ろうとし，問題解決学習を導
　　　　　入した
　→経験主義への傾倒から「這い回る経験主義」「放任主義の現出」

○身体の教育
↓
○身体活動を通しての教育
　　　　機能的特性
【生活体育】
　　構造的・効果的特性
【系統主義体育】

教育の系統化
昭和33(1958)年②小中
昭和35(1960)年　　高
＜経済復興期＞

◎経験主義から系統手技へ：指導要領の法的拘束力
　○教育課程審議会への諮問事項説明にて以下の4点が重点項目とされた
　　①道徳教育の徹底(特設「道徳」)　②基礎学力の充実
　　③科学技術教育の向上　　　　　　④職業的陶冶の教科
□系統手技的体育：東京オリンピックの誘致決定により学校体育に競技力向上が要請
　　　　　　　　された
　→内容がスポーツ種目となり，素材(種目)主義に基づく授業となった
◎現代科学の成果を反映させるための高度で科学的な教育を進めようとした

【体力向上体育】

教育の科学化
昭和43(1968)年③小
昭和44(1969)年　　中
昭和45(1970)年　　高
＜高度掲載成長期＞

　○高度経済成長期：「所得倍増計画」における人材養成
　・全国一斉学力テストの導入(1961)：人的能力政策の推進が目的
◎各教科，道徳，特別活動の3領域構成の教育課程に
　→落ちこぼれ，非行問題
□体力づくり重視：指導要領における総則「第3体育」の設定
　→技術・戦術の一方的伝授，技能・測定可能な運動能力・体力のみが強調，やらさ
　　れる体育，運動好きの体育嫌い，動物の調教，などと揶揄された

○運動のなかの教育
　　　　機能的特性

教育の人間化
昭和52(1977)年④小中
昭和58(1978)年　　高
＜成熟社会志向期＞

◎ゆとりと自己教育の回復を志向
　○小学校の基本方針：「知・徳・体の調和のとれた人間性」「基礎基本」「ゆとりあ
　　　　　　　　　　　る充実した学校生活」「教師の自発的な創意工夫」
　→いじめ，暴力
□機能的特性に基づく「楽しい体育」・運動種目によらない領域設定
　(基本の運動，ゲーム)
　→楽しさの本質をはき違えた教育内容をおさえない放任主義の現出

【楽しい体育】

教育の個性化
平成元(1989)年⑤小中高
＜バブル崩壊期＞

◎新しい学力観に立つ教育と個性重視
　○生活科の新設(低学年の理科・社会廃止)
　○中央教育審議会，臨時教育審議会，教育課程審議会の答申における改善のねらい：
　　「心豊かな人間の育成」「自己教育の育成」「基礎・基本の重視と個性教育の推進」
　　「文化と伝統の尊重と国際理解の推進」
□めあて学習，選択制(中学校)
　→できる，わかるよりもやる気重視，めあて学習ありき，体力低下

【個性重視体育】

教育の多様化
平成10(1998)年⑥小中高
　→歯止め規制の撤廃
＜情報化社会最盛期＞

◎生きる力を育む教育：総合的な学習の時間，絶対評価
　(学校週5日制，学習内容3割削減)
　○ゆとり重視，選択学習拡大，体験的な学習の重視，個に応じた指導の充実
　→習熟度別授業，指導力不足教師，学級崩壊，学力低下
□心と体を一体として捉える体育：体ほぐし運動の導入
　→時数の削減(105→90)，運動をする・しないの二極化，体力低下

↓心身一体化
　志向体育

○身体の教育
○身体活動を通しての教育
○運動のなかの教育
○運動についての教育
　　機能的特性，技能的特性，
　　構造的特性，効果的特性

教育のグローバル化
平成20(2008)年⑦小中
平成21(2009)年　　高
＜知識基盤社会志向期＞

◎OECDの提唱するキーコンピテンシー
　①自律的に活動する力，②相互作用的に道具を用いる力，③異質な集団で交流する力
◎PISA型学力，(読解，数学的，科学的な各リテラシー)：活用し判断する能力
　○習得−活用−探求
□基本の運動領域廃止，水泳領域：5年生からへ後退
　→体つくり運動領域全学年設置

「習得−活用−探求」
体育

教育の資質・能力育成化
平成29(2017)年⑧小中
平成30(2018)年　　高
＜SNS席巻期＞

◎資質・能力の3つの柱：「知識・技能」「思考力・判断力・表現力等」
　　　　　　　　　　　　「学びに向かう力・人間性等」
◎「主体的な学び」「対話的な学び」「深い学び」(アクティブラーニング)
□究極目標が「楽しく明るい生活を営む態度を育てる」から「生涯にわたって心身の
　健康を保持増進し豊かなスポーツライフを実現するための資質・能力を育成するこ
　と」へ
□低学年：体つくり運動遊び，中高学年：水泳運動
　陸上運動系：投の運動(遊び)追加　←投能力の低下傾向

運動との多様なかかわり
を志向する体育

する，見る，支える，知る

（佐々ら（2011）より作表）

第4章

教師論

教師に求められる資質や能力は，使命感や責任感，教育的愛情，教科や教職に関する専門的知識，実践的指導力，総合的人間力，コミュニケーション能力，ファシリテーション能力などがあげられる．また，特別な配慮を必要とする児童・生徒への指導に関する能力も求められる．

1．よい体育授業のできる教師の力量の構造化

吉崎（1991）は，教師の力量を，教育内容についての知識，学習者についての知識，教授方法についての知識，の3円の重なりと押さえ，その関連領域に，A 教育内容と教授方法についての知識，B 教育内容と学習者についての知識，C 教授方法と学習者についての知識，D 教育内容，教授方法，学習者についての知識，に関する力を位置付けている（図4-1）．吉崎の教育内容についての知識と学習者についての知識の構造を方法とも関連させた構造図が，図4-2である．授業における方法は，これまでにもいわれてきたが，唯一無二のものはなく，身体運動文化（運動素材）から教えるべき内容を見出し，構造的に捉え，子どもの姿を予測することから導き出す必要がある．すなわち，方法は内容と学習者を関連させて選択・構築されなければならない．

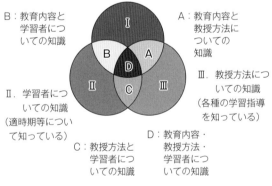

図4-1 「よい体育授業」のできる教師の力量（実践力）の構造Ⅰ
（吉崎静夫（1991）教師の意思決定と授業研究．88．ぎょうせいより改変）

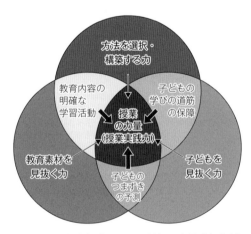

図4-2 よい体育授業のできる教師の力量（実践力）の構造Ⅱ
（野津一浩，後藤幸弘（2009）「教師の力量」の構造に関する予備的考察，兵庫教育大学教科教育学会紀要，22：19-26）

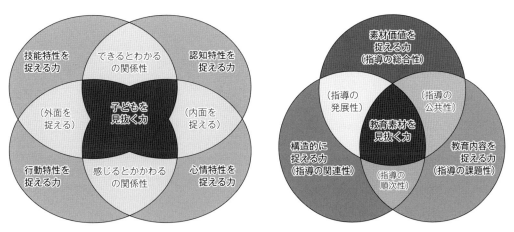

図4-3 子どもを見抜く力と教育素材を見抜く力の内実とその構造

（野津一浩，後藤幸弘（2011）よい体育授業を行うための教師の力量の構造化試案．兵庫教育大学教育実践学論集，12：249-262）

　なぜならば，内容・学習者を想定していない方法は空虚なものでしかないからである．

　したがって，よい体育授業ができる教師は，授業実践に際して教育素材を見抜く力と子どもを見抜く力を基礎的な力として関連して働かせている．**図4-2**は，これらの教師の力量（授業実践力）を構造化したものである．このことによって，よい体育授業を行うために何が必要か，何を学び高めていかなくてはならないのかが捉えられる．また，教師の授業計画等の分析や先行研究の成果から教育素材を見抜く力と子どもを見抜く力の間に子どものつまずきの予測が，教育素材を見抜く力と方法を選択・構築する力の間に教育内容の明確な学習活動が，子どもを見抜く力と方法を選択・構築する力の間に子どもの学びの道筋の保障が想定された．

　以上のことから，教師の力量要因や複合領域に設定された内容を押さえて授業が構築できれば，態度得点の高いよい体育授業ができるといえる．また，教育素材を見抜く力と子どもを見抜く力の内実と構造は**図4-3**のように示すことができる．

（1）教育素材を見抜く力

1）素材価値を捉える力

　各領域に配置された各種の運動や運動種目をなぜ教科としての体育の授業で取り扱うのかについて説明することができなければならない．たとえば，運動のなかに内在する仕組みを理解していることにより，その仕組みに着目して探究する学習を仕組むことができるのである．

2）教育内容を捉える力

　子ども達が理解を深めていくための探究に取り組む対象としての運動種目に内在する原則や概念を捉えることが必要である．たとえば，リレーにおける「バトンの移動するはやさをつなぐ」という概念の理解を深めることを目的とすれば，なぜ個人のタイムを合計したものよりもリレーのゴールタイムの方が速くなるのか，という問いを

生み出すことができ，単元を貫く課題となる．

3）構造的に捉える力

運動種目におけるさまざまな事実や事象を構造的に捉えることにより，指導の関連性や系統性を整理できる．たとえば，器械運動の跳び箱運動で「切り返し」という動作からみれば，開脚跳びや抱え込み跳びは同じ系統の技として捉えることができ，切り返しという動作の理解を深めるための学習を仕組むことでその系統的な学習を実現できる．また，ゴール型ゲームであれば，パスがつながるときはどのような場合なのかを検討すると，「ズレを創る」という概念によってさまざまな場面の動きや戦術などが説明できるようになる．

(2)子どもを見抜く力

1）認知特性を捉える力

子ども達の思考を捉えることの内実は，持っている知識をどのように使っているのかということである．したがって，知識の質を高めていくことが考える力を高めていくことと捉えることができる．具体的な運動に関する探究によって，概念的な理解がどのように深められていくのかについての認識を深めていかなければならない．ゆえに，子ども達がどのような疑問を持つのかということの背景には，子ども達がどのような知識をもっているのかということの理解が必要である．

2）技能特性を捉える力

子どもが各種の運動に取り組むことにおいて，なぜそのような動き方になっているのか，なぜそのような体の使い方をしているのか，ということを捉えることが必要である．その捉え方によって，何をどのように理解しているのかを見抜き，どのような問いかけや支援が必要なのかを判断することができる．

3）心情特性を捉える力

子どもがどのような意識で学びに向かっているかを捉えることが必要である．学習課題（問い）に対して何をどのように追究しようとしているか，学びをどのように調整しようとしているかを捉えることにより学びの方向付けを行うことができる．

4）行動特性を捉える力

状況に応じて個人での学びと仲間と協働する学びを行う力がどの程度身に付いているかを捉えることが必要である．個人での学びは，学習課題（問い）に対する自分の考えを作ることを目指し，検証したり調べたりして根拠に基づく考えに高めようとする追究に向かうものである．また，仲間と協働する学びは，対話を通してそれぞれの考えを深めようとするものである．

(3)つまずきの推論の構造

よい体育授業のできる教師は，つまずきの起こる理由を，認識的，状況把握的，心情的の複数の推論によって導き出している．これらの推論を支える子どもについての

知識は，それぞれ，認識的推論は理性的認識と感性的認識の特徴，状況把握的推論は技能的特徴と身体的特徴，心情的推論は心理的特徴と情意的特徴の面から把握している。

2．体育担当教師に求められる7つの資質

①物事の本質を直感的に感ずる豊かな感性：美意識の向上，運動の合理についての認識
②自分の意思を身体や言葉で表現する表現力：実技の能力，行動能力，発声の能力
③教育題材の本質を見抜く教材を研究する力：教育素材を見抜く力，運動の基本の把握，子どもを運動に駆り立てるものの理解
④授業のなかに流れる本質的なものを読み取る授業を観る力：質の高い授業をみること
⑤子どもの反応を予測する子どもを見抜く力：子どもの欲求理解，発達過程の把握，つまずきの要因の把握
⑥ICT活用能力：デジタル機材の活用力
⑦施設・用具の工夫力

体育科の授業では，図1-4（p6参照）に示したように，施設・用具が学習活動を支える重要な要素となる。換言すれば，児童・生徒が教育内容に直接的に触れることが容易となる教具の工夫である。たとえば，ボールの空気圧を下げて弾みにくくすることや，写真11-1（p153参照）に示す走り幅跳びにおける階段等である。

3．実技能力

体育教師に必要な実技能力とは何かと問われると難しい。それは，一般的にいわれるところのスポーツ能力（運動パターンを機械的に身につけた状態）だけでないことは確かであろう。運動技術をより高い次元で技能化（主体化）し，言語化（客観化）でき，実践のなかで具体化できる力であるということはできよう。また，示範については，下手な子のまねのできることと動作をスローモーションのようにゆっくりできることが求められる。上手にできる例は，子どもにさせるのがよい。

さらに，教師には授業力に加え，学級経営力が求められる。なぜならば，学級経営は学力形成の前提条件で，8割以上の児童がクラス嫌いになると学級崩壊が起こるといわれている。すなわち，規律があって，仲のよい学級集団には次の効果がある。

①学習意欲が刺激される，知的で（興味ある）おもしろい，活動がおもしろい，学習から得られたものが嬉しい，学習から得られたものが役に立つ
②お互いの学習意欲が強化・維持される，相互作用（ルールが内在化し，人間関係が良好になる），頑張っている子の姿をまねるモデル効果，学習習慣が定着する

４．４大教師行動と教授技術

体育授業中の主要な教師行動は，マネジメント，巡視，相互作用，直接的指導の４つに大別される．

（1）マネジメント

マネジメントとは，授業という限られた時間内において，教師は用具の準備や配置の指示，出欠の点検，約束事の確認などの諸事項に一定時間を要するが，これらに関する言語的・非言語的な教師行動一般をいう．

マネジメントを少なくすることによって，運動学習に従事する時間量が増え，子どもの授業評価は高まる．個々のマネジメント場面の総時間と待機に費やされる総時間の合計が１単位授業の総マネジメント時間になる．そのためマネジメントを少なくするためには，授業開始の場，移動や集合の約束，用具の準備や片付けの約束を決めておく必要がある．さらに，１単位授業の進め方や練習場面などをホワイトボードに提示することも必要である．

さらに，マネジメントを成功に導く教師の相互作用技術としては，単元のはじめの段階で教師が期待する行動を知らせ，明確な指導と定期的なフィードバックを行うことが重要である．そして，個人とクラス全体を使い分けながら，マネジメントを少なくする行動にかかわった成果を評価し，フィードバックする必要がある．また，マネジメント行動は単元経過に伴い，減少させることも重要である．

（2）巡　視

巡視は，子どもの学習活動を維持したり，フィードバックを与えるために子どもの活動を観察したり，巡回したりしている非言語的行動である．

巡視には，積極的巡視と消極的巡視がある．前者は，子ども達一人ひとりの学習活動を観察して，その変化に気づき，運動のできばえを診断したり，つまずきの原因を分析したりして，効果的な相互作用を展開するために重要な働きを果たす．一方，後者は，子ども達が運動を成功しようと失敗しようとただ眺めている傍観者的巡視をさす．いわゆる「腕組み体育」である．

（3）相互作用

相互作用は，教師と子ども，子ども同士の言語的，非言語的なかかわりあいをいう．教師と子どもの好ましい人間関係を築き，学習成果を高めるためには，教師がより有効かつ肯定的な相互作用を営む必要がある．そのためには，教師が明確なビジョンをもって課題解決につながる適切なかかわりを行い，子どもが運動学習にかかわるための条件を設定することが重要になる．すなわち，つまずいている子どもが求める言葉かけを行うことである．こうした相互作用には，一貫性が必要であり，すべての子ど

もに対して公平に関わらなければならない

　なお，相互作用は，①発問（価値的，創意的，分析的，回顧的），②受理（受理・受容，解答，傾聴），③フィードバック（肯定的，矯正的，否定的）（技能的，認知的，行動的），④励まし（技能的，認知的，行動的），⑤補助的相互作用の５つのカテゴリーに分類できる．特に，１単位授業の課題の形成（把握）場面では，発問（分析的），受理（傾聴），励ましを用いて課題の必然性と意味理解をさせることが，課題の解決場面では，肯定的フィードバック（技能的），矯正的フィードバック（技能的）を用いて技能特性に触れさせることがそれぞれ重要である．

（4）直接的指導

　直接的指導は，子どもに演示，説明，指示など直接言葉によってかかわり，その都度優れた点，修正すべき点を子どもにその場で指摘していく教師行動である．

　１単位授業のはじめの段階では，学習者の興味や関心を高め，学習意欲を維持させることが重要になる．そのため，明確でわかりやすい課題を提示し，運動課題の全体像を伝える必要がある．また，言語による課題の提示だけでなく，課題を視覚化して提示することは有効である．練習活動に入る前に，一人ひとりの子どもが課題をどのくらい理解できたかを確認する．なかの段階では，学級全体で学習成果の共有化を図るとともに，前半の学習成果と後半の学習課題をつなげることが重要になる．まとめの段階では，個人またはグループで授業の振り返りを行い，学習の成果を学級全体で共有する必要がある．

（5）教師行動と授業評価（態度得点）との関係
1）１単位授業レベル

　教師行動と１単位授業の授業評価である形成的授業評価との間には，マネジメントと直接的指導はマイナスの相関を示し，特に学習の進め方についての頻繁な，あるいは長々とした説明は授業評価を下げる．逆に相互作用が授業評価に深く関係し，発問（分析的），受理（傾聴），肯定的フィードバック（技能的），矯正的フィードバック（技能的），励ましがそれぞれ授業評価を高める．ただし，矯正的フィードバック（行動的）と否定的フィードバック（技能的，認知的）は授業評価を下げることには留意する必要がある．さらに，教師のクラス全体への働きかけは授業評価を下げ，逆に個人に対する働きかけは授業評価を高める傾向がみられる．

　これらのことから，マネジメントと直接的指導を短縮し，必要な情報を効果的な方法で伝達する工夫，個々の児童を対象にした肯定的相互作用や補助活動を多くすることが重要である．

2）単元レベル

　単位授業レベルと同様に，単元レベルにおいても発問，肯定的フィードバック，矯正的フィードバックが大きく影響する．

また，上記の教師行動は，態度得点の評価（授業内容に対する評価），よろこび（体育授業でのよろこびの感情），価値（体育授業に対する価値）得点の順に強い影響を与え，とりわけ巡視と相互作用が「よろこび」と「評価」得点に影響する．

　このことから，相互作用を展開する前提として積極的な巡視の果たす役割が大きいといえる．一方，直接的指導が価値得点にマイナスの方向で関係する．こうした教師行動の向けられる対象は，態度得点を高めた教師は個人，そうでない教師はクラス全体であった．

　さらに，態度得点の高い学級は，高次目標（課題解決的－探求・発見的－小集団学習）に立脚した学習形態を基盤に，教師は運動それ自体の特性を把握したうえで詮索したり，論拠を求めたり，確かめたりする課題形成にかかわる発言を多く用いていた．さらに，学習課題の解決に応ずるためには，肯定的な相互作用を多く展開していた．

（6）学習効果を高める授業の工夫

　学習効果を高める授業の工夫として次のことが考えられる．

1）授業の方針やねらいに関する工夫

　楽しくわかる授業の成立を目指し，育成したい能力は何かを明確にする．そのためには，子どもの興味や関心，欲求を活かし，授業のねらいを誰もが共通して理解でき，評価できる行動の形で表現する必要がある．

2）学習指導法や過程の工夫

　課題把握→分析→予想→情報収集→課題解決方法の検討→適用など学習指導の過程を工夫する．そして，教育内容の習熟の程度に応じて，子ども一人ひとりに対応した指導の工夫に努める．その際，教育機器を効果的に活用することも重要である．

3）学習意欲の喚起・持続の工夫

　子ども一人ひとりの興味や関心を大切にし，発問，助言を工夫する．そして，子ども自身に課題や目的をつくらせ（もたせ），子どもに自分自身に問いかける習慣をつけさせる．夢中にさせたり，じっくり考え抜く機会を与え，わかった，できたという体験をさせることが重要である．

4）教材化に関する工夫

　教材化に関する工夫として，次の5つがあげられる．

①具体性：具体的にイメージできたり，実際に調べたり，体験できるものにする．

②現実性：子どもの生活や生き方と深く結びついているものにする．

③意外性：子どもはそうだと思っているが実は間違っていたり，あいまいで正確に理解していないものや，まったく頭のなかに入っていないものにする．

④発展性・関連性：関連する問題にも波及でき，より知識を深めていくことができるものにする．

⑤検証可能性：なるほどと検証できるものにする．

5）評価の仕方の工夫

　学習指導の過程で評価し，指導の改善に活かすようにする．また，自分を認識する機会をもたせるために，学習結果を知らせる場面を工夫することが重要である．すなわち，学習成果を高めている教師は，いくつもの教育内容から重点とする内容を明確に持ち，他の内容ともかかわらせて捉えられているため，子どもをいくつもの観点からみることができ，つまずきの生起する要因を多角的に推論し，的確な指導を行ええていた．

（7）子どもに望ましい心情を育てる教師の活動

　高田（1977）は，長年の実践経験から，よい体育の条件として，①精一杯の運動，②ワザや力の伸び，③仲間との協力，④新しい発見，の4点を導出し，これは高田4原則と呼ばれている．こうした子どもに望ましい心情を育てる教師の活動を，よい教材（教材論），よい指導（指導論），よい教師（教師論），の3点にまとめて**表4-1**のように示している．すなわち，教材では，変化のある教材，伸びのわかる教材，集団化された教材，課題のある教材を編成する．教授活動では，運動量の最適化，効果的な練習，小集団学習，探求的・発見的な学習，等を展開する．教師としては，運動を大事にする教師，記憶（記録）する教師，下位者に親切な教師，探求的な教師，を追求することが，日々の体育授業において重要である．

　こうした教師の活動によって，体育授業に対する子どもの心情を高めていけば，前述した態度得点が向上する．また，②ワザや力の伸びと④新しい発見項目の好意的反応の比率は，課題が解決されると飽和し低下する傾向（3時間程度）がみられ，次の課題へ移行する時期を示唆している．

表4-1　子どもに望ましい心情を育てる教師の活動

児童 ＼ 教師	教材編成（教材論）	教授活動（指導論）	教師の行為（教師論）
精一杯の運動 　精一杯運動させてくれる授業	変化のある教材	・運動量の最適化 ・学習のきまりの維持 ・事故の防止 ・恐怖感を除く	・運動を大事にする教師（一緒に運動してくれる教師）
技や力の伸び 　技や力を伸ばしてくれる授業	伸びのわかる教材	・効果的な練習 ・進歩や伸びの記録 ・施設用具の活用	・記憶（記録）する教師（一人ひとりを認めてくれる教師）
仲間との協力 　友人と仲良くさせてくれる授業	集団化された教材	・小集団学習 　・上手な組み分け 　・誉め方叱り方	・下位者に親切な教師（下手でも親切にしてくれる教師）
新しい発見 　何かを発見させてくれる授業	課題のある教材	・探求的，発見的な学習 ・発問，助言，示範など	・探求的な教師（一緒に考えてくれる教師）

（高田典衛（1977）体育授業の方法．139，杏林書院より改変）

5. 体育教師が期待されている

　体育科は，ルールと人間関係（コミュニケーション）の確立に最も実践的に貢献できる教科であるといえる．すなわち，スポーツ場面では，バーバル（言語的コミュニケーション）とノンバーバル（非言語的コミュニケーション）の両コミュニケーション能力が求められるからである．なお，コミュニケーションには，ヒトの脳に組み込まれた人間関係形成の基本的方法である face to face のコミュニケーション，電話によるコミュニケーション，メールを用いてのものがある．また，そのいずれを主に用いるかで，面人間，線人間，点人間と分類される．メールによるコミュニケーションの機会が増加する現代社会にあっては，一方で，face to face でのコミュニケーション能力の育成が益々重要になる．

　また，体育科は，マネジメント行動の巧拙が顕在化する教科，個人差が顕在化する教科，集団活動の多い教科等々の理由から最も難しい教科といえる．したがって，体育授業の上手な先生は，他教科の授業も上手いといえるが，逆は，必ずしも真ではないのである．学習集団づくりは，3日，1カ月，1学期が勝負で，規準と基準のぶれないことが重要である．

　さらに，優れた体育教師は学校安全への対応能力も高い．すなわち，ルールと人間関係（コミュニケーション），学習集団の確立にも体育科は大きく貢献できるので，力のある体育教師が求められている．

参考文献

・後藤幸弘，野田昌宏，中島友樹，梅野圭史（2017）体育授業に対する愛好的態度を高める要因の構造化-小学校高学年授業の事例的分析から．兵庫大学論集，23：75-87.
・小林篤（1980）体育科教育の理論と実際．国土社．
・コルトハーヘン・F編著，武田信子監訳（2010）教師教育学-理論と実践をつなぐリアリスティック・アプローチ-．学文社．
・野津一浩，後藤幸弘（2009）「教師の力量」の構造に関する予備的考察，兵庫教育大学教科教育学会紀要，22：19-26.
・野津一浩，後藤幸弘（2011）よい体育授業を行うための教師の力量の構造化試案．兵庫教育大学教育実践学論集，12：249-262.
・野津一浩，下田新，後藤幸弘（2013）児童の「つまずき」の実態とその解決策からみた教育内容-陸上運動・ボール運動領域を対象として-．大阪体育学研究，50：21-33.
・野津一浩，後藤幸弘（2015）「よい体育授業」を行うための小学校教師の力量に関する研究．日本教科教育学会誌，38（1）：11-24.
・高田典衛（1977）体育授業の方法．136-140，杏林書院．
・梅野圭史，中島誠，後藤幸弘，辻野昭（1997）小学校体育科における学習成果（態度得点）に及ぼす教師行動の影響，スポーツ教育学研究，17（1）：15-27.
・吉崎静夫（1991）教師の意思決定と授業研究．123-155，ぎょうせい．

［野津一浩・後藤幸弘］

第5章

保健体育科の教育内容

1. 領域内容の取り扱い

　　これまでの保健体育科の授業づくりでは，学習指導要領に示された各領域の運動種目を主体とし，各種の運動種目の特性に触れさせることを重視しながら，それぞれの運動種目の技能を上達させることが学習の目的の中心に置かれてきた．そのため，授業づくりのための教材研究では，運動種目の技能を上達させるための効果的で効率的な指導の仕方についての検討が多く行われてきた．

　　平成 29（2017）年に告示された学習指導要領には，保健体育科のみならずすべての教科のあり方に対して，コンテンツ（内容）ベースの教育からコンピテンシー（資質・能力）ベースへの教育へと転換していくことが明示された．その目的に迫るための保健体育科の授業づくりと，各領域の内容の取り扱いについての考え方を見つめ直していくことが求められる．それは，まったく新しいものを生み出さなければならないということではなく，これまで追究してきたことを，今一度立ち止まって問い直していくことである．

　　具体的には，2つの視点から領域内容の取り扱いについての捉え直しに向き合っていかなければならない．1つ目の視点は，それぞれの領域にある内容自体を習得することに価値があると考えられることから，その内容を何のために保健体育の授業で取り扱うのかについて問い直すということである．2つ目の視点は，領域の内容は体育の見方・考え方を深めていく学習で利用するための例として捉えるということである．それは，保健体育科で取り扱う領域内容そのものの習得を通して，その内容の内実へと探究を進めていくことで概念的な理解を深める，考える力を高めるということである．

　　運動種目主体の体育授業から運動種目を利用して見方・考え方を鍛える体育授業へと改革していくことを志向して，領域内容の取り扱いについて吟味・検討を行っていくことが研究の重要な視点となる．

2. 教育内容措定の基本的手続き

　　運動が人類に突きつける課題を運動課題という．この運動課題を学習課題へ変換すると教育内容が措定され，運動課題解決のための技術がみえてくる．すなわち，ルー

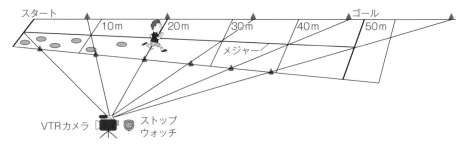

図5-1　簡易スピード曲線測定法

カメラの設置位置からそれぞれの地点の通過の瞬間が捉えられるように，コースの両側にマークを立てる．
VTRカメラは疾走フォームを撮影したい地点の側方に置くと動作の分析が容易になる．
(後藤幸弘（2003）技能の評価と指導の一体化を目指して－教育内容の明確な授業のために－．体育科教育学研究，20（1）：15-26より改変)

ルがそれぞれのスポーツの運動課題を決めており，その課題解決や達成のための動きが技術なのである．したがって，体育科における主要な教育内容である身体活動の内実は技術の習得ということができる．

　たとえば，陸上競技の距離競技では，「定められた距離をいかに速く走りきるか」という課題をわれわれに突きつけている．運動成果としての疾走タイムを測定するだけでは，序列が顕在化するだけで何を学習すればよいのかという学習課題はみえてこない．したがって，そのようなタイムを生み出した要因を明らかにする必要がある．たとえば，疾走フォームの連続的発現の経過である速度曲線とこれを構成する歩幅と歩数を記録するのである．

　図5-1は，簡易に短距離走の速度曲線を記録するための場面設定を示している．コースの側方の1地点で1個のストップウォッチ（リコール機能をもつ）で，10mごとのラップタイムを計る．同時に各地点の足跡からメジャーで歩幅を実測し，図5-2の記録用紙に書き込み，速度を歩幅で除すことによって歩数を求め図式化するものである．

　これによって，運動課題解決のために必要な，それぞれの学習者の学習課題が①スタート，②加速，③最高速度，④最高速度の維持，の4つのいずれかとしてみえてくる．図5-2は，④最高速度の維持が課題として明確になった例である．その際の速度を構成する歩幅と歩数の変化や疾走フォームの観察から，何を改善すればよいのかの学習課題が指導者にも学習者にも明確になる．

　クラウチングスタート法は，速度曲線からはみえないがスタート課題解決のための方法としてアメリカ人のマーフィーによって開発された．**写真5-1**は，第1回オリンピックの陸上競技100m走決勝のスタート風景で，1人だけクラウチングスタート法を用いているのが米国のバーク選手で12秒0で優勝している．「クラウチングスタート法は，何のための技術か？」「どこに合理があるか？」等を教育内容にしなければならない．

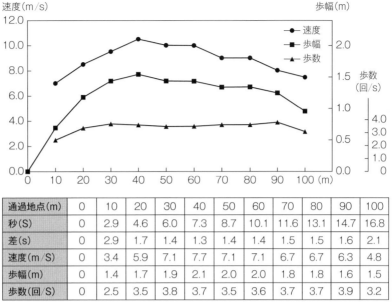

通過地点(m)	0	10	20	30	40	50	60	70	80	90	100
秒(S)	0	2.9	4.6	6.0	7.3	8.7	10.1	11.6	13.1	14.7	16.8
差(s)	0	2.9	1.7	1.4	1.3	1.4	1.4	1.5	1.5	1.6	2.1
速度(m/S)	0	3.4	5.9	7.1	7.7	7.1	7.1	6.7	6.7	6.3	4.8
歩幅(m)	0	1.4	1.7	1.9	2.1	2.0	2.0	1.8	1.8	1.6	1.5
歩数(回/S)	0	2.5	3.5	3.8	3.7	3.5	3.6	3.7	3.7	3.9	3.2

［入力の仕方］
① 10～100m地点通過タイムを「秒」に入力する.
② 各区間の真ん中あたりの2歩をそれぞれメジャーで実測し，それを2で除し歩幅を算出する.
③ ②で算出した値を「歩幅」に入力する.

図5-2　簡易スピード曲線記録例

(後藤幸弘（2003）技能の評価と指導の一体化を目指して－教育内容の明確な授業のために－. 体育科教育学研究，20（1）：15-26より改変)

写真5-1　第1回オリンピック100m走のスタート風景
(岡尾恵市（1996）陸上競技のルーツをさぐる．63，文理閣)

3. クラウチングスタート法

　　スタート法は，定められた距離をいかに速く走りきるか，という短距離走の運動課題を解決する1つの技術である．ところが，小学生ではクラウチングスタート法（以下，CS）を用いても，スタンディングスタート法（以下，SS）を用いた場合よりも，記録を向上できない実態が明らかになり，昭和53（1978）年以降，小学校の教育内

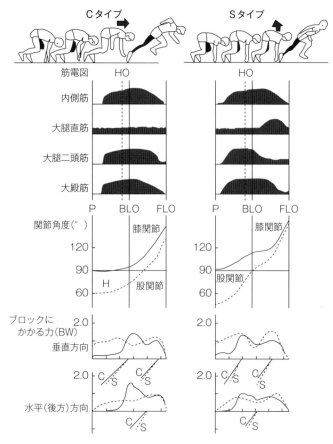

図5-3 クラウチングスタート法の特性を活かせるものと活かせないものの相違
P：ピストルの合図，B/W：体重比，HO：離手，CS：クラウチングスタート，BLO：後足離足，
SS：スタンディングスタート，FLO：前足離足，力曲線下の線はキック力の大きさと方向を示す．
(山根文隆，後藤幸弘，辻野昭，藤田定彦，田中譲（1987）クラウチングスタート法の適時性に関
する基礎的研究－クラウチングスタート法による効果の年齢差－．第8回日本バイオメカニクス学
会大会論集，18より改変)

容から除かれた．

　図5-3に模式的に示すように，Sタイプ（CS法の特性を活かせない者）では，股
関節によって発揮された力を膝関節が外部に伝達し，股関節は後足離足直後にも伸展
されているが，膝関節の伸展に停滞が認められる．このような脚伸展動作は上体を起
こすことにつながり，キック力の方向をCタイプ（CS法の特性を活かせる者）より
も小さくする．すなわち，CS法の効果を活かせるかどうかの要因は，文部科学省が
説明したような筋力の問題ではなく，いずれの年齢においても力の発揮の仕方や動作
により生じているのである．

　さらに，小・中学生を対象に，CS法を1週間練習させた結果，成果は中学1・2
年生で高く，児童ではCS法の特性を活かせるまでに動作を習熟できるものは少な
かった．その要因には，CS法は合図に反応しやすい動作であるという特性が活かせ

なかったり，スタート直後の腕の振りや前傾姿勢が不十分であったり，スタート1歩目の歩幅が大きすぎる，等の問題によるものであった．

CS法は身体を前傾し，基底面の外に重心を投げ出しバランスを保つ動的バランス能力が要求される．人は不意に倒れそうになった場合，両腕を広げ，倒れることに備えようとするパラシュート反応が働く．すなわち，CS法は，身体を大きく前傾してもパラシュート反応を抑制する必要がある．Sタイプのスタート時の腕振りの様子（腕が前後に振れていない）からも推察されるように，この能力の不十分さが小学生において CS法を習熟し難くしているのである．したがって，CS法の学習指導においては，レディネス要因としての動的バランス能力を高める必要がある．

> **演習課題** リレーを例に教育内容を考えてみよう．
> ①リレーの運動課題は？→（　　　　　　　　　　　）
> ②4人の走者の100m走のタイムの合計よりもリレータイムの方が良くなるのは？（この差を利得タイムという）

短距離走の速度曲線が図解できれば，リレーにおいて前走者がどの位置にくれば全力で走り出せばよいかのゴーマーク位置の発見が学習課題になることは容易に理解される．何ら道具を使うことなく，ゴーマーク位置を1回の実践でみつける場の設定は，リレーの教材化である．頭の体操として考えていただきたい．

4．教材と区別される普遍的な教育内容

体育科は，身体運動文化ならびに身体運動文化（スポーツ）に関する科学のなかから教育内容を選択・措定して教育に活かそうとしている．したがって，横幅と奥行きのある身体運動文化から教育内容を措定し，内容について各論を述べれば，半無限になる．指導要領に取り上げられている領域と一部の種目については後述するが，ここでは，抽象的になるが教材と区別される普遍的な教育内容を列挙しておく．

すなわち，学び方の能力（高次目標），技術，作戦（戦術），ルール，マナー，知識（概念・法則），スポーツの組織・運営の仕方，その他，となる．これらの具体について考える領域が「教科内容学」である．

5．児童・生徒からみた運動の特性と教育内容の構成

学習は教育内容と学習者との関係において成立するものであり，教育内容をただ与えればよいというものではない．特に，体育においては，各種の運動に自発的に取り組む意欲や態度，資質や能力を育てることが必要であり，運動に興味を持たせることが重要となる．また，生涯にわたって，生活のなかに運動を活かせるように指導するためには，スポーツを正しく行う行い方や必要な技能を身につけさせる必要がある．

その際，児童・生徒が自分達で主体的に学習するように指導することが重要である．

したがって，児童・生徒は，その運動のどこがおもしろくて行うのか，子どもをある運動に駆り立てるものは何か等，児童・生徒の立場に立って運動の特性（運動の妙味）を捉える必要がある．

（1）子どもをある運動に駆り立てるもの

　人間の基本的欲求の1つとして活動の欲求がある．子どもは，特別の目的意識なしに自分の心身を使い，それによって，種々の能力の発達が促されている．歩けるようになると，盛んに歩き回り，言葉を覚えると，しきりにそれを使うのは，うまく歩けるようになりたいという目的が意識されているわけではない．話すことに駆り立てられ，歩くことに駆り立てられているのである．このような，活動そのもののために，自発的に活動させる働きを「活動の欲求」と呼ぶ．

　また，子ども達にとっては，ある新しい行動が獲得されるということは，新しい障壁（課題）に当面することを意味する．その障壁を乗り越えたり，克服したりすることによって，その行動がいっそう発達する．このことは，絶えず自己試しが行われているとみることができる．そこには，心身の働きに応じた想像や工夫（創造）が伴っている．たとえば，母親に伴われた子どもは，母親と手をつないで歩くことを好まない．母親の手を放れて，前に出たり，道路のそばにある溝の端をケンケンしたり，バランスを取りながら歩いたりして母親をハラハラさせる．このような活動や行動の源動力を「自己試しの欲求」あるいは「挑戦の欲求」と呼ぶ．

　さらに，自発的行動のもとになっている働きとして，「新奇を求める欲求」がある．この場合，まったく新しいものである必要はない．材料は同じでも，その形の異なるもの，変形したものでもよい．

　いま1つ，「自己試しの欲求」とも関連のある，他よりも優れていることを認められたい，認めたいという「競争の欲求」がある．これによって，子ども達は自発的に活動し，相手よりも優れたいための創意・工夫をする．

　すなわち，子ども達の運動欲求のなかには，「活動の欲求」「自己試しの欲求」「新奇を求める欲求」「競争の欲求」等が含まれ，これらが単独，あるいは相互に関係（複合）して，子どもを運動に駆り立てているのである．

　競争の欲求は，陸上競技，競泳，格技，球技等の各種の競争的スポーツによって充足されると考えるのが一般的である．しかし，競争の相手を昨日の自分に置けば，いずれの運動によっても充足することができる．「今日の我に明日は勝つ」である．

　もちろん，各種の運動遊びやスポーツは，先にあげた欲求のいずれか1つを充足させるというような1対1の対応関係にあるわけではないが，そこには何らかの関係が認められる．

　したがって，教材構成を考える場合，子ども達がどのような欲求に基づいて，運動を選んだり，行ったりするのか，ある運動がどのような欲求に基づいて行われるのかを理解することが必要になる．

（2）運動要求の発達的変化

　子どもを運動に駆り立てたり，ある特定の運動に夢中にさせたりする働きとして，「活動の欲求」「新奇を求める欲求」「自己試しの欲求」「競争の欲求」等があげられた（この他にもマズローの「欲求階層説」など欲求の分類論はある）．さらに，子ども達が，どの運動を，どのような欲求に基づいて行うかは加齢によっても変化する．

　乳児期や幼児期のはじめにみられる運動は，手先で物を把握したり，振ったりするような操作的な運動と，這う，歩く等の移動運動に分けられる．この時期の運動は，感覚器を働かせたり，動作したりすること自体を楽しむ機能遊びであり，活動の欲求あるいは新奇を求める欲求に基づいて行われているとみることができる．しかし，心身が発達すると，このような機能遊びが，自己の機能を試して，その成功に喜びを求めるような自己試しの運動遊びへと発展する．さらに，他人との関係で，追いかけっこあるいは格闘的な遊びがみられるようになり，玩具や道具を用いた遊びへと発展する．カイヨワが，遊びの分類論の中でパイディア（無秩序）からルドゥス（秩序だった）という考えを示しているのもこのためである（表3-1，p14参照）．

　これらの遊びは，知的・情緒的な発達と関連して，模倣的・創造的なごっこ遊びや模倣表現遊びとなる．また，社会性の発達と関連して平行遊びから集団的な遊びが行われるようになる．この段階になると，追いかけっこ，格闘的な遊び，玩具や遊具を用いた遊び，等にも競争的な要因が加えられる．自己試しの運動遊びも，自ら障壁や変化を与えて，それを克服することに喜びを発見したり，遊びに冒険的な要因が加えられ，スリルを楽しむところがみられるようになる．

　一般に，小学校1〜2年生頃まではブランコや滑り台等の固定遊具を使う遊びや，ごっこ遊び等の興味が幼児期に続いて持続するが，そのやり方が多様化・複雑化してくる．そして，小学校3年生以上になると，ヒトとしての基本的な運動様式が成人パターンを示すようになり，運動が競争的に行われ，一定のルールを持ち，個々のプレーヤーの役割が分化した簡単なチームゲーム（集団対抗の遊び）が行われるようになる．さらに，小学校高学年になると，内的な運動要求だけでなく，必要性の認識あるいは必要感に基づいて運動が行われるようになる．すなわち，知的理解が高まり，運動したいから運動するというだけでなく，運動が必要だから運動するということもあり「体操」領域（平成10（1998）年度の改訂で「体つくり運動」となる）が，高学年に設定されていた．

　しかし，授業において，必要性に基づいてある運動を課す場合にも，その必要性の認識を高めるだけでなく，内的な運動欲求に基づく活動にするとともに，身体を動かすことの「快（爽やかさ）」を感じさせるような配慮が重要である．

（3）運動欲求と運動の特性

　運動の効果に着目して運動を特徴づけたり，運動の仕組みや運動技術の構造的特徴を明確にしたりすることは，文化の側から，あるいは指導者の立場から運動を特徴づ

けたものである.

　これに対して，運動欲求と運動との関係（機能的特性：表3-2，p15参照），ある
いは子どもの運動への取り組み方を明らかにすることは，運動の特性（特徴）を子ど
もの立場から捉えようとするものである.

　たとえば，大人が体操をするのは，健康や体力を維持したいという必要感に基づい
ているが，この立場から，体つくり運動を健康や体力を維持するための運動として，
小学校低学年の子ども達に行わせようとしても，その必要性を認識させることは難し
い．動くことの楽しさに基づいて必要なさまざまな動きを活発に行わせてその目標の
達成を図ることが，子どもの立場からすれば重要になる（このような考え方に基づい
て「基本の運動」という領域が設定されていた）.

　ボール運動に子どもが惹かれるのも，ボールゲームが楽しいからである．したがっ
て，この場合にはゲームを中心に授業を行う．また，小学校高学年のボールゲームに
おいても集団的技能が重要であるから，それを支える個人技能の学習やその具体的な
場面を取り出して学習させるのではなく，ゲームそのものを楽しみ，その楽しみを高
めるために集団技能（作戦）や個人技能を身につけるという立場が重要である.

　これらは1つの例にすぎず，すべての運動を子どもの欲求との関連で捉えて指導
することは，自発的な活動の基底的要因である．また，このことが生涯スポーツにお
けるスポーツへの取り組み方や，スポーツを正しく行う行い方の学習につながる.

■6．教育内容とカリキュラムの関連

（1）教科カリキュラムの分類

　教科カリキュラムとは，既成の文化遺産のなかから教育的価値のあるものを選択し，
学問の理論的な知識体系を学習者の発達段階等にあわせて，教科内容を構成するもの
である．これは，分離教科カリキュラム，関連カリキュラム，クロスカリキュラム，
融合カリキュラム，中心統合カリキュラム，広域カリキュラムに細分される.

　分離教科カリキュラムは，各教科の背後にある学問の論理的知識体系がそのまま教
科の内容として採用される科学中心のカリキュラムである．関連カリキュラムは，分
離教科カリキュラムの並列主義，羅列主義がもたらす欠陥を補う意図で，近隣の複数
の教科相互の間に教材を関連させて編成するカリキュラムである．また，クロスカリ
キュラムは，カリキュラム全体で強調されるべき理念，育成されるべき学力，複数の
教科にまたがるテーマの存在を明確にし，そのための計画性をカリキュラムのなかに
導入していこうとする考え方である.

　さらに，融合カリキュラムは，複数の教科相互の関連を図るにとどまらず，いくつ
かの教科を融合して1つの教科をつくるカリキュラムである．現在の理科・社会科
にみられるもので，前者は，生物，化学，物理等の内容を融合した例である．中心統
合カリキュラムは，ある1つの教科を中核にしてカリキュラムを編成しようとする

ものである．したがって，諸教科は中心教科によって意義を与えられ，その発展であると同時にそこに帰趨するという形態をとる．広域カリキュラムは，いくつかの専門的な分野をより広い領域に結合することによって，教育内容の細分化を克服しようとするカリキュラムである．しかし，各教科の基本的な知識や固有の思考方法の習得が不十分になる恐れがあると指摘されている．

(2)経験カリキュラムの分類

　経験カリキュラムとは，伝統的カリキュラムともいわれる教科カリキュラムの問題点を克服するために考えられた．固定的知識の一方的伝達や注入が教育的にふさわしくないという問題意識に基づくものである．学習者の生活経験，興味，問題意識を中心にスコープ（scope）とシーケンス（sequence）をとり，生活の系統に学問の系統を寄り添わせようとするものである．これには，1930年～1940年代においてアメリカヴァージニア州教育委員会が開発したコアカリキュラムと，ジョン・デューイ（John Dewey）が主張した経験主義における経験中心カリキュラムがある．

　コアカリキュラムは，生活現実のなかの問題を解決する学習である中心課程と，それに必要な限りで基礎的な知識や技能を学習する周辺課程からなる．周辺課程は各教科によって構成されることから，まったく教科の存在を認めない経験中心カリキュラムに比べて教科カリキュラムに近いといえる．

　経験中心カリキュラムは，一切の教科の存在を認めず，児童・生徒の興味と目的をもった活動からなる総合的な単元で全体が組織されるものである．子ども達の主体的学習を最大限に保障しようとするデューイの進歩主義教育やW.H.キルパトリックのプロジェクトメソッドがその代表例である．

　これらから，今後は，学問か子どもかといった二項対立的に考えるのではなく，両者を含み込ませたカリキュラム観に立脚しなければならないと考えられる．たとえば，体育科の教科成立基盤である身体運動文化は，生理学，バイオメカニクス，運動学，技術発展史等々，さまざまな学問内容を含みもち，奥深く幅広い豊かな教育内容を包含する総合文化である．したがって，体育科においても，社会科・理科同様に融合カリキュラム観に立脚してカリキュラム作成にあたることが重要と考えられる．

(3)カリキュラム編成の要件

　カリキュラム編成は，学問体系を重視した学問中心か，生活経験や興味・関心を重視した子ども中心かという二項対立として捉えるのではなく，学問を文化と，子どもを発達として考え，その交点にカリキュラムを編成する必要性がある．前者は学問的・文化的要請，後者は（学習者の）心理的・成熟的要請にこたえることである．また，時代背景によってもカリキュラムは大きく影響を受ける．これは，カリキュラム編成の第3の要件の社会的要請である．すなわち，カリキュラムの編成は，学問的・文化的要請，心理的・成熟的要請，社会的要請，の3つが絡み合って編成される必

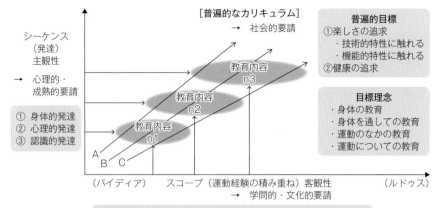

図5-4　体育科の普遍的なカリキュラム
（佐々敬政，中島友樹，後藤幸弘（2011）体育科カリキュラム作成に向けての基礎的考察．兵庫教育大学研究紀要，38：203-216）

要がある．

　著者らは，どのような時代になろうとも通用する，体育科の普遍的なカリキュラムの作成を志向している．技能的特性や機能的特性に触れた楽しさの追求（志向），健康の追求（志向）は，人類普遍の価値として考えることに異論を唱える人はいないであろう．また，第2章で述べた体育科の4つの目標理念は，時代を超えて重視されなければならないと考えられる．図5-4に，これらの関係を示した．

📖　**参考文献**

・奈須正裕（2021）『少ない時数で豊かに学ぶ』授業のつくり方−脱『カリキュラム・オーバーロード』への処方箋．ぎょうせい．
・西園芳信，増井三夫編著（2009）教育実践から捉える教員養成のための教科内容学研究．風間書房．
・野津一浩（2023）見方・考え方を鍛える体育の授業づくり−体育と保健の教科内容を捉え直す−．体育科教育，70（9）：68-73．
・岡尾恵市（1996）陸上競技のルーツをさぐる．256，文理閣．
・佐々敬政，中島友樹，後藤幸弘（2011）体育科カリキュラム作成に向けての基礎的考察．兵庫教育大学研究紀要，38：203-216．
・山根文隆，後藤幸弘，辻野昭，藤田定彦，田中譲（1987）クラウチングスタート法の適時性に関する基礎的研究−クラウチングスタート法による効果の年齢差−．第8回日本バイオメカニクス学会大会論集，14-20．

[佐々敬政・中島友樹・後藤幸弘]

第6章

競争とルール・技術・作戦(戦術)

1．ルール・技術・作戦（戦術）の関係

　　ルール，技術，作戦（戦術）は，三位一体の関係にあり，ルールが技術（動き）を規定し，また作戦を規定する（図6-1）．作戦は，また技術に規定される．一方，ルールは，作戦や技術の発展変化に伴って，ゲームをより安全に楽しくできるように変化してきている．

　　したがって，ルールと作戦の間にデザインされた場，ルールと技術の間に運動の場，作戦と技術の間に遊動の場という概念が成立する．デザインされた場の意味には，教師が設定するルールによって子どもの動き（作戦）を意図的に引き出すことができ，授業で事前に仕組めるものであることも示唆している．教師が深くルールを理解しなければならないのもこのことによる．また，ルール変更のタイミングは，作戦が飽和したときで，ルールを頻繁に変更すれば作戦は深まらない．

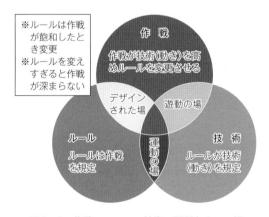

図6-1　作戦・ルール・技術の関係と3つの場
（後藤幸弘（2021）体育科におけるボール運動・球技の「教育内容」としてのルール・技術・作戦についての考え方．兵庫教育大学学校教育学研究，34：261-270）

2．競　　争

　　序文において，払拭して欲しい6つの誤解の1つに競争観をあげた．ここでは，以下の問いについて考え，競争観を高めることにせまろう．

　　・競争は悪か？：競争観の育成（正しい方法を用いての勝利の追求は善である），

勝利至上主義とは異なることを理解する必要がある.

・競う相手は?

・何のために競うのか?

・何を競い合っているのか?

・競い方は?

・結果の取り扱いは?(引き分け制度は誰のためにあるか)

・競う相手は,敵か味方か?(自分を高めてくれる仲間)

(1) 競争と教育問題

　競争とは,「目標の達成をめざして,互いに他者を上回ろうとする者同士の間に生じる1つの社会関係の型」である.教育においては,学習者の能力達成が目標となり,その過程や結果が評価されるので,相互の競争が生じやすく,競争心は学習意欲や努力集中への有力な刺激となり,学習強化の手段として進んで活用される面もある.

　競争の主体については,個人間競争と集団間競争とに区別することができる.また,競争の対象については,物的財貨や地位・名誉などの非物質的価値を求める対象指向と,競争者自身の才能や能力の発揮・展開を求める主体指向に区別できる.しかし,その2つの指向は連動することが多く,この点を捉えて,活動目的そのものに指向する目的競争と,他者に優ることに指向する対人指向とに区別することもできる.

　学校における学力獲得競争は,典型的な主体指向競争の1つであるが,受験競争の激化,子どもの人権侵害や差別化,また,子どもに対する全人的な見方の欠如=相対化や序列化などの多くの問題点を抱えている.

　一方,学校教育においては,競争の問題点ばかりに配慮して,極端に競争場面を排除したり,競争よりも社会性や教育的な道徳性を重視したりする傾向もみられる.これは決して正しいとはいえないのである.競争場面が中心となる体育学習ではそれが顕著であるといえよう.

(2) 体育学習におけるいびつな競争観

　運動会のかけっこ(徒競走)は,走力の個人差が顕在化しやすいということの配慮から実施されなかったり,実施しても走力の個人差を相殺するためにサイコロの出た目によってコースの長さが決まるというルールを用いたりすることがある.特に後者では,アレア(運)の要素によって,走力が低い子どもに勝つチャンスが生まれるが,運動における競争の醍醐味が感じられず,みている保護者にも爽快感や楽しさが伝わってこない.

　ボール運動では,できるだけチーム間の格差が少なく,どのチームにも勝つチャンスのあることが重要である.しかし,社会体育などの経験から技能が突出している子どもがいる場合には,足かせとなるようなルールを作るなど,いびつな競争のみられる例がある.チーム全員がボールに触れた後でなければシュートしてはならないと

いったルールはゲームの冒涜である.

（3）試合（ゲーム）の本質とよい試合が成立する4つの理想原理

ゲームの本質は勝つことの工夫を楽しむことにある．また，スポーツはテスト（試すこと）で，試し合い（contest）である．すなわち，試合（ゲーム）は2人以上の参加者によって行われるイベントで，ルール（規則）によって決定されている同じ課題で対戦相手のパフォーマンスを凌ごうとする行為である．したがって，試合はプレーヤーの能力発揮や身体操作技術による自己表現（実現）的機能と，順位や優劣を判定する道具的機能（意義）を有している．また，よい試合が成立するためには，次に示す4つの理想原理が達成されなければならない．

第1：関係者の相互性（競争と共同）

第2：可能な限りのパフォーマンスの発揮（最大限の努力）

第3：適切な成功基準の理解（十分にプレーするという成功基準）

第4：公正（ルールの条項と精神の遵守，参加者が全力を尽くすための機会の保障）

第1の関係者の相互性は，試合相手は敵というが，自分を上手にしてくれる仲間であるという認識が重要であることを意味している．だから，試合前に「よろしくお願いします」，終了後に「ありがとうございました」と礼をするのである．

第2の可能な限りのパフォーマンスの発揮は，試合終了まで勝つことを求めてルールに則って最大限の努力をすることで，これがフェアプレーの本質なのである．悪い意味での勝利至上主義とは異なることの理解が重要である．たとえルールが守られていても，対戦相手同士が相手よりも優れていようと試みなければ，試合は成立しないのである．

第3の適切な成功基準の理解は，試合における価値を勝敗と十分にプレーするという基準をおかなければ，試合の価値はゼロになるというゼロサム理論が背景にある．

デトラーは，「成功基準として勝利をあげることは根本的に誤りで，競技参加者が十分に技能を発揮し，必要とされる心理的生理的努力を行使し，さらに賢明な戦術や戦略を選択すれば，勝利にかかわりなく，その参加者は成功しているという別の成功基準を考える」ことを主張している．

第4の公正は，参加者が全力を尽くすための機会が保障されるとともに，ルールの条項と精神が遵守された試合でなければならないということである．

（4）競争の性格分けと類型

競争は，以下に示す6つに分類され，それぞれに異なる性格を有する．学校体育では，⑥の達成の競争が中心とならなければならない．

①個人間競争と集団間競争

②対象指向と主体指向

③目的競争と対人競争

④抑制された競争，開かれた競争，閉じられた競争

⑤他人と違う存在であろうとする競争と他人と同じであろうとする競争

⑥達成の競争と絶対値の競争：学校体育は達成を競争する世界で，絶対値を争う競技スポーツの世界とは異ならなければならない（評価の走高跳，pp280-281，表18-4，図18-3参照）．

（5）ハンディキャップ制−お情けルール観の払拭−

ハンディキャップ制は，試合結果の未確定性を保障するために考え出された人類の叡智で，上手な人と下手な人がともに全力を尽くし試合を楽しめるようにする方法で，お情けルールではない．わが国では，試合の後で「ハンディキャップをあげたから負けた」という人をみかけるが，これは決していってはならない言葉であることを理解する必要がある．

バドミントンでは，弱者のコート（ゴール）を縮小するというハンディキャップ制で，点差を縮められることが認められる．また，サイドラインを狭めるよりも，バックラインを狭める方が点差を縮小するうえで有効である（図6-2）．すなわち，コートを縮小することで，技能下位者もラリー継続の楽しさや決定ショットの楽しさを味わえることができるのである（図6-3）．

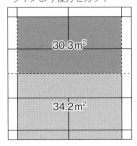

縮小コート1
両サイドカットコート(SCC)
両側のサイドラインから内側30cmをカット

30.3m²

34.2m²

縮小コート2
バックカットコート(BCC)
ダブルスのロングサービスラインより後方をカット

30.3m²

34.2m²

図6-2　コート縮小の方法（逆に上位者のコートを広げてもよい）
（日高正博，後藤幸弘（2011）バドミントンにおけるコート縮小によるハンディキャップ制導入の影響−大学生を対象として−.長崎大学教育学部紀要，51：65-76）

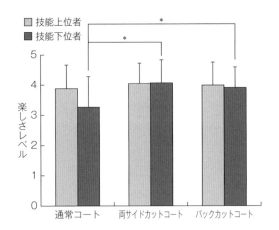

図6-3　ラリー継続の楽しさへの影響
（日高正博，後藤幸弘（2009）バドミントンのゲーム様相と楽しさの関係−ハンディキャップ制確率に向けての基礎的研究．長崎大学教育学部紀要，50：59-74）

3．ルール

（1）ルールとは

ルールとはプレー遂行上の約束である．そして，ルールの本質は，勝利に対するス

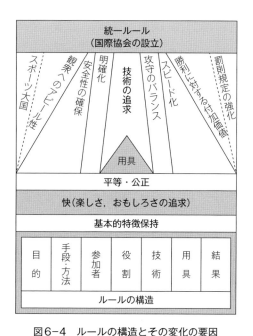

図6-4　ルールの構造とその変化の要因
統一ルールから下に向かって三角形に示されているものは，プレー（ゲーム）の本質からの変更要因ではない（例：スポーツ大国からの圧力等）．

タートの条件を公正に保持すること，楽しさの保障，ならびに，安全性の確保にある．

ルールに類似する言葉にレギュレーションがある．ルールは一般に，競技規則と呼ばれる．これに対しレギュレーションは，大会運営のために決められたルールで，通常大会規定と呼ばれる．

（2）ルールの構造

ルールには，目的，手段・方法，参加者，参加者の役割，技術，用具，結果（勝敗の決定方法），についての取り決めがあるという構造を持っている．

目的は，ゲームに勝つ努力にその本質がある．手段・方法は，競技の方法や競技の場の条件についての約束事である．参加者は，チームの構成についての取り決めである．参加者の役割は，競技進行上の役割分担についての取り決めである．技術は，それぞれのスポーツの運動課題を解決するための合理的な身体操作の方法についての決まりである．用具は，競技に用いる用具について，結果は，最終的な勝敗を判定する基準についての取り決めである．

図6-4は，野球，サッカー，バスケットボール，バレーボール等のルールの変更を調査し，ルールの構造とルールの変化の要因を構造的に示したものである．

カートライトが作成した野球の初期ルールは14条に過ぎなかった．同様に，サッカーのルールは14条，バスケットボールも13条，バレーボールにおいては10条であった．しかし，それぞれの初期ルールにおいても当然のことながら，目的，手段・

方法，参加者，参加者の役割，技術，用具，結果（勝敗の決定方法）について取り決めがなされていた．しかし，現代の公式ルールは，種々の契機によって変化し，ルールの条項はかなりの量になっている．

（3）ルール変化の契機

ルール変化の背後には，それぞれのスポーツの特徴を保持し，ゲームをより楽しいものにしようとする人間の叡智を読みとることができる．

変化の本質的要因は，用具の発展に支えられながら，技術の追求を中心に，攻守のバランスを保つため，無用なトラブルを避けるために判定の明確化を求めて変化してきた，とまとめられる．しかし，現代では，ゲームの本質以外の要因によってもルールは変更されている．すなわち，罰則規定の強化は，勝利に対する付加価値の増加のなせる業であり，観衆へのアピール性は，スポーツの商業化，大会運営のための基金を得るため，等の要因が関係している．すなわち，図6-4の台形の部分は選手のためのルール変更といえるが，台形の外側は選手のため以外のさまざまな要因が絡んでいる．

1）例①：スポーツ大国

・バレーのブロックをオーバーネットをしても可か否かについては，大型選手の多いスポーツ大国の意見で変化している．
・日本提案のリベロの採用は20年以上かかって認められた．これは，日本が世界選手権等々の大会を公平に開催してくれる国であるとの評価が背景にある．

2）例②：観衆へのアピール性

・北京オリンピックで用いた背泳のバサロキックもそれができる距離が15mまでに制限された．これは，健康面への配慮とされたが，内実は泳いでいる姿がみえないと観客，特にTVにとってはおもしろくないという営業面での理由による変更であった．
・バスケットボールのクォーター制は，選手の健康管理のためといわれているが，その裏には，TV放送におけるコマーシャルタイムの確保がある．したがって，その間会場では，観客のためにチアリーダー等によるショーが行われている．

3）例③：罰則規定の強化

・勝利に対する付加価値の高まり．
・金メダルを取ったら一生暮らしていける国があり，反則（ドーピング等を含む）を犯してでも勝利しようとする選手が生起してきたため，罰則規定がどんどん強化されてきたのである．
・サッカーのプロ化に伴って，フットボール・アソシエーションにおいてペナルティキックになる9つの反則が決められた．しかし，ケンブリッジやオックスフォードの学生は，結果として相手を蹴ってしまったり，押してしまうことはあるが，決して故意には行わない．したがって，われわれにはこの罰則規定は必要

ないとしたといわれている．騎士の国のエリートの素晴らしさに感動させられる話である．

（4）ルール学習の本質と留意点

1）ルール学習の本質

　ルール学習の本質は，ルールがなぜあるかの理解で，無用なトラブルを避け，みんなが安全に，楽しく暮らせるためにあることの理解である．わが国では右側通行であるが，右でも左でもどちらかに決めておけば無用な正面衝突が避けられるのである．だから守るのであって，罰則規定があるから守るものであるということであってはならない．また，罰則規定を決めているものがルールであるという認識も払拭しなければならない．すなわち，ルール学習の本質は，ルールの条項を覚えることではなく，ルールの精神を理解することである．

2）ルール学習の留意点

①教師がルール変更の意味を説明せずに生徒にルールを変更させることは，意味あることではない．生徒には，ルールの効果やその修正を意識的に追体験させるべきである．

②ルールとスポーツ行為の関連性を体系的に教えることが重要である．すなわち，ルールとその修正の間に生じる関連性を生き生きと体験させなければならない．

③ルール・技術・作戦（戦術）は三位一体の関係にある（図6-1）．したがって，教師は個々の種目の技術や戦術を十分知っていなければならないし，またそれらを習得できる方法を知らなければならない．

④ルールを変更する前提条件は，変更されるゲームを十分なレベルで行えていることである．それがあればこそ，ルールが与える影響と意義を正しく認識し評価できる．すなわち，1次ルールのゲームで作戦に飽和状態が生じたときに，2次ルールに変更するのがよい．

⑤観察によってもルールの認識は可能である．しかし，自ら経験することにより認識は深まる．また，即座に認識できるルールと認識に至るまでに時間を要するルールがあることにも留意する必要がある．

演習課題

①学習指導要領に取り上げられているスポーツのなかから興味あるものを1つ選び，上記の構造にあてはめ，ルールの理解を深めよう．

②図6-5にボール運動創造の歴史を示した．それぞれのスポーツのルールが現代の公式ルールになるまでにどのように変化してきたかを調べると，学習指導に使えるものが沢山あることに気づかされる．たとえば，バレーボールでエンドゾーンからではサーブを相手コートに打てない子の配慮として前から行わせているというケースがみられる．しかし，モルガンの最初のルールにあるお助けサーブを用いる方が連係プレーの学習に意味がある．

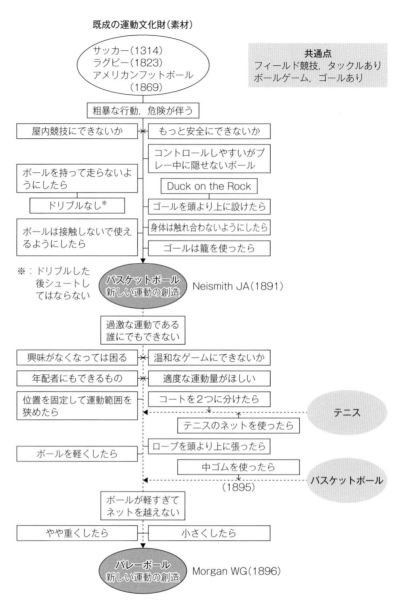

図6-5 ボール運動創造の歴史（佐藤（1972）をもとに作図）

（5）抗議とマナー

1）抗　議

　競技の目的で述べたように，選手は勝利を求めて最大限の努力をする義務がある．したがって，栄冠と名誉のために，選手は日々研鑽を積んでいるのである．大会において，これらの努力が正当に評価されなかった場合，また，何らかの不当な妨害によって実力が発揮できなかった時には，一般にチーム・選手は規程の手続きによって抗議をする権利を有する．

2）マナー

　マナーは，よい試合成立の基底的態度である．すなわち，競技の相手は自分を高めてくれる仲間である．また，審判員もよい試合が成立するための仲間であるとする認識が重要である．

　フェアプレーの本質は，勝利を求めて正当な方法で全力を尽くことにある．そして終了後は，お互いの健闘を讃え合うのである．ラグビーのノーサイドの精神や，ライバルが素晴らしい永遠の友になるのはこのことによる．

▌4．技　　術

（1）運動成果を決める要因の構造

　図6-6は，運動成果を決定する要因を構造的に示したものである．筋は自発的には活動せず，中枢の指令によって収縮する．体育会系の人が頭が筋肉であるというのは嘘であり，頭が悪くては一流のスポーツパーソンにはなれない．

　関節を跨いで骨についている筋の収縮によって関節が動き，関節運動の総体をわれわれは，フォームや技術として観察している．関節運動が力を外部に伝え，その反作用でわれわれの身体は動いている．歩や走の場合，それは歩幅と歩数として観察される．また，歩幅（SL）と単位時間あたりの歩数（SF）の積が速度となる．同じ10m/sの速度であっても歩幅が2.0mと2.5mでは，前者の歩数は5歩/秒，後者のそれは4歩/秒となり，前者の選手の走り方をストライド走タイプ，後者をピッチ走タイプと呼んでいる．陸上競技は，ある距離をどれだけの時間で走り切れるかや，どれだけ高く跳ぶことができるか等の最上段の記録で争うので測定競技と呼ばれる．一方，体操競技やスケートのフィギィアはフォームの美しさを評価判定しているので採点競技という．図6-6の歩幅と歩数の概念は動作範囲，動作速度と置き換えることができ，すべての運動に適応できる運動成果を決める要因の構造図となる．

> **演習課題**　①水泳の運動成果を決定する要素を**図6-6**にあてはめて説明しよう．
> ②あなたの得意なスポーツを**図6-6**にあてはめて説明しよう．
> ③ウインドミル投法の合理性を**図6-6**にあてはめて考えよう．

（2）技術とは

　技術とは，特定の課題を解決するために実践の場で発生し（開発・発見），かつ検証された合理的で効率的な身体操作の方法で，運動課題解決のための合理的な身体操作の系列（行為の連鎖）で，フォームとしてわれわれの目の前に現れる（図6-7）．そして，転移可能性（一般妥当性），時間的限定性（新しいものに取って代わられる），鋳型化現象化（運動経過に現れるので行為の形と誤解されやすい），運動様式（個人的特性の浮き彫り），という4つの特性を持つ．

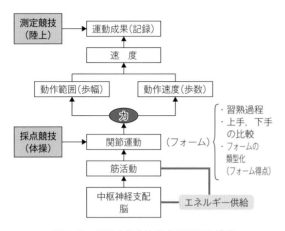

図6-6　運動成果を決定する要因の構造
（後藤幸弘（2004）技能の評価と指導の一体化を目指して－教育内容の明確な授業のために－. 体育科教育学研究，20（1）：15-26より改変）

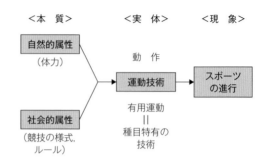

図6-7　スポーツの構造
スポーツは，ルールによって規定され，運動技術によって実体化されることを示している.
（内海和雄（1984）体育科の学力と目標. 63, 青木書店）

　転移可能性は，技術はそれを開発した人のものだけにとどまるのではなく，みんなのものになることを意味する. たとえば，クラウチングスタート法は，バークが第1回アテネオリンピック（1896年）で使用し，世界に広まった技術で誰もが用いることができる.

　時間的限定性は，走り高跳びにおいて，ベリロールが背面跳びに取って代わられた例である.

　鋳型化現象化は，運動技術は関節運動の総体としてフォームとして観察される. したがって，指導の際に形を教え込もうとするが，技術の本質は，形ではなく行為のなかにある合理にある. クラウチングの形をとることは，キックの方向をより水平に近づけることのできる動作で，クラウチングスタート法は水平分力創出の技術である. このことの理解は，身体操作技術が中心的教育内容となる体育において，特に留意されなければならない.

　運動様式は，同じ運動様式で歩いていても個々人に特徴があり，足音で誰が廊下を歩いているかがわかったり，遠くからでも見分けられる例である.

　繰り返すが，技術は，一定の形をもってわれわれの前に姿を現すが，行為の形ではなく行為を可能ならしめる原理なのである.

（3）基本技術

　技術には，基本技術，応用技術，発展技術といわれるものがある. 基本技術は，そのスポーツの本質を形成している技術で，技術の習得において，最初から取り組み，最後まで質的に発展していく技術，誰もがそのスポーツを行ううえで習得しなければならない技術，比較的容易に習得できる技術，ということができる.

　図6-8は，サッカーとバスケットボールの基礎技術・基本技術の関係を示したも

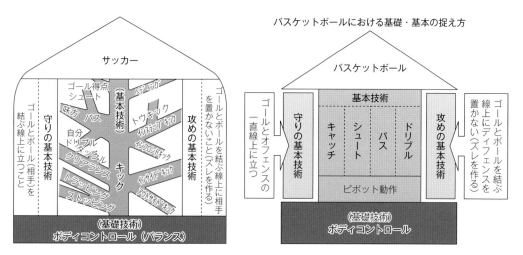

図6-8　サッカー・バスケットボールにおける基礎技術・基本技術の関係

サッカーを家に例え，基礎は土台で基本を柱として表現している．また，柱から出ている右側の枝はキックの種類，左側はパスの種類と機能を示している．

（後藤幸弘（1994）ボールを蹴る．学校体育，47（12）：72-74；後藤幸弘，芹沢博一，下田新（2009）普遍的価値（技能的・機能的特性）を拠り所とした絶対評価基準設定の試み−中学生男子のバスケットボールを対象として−．日本教科教育学会誌，32（3）：21-30）

のである．それぞれの種目を家と見立て，基礎技術を土台とし，基本技術を柱として表現したものである．また，基本となる柱は少ない方が良いと考えている．

　サッカーの場合，基本技術はキックという1本柱で示すことができ，ボールに力を加える身体部位の相違で，インステップキックやサイドキック等の名前がついているに過ぎない．ヘディングも英国の成書にはヘディング・キッキングと書かれている．また，ストッピングはボールにマイナスの力を加えるキックとみることができる．ボールに力を加える部位を変えれば変化球となるし，強弱によってショートパスやロングパスにもなる．

　サッカー界で，ブレイン，ボディーバランス，ボールコントロールをサッカーの3Bという．片脚の競技であるサッカーでは，ボディーバランスが基本技術を支える基礎技術となるのもそのためである．

　一方，バスケットボールにおいても基礎技術はボディーコントロールと置くことができ，基本技術は，パス，ドリブル，シュート，キャッチの4本柱と設定され，基礎技術と基本技術をつなぐ基本技術としてピボットが位置付く構造とまとめられる．

　すなわち，バスケットボールでは，パスもドリブルもシュートもボールに力を加え投擲する点で同一であるが，それぞれに特有の動作パターンを有し，使用頻度も高いのでそれぞれを柱にした．児童ではピボットが全力で走っていて急に止まるストップ動作の難しさと錯覚され，指導されないことが多い．しかし，ピボット動作は片足を軸にした回転運動で，ステップを踏んでオーバーハンドスローができるということは，ピボット動作ができているということであり，決して難しいものではない．また，ピボット動作は4種類しかないのである．逆にいえば，バスケットボール特有のシュー

トやピボットを教育内容としない学習は存在し得ないのである.

演習課題 4つのピボット動作を説明しよう.

　サッカーでは，図6-8に示すように，基礎技術はボディコントロールで，基本技術はキックということができる.

　一方，応用技術は，基本技術をもとにゲーム場面で開発された技術の総称で，応用技術を困難なゲーム場面でも発揮できるようさらに発展させた技術を発展技術という．図6-8に示したように，サッカーのインステップキックは基本技術で，ボールを曲げて蹴るインフロントキック，アウトフロントキックは応用技術，オーバーヘッドキックを発展技術と呼ぶ例である．また，バスケットボールにおける両手でのチェストパスは基本技術で，片手でのフックパスは応用技術，フックシュートを発展技術と呼ぶ例である.

　加えて，中核的技術や周辺的技術という概念もある．これは，ある課題を解決するために必要な技術は1つの場合もあるが，複数の場合がほとんどである．その際，それらの技術を重要度の面から分ける概念として措定された用語である．中核的技術は，それぞれのスポーツの中心課題（最重要課題）を解決するために位置づけられた技術をいう．この対概念として周辺的技術がある．たとえば，走り高跳びにおいて，助走の勢いを高さに変換する踏切技術やバークリアランス技術は中核的技術であるが，着地技術は周辺的技術に位置づく.

　また，技術に類する語として技能がある．前者は合目的性と経済性を兼ね備えた客観的に存在する運動パターンであるのに対し，後者は主観的なもので，技術を内面化した程度や熟練の度合いを意味する．したがって，体育科教育においては，運動技能を高めることは学習の目標であり，運動技術は学習の内容であるということができる.

　図6-9は，バドミントンのショット（技術）を，構造的に示したものである．バドミントンは移動運動と打つ運動で構成されている．的確な場所へステップ（移動）がなされてこそ正しく打つことができることから，移動運動にかかわるフットワークをショット発揮のための基礎技術と位置づけた．フットワークは的確な打動作のためにコート内をすばやく動く効率的な身体移動の技術で，ホームポジションと打点位置の往復時間を短縮させることと，打動作が滑らかに行えるための足の構えに本質がある.

　次に，ラケットを用いてシャトルに力を加える打動作（ストローク）がフットワークの上に位置づけられる．また，このストロークは，オーバーヘッドストローク，サイドアームストローク，アンダーハンドストローク，の3種類に分けられ，オーバーヘッドストロークを3本柱の中央に配置し，その両サイドにサイドアームストローク，アンダーハンドストロークの2つを位置づけた.

　さらに，中心となる柱のオーバーヘッドストロークは，クリアー，スマッシュ，ドロップ，カットに分けられるが，これらのなかでもクリアーは，他のスマッシュ，ドロップ，カットと比べ，高く深く空間を使えるショットであり，使用頻度も高く，バ

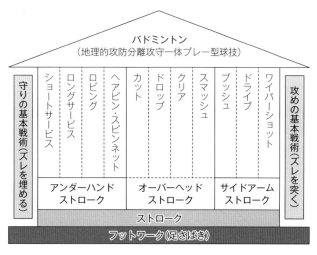

図6-9　バドミントンにおけるショットの構造図
（日高正博, 佐藤未来, 後藤幸弘（2015）バドミントンのショット（技術）の構造化の
試み. 宮崎大学教育文化学部附属教育協働開発センター研究紀要, 23：107-113）

ドミントン技術を象徴しているといえる. 同様にサイドアームストロークの柱は, ド
ライブ, プッシュ, ワイパーショットに分けられ, アンダーハンドストロークの柱は,
ヘアピン・スピンネット, ロビング, ロングサービス, ショートサービスの4つに
分けられる.

（4）技術とパフォーマンスの関係

　一般に, 記録（record：運動成果）は, 体力（physical resources：身体資源）×技術
（skill）×（意欲・体調, 気候条件, 環境等）の式で表現できる.

　記録を高めるには, 意欲以下の条件も重要であるが, ここではこれを無視すると,
技術＝運動成果÷身体資源に変換できる. すなわち, 身体資源をいかに効率よく発揮
できるかが技術といえる. 後述する, 走り高跳びの HJS 指数＝（記録-1/2 身長）÷
垂直跳びの記録×100 もこの考え方に基づいている.

　重量挙げが体重制で競われるのも, 同じ筋量の人がどれだけ重いものを持ち挙げら
れるかを競っているので, その内実は, 技術を競っているのである. 挙げた重量が同
じであれば, 体重の軽い方の選手が上位に位置づけられるルールもこのことによる.

　競技成績に技術的要因が大きくかかわる代表としてはフィギュアケートが, 技術
的要因と体力的要因がともにかかわる代表としてサッカーや 400 m 障害走が, 体力
的要因が大きくかかわる代表としてトライアスロンやマラソンがあげられる（図6-
10）. 実際は走技術の差による所が大きいにもかかわらず, マラソンであの選手は
技術が高かったので勝ったといわないのはこのためである. すなわち, フィギュア
スケートのように競技力に技術的要因が体力的要因よりも大きくかかわる種目もあれ
ば, トライアスロン, マラソンのように体力的要因の方が大きく関係する種目のある

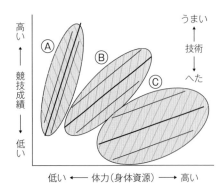

図6-10　体力と技術の競技成績へのかかわりの程度
（後藤幸弘，上原禎弘編著（2012）内容学と架橋する保健
体育科教育論．42，晃洋書房）

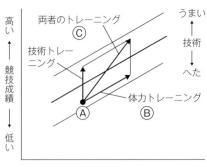

図6-11　体力トレーニングと技術トレーニングによ
る記録の向上
（後藤幸弘，上原禎弘編著（2012）内容学と架橋する保健
体育科教育論．42，晃洋書房）

ことを示している．

　また，図6-11は，ある種目に限定し，多数の選手で両者の関係をみることによっ
て，それぞれの選手の課題が明確になることを示している．すなわち，AB両選手の
記録は同じであるが，A選手は体力トレーニングをB選手は技術トレーニングを行
うことが当面の課題となる．

演習課題
　①スポーツ界で基本が大切とよくいわれる．しかし，必ずしも基本や基本技
　　術が理解されているわけではない．学習指導要領で取り上げられている種目
　　について基本技術を考えよう．
　②陸上競技の基本技術は，歩幅と歩数のコントロールということができる．こ
　　の意味を考えよう．

5．戦　　術

（1）戦術とは（作戦・戦術・戦略の関係）

　戦略と戦術は，目標達成の手段という共通の性質を持つが，異なる概念で明確に区
分される．戦略は戦闘部隊が優位に戦えるように全体を指導する術策であるのに対し，
戦術は戦場において実際に敵に勝利するために戦闘部隊を指揮統制する術策であると
されている．

　戦略（strategy）とは，長期的視野，複合思考で特定の目標を達成するために力や
資源を総合的に運用する技術・科学であるのに対し，作戦（operations）は，ある目
標を達成するための作戦計画の下に実行される行動をいう．

　戦術研究としてよく知られているものに「孫子の兵法」（守屋，1984）や「クラウ
ゼヴィッツの戦争論」がある．

　孫子においては戦略と戦術が明確に区分されていないが，戦術的な原則を，①戦い
は正攻法をもって不敗の態勢を築き奇襲によって勝利する，②先に戦場に到着するこ
とによって戦いの主導権を握る，③地形の掌握と有効活用，④敵情の掌握である（「敵

を知り己を知れば百戦すれぞ危うからず」とされるものである），と述べている．

（2）スポーツにみる戦術としての騙し

　戦争での例で説明してきたが，これらはスポーツのチームゲームでの戦い方に援用できる．現代では，勝つための工夫の準備に必要な情報を得ようとするプロ野球における先乗りスコアラーや，プロサッカーにおいてスカウティングということが常識となっているのもこれらのためである．スポーツでは，一般的に騙しという言葉と無縁のように思われている．しかし，競技場面では勝つための手段として相手を騙す技術が必要とされ，ルールの枠内で競技中に相手を騙すことはフェアな行為で，当然のように用いられている．たとえば，バスケットボールで，顔を右に向けながら左側にいる味方にパスをするような個人技レベルのフェイクから，バレーボールでセッターのトスと同時にすぐ横の選手がジャンプしてトスを空振りした瞬間に左サイドから豪快なスパイクを打つなどチームレベルでの騙しがある．さらに，騙しの巧みさがその選手自身やチームの評価にもつながる．逆にいうと，運動能力に優れている選手やチームほど騙しの技術が高いのである．しかし，騙しを見破られたり失敗したりした場合，その瞬間にチャンスからピンチへと形勢が一瞬に逆転することもある．このことは，攻防相乱型ゲームで顕著にみられる．

　バレーボールなど集団（チーム）で騙しを成功させるためには，当然メンバー内での共通理解が必要で，そのための練習やフォーメーションの確認などに時間が必要になる．見方を変えると，チーム全体で行う練習のほとんどが騙しの練習であるといっても過言ではない，このような日常とは異なるゲーム空間で，われわれは完成された騙しを楽しみ，見て感動しているのである．

　また，パフォーマンスとは直接的に関係のない騙しもある．たとえば，走り高跳びで，競技レベルが上がるほど相手の事情をみて自分が有利になるような駆け引きが行われている．走り高跳びは，選手自身が跳ぶ高さを申告し，申告した高さが低い選手から試技する．申告した高さが同じ場合にはプログラムに記載されている順に試技をする．試技は成功するまでに3回でき，その3回のなかで高さを上げることはできるが，下げることはできない．また，成功した高さが同じであった場合は，その高さでの試技数の少ない方が勝ちとなり，それが同じ場合，総試技数で順位が決まる．したがって，2人の選手がいて，プログラムではA選手の試技順が早い場合，両選手とも180 cmを申告すると，初めにA選手，次にB選手の順で試技する．A選手は1回目の試技に失敗し，B選手は1回目で成功，その後A選手は3回目に成功した場合，この時点では試技数でB選手が有利となる．その後，両選手とも185 cmを申告したが，A選手が申告を訂正しベスト記録である190 cmを申告したとすると，試技はB選手からとなる．B選手はこの出方をみてベスト記録を上回る195 cmを申告したとすると試技はA選手へと移る．この日のA選手は自己ベストを跳べるくらい調子がよいと自認し，逆にB選手は不調であった．その後の展開は，A選手は190 cm

を2回失敗の後，195 cm に上げたが失敗，B選手も195 cm を3回失敗した．結局，記録は180 cm，試技数でB選手が優勝したという例である．

このようなパフォーマンスに直接関係のない騙しはさまざまな競技場面で存在する．それは，その競技ルールを熟知しているから発揮できるのである．ここにもルール学習の必要性がある．

演習課題 パフォーマンスに直接関係のない騙しの例を考えよう．

（3）体育授業において戦術学習を重視する意味

ゲーム学習の本質は，「勝つための工夫を楽しむ」ことにある．その工夫の内実として，体力を高める，技術を高めることもあるが，限られた時間の体育授業においてとれる行為は，チーム構成員の特徴を活かした作戦を立てることに制約される．また，作戦を立てることは，楽しさを引き出すために目標を設定（課題を明確にする）する行為でもある．図6-12は，学年差を加味したサッカーが楽しめない要因の構造を示している．

中央部の斜線は，学年が上がるにつれて，ボール保持者の戦術行動からボール非保持者の戦術行動がわからないことが楽しめない要因になることを示している．これには，戦術行動の認識不足，時・空間認知能力が関係している．すなわち，作戦を立てることができなければ課題も不明確となり，ゲームが楽しめないことを示している．換言すれば，ゲームを楽しめるようにするためには戦術行動がわかり作戦を立てる能

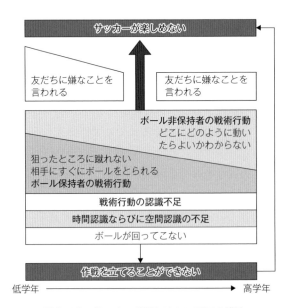

図6-12　サッカーが楽しめない要因の構造
（後藤幸弘，松本靖（2001）サッカーにおける楽しさと戦術行動に関わる能力との関係
－児童の意識調査とゲーム様相の実態から－．兵庫教育大学研究紀要，21：41-52）

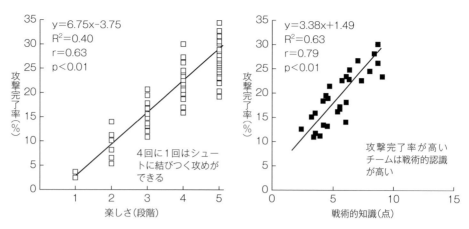

図6-13 攻撃完了率と楽しさ・戦術的知識の関係

(後藤幸弘, 松本靖（2001）サッカーにおける楽しさと戦術行動に関わる能力との関係−児童の意識調査とゲーム様相の実態から−. 兵庫教育大学研究紀要, 21：41-52)

力を身につける必要があるのである.

　また, 図6-13は, 高学年児童のサッカーを対象にゲームで感じる楽しさと作戦成功の指標である攻撃完了率の関係, および戦術テストの成績と攻撃完了率の関係を示したものである. 図6-13からもわかるように, 作戦が成功しているチームほどゲームを楽しめており, マイボールにした場合, 4回に1回はシュートまで持ち込むことが目標となることを示している. また, 戦術理解度の高いチームほど作戦が成功している. これらのことからも, 戦術学習の意義と必要性は理解される.

（4）戦術学習の意義

　戦術を学習する意義は, 成就感が味わえる, ゲームを評価する観点がわかる, うまくなる度合いを高める, 技術練習の必然性がわかる, 協力の意味（意義）が理解できる, ボールを持たない人の動きの重要性が理解できる, 化かし合いのおもしろさを味わえる, 意図的に（頭を使って）動けるようになる, ことにある.

　あらためて, 戦術を教育内容に位置づける意義をのべれば, ①ゲーム場面で技能を有効に発揮できない児童に何を行うのかという戦術的知識を向上させることができる, ②ゲームパフォーマンスを向上させることができる（ゲームを上手にできる子を育てる）, ③技能差のあるすべての児童にボール運動に対する興味関心を呼び起こさせる, ④ボールゲームの本質（勝つための工夫を楽しむ）に迫らせることができる, の4点にまとめられる.

（5）ボールゲームの共通的戦術（普遍的戦術）を理解する意義

　バスケットボールやサッカーで空いているところに動いてボールをもらいなさいという言葉がけをよく耳にするがこれは適切な表現ではない. ボールゲームの攻撃戦

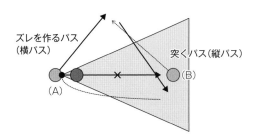

図6-14　ボールゲームの普遍的戦術(「ワン・ツーパス」の動きとパス機能の例)

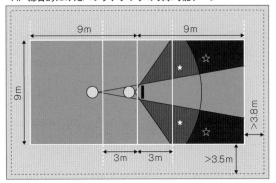
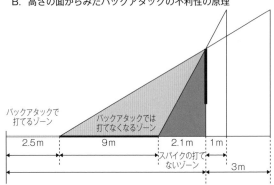

図6-15　バックアタックの有効性の原理

☆：ネットにより制限されるスパイクゾーン，★：ブロックにより制限されるスパイクゾーンの差.

術は，シュートコースを押さえている防御者との間に「ズレを創って突くパスを入れる（極致はシュート）」といえ，攻防相乱型シュートゲームにおいては，ディフェンスの死角から出なければパスを受けることができないことの理解が重要である．図6-14はそれを図解したものである．すなわち，防御者がボール保持者にタイトに着けば着くほど内線の利は減少するが，死角は大きくなる．したがって，プレーヤーBは，死角から出なければ，ボールをもらうことはできない．死角から出てズレを作るいわゆる横パスをもらい，横パスを出したAがディフェンスの裏に走り込み突くパス，いわゆる縦パスをフリーな状態でもらえるようにする連係プレーが「ワン・ツーパス」といわれるものである．

　この基本戦術が理解されれば，バレーボールにおいて，ネットより前に出られないブロックに対して下がった位置からスパイクすることによって死角を少なくしようとするところにバックアタックの合理のあることが理解される．しかし，ネット高による不利益が生じるのでバックアタックで得点を得るためには，長身でジャンプ力が求められる．すなわち，コート中央からのバックアタックで打てる場所は，図6-15Aに★で示す部分になることも容易に理解される．

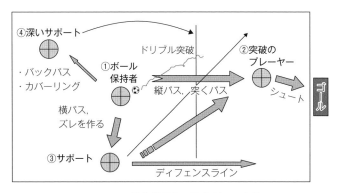

図6-16　戦術学習上の最少ゲーム人数

（6）戦術学習上の最小単位

　攻防相乱型ゲームにおける戦術学習上の最小単位は，4人であることを示したものが図6-16である．すなわち，①ボール保持者，②突破のプレーを意図しているボールよりも前方に位置するプレーヤー，③ボール保持者の横でズレを作る横パスをもらえる位置でサポートするプレーヤー，④ボール保持者のミスに備えたり，横パスを取られた場合に守備（カバーリング）をしたりすることも考えた深い位置でサポートするプレーヤー，の4人である．攻撃が上手くいっている場合は3人でも可能であるが，戦術学習のすべてを学習するためには4人必要なのである．逆にいえば，3人では防御者が横パスをインターセプトした場合，無人のゴールにシュートでき，攻撃の課題達成がされやすくなるので楽しさが半減する．

　4人が最少人数であるという考え方は，地理的分離型ゲームのバレーボールについてもいえる．セッターがズレを作るパスを上げるがこの両翼にスパイカーがいなければブロックによりスパイクは決まりにくくなる．これで，3人が必要となり，スパイクがブロックにかかった場合の守備にそなえる選手が必要になるので，4人となる．

（7）戦術トレーニング
1）戦術トレーニングの内容と段階

　戦術トレーニングの段階は，典型的な状況の反復，相手の行為の展開の先取り，状況記憶の整備と確率の予測，に階層化できる．換言すれば戦略的に選ばれたフォーメーションのレパートリーを，伝える，動けるようになり，仲間とのタイミングがよりよいものに，それらの応用範囲を拡大できること，を目指すのである．

　優れた作戦であっても，決まる場合も決まらない場合もある．児童レベルのゲームでは，相手が作戦にはまってくれる状況のときには決まるが，本当の意味で強いチームは，相手を自分たちの作戦が決まるような状況に追い込んだうえで作戦を実行しているので，成功の確率が高くなるのである．釣り用語で例えれば，撒き餌をして釣り上げているということである．

2）チーム力

図6-17は，攻防相乱型ゲームにおけるチーム力の構成要素とその構造を示している．すなわち，各プレーヤーの技術，意欲，体力，戦術眼，状況判断能力等の積として表される各プレーヤーの能力の積がチーム力や集団技能であるとする考え方である．一言でいえば，チーム力は掛け算であるとするもので，いずれかのプレーヤーがゼロの瞬間を作り，相手にそこを突かれれば負けることを意味する．また，チームでの判断の一致が重要であることを示している．

この掛け算理論は，たとえば10点満点で，3点と7点の選手がいた場合21点となる．しかし，ゲームのある瞬間においては，7点の選手が6点になることがあっても，3点の選手を4点になるように動いてやれば，チーム力は24点となることも意味する．また，1人の選手の能力が1点上がればチーム力は一気にゲーム人数分上がることになる．ここにも掛け算理論の妙味がある．

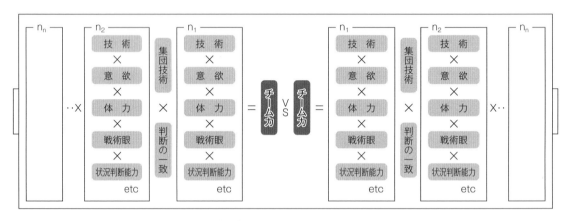

図6-17 攻防相乱型ゲームにおけるチーム力の構成要素
チーム力は，その構成要素，チーム構成員のそれぞれの積として表される．
（後藤幸弘，筒井茂喜，辻敏彰（2016）ボールゲームにおける状況判断能力の発達過程について．兵庫大学論集，21：75-87）

3）戦術と情報交換の過程

情報交換の過程は，情報の受容→処理→蓄積→応用となる．また，全情報の80％は眼からで，10％は耳から得ている．上手なサッカー選手が首を動かし，絶えず視覚情報を得ようとしていること，また，コーチングといわれる指示の声が大切なのもこのことによる．そして，残りの10％だけが皮膚・筋を経由するといわれているが，皮膚・筋にある受容器の情報能力は本来もっとあるので，トレーニングによって知覚の改善を図り多くの情報を運搬できるようにトレーニングする必要がある．また，知覚過程における情報処理の位相は，すべての情報のなかから重要な信号を選び出す第1位相（信号の選定）から，信号間に客観的に存在している相違点，類似点をみつける第2位相（信号の識別），知覚された（識別された）信号と記憶に蓄積された信号との比較の第3位相（信号の比較）に高める必要がある．図6-17のチーム力の構成

要素において，状況判断能力と判断の一致の概念が示されているのもこのことによる．

4）ゲーム位相からみたサッカーの学習過程

図6-18は，戦術史に加え，ゲーム位相の発達と学習内容・学習過程を一覧にまとめたものである．

サッカーを楽しむためには，「ボールと友達になろう」の段階から「攻めの方向が意図的に変えられる」段階，最後は「フリーになろう」と学習を進め，図6-18下に示す動きが戦術学習の内容になることを示している．ゲーム位相は，「ダンゴ状態」の第1位相から縦長の第2位相を経て，横への広がりのある第3位相，そして，動きの多様性のみられる第4位相，合目的性を求めてチームが連動して動ける第5位相に発展することを示している．

演習課題 サッカー，バスケットボール，バレーボールの戦術（フォーメーションプレー）の変遷をまとめよう．

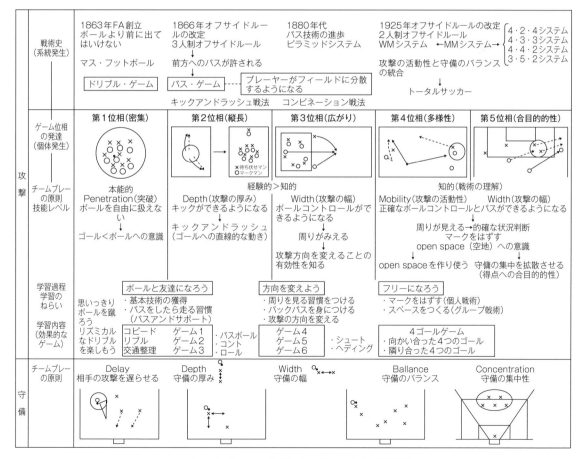

図6-18 サッカーのゲーム位相からみた学習過程
（瀧井敏郎（1988）学習の適時性に合ったサッカーの内容．学校体育，41（12）：23-28）

参考文献

- 後藤幸弘（1994）ボールを蹴る．学校体育，47（12）：72-74．
- 後藤幸弘，松本靖（2001）サッカーにおける楽しさと戦術行動に関わる能力との関係－児童の意識調査とゲーム様相の実態から－．兵庫教育大学研究紀要，21：41-52．
- 後藤幸弘（2004）技能の評価と指導の一体化を目指して－教育内容の明確な授業のために－．体育科教育学研究，20（1）：15-26．
- 後藤幸弘（2007）種目主義を超えた義務教育段階のボールゲームカリキュラムの構築－ゲーム形式と戦術課題ならびに適時期に基づいて－．兵庫教育大学紀要，30：193-208．
- 後藤幸弘，芹沢博一，下田新（2009）普遍的価値（技能的・機能的特性）を拠り所とした絶対評価基準設定の試み－中学生男子のバスケットボールを対象として－．日本教科教育学会誌，32（3）：21-30．
- 後藤幸弘，上原禎弘編著（2012）内容学と架橋する保健体育科教育論．晃洋書房．
- 後藤幸弘，筒井茂喜，辻敏彰（2016）ボールゲームにおける状況判断能力の発達過程について．兵庫大学論集，21：75-87．
- 後藤幸弘（2021）体育科におけるボール運動・球技の「教育内容」としてのルール・技術・作戦についての考え方．兵庫教育大学学校教育学研究，34：261-270．
- 日高正博，後藤幸弘（2009）バドミントンのゲーム様相と楽しさの関係－ハンディキャップ制確率に向けての基礎的研究．長崎大学教育学部紀要，50：59-74．
- 日高正博，後藤幸弘（2011）バドミントンにおけるコート縮小によるハンディキャップ制導入の影響－大学生を対象として－．長崎大学教育学部紀要，51：65-76．
- 日高正博，佐藤未来，後藤幸弘（2015）バドミントンのショット（技術）の構造化の試み．宮崎大学教育文化学部附属教育協働開発センター研究紀要，23：107-113．
- 本多弘子，中西充宏，後藤幸弘（2001）ルール条件によるボールゲームにおける児童の「動き」を高める工夫に関する研究．日本スポーツ教育学会第20回記念国際大会論集，497-502．
- 松本靖，後藤幸弘（2001）サッカーの攻撃戦術体系試案－技能レベルの異なるゲームに現れる戦術行動の分析から－．実技教育研究，15：49-58．
- 守屋洋（1984）孫子の兵法．三笠書房．
- 日本体育学会監修（2006）最新スポーツ科学事典．pp165-167，平凡社．
- 佐藤裕（1972）体育教材学序説．黎明書房．
- 瀧井敏郎（1988）学習の適時性に合ったサッカーの内容．学校体育，41（12）：23-28．
- Northern California Volleyball Association（NCVA）（1916）The Original Game of Volleyball. Official Volleyball Rules, American Sports Publishing Co.
- 内海和雄（1984）体育科の学力と目標．青木書店．

［後藤幸弘・日高正博・田中譲］

第7章

教材づくり

1．教材とは

　教育界には，日常よく使われるがその意味内容が必ずしも一致了解されていない言葉がある．その代表例が教材である．

（1）教材とは何か

　教材（teaching materials，subuject matter）は教育の素材で，一定の教育目標を達成するために教育の内容や経験を構成したもの（素材を教材化したもの），あるいは学習に適するように再構成したものといわれる．しかし，教具の意味，概念や法則などの要素の意味（教育内容），要素を子どもに理解・習得させるための具体的な事象・事項の意味等で使われているのが現状である．

　体育科の場合，教育の立場から選ばれた運動種目のことを教材として理解されているのが通例（松田・宇土，1981）で，「スポーツ（運動種目）＝教材＝内容」という捉え方がなされてきた経緯がある．しかし，一般教授学分野では，教育内容の習得を可能にするような教授・学習の対象を教材と定義し，教材と教育内容を峻別している．すなわち，教える中身としての教育内容と，それを教えるための手段としての教材とを区別する必要性が教育内容の科学化の論議を契機として定着している．

　教材づくりに類似する教材解釈という言葉があるが，これはまったく異なるものである．教材解釈は，すでに選ばれている教材から出発しつつ目標に下向する過程をたどることによって，その教材で何を，どのような指導過程で教えるかを明らかにする仕事である．一方，教材づくりは，目標から出発し，教材へと上向することによって指導過程を前もって時間的に先取りする仕事である．

（2）教材の定義

　本書では，教材とは教育内容を習得するための手段であり，その教育内容の習得をめぐる教授・学習活動の直接の対象となるもの，換言すれば，「教材とは習得されるべき教育内容を典型的に含み持ち，下に示す子どもの主体的な諸条件に適合させ，学習意欲を喚起するように方法的に仕組まれた教授・学習活動の直接の対象となるもの」と考えることを主張する．

　なお，学習者の主体的条件には，身体的，認知的，情緒的，理性的，社会的の5つ

が考えられ，ボールゲーム領域での具体例は以下のようになる．

- ・身体的条件：ボールをある程度自在に操作できる．
- ・認知的条件：ゲームの状況を観察したり判断したりすることができる．
- ・情緒的条件：勝敗の区別が理解でき率直に認めることができる．
- ・理性的条件：敵・味方のよいプレーを認めることができる．
- ・社会的条件：作戦づくりの話し合いができる適度な人数．

（3）体育科における教材と区別される普遍的教育内容

　体育科における教材と区別される普遍的教育内容は，身体運動文化ならびに身体運動文化（スポーツ）に関する科学のなかから選択された，知識（概念や法則），技術，戦術（フォーメーション），ルール，マナー，大会等の組織・運営の仕方，学習方法（学び方の能力）等になる．

2．教育内容・素材・教材・教具の考え方の例

（1）素材・教育内容・教材・教具の定義と例

　素材とは，教授学的な視点から教材化される以前の原型としての個別の身体運動文化である．

　教育内容とは，次の2点が定義できる．

- ・その種目に特殊的な内容であり，個々の種目の個別的な運動技術（バスケットボールでは，シュートとピボット）やルール・マナー，あるいは練習の仕方等があげられる．
- ・多様な運動文化（スポーツ）に共通するより一般的・普遍的なもの，より抽象度の高い内容（主に認識的内容）であり，ルールの変化の背後にある法則，戦術課題の認識，最重要空間の認識等があげられる．

　教材とは，学ぶべき「教育内容」に対応し規定されつつ，学習主体の諸条件に応じて素材としての身体運動文化が教授学的に改変されたものである．例として，ラインポートボール（ズレを作ってつくパスを入れる），シュート地点調査，トス・キャッチからのピボットシュート等があげられる．

　教具とは，子どもの学習活動の対象となる教材の世界をつくり出す，1つの物化された構成要素である．例として，玉，シール等があげられる．

　あらためて，単元，教育内容，教材についての関連の曖昧な例と適切な例を示せば次のようになる．

　曖昧な例：「単元：ハードル走」-「教材：ハードル走」-「学習内容：ハードル走」

　適切な例：「単元：ハードル走」-「教育内容：タイム比（走タイム／障害走タイム）の意味とそれを大きくする技術，あるいは，障害の置かれたコースを3歩のリズムで走り切りフラット走のタイムに近づける技術」-「教材：インターバルの異なるコー

ス（表11-3・4，p156参照）」

（2）単元－教材－教育内容の区別と関連

　単元とは，当該の教材で教え学ぶべき内容（教育内容）を集約的に表現したもので，それに基づく教授－学習活動のひとまとまりの単位である．

　教育内容とは，教え学びとるべき内容のことで，身体運動文化についての科学の成果と方法に関する認識的，および技術的内容を中心に構成したものである．

　教材とは，歴史的・社会的に存在する素材としての身体運動文化に教授学的改変を加え，学習内容を盛り込んだ教授・学習の材料（単元1教材の場合もあるが，いくつかの教材で単元が構成される）である．

3．教材研究とは

　体育科における教材研究は，児童・生徒を教育する手立てになる運動・遊戯素材（身体運動文化）そのものの性質を，主として教育的視点に立って分析し，その構造や機能を明らかにするとともに，教授－学習を成立させる内容についての諸要素の関係を明らかにし，教育材料として有効な機能の発揮を可能にするために行う科学的・分析的研究である．

　すなわち，授業を構想する際に考える，教科の目的・目標の検討，素材の構造の分析，教育内容の選択・設定，学習者の条件，指導時間や施設・用具の条件，教育内容を教えるための教材の構成（「何で」教えるのか），教授・学習の展開過程の検討（発問，教具，学習形態など）の7つの観点についての研究といえる．

　これらの授業前の仕事が広義の教材研究の範囲である．しかし，真の意味での教材研究と呼びうる部分は，素材としての身体運動文化（スポーツ）を対象とする子どもに適合するように加工や改変すること．すなわち，「何で」教えるのかについての研究（教材づくり）が狭義の教材研究である．

　また，教材研究は，客観的吟味，主観的吟味，教育的吟味の3つが必要である．

　客観的吟味とは，教師が教材内容を本当に自分のものとしてこなしきっていくための吟味で，子どもにわからせるための教材研究ではなく，何よりもまず教師自身が教材の本質を十分にわかっていくための吟味である．

　主観的吟味とは，子どもの側に目を向けた場合，その教材に対する子どもの興味，関心，問題意識，さらに発達段階やこれまでの学習状況からみたレディネスなどの吟味で，それによって教材と子どもとの生きた結びつきを作り出すということである．

　教育的吟味とは，客観的と主観的の2つの観点を支えとし，これらを包含するものとして成り立つ統合的観点である．

4．教材づくりの手続き

（1）教材の条件と形式

　藤岡（1991）は，教材づくりを行ううえで教材を，一定の目標を実現する働きを有していること，子どもにとって思考を働かせる素材のうち教師が意図的に用意する部分であること（子どもの発言は他の子どもにとって，思考活動の刺激要素となるが，教材とは考えない），誰が用いても，授業で一定以上の成果を保証できるように組織されていること，の3条件で規定している．

1）問題の観点

　授業において子どもに提示される問いに，具体性，検証可能性，意外性，予測可能性，の4つの条件を満たした場合，子どもの思考を刺激し学習を成立させるものになる．

　具体性は，問題を構成する諸要素が広く深く子どもの経験と結び付いている．

　検証可能性は，問題に対する答えが存在し，しかもどの予想が答えとして正しいかを調べる手だてが存在している．換言すれば，問題づくりでは，いきなり本質を問うのではなく，資料で正誤を確かめるような現象を問い，それが結果的に本質的なものの認識に到達できるようにするのが教材づくりのポイントになる．

　意外性は，子ども達の予想と正答との間になんらかのズレがあり，結論が多かれ少なかれ思いもかけないものになることである．意外性があるからこそ，自己の従来の認識の構造を組換えざるを得ず，新しい図式が新しい問題の予測に作用するのである．

　予測可能性は，その問題を学習した結果として，同類の新しい問題や，関連したより多くの問題に学習者が予想を立てられるようになるということである．すなわち，予測可能性は，その教材で何が学ばれるかという成果の側面を問う基準で，教材のなかに内在する教育内容への筋道が検討される局面で，問題の善し悪しを評価する最終的な決め手となるものである．

2）文章の観点

　文章教材は，教科書のある教科では教材のなかで王様の位置を占めてきた．しかし，教科書の大部分は，概括的要約的叙述に終始し，教材といえるような具体性と魅力に乏しかった．学年が下がるほど記述の具体化が教材化の方向として求められる．

3）教具の観点

　教具には視聴覚教具と実物教具も含まれる．歴史教育で使われる時間を示すテープは，時間と長さの同型性に着目し，時間を空間的に表現するという原理が含まれている．後述する，山本（1982）の開発した「8秒間走」は体育における例である．「量を視覚化してコントラストをきわだたせる」という原理が働いている．実物大の原理は，教具作製において応用範囲が広い．

4）学習形態の観点

　学習形態は体育科における教材づくりの中心となる観点である．学習形態は，集団のサイズだけではなく集団の組織の問題も含み，個々の教材に即して子どもが学習す

る方法，教授活動などの総合されたものの意味で用いている．教材と切り離さずに，子どもが主体となって活動できる組織形態がみつかったとき，それを学習形態として分類し，共通の財産にしていこうという立場である．

教材化の４つの形式は相互排除的ではなく，１つの教材はいくつかの形式にまたがって実現されるのが普通である．よい教材は４つの形式のどれかを核にして組織され，問題と文章は言語という記号を主要な手段にしている点に特徴があり，教具と学習形態は類像（イコン）記号や実物が動員される．

また，４つの形式を，問題および文章教材，教具，学習形態，のように３つに区分すると，ブルーナー（1963）のいう３つの表象形式，象徴的（symbolic），映像的（iconic），活動的（enactive），のそれぞれに対応するとみることもできる．

（2）教材づくりの過程

教材づくりを行う過程は，課題の成立，教育内容研究，教材化，授業での妥当性の検討，の４つの局面に分けられる．

第１の局面は課題の成立で，ある教材を作ろうという意識が芽生え，これこれの教材を作るという具体的な作業にとりかかるまでの時期である．「気になるなあ」「何とかならないか」等々の漠然とした段階から，「へえ，こんなこともあったのか」「多分こんな教材を作ったらおもしろい授業になるだろう」というようなことを考え，やってみようと決心するまでの時期である．

教材づくりは，多大なエネルギーと精神の緊張を要するきわめて主体的な営為で，それは下請け仕事，ノルマ作業にはなじまず，推進力となる明確な動機が必要である．すなわち，課題が成立するためには，「動機＋見通し」という構造が必要で，自分自身に動機の自覚が不十分なときは，教材づくりは成功しない．

第２の局面の教育内容研究は，教材づくりのテーマがはっきりし，教育内容研究を行う時期である．教育内容は，授業で教師が教えようとする内容，諸科学の概念や法則，知識などをさす．すなわち，教育内容は，具体的な教育目標としての位置を占め，これに対し教材は，教育目標を実現するための手段となるものである．

教材づくりのテーマに関する研究が諸科学のなかでどのように進んできたのかを調べ，どれだけのことがわかっているのかを明らかにする素材研究を行い，自分の理解が不十分なところを点検しつつ，教育内容としてポイントになるところを浮き彫りにするのである．すなわち，単純化すればどういう命題になるかを明らかにするとともに，全体のつながりや発展性について検討する局面である．

第３の局面の教材化は，直接授業の展開を目指して，その命題を最も適切に担う事実や現象を選び，さらにそれが教具の形に作り上げられたり，特定の発問や学習形態の形に組織されたりする時期である．したがって，教材づくりはここから始まる場合もある．

さらに，教材化は教育内容の教材化の側面と素材の教材化の側面がある．藤岡

（1991）は，前者を上からの道と呼び，目標から下降して，教育内容を担うにふさわしい事実や現象を選び出す側面としている．一方，後者を下からの道と呼び，子どもの興味をひきつけるような事実や現象（素材）を分析し担うべき教育内容を明らかにしていく側面であるとしている．

　第4の局面の授業での妥当性の検討は，授業にかけて検証することである．授業のデータによって教材を部分的に改良したり，根本的に組み直したりしながら，教材を仕上げるのである．

　教育内容と教材を区別すべきであるという論点は，もともとは自然科学教育の分野で提出されたもので，生活上のあれこれの素材をそのまま学習させるべき内容と見なす生活経験主義の教材観を克服し，教育内容を科学の概念や法則と一致させるというところにあった．

　たとえば，てこ，天秤，食塩水，へちま等は教材であって，理科の教育内容ではない．教育内容はてこや天秤に働いている力学的な法則であり，食塩水やへちまを通して捉えられる溶解や植物の栄養・成長などに関する事実・法則なのである．体育科においてもスポーツ種目を行わせていれば授業が成立していると考えている教師がいるのは，この例である．

（3）再構成（組みかえ）ということ

　教材研究といわれる仕事を，前述したように教育内容研究と教材化の2つの局面に区分けすることの意義は，この2つの局面でそれぞれ既存の情報の組みかえを行うということである．

　教育内容研究は，教えるということを前提にして科学の内容を作り替えることで，既存の科学の研究成果をよく勉強し，マスターするということではない．もちろん，できあいの概念や法則でもそのままの形でうまく教育内容として構成できることもある．しかし，教育内容研究ということの意味は，個々の科学の研究成果の総体を批判的吟味にかけ，統一的で本質的でわかりやすいという視点から内容を自主的に組みかえることである．何を教えたらよいか，というときの「何」を主体的に作り出す仕事である．すなわち，教育内容研究には，できあいの情報の組みかえ，作り替え，再構成，再組織と表現される契機がある．

　教育内容研究は，科学研究において従来知られなかったまったく新しい事実や法則を発見することではなく，すでに知られていることを基にするという意味で二次的な意味を持つ研究である．しかし，教育の世界では，研究成果の叙述の形式を発見することも研究の一部であるという観点から，教育内容研究によって生み出される成果は，それ自体1つの新しい科学の創造として評価されなければならない．

　また，教育内容研究によって教えるべき概念や法則，知識が構成されても，理解の可能性，教授の可能性の観点から再編成されなければ，授業成立の条件とはならない．教育内容を最も適切に担う素材を発見し，問題をつくり，あるいは発問を考え，教具

を準備し，学習形態を工夫しなければならないのである．これが教材化ということの中身である．

5．単位教材と単元教材

　教材という言葉は，さまざまな大きさの情報をさす．すなわち，1時間の授業の下位区分としての個々のステップに対応した教材もあれば，1つの単元や領域全体にわたって教材という言葉が使われる場合もある．

　教材は4つの形式のいずれかを核としながら，相当の効果を納めることのできるひとまとまりである．しかし，それ以上小さな部分に分割すると，もはや教材としてのまとまりや働きが失われてしまうという場合，これを単位教材と呼ぶ．どういう情報のまとまりが，単位教材になるかは，まさに個々の事例に即して決まる．クラウチングスタートの（写真5-1，p29参照）を提示するだけで単位教材になる場合もあれば，陸上の歴史を教える単元教材としても利用できる．

　単位教材は，いくつか集められて単元の形に組織されることによって，大きい効果を発揮し，最終的な位置づけが与えられることになる．数時間から数十時間の授業を作り出すことができるような教材のまとまりを，単位教材に対して単元教材と呼ぶ．

　単元教材は，すべて単位教材のみから構成されていると，内容と形式の一致の度合が高くなり理想的といえ，単元教材では，その単元が全体としてどのようなまとまりを持っているかが問われるのである．

6．バスケットボール・サッカーを教材化するための科学的概念

　教材づくりのためには，教育内容研究が必要であることは述べてきた．すなわち，バスケットボールやサッカーで防御を破り，得点できるのはなぜなのかが説明できなければならない．防御を破るということは，シュートのできる最重要空間（サッカーではペナルティエリア，バスケットボールでは3秒ルール適応ゾーン近く）に人とボールをできるだけフリーな状態で送り込むことで，攻撃者と防御者の時・空間的バランスの崩れを生起させることである．したがって，突破の原理には，2つのゴールの向かい合うコート上で，攻撃者の方が相対的に防御者より有利になる根拠を明らかにする必要がある．防御を破るということは，攻撃者が防御者よりもゴールに近い位置にボールとともに先に移動することであるから，この時・空間差が生ずるメカニズムが説明できれば防御突破の原理を解明したことになる．

　1対1の攻防における時・空間差は，表7-1のようにまとめられる．攻撃側に有利になる反応時間差は，攻撃者がスタートの合図をかけることができるという意味で防御者の反応が遅れることによって生ずる．したがって，フェイントは，これを二重に利用するダブル時間差創出の技術であると定義できる．ボール保持者の技能レベル

表7-1　1対1の攻防における時・空間差

	攻撃者	防御者
ボール保持者	反応時間差　＋ （相対的空間差＋） （移動の制限　－）	内線の利　　＋ （相対的空間差－）
ボール非保持者	反応時間差　＋ （相対的空間差＋） 絶対的空間差＋	内線の利　　＋ （相対的空間差－） 絶対的空間差－

（西谷憲明（1991）バスケットボールの科学的概念に関する一考察．鹿児島短期大学紀要，47：29-34）

が高まり移動の制限によるマイナスが少なくなれば，フェイントを使うことによって2倍得られる反応時間差は，1対1の攻防では防御突破の可能性を高める．

　相対的空間差とは，防御者は防御の原則にしたがって，ある限られた範囲にしか存在できない弱点をもつことを意味している．しかし，これは攻撃者が防御者を破る時間差を直接的には生み出さない．一方，防御者は，攻撃者よりも少ない動きで対応できる内線の利（攻撃者よりゴールに近い内側にいる）による時間差をもつ．したがって，チームメイトの動きの影響を除いた1対1の動作のみによる時・空間差で防御突破の原理が見いだせるとすれば1対1で防御を破って攻めればよく，集団スポーツとしての特性は弱くなり教育としての価値も低下する．したがって，他のプレーヤーとの対応関係のなかに防御突破の原理があり，非ボール保持者を巡る攻防関係のなかに客観的に存在するのである．すなわち，攻撃者・防御者はともにボールと自分の相手の状況を把握し判断するために両者を同一視野に入れられる位置に立つ必要がある．

　しかし，攻撃者と防御者では，両者の知覚のしやすさが大きく異なり，原則として防御突破に結びつく時・空間差を生み出す絶対的空間差を成立させる．この空間差は，攻撃者がボールとマーカーを同一視野に入れやすい場所に立ったとき，逆に防御者にはボールとマークマンを同一視野に入れることができないブラインド空間が生じ，両者の状況判断に空間差を生みだす．防御者は自分のブラインド空間内での攻撃者の行動に対して反応しがたく，攻撃者はこの空間差にまつわる時間差を防御突破の手段として利用しているのである．したがって，防御突破は，相対的時間差を引き金とした絶対的空間差によるブラインド空間の利用と反応時間差による総体として出現するのである．

　しかし，非ボール保持者の重要空間への侵入に対して，ボール保持者がタイミングよくパスできなければ，攻撃は成功しない．ここに判断の一致が求められるのである．換言すれば，「パスはいつ出すのか」「パスはいつ来いというのか」の命題になる．パスは味方が欲しがっているときに出し，味方が出せる状態にあるときに来いというのである．パスをいつでも出せる状態で保持できるプレーヤーが優れた選手といえる．

　ゲームは，防御者の存在を前提とするので，敵の存在しない練習では防御を破る予測判断を習得させるのは困難である．ここにゲームを通して学習する意義がある．

表7-2　個別攻撃技術の本質的関連性

	防御側		攻撃側
①パスワーク プレー	ボールの状況判断に伴うブラインド空間 （非ボール保持者側）	＋	反応時間差
②リターン パスプレー	パス直後のブラインド空間 （ボール保持者側）	＋	反応時間差 （防御者が接近しているので抜きやすい）
③スクリーン プレー	防御の原則から外れたブラインド空間 （ボール保持者側または非ボール保持者側）	＋	反応時間差 防御空間の制限

（西谷憲明（1991）バスケットボールの科学的概念に関する一考察. 鹿児島短期大学紀要, 47：29-34）

　バスケットボールでは，時・空間概念を理解してフリースローレーン内外のシュートゾーンにノーマークを意図的に創出することが技術や作戦の最終目標となる．換言すれば，バスケットボールの技術は，この最重要空間の争奪戦の技術であると規定され，2対1や2対2等の練習は最重要空間を想定し，そこに走り込んでシュートをする動きとタイミングの習得が課題となる．

　攻略すべき空間を意識した攻撃の流れとタイミングの調和，攻撃者のコンビネーションにかかわる空間認識の一致と，攻撃者のブラインド空間を利用しての防御者に先行する反応時間差の効率的運用が，攻防相乱型シュートゲームの攻撃戦術課題である「ズレを作って突くパスを入れる」の内実・具体である．

　一方，防御者は守備者側の内線の利を減少させることになるが，ボール保持者にタイトにつければ，他の防御者の裏側への突くパスを予防できる．したがって，タイトマークで裏を取られない選手が優れた防御者といえる．

　バスケットボールの3つの基本プレーである，パスワークプレー，リターンパスプレー，スクリーンプレーは，ブラインド空間を防御突破の客観的根拠としている．ブラインド空間の創出方法は，単純なものから複雑なものへと発展していく．個別攻撃技術の本質的関連性は，表7-2のようにまとめられ，図解すれば図7-1のようになる．

　図7-1Aはパスワークプレーの一例で，防御者bが，攻撃者Aとaの状況判断をしているときには，防御者bのマークマンBがブラインド空間に入る．これに対して攻撃者Bは，ボール保持者の状況と自分の防御者bを直接視野に入れられる．防御者bが状況判断をしている際に，攻撃者Bが背後からリング近くの最重要空間に走り込めばノーマーク空間が創出できる．

　図7-1Bはリターンパスプレーの一例で，ゴール近くに動いたBにボールが渡ったときに，Aとaの間に防御突破の原理の第2場面が出現する．aは，ボールを受けたBがどのような行動をとるのかを状況判断するため，マークマンと逆の方向を見ざるを得ない．ここに第2のブラインド空間が成立する．それまで，aがシュート防止やボールカットのためにAに接近していたこと（内線の利の絶対的減少）から，Aはより有利にブラインド空間を利用できることになる．この際，ゴールへ，またはB

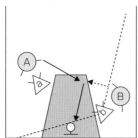
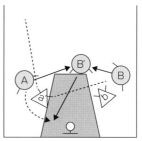
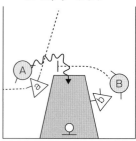

A. パスワークプレー　　　　B. リターンパスプレー　　　　C. スクリーンプレー

図7-1　個別攻撃技術の本質的関連性
（西谷憲明（1991）バスケットボールの科学的概念に関する一考察. 鹿児島短期大学紀要, 47：29-34）

の近くを通り抜けてパスをもらってシュートできる局面を作ることができる.

　図7-1Cはスクリーンプレーの一例で, リターンパスプレーが発展したものとみることができる. すなわち, bの状況判断が早くてゴール下にパスできない場合, Bはaの走路を抑えるように立ち, Aはそれをすかさず壁として利用しaをBあるいはbにぶつけてドリブルあるいはリターンパスを受けてaを抜きさりシュートする方法で, ブラインド空間の利用と, 守備者を物理的に反応できなくする方法での最重要空間の創出である.

　以上のように, 3つの個別攻撃技術は, 2対2の条件のなかで出現させることができ個別的ではなくブラインド空間の存在が防御突破の原則を生み出すという有機的関連を持っているのである.

7. 山本貞美の教材構成法

（1）教材構成法の原理の追求

　山本（1982）の8秒間走, 折り返し持久走, ねらい幅跳び, における教材構成（図7-2）に, 3つの共通した特徴が見出せる.

　第1は, 質的に異なる活動が組み合わされ, それらが1つの全体的な学習活動を形作っている. 子ども達全員が常に何らかの役割を持って活動するようにされている. また, それらがその学習内容に組み込まれている. たとえば, 8秒間走（図7-3）では, スターターや審判員等として運営する, 運動者として運動する, 仲間の運動を観察する, 測定員や記録員として確認する, 結果をもとに評価し, 再試行に向けて新たな目標設定をする, というように形作られている. ただ走るという行為のみを問題にするのではなく, 走るという行為にかかわる多くの活動を組織化している. そしてこれらの学習が体育の学習であると考えられている.

　第2は, 個人差に配慮しながら同時的実施が可能なように運動の場が工夫されている. たとえば, 8秒間走では, 足が遅くて競争すると恥ずかしくて全力で走ったことのない生徒に, 全力で走ることの素晴らしさを経験させたいという動機から, 誰に

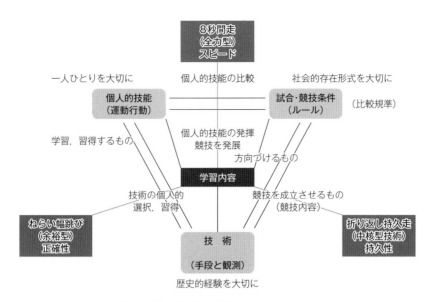

図7-2　山本実践の教材化の構造（江刺（1999）を参考に作図）

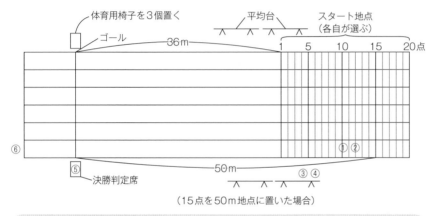

得　点	秒　数
1	11秒1〜11秒2
2	10秒9〜11秒0
3	10秒6〜10秒8
4	10秒3〜10秒5
5	10秒0〜10秒2
6	9秒7〜　9秒9
7	9秒4〜　9秒6
8	9秒1〜　9秒3
9	8秒9〜　9秒0
10	8秒7〜　8秒8
11	8秒5〜　8秒6
12	8秒3〜　8秒4
13	8秒2
14	8秒1
15	8秒0
16	7秒9
17	7秒8
18	7秒7
19	7秒6
20	7秒5

[方　法]
1. 各自の50m走の記録を測定する.
2. 測定タイムから表に示した得点を換算し, その得点から各自のスタート位置を決める（ただし, 最初は合格できるように各自の得点から2〜3点減じたものから挑戦させるとよい）.
3. スタートから8秒後に合図し, ゴールに達していたかどうかを判定する.
4. 合格したら次々にスタート位置をゴールから遠くして挑戦していく. 不合格の場合は再度挑戦するか, スタート位置を近くしてみる.

図7-3　8秒間走の方法
（山本貞美（1983）生きた授業をつくる体育の教材づくり. 18, 大修館書店）

も勝てるチャンスがある場に工夫されている. 折り返し持久走（**図7-4**）やねらい幅跳び（**図7-5**）においても常識的な競争の方法が再構成され, 各自の運動能力に応じ, なおかつ同時的実施が可能な場に工夫されている.

　スポーツ素材は, そのままの形では授業に取り込めないので, スポーツ自体の持つ

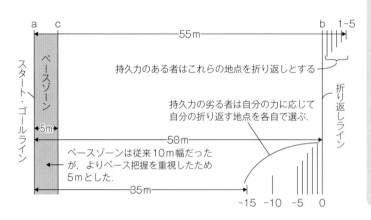

[方 法]
1. 100mを30秒ペースおよび60秒ペースが身に付くまで何度も繰り返す（そのときにペースゾーンを走行中かどうかで判定．速すぎでも遅すぎてもいけない）．
2. 心拍数を随時測定し，運動と心拍数の関係を知らせる．
3. 2を参考にしながら，各自の体力に応じた折り返し地点を選ばせる（標準は100m）．
4. 100m（標準であっても個人によって違う）を30秒ペースで徐々に距離を伸ばしていく．5分間繰り返す．
5. ペースゾーンを常に活用し，指定された時間より速すぎでも遅すぎても不合格とする．合格したら帽子を白に，不合格のときは裏にして赤帽子にする．

図7-4　折り返し持久走の方法

折り返し持久走：平成元（1989）年以降の学習指導要領では，体つくり領域で取り扱うことになっているので，陸上運動としての長距離走とは異なる．持久走の中核的技術ないし最も中心的な学習課題をペース能力の獲得と捉え，30秒で折り返してこれるように各自の走行距離を変え，5分間持久走を行うものである．
（山本貞美（1983）生きた授業をつくる体育の教材づくり．82，大修館書店）

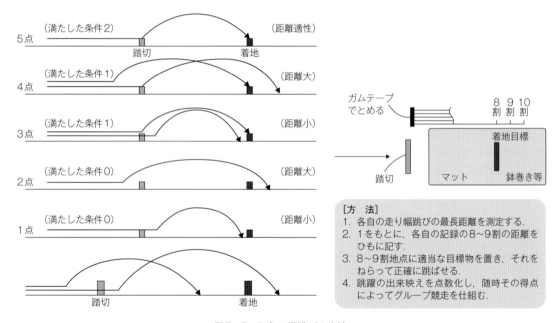

[方 法]
1. 各自の走り幅跳びの最長距離を測定する．
2. 1をもとに，各自の記録の8〜9割の距離をひもに記す．
3. 8〜9割地点に適当な目標物を置き，それをねらって正確に跳ばせる．
4. 跳躍の出来映えを点数化し，随時その得点によってグループ競走を仕組む．

図7-5　ねらい幅跳びの方法
（山本貞美（1983）生きた授業をつくる体育の教材づくり．128，大修館書店）

システムを，授業のシステムに合致するものに再構成されているのである．

身体操作能力の拡大のためには，合目的的に構成された外界（運動や練習の場）を必要とする．したがって，体育における教材づくりには，場的工夫が不可欠かつ基本的なものとなることを意味している．

第3は，場の構成と表裏一体をなす運動実施上のルールの工夫，特に競争の取り

扱いである．各人の今持っている，ある課題に対する実施能力の違いを前提として，ともに競い合う競争観と，そのためのルールの設定である．

　学習の出発点における子どもの個性，資質，経験量の差を無視するのではなく，前提として確認し，ハンディキャップをお情けとするのではなく，能力の異なるものが互いに全力を出せるよいゲームができるための条件（結果の未確定性の保証＝勝利に対するスタートの平等性の確保）として意義づけられている．すなわち，絶対的競争があるが故に逃避的になったり，運動嫌いになったりするという現象を排除するために，スポーツの本質である競争はあるが，絶対的ではなく個人差を考慮した達成度を競争するようにルールを工夫することが，教材づくりの1つの視点であることを意味している．

　一人ひとり異なる経験と実施能力を持った子ども達，人類の歴史的成果（経験）の結晶である技術，運動文化の社会的存在形式としてのルール，には運動実践を構成する3つの一般的要素・要因相互における矛盾の解決が企図されているのである．

　これらのことから教材づくりにおいて，すべての要因の矛盾を同時に解決するのではなく，それぞれの文化財の中心的運動課題から学習者にとって問題として姿を現してくる各要因間の矛盾を順に解決するのである（図7-2）．

　また，各実践が三角形の一辺に位置づけられるということは，次にその辺に対する角上にある要因との間の矛盾を解決しなければならないことを示唆している．すなわち，8秒間走では技術の指導をどうするのか，ねらい幅跳びでは社会的存在形式としての走り幅跳びとの関係をどうするのかが問題となる．

　たとえば，8秒間走で距離の伸びが止まった時点で余裕型の原理を取り入れ，スタート地点を8秒間走と同じにし「9あるいは10秒間走」を行い，一直線上を走る技術であるストライドやピッチに関する技術を導入した場合では，教材構成は余裕型の位置に変化する．また，それを一直線走ゲーム等としてルール化すれば，中核技術型に位置づく．学習の進展とともに学習課題が変化すれば，その課題習得のために教材の構成を変化させる必要があるのである．

　すなわち，教材づくり・教材構成にあたっては，教育内容が明確にされること，また，子ども達が直面する基本的矛盾あるいは課題を明確にする必要があり，教育内容と学習課題を浮彫りにすることなしには教材構成・教材づくりは不可能であるといえる．

演習課題　それぞれの教材が子どもに受け入れられた理由・要因について考えてみよう．

8．学習に耐える教材づくり（簡易スピード曲線記録法）

　「本来，子ども達はかけっこが大好きですよ」といわれる小学校教諭の言葉と目の前にいる生徒達の短距離走を受けるつまらなさそうな顔．

　一般に，生徒達が短距離走に興味を示さない要因は，勝者と敗者が競争する前から

はっきりしている，記録の伸びが小さく練習による力の伸びに対する喜びが少ない，体力要素の強い単調な運動で自分達で工夫する余地が少ない，ことにある．短距離走に興味を示さない要因を生み出した授業の背景には，記録の向上だけに視点をおいた，浅い教材解釈にとどまっていた，教材編成が技術中心の系統的な編成だけに終わっていた，教授活動においても運動にかかわる課題を意識させたり，認識させたりすることなく，機械的な練習にとどまっていた，のようなことが考えられる．

　そこで，短距離走の課題をクローズアップし，学習に耐える教材に作り変える必要のあることが意識されて開発された教材である速度曲線を記録し，科学的認識を育てつつ運動課題を解決させようとする教材編成を紹介する．

　これまでの走運動教材づくりの変遷は，以下の8つの型にまとめられるが，⑥までは，競争の形式を変えているに過ぎず，学習に耐える教材づくりにはなっていないのである．

　①出世ゲーム型：競争毎に組の入れ替えを行い，次第に走力の同じもの同士で競争する方式．

　②ランク別競争型：あらかじめ各人の走力を測定し，その記録に基づいて組を決め，一定期間能力別グループで競争する方式．

　③班別競争型：上記の能力別グループのそれぞれ1人が集まりリレーチームを編成し，チーム対抗で競争する方式（グループ間等質，グループ内異質）．

　④鬼ごっこ型：各人があらかじめ競争相手を決め，2人組の追いかけ競争をする方式．

演習課題 いろいろな鬼ごっこのやり方を考えよう．

　⑤積み上げ型（系統学習型）：いつも一定の距離で競争するのではなく，時には超短距離走も入れて競争を積み上げていく方式．

　⑥ワークリミット型（記録達成型）：ストップウォッチを用いて一人ひとりの記録を測り，それぞれの力を認め合い，競い合う方式．

　⑦タイムリミット型：一定距離の走タイムを測るワークリミット方式を逆転させ，一定時間で走れる（ハンディキャップ型，ルドウス鬼ごっこ型）距離を競争する方式（8秒間走）．

　⑧スポーツ科学導入型（認識と実践力の統一型）：速度曲線等を記録し，科学的認識を育てつつ運動課題を解決させようとする方式．

（1）技術の背景にあるもの

　短距離走の運動課題は，定められた距離をいかに速く走りきるかである．技術は，この課題を解決するための方法として先人が工夫し開発したものである．たとえば，スタート技術は，ゼロからスピードを作り出す必然性から生み出されたのである．また，ラストスパート法は，後半のスピードの低下を防ぐために考え出されたのである．

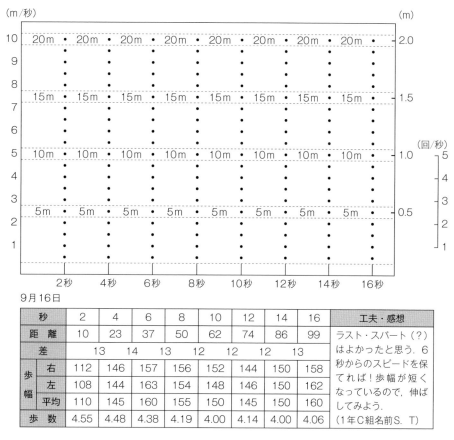

9月16日

秒	2	4	6	8	10	12	14	16	工夫・感想
距　離	10	23	37	50	62	74	86	99	ラスト・スパート（？）
差		13	14	13	12	12	12	13	はよかったと思う．6
歩幅　右	112	146	157	156	152	144	150	158	秒からのスピードを保
歩幅　左	108	144	163	154	148	146	150	162	てれば！歩幅が短く
歩幅　平均	110	145	160	155	150	145	150	160	なっているので，伸ば
歩　数	4.55	4.48	4.38	4.19	4.00	4.14	4.00	4.06	してみよう．

してみよう．
（1年C組名前S．T）

図7-6　簡易速度記録曲線記録用紙
（後藤幸弘（1991）「走運動の科学」を生かした授業．体育科教育，39（6）：24-28）

演習課題　図7-6の下の表の数字をもとに上の図を完成しよう．

　これらのことは，学習者がより速く走るための課題を追求し，工夫していくためには，単に100mのタイムを知るだけではなく，スピードの変化を知る必要のあることを意味している．このスピードの変化を簡易に知る方法として開発したものが図7-6の記録用紙である．これは，スタートの合図後2秒毎に笛で合図を送り，走路横で観察している仲間が通過位置を測定し2秒間毎の走距離を求め，図7-6の点を結んで，スピードの変化を把握できるようにしたものである．

　この記録法を用いることによって，疾走タイムだけでは知ることのできない情報（課題）が得られ，スピード曲線から自己の記録を伸ばすために必要な学習課題を見つけ出すことができる，記録を伸ばすためにはどのような走法や練習方法が適切であるかを試しながら検討することができる，グループで協力して計測する必要があり教え合いが生まれやすく目標記録の達成感や成就感を味わうことができる，の3つが可能になる．

表7-3　記録ノート（1年女子の一例）

〈グループ・ノート〉　　　　　　　　　　　　　　　　　　　体育授業の記録用紙
種目（8秒間走）　10／7　　　　　　　　　　　　　　　1年1班　　記録者　H.R

本時の目標	・各自の目標（m）の達成． ・足の回転数をできるだけ多くする． ・手の振り具合，あごの引き方等に意識．	
練習方法	足に赤いハンカチを結びつけて，他の人にその回数をみてもらい，比較検討する． それを順々に記録を計りながら，伸びたか伸びてないか等の変化をみる．	
理　由	・できるだけ足の回転数を多くすること． ・他に計っていきながら，どんな点に気づいたかを知るため．	
反省・感想	うまくいったこと	うまくいかなかったこと
	班員の人，みな徐々に記録が伸びていってるようである． リレーでは1位だった！	順番がバラバラになってしまい，ほとんど計ることのできなかった人がいたこと．
	新しく気づいたこと	今度，ためしてみたいこと
	足の回数さえ多くすればいいというわけではなく，歩幅などにも関連があるのではないかということ．	秒間走だけに目を向けず，他のこと（50m走等）もためしてみる．足の回転数だけでなく，歩幅や手の振りなどにも注目していきたい．

（風間建夫（1984）知的理解を深める授業の展開（中学校），221．丹羽劭昭，辻野昭，教育学研修講座10，「スポーツと教育」の展開．第一法規出版）

（2）授業の展開例（中学生を対象とした風間実践）

「スポーツ・テストの50ｍ走タイムから，12秒間で走ることのできる距離を予想してごらん」「12秒間走のスピードの変化はどのようになるだろうか．グラフに書いてごらん」という問いかけから授業が始められた．

簡易スピード曲線記録用紙を用いて，各自のスピード曲線を測定・記録し，予想や一流選手のデータとの比較から，スピードの変化に対応した走法を工夫し，秒間走（図7-3参照）で試しながら，グループ毎に学習が進められた．

練習法や走法を高め合う段階になると，スピードを生み出す要因に着目するグループも表7-3に示すように現れ，スピードを上げるためにはピッチを高めるとよいと考え8秒間走で試している．そして，スピードはピッチだけでなくストライドも関係することに気づき，次時の課題にしている．

また，授業の後半では，要素的な技術から発展して，スタートからゴールにかけての全体的な走法の工夫がみられ表7-4に示すような質問がK君から出された．

指導者は，今ある10の力を12から13まで引き上げることしか頭になかったのであるが，彼らは今ある10の力をいかに使いきるかも課題になることを直感的に知り記録を向上させたのである．すなわち，短距離走にもペース配分のあることを学習したのである．これをクラス全体に発表させ，確かめ，「これは，一流選手でいうところのリラクゼーションに相当し，何年も練習してようやくそのコツをつかめるもので，すごい体験（学習）をしたものだ」と，彼らを誉めたたえられた．授業後，K君は表7-4下段に示した感想を書いている．

表7-4　発言記録（ペースの工夫のきっかけとなったK君の質問）

指導者の発言		学習者の発言	
T2	そう，それはよかった．どれ位あがった．	P1	先生，今日は前よりも記録が上がった（100mを計測して）
		P3	0.6秒やけれど，あんまり気持ちよう走られへんかった．
T4	そりゃどうしてかな．	P5	この前走ったとき，たぶん計り間違い思うけれど，16秒3で走れてん．そのときは後半ビュンビュン，スピードを出てものすごう気持ちよかった．思うとおり走れた感じや．
T6	じゃ，今日はどうして思うとおり走れなかった．	P7	やっぱり公式の測定ということで，前から頑張りすぎた．前の時はちょっと前半を軽く走って，後半頑張ったんやけど．
T8	しかし，前半を軽く走って後半頑張るというのは長距離走みたいやね．最高速度を高くして，それをできるだけ長く保つのが大事と思うけれど．	P9	やっぱりあかんかな，あんな走り方は．
T10	いや，しかし，1度グループで試してごらん．有効かどうかはそれからでいいんじゃないか．	P11	自信ないけど試してみるわ．

授業後のK児の感想
　　短距離走というのも，努力次第で伸びていくものだと思う．これまで体育が苦手だったのであまり走る機会もなかったが，中学になって色々工夫し，考えて走ることができ，短距離走にも色々学べるんだなあと思い，体育の楽しさを知った．はじめは半分あきらめ気味だったが，あとになるとどんどん伸びていきそうだったので，おもしろくなって一生懸命やった．

（風間建夫（1984）知的理解を深める授業の展開（中学校），222. 丹羽劭昭，辻野昭，教育学研修講座10，「スポーツと教育」の展開．第一法規出版）

（3）技術（科学）と歴史を統一的に教材化した石谷実践：中学生を対象としたハードル走

　「スポーツ教材を運動文化として捉え，それをトータルに教える必要がある」という同志会の考えに基づくハードル走の実践で，自他の技術の程度を技術史のなかで捉え，次の課題を明確にさせようとする教材化である．

1）石谷実践の画期性と成功への原動力

　本実践は，スポーツの社会科学的認識を体育の授業でつけるべき力（学力）として正面にすえて取り組まれている．

　運動文化の文化たる根拠をその歴史性に求め，ハードルの技術史を教材化するという手法で，今行っているスポーツが人類の歴史的・社会的遺産であり，発展させられるべきものであるとの認識形成を課題点としたものである．

　ハードルの技術史を研究し，ハードルが競技として成立していく過程において，人類は，正面を向いて跳びこえる，インターバルを3歩のリズムで走る，跳と疾走をより統一するハードリング技術の開発（それはさらに振り上げ脚→ディップ→抜き脚→かき込み→クロッシングという下位技術の発展を辿る），を順次課題化し解決しているとまとめられた．

　さらに，子どもの学習場面における技術課題も大筋ではこのような順次性が認められ，技術史研究から技術発展の必然性を探り出し，それらを教材の再構成の論理とさ

れている．子どもが授業のなかでぶつかる壁を人類がぶつかった壁としてセットし，子どもを歴史に立ち合わせようとされたのである．

なお，この実践では歴史についてプリントを配ったり講義もされているが，それは全15時間のうちの20分程度でしかない．それにもかかわらず作文に見られるようなスポーツ観の変革に迫る，高度な認識活動が生み出されている．教師から「君の跳び方は何年代」という言葉が意識的に多用され，この言葉が子どもと歴史をつないだのである．

2）授業の目標
　（1）なぜに答える授業－仮説実験的授業－
　（2）社会科学的認識－歴史と技術（科学）の統一－
　（3）集団の組織化－技術（科学）を追求発展させる集団づくり－

3）指導上の留意点
　1つの課題のなかから色々な疑問を出させ，それを系統のなかで幹となるものだけを取り上げ，枝葉は切り落とすという選定がなされた．すなわち，次に発展していく疑問であればそれが系統となり，次の時間へとつながるからである．

4）歴史に学ぶ教材解釈
　技術発達の節と節の間の歴史的必然性を探ることから技術指導の順序性やなぜに答える論理を見つけ出そうとされた．
　第1節 1865年：セーリングフォームの出現→前向き，連続性
　第2節 1878年：統一ルールの成立→3歩のリズム，スプリント化
　第3節 1887年：振り上げ脚を伸ばす→ランニングフォーム化

　図7-7に示したように，助走しては跳び越すという単に走と高跳びをつないだだけのような原始的なハードルの形態は，大きく3つの節を経て近代ハードルに発展していった．

　最後の感想文で，約半数（38/79人）の者がハードルの歴史ということに興味や関心を示した．

「ハードルの授業を終えて」○○□□

授業を終えて，色々な技術を取り入れると速くなり，その技術をどのように取り入れたらよいかということがよくわかった．

それは仮説実験などで「なぜか」を追求してきたからだと思う．だから技術を取り入れやすかった．それでこの授業で「なぜ」を追求することが大切だということがわかった．自分ではまだ最高の技術まで到達していないと思うので，またこんな機会があれば，この授業で作り上げた土台でもっと，もっと技術をみがきたいと思う．いままで競走などを見ても，速く走っておもしろいのかと思っていたが，この授業で技術をみがいて速く走り，それが数字に表れ，自分の技術の程度を知り，その技術よりさらに速くなりたいという気持ちになってきた．やっぱり，こういう歴史を追って順々に積み重ねることは大切なことだと思った．

跳び越していく
だけの技術
（1837年代）

セーリングフォーム
の開発（1865年代）

クレンツレインによるステップ・
オーバー技術の開発（1893年代）

着地ー疾走の連続技術
（膝の抱え込み，中間疾走への利にかなったハードル近くへの着地）

[ハードリング技術の歴史的発展過程]

1837年代：跳び越していくだけの技術（片足で踏切，両足着地）
1865年：セーリングフォームの開発（振り上げ脚の膝を曲げ開脚で跳び後ろ足を残す）
1878年：歩数8・3・3方式（インターバルの開発）
1887年：クルームによる振り上げ脚の膝の伸ばし（jump over），シングル・アーム・アクションの開発，ディップ
1893年：クレンツレインによるステップ・オーバー技術の開発
1908年：スミスソンによる跨ぎ越し技術の開発（後ろ足の改良）
1910年：シンプソンによる三直角の理論（抜き脚，振り上げ脚の幾何学的発想と改良）
1916年：トムソンによる両手の合理的使用法と抜き脚技術（脚を前に伸ばし腕を横にかき，その反動で脚を抜き膝を送る）
1920年：着地ー疾走の連続技術（膝の抱え込み，中間疾走への利にかなったハードル近くへの着地）
1970年代：クロッシング技術の開発（振り上げ脚と抜き脚の素早い交差）
1988年：リヤセンターによるグリフ動作（引き込み動作）の開発

図7-7　ハードルクリアランスフォームの変遷
（後藤幸弘，上原禎弘編著（2012）内容学と架橋する保健体育科教育論．114，晃洋書房）

---

9. ダウンサイズに基づく教材化の例

（1）タッチフットボール

　タッチフットボール（Touch Footbll）は，アメリカンフットボールをダウンサイジングする教材構成の原理よる教材化の代表例である．

　アメリカンフットボール（鎧球）のボール保持者に対するタックルから生じる危険を除くため，守備側のプレーヤーが攻撃側チームのボール保持者に対して，肩・腰を含む胴体に両方の掌を同時にタッチするへと変更したものである．

1）アメリカンフットボールとタッチフットボールの誕生と普及

　アメリカンフットボールは，1875年当時，アメリカ東部の大学対抗戦で行われていたフットボールとラグビーの基本要素を踏襲した譲歩ルールによって成立した陣取りゲームである．ハーバード大学とイェール大学との対抗戦が行われ，それを契機にアメリカ的合理性の追求によって現代のアメリカンフットボールへと進化・発展し

た．

　一方，タッチフットボールは，第2次世界大戦中にアメリカ軍人の駐留地で行われ始めた．それは，戦時中でしかも外地であったためヘルメットやプロテクターが入手できず，アメリカンフットボールの特徴ともいえる荒々しいプレーによる兵士の負傷を防ぐという目的もあって考え出された．彼らの帰国に伴って多くの地方で，その簡易性によって，特に子ども達の間に普及・浸透していった．

2）タッチフットボールの進め方

　ゲームの開始は，審判の笛の合図でスクリメージからスナップバックで行われる．攻撃側チームは原則として4回続けて攻撃でき，この間に10ヤード以上前進すれば，改めてさらに4回の攻撃ができる．1ダウン毎に進んだ地域からスクリメージとなる．

　攻撃権は，4ダウンしたときと，パスをインターセプトされたときに失う．

- ・ダウン：攻撃の1単位で，ボール保持者が相手側にタッチされたときやパスミスなどによってボールが地面に落ちる（ボールデッド）まで．
- ・インターセプト：相手のパス（ボール）を空中で奪取すること．
- ・スナップバック：センターが後ろにいるバックにボールを渡すこと．スナップはスナッパーの両脚の間を通さなければならないという規定はない．

3）ゲームの進め方

- ①ゲーム人数は，小学校中学年までは4人対4人が適当である．導入段階では1人対1人や2人対2人を入れてもよい．
- ②コートはセンターラインとゴールラインを中心として，特にサイドラインを決めないもの（低学年用コート）が使いやすい．
- ③ゲームの開始は，審判の笛の合図で，スクリメージからスナップパスで行われる．このときクォーターバックはコールし，スナップバックさせる．
- ④ゲームが止まるのは（ボールデッド），ボール保持者が敵にタッチされたとき，パスミスなどでボールが地面に落下したときである．
- ⑤攻撃権を失うのは，パスをインターセプトされたとき，4ダウン（4回のボールデッド）したときである．また，フォワードパスは1プレーに1回限りとする．
- ⑥ダウン間にハドル（フォーメーションの確認や修正）をとり，次のプレーの確認を行わせるがその時間は30秒以内とする．
- ⑦1ダウン毎に進んだ地域からスクリメージとなる．その際，コート中央のボールセットラインにボールを置かせる．

4）課　題

　タッチを明確に判定する方法の開発として，腰にハンカチ，あるいは，フラッグをとりつけたベルトを着用するテイルフットボール（tail foot ball）も考案されているが，目線が下がり，また，突き指等が起こりやすい欠点がある．身体接触のあるところに本教材の魅力があり，タッチにかかわって生ずるトラブルの解消もゲーム学習の主要な教育内容とすべきなのである．

参考文献

・ブルーナーJ.S. 著，鈴木祥蔵，佐藤三郎訳（1963）教育の過程．岩波書店．

・江刺幸政（1999）体育教育における教材構成の理論的基礎．創文企画．

・藤岡信勝（1991）教材づくりの発想．日本書籍．

・後藤幸弘，梅野圭史，林修，野村俊文，長尾精二（1989）教材の構造化の観点の相違が児童の態度と技能に及ぼす影響について－6年生バスケットボールを例に－．日本教科教育学会誌，13（2）：33-41．

・後藤幸弘（1991）「走運動の科学」を生かした授業．体育科教育，39（6）：24-28．

・後藤幸弘，林修，佐伯卓也（1998）バスケットボールの教材化に関する基礎的研究－ゲーム人数ならびにコートサイズの変化に伴うゲーム内容の変化から－．兵庫教育大学・実技教育研究，12：73-86．

・後藤幸弘，上原禎弘編著（2012）内容学と架橋する保健体育科教育論．晃洋書房．

・井上弘（1969）教材の構造化．明治図書出版．

・石谷俊彦（1981）ハードル走の実践－歴史と技術（科学）の統一．日高教第28次教育研究会全国集会報告集．

・岩田靖（2017）体育科教育における教材論．明和出版．

・風間建夫（1984）知的理解を深める授業の展開（中学校），221．丹羽劭昭，辻野昭，教育学研修講座10，「スポーツと教育」の展開．第一法規出版．

・松田岩男，宇土正彦編（1981）新版 現代学校体育大事典．大修館書店．

・中村敏雄（1989）教師のための体育教材論．創文企画．

・中内敏夫（1990）教材と教具の理論．あゆみ出版．

・西谷憲明（1991）バスケットボールの科学的概念に関する一考察．鹿児島短期大学紀要，47：29-34．

・佐藤裕（1972）体育教材学序説．黎明書房．

・新川美水，藤田定彦，後藤幸弘，辻野昭（1987）中学校障害走教材におけるハードルの高さとインターバルの設定に関する基礎的研究－走タイム，3歩維持率，体格，体力，運動能力の関係から－．スポーツ教育学研究，7（1）：55-78．

・高久清吉（1990）教育実践学－教師の力量形成への道－．教育出版．

・立石晃平，原田尚幸，中村俊一，日高正博，筒井茂喜，後藤幸弘（2012）身体接触を伴う教材（タッチフットボール）の教育的効果－小学校3年生児童を対象として－．兵庫教育大学教科教育学会紀要，25：20-28．

・筒井茂喜，日高正博，後藤幸弘（2011）ハードな身体接触を伴う『すもう』の教育的効果について－小学校3年生を対象として－．日本教科教育学会誌，34（2）：11-20．

・筒井茂喜，日高正博，原田尚幸，中村俊一，後藤幸弘（2011）身体接触を伴うゲーム教材（カバディ）の教育的効果－2年生児童を対象として－．兵庫教育大学教科教育学会紀要，24：9-16．

・山本貞美（1982）生きた授業をつくる体育の教材づくり．大修館書店．

・吉田昇，長尾十三二，柴田義松編（1980）授業と教材研究（有斐閣双書，教育学；6）．有斐閣．

［後藤幸弘・日高正博・筒井茂樹］

第8章

体育科の学習指導論

　学習指導とは，学習成果を高めるために，教師が教材を媒介とする学習活動を組織化し，方向づけていく教育的営みをいう．そのためには，体育授業の構造（図 2-2，p8 参照）に示すように，学習目標の設定，学習指導法の選択，学習活動の工夫，学習組織の編成等が重要になる．

　今期の学習指導要領も図 8-1 に示す方向で検討され，アクティブラーニングという語も出ている．ここでは，これまでの学習指導の方法にそれらを含め述べる．

1．学習目標の設定

（1）系統学習と問題解決学習

　基礎的・基本的な知識や技術の習得を企図する基礎目標と学びとり方の能力の形成を企図する高次目標とに大別される．前者には系統学習が，後者には問題解決学習がそれぞれ対応する．

1）系統学習

　系統学習には，次の 3 つの立場がある．

　①初期系統学習：知識内容を論理的に順序よく習得する内容主義的・論理主義的な系統である．たとえば，跳び箱では，「助走-踏切-第一空中局面-着手-第二空中局面-着地」の順に学習することである．

　②心理的系統学習：子どもにとって意味のある学習を企図して，未分化な先行認知から分化した後行認知へと高めていき，意味受容学習と呼ばれている．たとえば，跳び箱では，子どもが恐怖心を感じている着地から逆に順を追って学習する，つまり運動経過と逆行の過程をたどる学習である（図 13-5，p181 参照）．

　③アルゴリズム学習：深い確実な体系的知識とともに，物事との観察の仕方や概念の本質的な適用の仕方などといった知的行為を高める系統学習である．

　現在でも，いかなる授業実践においても教育内容の系統性は必須条件である．

2）問題解決学習

　ジョン・デューイ（John Dewey）の経験主義教育に根ざすもので，子どもが学習主題として何らかの問題を自覚し，その解決法についても主体的能動的に取り組み，考えていくことにより学んでいく指導方法である．一般的な学習過程としては，「問題を把握する（問題の意識化とその認知）→問題を究明する（仮説の設定と推論）→問

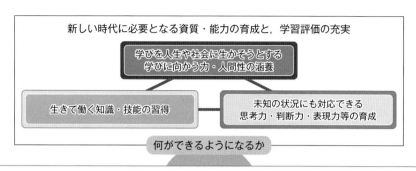

新しい時代に必要となる資質・能力の育成と，学習評価の充実

学びを人生や社会に生かそうとする
学びに向かう力・人間性の涵養

生きて働く知識・技能の習得

未知の状況にも対応できる
思考力・判断力・表現力等の育成

何ができるようになるか

よりよい学校教育を通じてよりよい社会を創るという目標を共有し，
社会と連係・協働しながら，未来の創り手となるために必要な資質・能力を育む
「社会に開かれた教育課程」の実現

各学校における「カリキュラム・マネジメント」の実現

何を学ぶか

新しい時代に必要となる資質・能力を踏まえた
教科・科目等の新設や目標・内容の見直し

・小学校の外国語教育の教科化，高校の新科目「公共」の新設
など
・各教科等で育む資質・能力を明確化し，目標や内容を構造的
に示す
・学習内容の削減は行わない※
※高校教育については，些末な事実的知識の暗記が大学入学者
選抜で問われることが課題になっており，そうした点を克服す
るため，重要用語の整理等を含めた高大接続改革等を進める.

何を学ぶか

主体的・対話的で深い学び（「アクティブラーニング」）
の視点からの学習過程の改善

・生きて働く知識・技能
の習得など，新しい時
代に求められる資質・
能力を育成
・知識の量を削減せず，
質の高い理解を図るた
めの学習過程の質的改
善

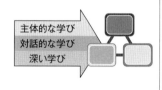

主体的な学び
対話的な学び
深い学び

図8-1　学習指導要領改訂の方向性

（中央教育審議会（2016）幼稚園,小学校,中学校,高等学校及び特別支援学校の学習指導要領等の改善及び必要な方策等について（答申案）
補足資料. 2016年12月21日）

題を解決する（仮説の検証と生活への適用）」の道筋をとる.

　この学習法は，子ども一人ひとりの具体的な生活体験が基盤に据えられるため，能動的で個性的な学習行為が成り立つ利点がある. しかし，学習の這い回りや基礎学力の低下が顕著となる欠点がある.

（2）目標変数からの分類

　学習形態という語を「教師−子ども」関係の形式的な行動様式ではなく，教材編成，教授活動，学習集団，の3つの要因の複合体として現れる学習過程の特質として捉えると上記目標との関係から，表8−1に示すように分類される. すなわち，基礎的・基本的な知識や技術の習得（基礎目標）を企図する学習形態では系統的な教材を編成し，提示・説明的な教授活動を展開する. その際の学習集団は一斉学習を用いる. 一方，学びとり方の能力の形成（高次目標）を企図する学習形態では，課題解決的な教材を編成し，探求的・発見的な教授活動を展開する. その際の学習集団は小集団学習を用いる.

表8-1　目標変数に即した学習形態の特質

目　標	教材編成	教授活動	学習集団
基礎的・基本的な知識や技術の習得（基礎目標）	系　統　的　―	提　示・説明的　―	一　斉　的
学びとり方の能力の形成（高次目標）	課題解決的　―	探求的・発見的　―	小集団的

（梅野圭史, 辻野昭（1980）教育大学教科教育講座11, 保健体育科教育の理論と展開. 209, 第一法規出版）

表8-2　学習指導法とその内容

学習法	内　容
単元学習	この場合の単元とは，経験単元（生活単元, 作業単元ともいう）のこと. 導入の段階→計画と展開の段階→まとめと評価の段階を行う（ジョン・デューイ）.
完全習得学習	目標を明確にし，それに基づいて評価を合理的に実施し適切な指導を行うならば，90~95％の学習者は時間的な差はあっても同一の学習程度に到達できるというもの（ベンジャミン・ブルーム）.
プログラム学習	ティーチングマシンを使用した学習. あらかじめ組まれたプログラムに従って，解説→問い→答え→確認というステップで進行していく（バラス・スキナー, エドワード・ソーンダイク, シドニー・L・プレッシー）.
発見学習	教科の構造を解明し，学習者に適切な教材化を図り，教科の基本原理・観念を理解させ，知識・技術の法則・原理を発見させて，さらに学習の転移を持って学習の充足・進化を図ろうとする学習法. 問題解決学習と系統学習の短所を補うものとして提唱された（ジェローム・ブルーナー）.
仮説実験授業	実験の結果を子どもに予想させ，そこから集計して仮説を立てさせ，そして実験結果と比較する（板倉聖宣）.

（後藤幸弘, 上原禎弘編著（2012）内容学と架橋する保健体育科教育論. 269, 晃洋書房）

2．学習指導法

　　学習指導法とは，学習指導の目標を達成するために指導者が用いる教材の選択と配列，学習形態ならびに動機づけなどを含んだ系統的な方法の総称である. 学習活動に対して教師が強い指導性を発揮するか, 学習者に多くの意思決定を与えるかによって，直接的指導と間接的指導に大別される.

（1）さまざまな学習指導法

　　学習指導法については，さまざまな学習法が開発されている. 表8-2にその一部を紹介する.

（2）学習指導の多様性

　　ムスカ・モストン（Muska Mosston）は，唯一絶対の教授スタイルはありえないとして，授業中に行われる意思決定の様態の違いによって教授スタイルを表8-3のように分類した. そして，これらのスタイルをオプションとして選択的に適用すると

表8-3　モストンが示した指導スタイル

既知の内容を再生産するスタイル群
　A：命令スタイル（教師の指示に従い，課題を短時間で正確にこなす）
　B：練習スタイル（運動課題を個人練習し，教師は学習者に個人的フィードバックを与える）
　C：ペア学習スタイル（学習者がペアになり，課題のできばえを互いに観察・評価し合う）
　D：自己チェックスタイル（学習者自身が課題のできばえを観察・評価する）
　E：能力差包括スタイル（課題の難易度についても学習者に選択が任される）

未知の内容を発見（生産）していくスタイル群
　F：誘導発見スタイル（学習者は，教師の発問に答えながら，あらかじめ到達目標として設定された概念に接近していく）
　G：問題解決発見的スタイル（教師が運動種目とテーマおよびそれにかかわる問題をあらかじめ設定しておくが，単一の正解があるわけではなく，学習者の多様な解答が尊重され，その妥当性についても学習者自らで検証する）
　H：学習内容設計スタイル（教師が運動種目とテーマを設定するのみで，詳細な問題設定はしない．学習者は，具体的な問題設定から解決に至るすべてのプロセスをデザインし実行する）
　I：主体的学習スタイル（学習者が教師と合意した基準に照らして，教師とともに自ら学習を始め，その計画を作成し，実施し，評価する）
　J：自律的学習スタイル（学習に関するすべての意思決定が学習者に委ねられ，教師はその決定に一切関与しない）

（鈴木（1994）より作表）

いう考え方を示した．これら相互に関連づけられた諸スタイルの総体を指導スタイルの連続体モデルと呼んでいる．すなわち，教師が全面的に授業のイニシアティブをとるスタイルから，学習者にすべての意思決定が委ねられるスタイルまでの10の指導スタイルに区分されている．そこでは，従来の議論にみられる教師主導か学習者主導かという2つの極ではなく，それらの間にいくつかの階段を見出し，それぞれを独立した指導スタイルとして位置づけている．しかもそれらは，大別して，既知の内容を再生産するスタイル群（A～E）と，未知の内容を発見（生産）していくスタイル群（F～J）に分類される．効果的な学習指導を行うためには，多様な学習指導スタイルを取り揃えるだけでなく，いつ，どの学習指導法を適用すべきか，という方略（ストラテジー）が必要となる．

3．学習活動の工夫

（1）認識を高める工夫

1）討議学習

　討議学習とは，意見を出し合ってその内容を広げ深めていく方法で，バズ学習やパネル・ディスカッションがこれにあたる．ゲーム・ボール運動領域における作戦の立案や振り返りは，チーム内での討議学習になる．また，すべての領域において，集合しての話し合いは，討議の1つと考えられる．

2）観察学習

　観察学習とは，観察することによって得られる視覚情報を利用する方法で，本人が

実際に体験しなくてもその行動様式を学習することで，モデリングと呼ばれている．その際，運動の見方・考え方を指導しなければならない．たとえば，ハードル走で，全体のリズムをみるのか，抜き足という部分をみるのかは見方になる．また，足が横になっている，グッと曲がっている等，ポイントの発見や擬音語や擬態語で表現するなどは考え方になる．

3）創作学習

　創作学習とは，自分たちで作品を創り出す方法で，表現運動の作品づくりや器械運動での工夫した動きもこの範疇に含まれる．

（2）運動技能を高める工夫

1）全習法と分習法（表8-4）

　運動技能を高める場合，課題の始めから終わりまでをひとまとまりとして繰り返して練習していく方法が全習法である．一方，学習課題をいくつかの部分に区切って少しずつ練習していく方法が分習法である．水泳のクロールで，キックとストロークを協応させて，一連の流れとして練習するのが全習法で，キックとストロークを分けて学習するのが分習法である．

　さらに，分習法は，典型的（純粋）分習法（A→B→C→ABC），漸進的分習法タイプ I（A→B→AB→C→ABC），漸進的分習法タイプ II（A→AB→ABC），に分けられる．

　全習法は運動課題における解決の方向性は見通しやすい反面，学習活動のマンネリ化や目標の不明確さ，さらには興味や関心が薄れる欠点がある．一方，分習法は課題が大きいほど効果的であり，課題の難しい部分を集中的に練習させたり，また各部分の進歩は全体の進歩よりも具体的に把握でき，動機づけを高めるのに有効である．しかし，運動課題は連続した場合が多く，部分要素をいかに捉え分割するかが難しい．このことから，全体としてまとまりのないもの，複雑な技術の学習には分習法が有利とされ，まとまりのあるものは全習法の方が有利とされている．

表8-4　運動技能の練習法（全習法と分習法の
　　　　タイプ）

---

1. **典型的（純粋）分習法**
   A，B，C，n，全体

2. **漸進的分習法タイプ I**
   A，B，A+B→C，A+B+C，n，A+B+C+n

3. **漸進的分習法タイプ II**
   A，A+B，A+B+C，A+B+C+n，全体

4. **交互法**
   全体，A，全体，B，……全体，n

5. **全習法**
   全体，全体，……全体

一般に，運動技能の学習では，全習法や分習法を固定的に捉えるのではなく，双方を活用する方法である交互法が多く用いられる．

2）集中法と分散法

一定時間休まずに学習を連続的に行う方法が集中法で，学習を休憩や休息を入れて行う方法が分散法である．

集中法は，技術が比較的単純で習得しやすい場合，練習者の意欲が高い場合，練習者の心理的・生理的スタミナが高い場合，技術習得がある程度できていて技能レベルが高く，また身体的コンディションが良好な場合，試合場面を想定して疲労したなかでプレーすることを練習する場合，に適しているとされている．

一方，分散法は，新しい技術あるいは複雑な技術を練習する場合，練習者の意欲が低い場合，若く未熟な練習者で心理的・生理的なスタミナが不足している場合，疲労によってフォームなどが崩れやすい場合，天候などの条件が悪い場合，に適している．

4．学習組織の編成

学習組織の観点からは，以下の4点から分類される．

1）一斉指導

一斉指導とは，1人の教師が学級に編成された多数の子どもに対して，同一の教科内容を一斉に指導する形態である．この学習は最も効率的な指導が可能となるので，基礎的・基本的内容を共通に学ぶのに適している．一斉学習の集団は，多様な子どもが所属する異質集団となる．

2）班別指導（有機的・課題別，機械的・便宜的）

班別指導とは，学習効率を高めるために学習者を課題別・能力別等に少人数の班に分けて指導する形態である．体育科では学習内容に対する理解度に個人差が大きいが，これに対応する施設や用具が十分でない場合や，ねらいとする運動技術を習得し習熟させるのに反復練習が必要な場合に有効である．

3）グループ指導（有機的グループ指導）

グループ指導とは，集団力学を教育的に活用しながら，学習者を異質または等質のグループに分け，グループ成員相互の共同学習によって主体的かつ自主的に学習をする形態である．体育科ではグループ編成の際に，技能，認識，社会的行動，性格，体格，人間関係，リーダー性，男女混合，などを考慮し，集団内異質・集団間等質が原則である．

4）個別指導（マンツーマン指導）

個別指導とは，子どもが個々に指導を受けて個々に学習する形態である．すなわち，個々の子どもの能力，適正，学習の進度を保障することができ，技能の完全習得を実現するための学習形態である．体育授業においては，直接的指導や相互作用において個人に関わる場合，あるいは補習指導する場合がこれにあたる．

5．体育授業における課題解決的学習

　　図8-2は，小学校高学年のサッカーにおける3つの課題解決的学習の指導計画を示している．

（1）課題形成型（形成的学習）

　　課題形成型（形成的学習）は，問題状況を子ども達に創らせ，いわゆる課題の形成過程を重視することによって彼らの洞察学習を成立させ，教材の本質を見通す力を育てようとする．すなわち，運動教材の持つ技能的特性を子ども自らで触れさせ，技能を伸ばす楽しさを味わわせる．この指導計画では，「どうすればゲームに勝てるのか」といった子どもの多様な問題意識から学習を始め，横パスを使ったゴール前でのコンビネーションの工夫へと子どもの形成するめあてを集約させようとする授業が展開される．すなわち，問題状況の設定である共有課題を「パスをつないでシュートしよう－コートの使い方を工夫してシュートしよう－横パスを使ってシュートしよう－速攻と遅攻を使い分けよう」を基軸に，子どもの多様な考えを認める学習からサッカーの技能特性（コンビネーションからシュート）に触れる学習へと展開する．そのため，上記形成的学習の学習形態は，「パスのためのコンビネーションからシュートのためのコンビネーションへと子どもの問いに即した課題解決的な教材編成－探求的・発見的な教授活動－小集団的な学習集団」となる．

（2）課題選択型（めあて学習）

　　課題選択型（めあて学習）は，いくつかの学習課題のなかから子どもが自分の能力や興味に合った課題を選択し，それを自力で解決しようとする．すなわち，自己の能力や興味・関心とのかかわりから運動教材における競争の楽しさや技能を伸ばす楽しさを味わわせる．この指導計画では，対戦するチームとのかかわりから勝つための作戦を工夫してゲームを楽しむとともに，学習集団の機能を高めようとする教師の意図で授業が展開される．すなわち，基本的な学習過程を「ねらい1：みんなが楽しめるゲームをしよう（慣れる段階）－ねらい2：ねらい1から生まれた課題を意識してゲームをしよう（親しむ段階）－ねらい3：簡単な作戦を立ててゲームを楽しもう（深める段階）」へと移行させる3つのステージ型による学習過程を組織する．そのため，学習形態は，「今持っている力でゲームを楽しむから作戦やルールを工夫してゲームを楽しむ課題解決的な教材編成－探求的な教授活動－小集団的な学習集団」となる．

（3）課題解決型（発見的学習）

　　課題解決型（発見的学習）は，系統的学習をサポートしようとするもので，課題の解決過程を重視することによって科学的・系統的な学習行為を成立させ，彼らに問いかける力を育成しようとする．すなわち，運動教材のもつ技能的特性を発見させ，技

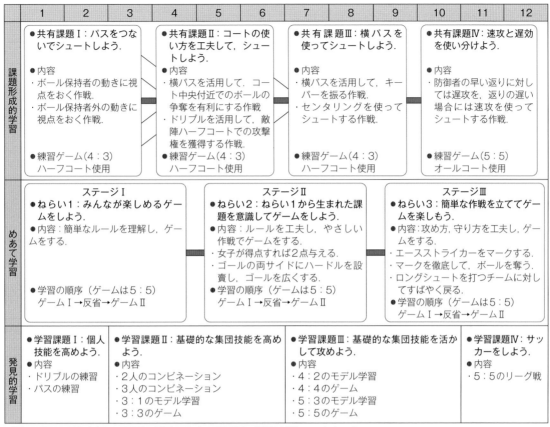

	1	2	3	4	5	6	7	8	9	10	11	12
課題形成的学習	●共有課題Ⅰ：パスをつないでシュートしよう． ●内容 ・ボール保持者の動きに視点をおく作戦． ・ボール保持者外の動きに視点をおく作戦． ●練習ゲーム(4：3) ハーフコート使用			●共有課題Ⅱ：コートの使い方を工夫して，シュートしよう． ●内容 ・横パスを活用して，コート中央付近でのボールの争奪を有利にする作戦 ・ドリブルを活用して，敵陣ハーフコートでの攻撃権を獲得する作戦． ●練習ゲーム(4：3) ハーフコート使用			●共有課題Ⅲ：横パスを使ってシュートしよう． ●内容 ・横パスを活用して，キーパーを振る作戦． ・センタリングを使ってシュートする作戦． ●練習ゲーム(4：3) ハーフコート使用			●共有課題Ⅳ：速攻と遅効を使い分けよう． ●内容 ・防御者の早い返りに対しては遅攻を，返りの遅い場合には速攻を使ってシュートする作戦． ●練習ゲーム(5：5) オールコート使用		
めあて学習	ステージⅠ ●ねらい1：みんなが楽しめるゲームをしよう． ●内容：簡単なルールを理解し，ゲームをする． ●学習の順序（ゲームは5：5） ゲームⅠ→反省→ゲームⅡ				ステージⅡ ●ねらい2：ねらい1から生まれた課題を意識してゲームをしよう． ●内容：ルールを工夫し，やさしい作戦でゲームをする． ・女子が得点すれば2点与える． ・ゴールの両サイドにハードルを設置し，ゴールを広くする． ●学習の順序（ゲームは5：5） ゲームⅠ→反省→ゲームⅡ				ステージⅢ ●ねらい3：簡単な作戦を立ててゲームを楽しもう． ●内容：攻め方，守り方を工夫し，ゲームをする． ・エースストライカーをマークする． ・マークを徹底して，ボールを奪う． ・ロングシュートを打つチームに対してすばやく戻る． ●学習の順序（ゲームは5：5） ゲームⅠ→反省→ゲームⅡ			
発見的学習	●学習課題Ⅰ：個人技能を高めよう． ●内容 ・ドリブルの練習 ・パスの練習		●学習課題Ⅱ：基礎的な集団技能を高めよう． ●内容 ・2人のコンビネーション ・3人のコンビネーション ・3：1のモデル学習 ・3：3のゲーム				●学習課題Ⅲ：基礎的な集団技能を活かして攻めよう． ●内容 ・4：2のモデル学習 ・4：4のゲーム ・5：3のモデル学習 ・5：5のゲーム				●学習課題Ⅳ：サッカーをしよう． ●内容 ・5：5のリーグ戦	

共有課題：子ども達自らで課題を形成するための問題設定（学習土俵）のことをいう．
一般に3〜4時間かけて問題の解決が図られる．

図8-2　3つの課題解決的学習によるサッカーの指導計画

（辻延浩，梅野圭史，渡邊哲博，上原禎弘，林修（1999）小学校体育科における学習成果（集団技能）を高める指導ストラテジーに関する事例的検討．スポーツ教育学研究，19（1）：39-54）

能を伸ばす楽しさを味わわせる．この指導計画では，2人のコンビネーションから学習を始め，その後3人のコンビネーション，モデル学習へと段階的に学習を進める．換言すれば，基本的な学習過程を「個人技能を高めよう−基礎的な集団技能を高めよう−基礎的な集団技能を活かして攻めよう−サッカーをしよう」と設定している．そのため，上記発見的学習の学習形態は，「2人のコンビネーションを基礎技術として，段階的に5：5によるゴール前のコンビネーションプレーへと高める課題解決的な教材編成−発見的な教授活動−小集団的な学習集団」となる．

演習課題　3つの課題解決学習の学習形態の特質をまとめよう．

6．指導技術（運動が上手な子を育成する 7 つの要件）

　教師力の 1 つである指導技術を，運動が上手な子を育成する 7 つの要件として以下に示す．

①いかに無駄のない授業をするか：準備物の徹底，・整列の回数・移動の時間の短縮，はっきりした指示，待機時間の短縮

②いかに技能を深めるか：友達の動きの観察・記録，自由な意見を取り上げる場の設定，発問の工夫，感覚的な指導言葉の工夫（オノマトペ）

③いかに子どもの進歩や発見を認めるか：指導的評価の活用，子どもの動きを診断する眼，うまくできない子への指導（つまづきの誘因・要因），出来映えを見せる場の設定

④いかに練習活動を工夫するか：練習の場の確保，個人差に応じた練習場面の工夫，施設や用具の工夫，人数やグループ編成の工夫

⑤いかに学習集団を組織するか：小集団と一斉の使い分け，小集団（グループ）の活用

⑥いかに子どものペースに即するか：単元を通した共有課題の設定，子どもの学習する道筋（思考・認識の流れ），子どもの動きの診断

⑦いかに課題をつかませるか：示範，発問構成の工夫，明確な課題や目標の設定，子どもの学習する道筋を知らせる，グループノートの朱書き

7．選択制

　選択する能力の育成は重要であるが，中学（義務教育）と高校（自由選択）以降では異なる選択制となる．

　選択制の原理・原則には，栄養学の考え方が援用できる．たとえば，①タンパク質を何でとるか，②どのように料理して食べるか，としたときには，範例学習（攻防相乱型シュートゲームをサッカーで学ぶ）や，発展学習（基礎は共通して学び，発展段階は個の能力に応じて学ぶ）が考えられる．

　したがって，従来の選択制，領域選択は考えられない．子どもが好きなものであれば一生懸命やるでは教育の放棄である．やりたくてもやってはいけない．やりたくなくてもやらなければならないことがあることの教育が必要なのである．

（1）選択制体育とその意義

　生涯スポーツへつなぐための体育学習は，みんなで楽しむ運動的活動を探り出すための学習，自分の好きなスポーツを持つための学習，自分で自分の健康や体力の問題を正しく処理できるための学習，の 3 つの観点に配慮されていることが必要である．

　体育学習においては，前述したように，すべての学習者がいろいろな運動やスポー

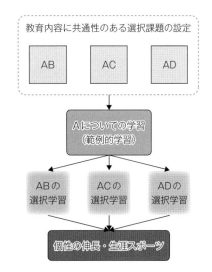

図8-3　選択制授業モデルの構想例
(後藤幸弘，藤田宏，日髙正博，本多弘子（2002）範例学習に依拠した中学校体育科における選択制授業モデルの提案−攻防相乱型シュートゲームを対象として−. 兵庫教育大学研究紀要，22：23-32)

ツの特性に触れる楽しさや喜びを味わうことが重要である．しかし，高等学校期では，学習者の発達段階の特性からみて，運動やスポーツに関する個人差が大きくなるので，すべての学習者を一律にということには問題が生じやすくなる．したがって，自らの意思によってスポーツ種目や運動の内容を選択する能力の育成と，それ自体を教育内容（スポーツ）とのかかわり合い方の出発点とすることには意味がある．

　個々の生徒のスポーツにかかわる身体的諸条件を考慮しながらその適性にあった教育内容を選択させる側面と，個人の興味や関心に配慮しながら生涯スポーツへの動機づけや集団・組織の編成能力を育成していく側面がある．

　卒業後の運動やスポーツの実践は，誰からも強制されるものではない．しかもその内容はあくまで，自分の自発的意思に基づいて構成されていくものである．したがって，運動の楽しさや喜びを感じさせ，その必要性や価値を積極的に認め，実践していく能力や態度を養っておく必要がある．選択制体育は，このような能力や態度が養われるよう行われて意義を持つのである（図8-3）．

（2）範例学習による選択制授業モデル

　平成元（1989）年改訂の学習指導要領において，中・高等学校保健体育科には選択制授業が導入されるようになり，現在まで継続されている．ただし，当初，中学校2年生からであったこの選択制授業は，現行の学習指導要領では中学校3年生からになった．

　しかし，義務教育段階である中学校において選択制を行うとすれば，カリキュラムの公共性が保障されたものにする必要がある．すなわち，選択させる種目に共通の教

攻防相乱型シュートゲームの大単元	前半	3種目の共通性の学習（範例学習）	攻防相乱型シュートゲームの教育内容				
			共通的教育内容				
			パスの機能がわかる	パスの種類がわかる	フェイントの原理と方法がわかる	戦術行動の基本がわかる	ルールの意味と意義がわかる
			・運ぶ ・ズレを作る ・突く	・パス（味方へのパス） ・ドリブル（自分へのパス） ・シュート（ゴールへのパス） ・クリア（ゾーンへのパス）	・時間差を創出する ・相手と逆に動く（水平・垂直）	・ズレを作って突くパスを入れる ・ゴールと相手（ボール）を結ぶ線上に立つ	・ルールは試合を楽しくするためにある ・攻守のバランスの保持 ・時間つぶしの禁止 ・待ち伏せ作戦の禁止 ・安全性の確保
	後半	選択種目の学習ならびに他種目との関係性の学習（範例的学習）	各種目の特殊的内容				
			バスケットボール		ハンドボール		サッカー
			・手によるボール操作（両手によるボール保持） ・ゆるやかなシュートの要点（ゴールが水平） ・垂直方向のフェイントもある ・歩数のきびしい制限 ・スクリーンプレーが出やすい ・リバウンドボール ・ピボット 　　　　　　　　　など		・手によるボール操作（ボールが滑りやすい） ・豪快なシュートが可能（ゴールが垂直） ・歩数制限がゆるやか ・スクリーンプレーが出やすい ・倒れ込みシュート ・ジャンピングオーバースロー 　　　　　　　　　など		・足によるボール操作（ダイレクト操作） ・豪快なシュートが可能（ゴールが垂直） ・バランスが重要 ・クリアというパスがある ・歩数制限がない ・ヘディング ・スクリーンプレーが出にくい ・ショルダーチャージ，タックル 　　　　　　　　　など
	目　標		個性の伸長・生涯スポーツ				
			得意な種目を仲間に教えてあげれてともに楽しめる				

図8-4　範例学習から選択学習に移行する学習過程における教育内容例

（後藤幸弘，藤田宏，日髙正博，本多弘子（2002）範例学習に依拠した中学校体育科における選択制授業モデルの提案−攻防相乱型シュートゲームを対象として−．兵庫教育大学研究紀要，22：23-32）

育内容が含みこまれていること，この共通の教育内容の学習を深めながらそれらの特殊性を伸ばすことを通して個性の伸長をはかることの２点は，原則として押さえられなければならない．この２点を押さえた，ふさわしい学習方法として範例学習が援用できると考えられる．

　範例学習を行うにあたっては，まず，教師が独立した別個の教材に基本的性質が共通に存在しているかどうかを検討し，共通性のみられる教材を類型として把握する作業が求められる．

　この教材研究によって，具体化される学習は，類型を代表するこの教材を学習する段階から，類型に属する他の教材を学習する段階へと進められる．すなわち，このような学習過程で学ぶことによって，学習者は個の段階で得られた一般的な考え方を類型の段階で法則性として確認し，認識を進行・進化させることが可能になる．

　したがって，この範例学習は，義務教育段階の選択制授業において教育内容の共通性を押さえた１つの学習方式として，現代的意義を認めることができる．

1）攻防相乱型シュートゲームの教育内容の措定

　バスケットボール，ハンドボール，サッカーの３種目の教育内容を，技術，戦術，ルール，マナーの４観点から共通性と特殊性を措定する．

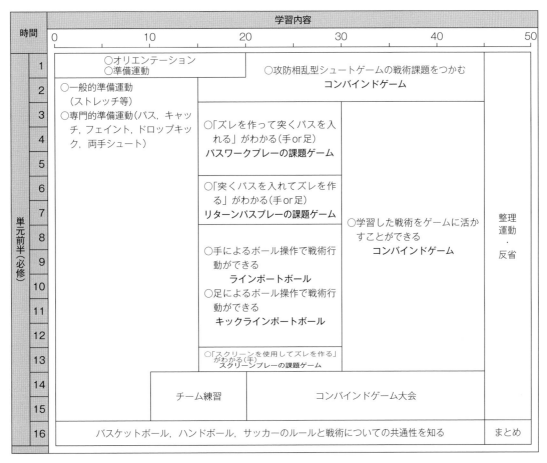

図8-5　単元前半の範例学習の概要

(後藤幸弘，藤田宏，日髙正博，本多弘子（2002）範例学習に依拠した中学校体育科における選択制授業モデルの提案−攻防相乱型シュートゲームを対象として−．兵庫教育大学研究紀要，22：23-32）

2）範例学習から選択学習へ発展させる学習過程の作成

　図8-4は，攻防相乱型シュートゲームの主な共通的教育内容を単元前半に，それぞれのゲームにのみにみられる特殊的内容を後半に分けて示したものである．すなわち，本質的・共通的教育内容は，パスの機能がわかる，パスの種類がわかる，フェイントの原理と方法がわかる，戦術行動の基本がわかる，ルールの意味と意義がわかる，にまとめることができる．これらを単元前半で範例的に学習させ，単元後半は図8-4に示した3種目のなかから1つを選び，選択した種目の特殊的内容の学習を他の2種目との関連性を押さえながら学習させようとするものである．

　図8-5は，16時間からなる単元前半の範例的な学習の学習過程の概略を示したものである．

　なお，図8-6は，単元前半時に攻防相乱型シュートゲームの総体を範例的に学習させるために開発した教材「コンバインドゲーム」の概要を示している．

課　題	ズレを作ってゴールゾーンでパス（シュート）を受け，ゴールにシュートしよう
教育内容	サッカー，ハンドボール，バスケットボールの技術を駆使し，攻防相乱型シュートゲームの戦術行動の基本である「ズレを作って突くパスができるようになる」学習する．

○ 攻撃者　▲ 守備者　● ボール　→ ボールの動き

ゲームの説明	ゲームの仕組み
・7対7で行う（キーパーは随時，誰が行ってもよい）． ・グラウンドボールは足で，フライボールは手で操作する． ・ドリブルは足のみとし，手によるドリブルは禁止する（安全面の配慮）． ・バスケットボールゴールへは手で，ハンドボールゴールへは足でシュートを決めた場合に得点（1点）とする． ・ゴールゾーン内で味方からのパスをノーバウンドでキャッチしたときと，グラウンドボールを足で押さえたときも得点（1点）とする．	・手によるボール操作によって，戦術行動の遂行を容易にするとともに，足によるボール操作も認めることで，キャッチミスをしても技能の遂行が継続できるように仕組んでいる． ・ゴールを大きくすることで，シュート機会が増大するようになっている． 　また，加点シュートを認めることにより，リターンパスプレーが頻出するように仕組んでいる．

図8-6 「コンバインドゲーム」の概要

（後藤幸弘，藤田宏，日髙正博，本多弘子（2002）範例学習に依拠した中学校体育科における選択制授業モデルの提案−攻防相乱型シュートゲームを対象として−．兵庫教育大学研究紀要，22：23-32）

　　ここで示した範例学習による教育内容の共通性を押さえた選択学習は，義務教育段階におけるカリキュラムの公共性を保障する1つの選択制授業モデルになり得ると考えられる．

8．体育授業における探究学習

　　学習指導要領においても，これまでの種目そのものを学習の目的としてきた運動種目主体の体育授業から，考える力を高めることを目的とした資質や能力を育成する体育授業に転換させていくことが求められている．資質や能力を育成するための教科の学習を志向していくためには見方や考え方を鍛えることを学習の目的の中核に据える必要がある．そして，見方や考え方を鍛えることを知識の構造化の視点で捉えることによって，授業における学習課題としての問いの方向性が規定される．運動種目の技能を身に付けたり高めたりすることが目的であるならば，「どのようにすれば上手くできるようになるか」という方向へ問うような学習課題が設定される．それに対して，

見方や考え方を鍛えるための授業では,「なぜ・どうして・どういうこと」という方向へ問う学習課題が設定される. そうして, 学習の対象となる運動に内在する意味の探究に取り組むことを繰り返しながら, 考える力を高めていくのである.

9. アクティブラーニングによる体育学習

　国際化・情報化など時代の変化が急速に進むなか, 将来を担う子ども達には, その変化に対して臨機応変に対処していく能力を身につけておく必要がある. 学習指導要領では, 将来的に求められる資質や能力の内実を, 知識・技能, 思考力・判断力・表現力等, 学びに向かう力・人間性等, の3つの柱で明示した. さらに, これらの資質や能力を育むために, 何を学ぶのかという教育内容等の見直しとともに, それらをどのように学ぶのかという学習方法についても見直しが必要とされた. その具体的な学習方法の一つとしてアクティブラーニングがあげられる.

(1) アクティブラーニングによる体育学習モデル作成のフレーム

　アクティブラーニングは, 問題解決学習と協働学習を, 有機的に関連させることによって学びの深まりにつなげるものである (図8-7).

　まず, 問題解決学習においては, 学習者が出合う問題と既有の知識や経験との間で生じるズレを意識化させた上で, そこから解決に向かうことを出発点とする (動機づけ・方向づけ). 教師はそこで, 子どもに問題意識をもたせ, 問題を解決しようとする意欲や単元の流れから見通しを把握させるなどの方向付けをしていく.

　次に, 学習者は必要な知識を習得し, 既習の知識とも合わせ, その知識を実際に適用して問題の解決を試みる. このことを, 内化と外化の往還という. 知識を適用するなかで, 学習者が一連の過程を振り返り, 知識の再構築や修正を行いながら次の学習過程へと向かう等, よりよい道筋を判断できるようにする (批評・コントロール).

　そして, 自分と他者とが体育ならではの身体運動から生じる感覚や思考を交換・共有することで, コミュニケーションが生み出されることを図中に双方向の矢印で表現した. また, 身体的・言語的なコミュニケーションは, 体育ならではの「協働して知を産出する媒体としての身体」と「学びの共有性を生み出す主要素としての身体」をベースに行われる.

　このように, アクティブラーニングのとるべき具体的教育方法である問題解決学習と協働学習を有機的に関連させていくことで, 共通の学びの深まりを生み出す. また, 学びの深まりを導く共通の授業づくりの具体的な手立てとして, 図8-7に示したように, 共通課題の設定, 共通課題に対する発見・解決につながる糸口 (ヒント) の提供, 解決結果等を伝え合う機会の確保, の3点が考えられる.

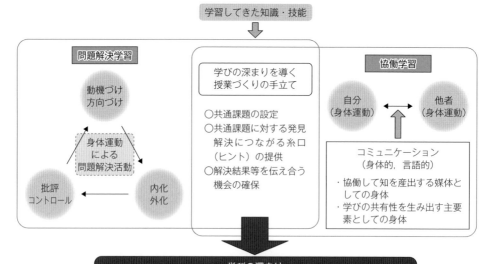

図8-7　アクティブラーニングによる体育学習モデル

(八塚真明，日髙正博，後藤幸弘（2020）「アクティブ・ラーニング」による体育学習プログラム作成に向けての
基礎的研究．宮崎大学教育学部附属教育協働開発センター研究紀要，28：211-219)

（2）アクティブラーニングによる体育学習プログラム作成の視点

　アクティブラーニングによる体育学習モデルを提案したが，そのモデルに沿って具体的なプログラムを作成する際の視点を示す．著者らは，授業プログラムは以下の3つの視点から作成するのがよいと考えている．

　1つ目は，モデルにおいて具体的手立てとして共通課題の設定をあげたが，協働学習を促すための視点として，単元全体を通して共通課題を設定することをあげたい．

　2つ目は，**図8-8**のマット運動の例に示したように，ねらいの連続性である．「ねらい1：1つの技から発展していく技があることを理解し，仲間と協力して今できる技をより上手に行ったりできるための課題や問題をつかむ」，「ねらい2：自分に応じた技を選び，つかんだ課題や問題点の解決に向けて，仲間と話し合い協力しながら練習の場を工夫などして挑戦する」，「ねらい3：発表会に向けて，連続技の組み合わせを設定し，挑戦する」の3つのねらいが意味のあるつながりを持っている．すなわち，3つのねらいは，学習過程（10時間）のなかで連続し，かつ，それらが発展的に高まっていくように仕組むのがよい．

　3つ目は，毎時の学習過程を，動機づけ，協働，振り返り，の3段階に設定することである．

　動機づけの段階とは，体育学習モデルの動機づけや方向づけのことで，子どもに学ぶことに興味や関心をもたせ，見通しを持って自発的に学習に取り組んでいくことができるように方向づけする段階である．そのため，毎時間導入の段階で，理想とする技の映像を見せたり，オリンピックなどで演技する体操選手を紹介したりする等の刺

ねらい	ねらい1：1つの技から発展していく技があることを理解し，仲間と協力して今できる技をより上手にできるための課題や問題点をつかむ．				ねらい2：自分に応じた技を選び，つかんだ課題や問題点の解決に向けて，仲間と協力しながら練習の場を工夫するなどして挑戦する．				ねらい3：発表会に向けて，連続技の組み合わせに挑戦する	
段階＼時間	1	2	3	4	5	6	7	8	9	10
動機づけ	オリエンテーション 1 挨拶，出欠確認 2 健康観察 3 マット運動の特性および成り立ち 4 学び方の説明 　・共通課題について 　・協働学習について 　・問題解決学習について 5 約束事確認 6 場の準備 　・設置場所，活動場所の確認 7 準備運動 8 感覚つくりの運動 9 今習得している技の確認 10 振り返り，まとめ 11 学習カード記入 12 整理運動，片付け 13 挨拶		1 挨拶，出欠確認，健康観察 2 本時の目標および学習の流れ確認～本時の学習課題を確認し，生徒が見通しをもてるようにする． 【動機づけ】生徒が本時の学習に向け，意欲的に取り組めるような動機づけや問いを行う． 　　　　　（例）技の映像，オリンピックなどでの有名な選手の演技映像等 3 場の準備，準備運動，主運動につながる補強トレーニング						【発表会を行う】 ※各自で共通技3種類，選択技2種類の計5種類の技を組み合わせ，発表会に挑む．
協働			4 学習課題に取り組む 【共通学習課題】～色々な倒立ができるようになろう～ （順）①首倒立（基底面大から小），②頭倒立，③壁倒立，④補助倒立，⑤倒立（時間），⑥倒立前転 ※動機づけの段階での問いをもとに解決に向けて学習を進め，他者と共有・協働してコミュニケーションを図り取り組む． 【選択学習課題】 ※その他の技の習得に向けて取り組む						
振り返り			5 振り返りを行う ・技能を習得した場合はどうしたら習得できたのか，習得できなかった場合はどこまでできているのかを振り返る． ・よい動きや学び合いができていたか振り返る． 6 まとめ，整理運動，片付け						

図8-8　アクティブラーニングによるマット運動学習プログラム

（日髙正博，山﨑努，八塚真明，長田天馬，澤村忠俊，後藤幸弘（2021）「アクティブ・ラーニング」によるマット運動の学習プログラムの有効性－小学校3学年を対象として－．兵庫教育大学学校教育学研究，34：237-244）

激を子ども達に与えることが1つの方法として考えられる．

協働の段階は，体育学習モデルの内化・外化のことである．自分と他者との身体的および言語的コミュニケーションを成立させ，共通課題とともに個人の特性も考慮した選択学習課題を取り入れて，自身の特徴を発揮できる機会も設けられている．すなわち，単元前半は共通学習課題に，単元後半は選択学習課題に比重を置いて学習過程を作成するのである．

振り返りの段階は，体育学習モデルの批評・コントロールのことで，これまでの学習でわかったことやできるようになったことを振り返り，新たな問題の発見と新たな価値を創造していくなどの見方や考え方を育て，次の学びへとつなげていく段階である．

最後に，これらの学習成果の発表の場を設け，賞讃・承認の欲求を満たし，次の課題解決の力（内発的動機づけ）につなげるのである．

（3）アクティブラーニングとしての問題解決学習および協働学習

アクティブラーニングが成立する具体的教育方法には，問題解決学習と協働学習が考えられた．そこで，次の2点について検討した．

1）問題解決学習

問題解決学習の一般的な学習過程は，問題を把握する（問題の意識化とその認知），

表8-5　エンゲストロームが示した学習プロセス

動機づけ (motivation)	主題に対する意欲的・実質的な興味を喚起すること．学習者がこれまでの知識・経験では目の前の問題に対処できないという事態に直面すること．
方向付け (orientation)	問題の解決を目指して学習活動を始めること．問題の解決に必要な知識の原理と構造を説明する予備的な仮説（モデル）を形成すること．
内化 (internalization)	問題の解決に必要な知識を習得すること．新しい知識の助けを借りて，予備的なモデルを豊かにしていくこと．
外化 (externalization)	習得した知識を実際に適用して問題の解決を試みること．問題を解決し，現実の変化に影響を及ぼし革新を生じさせる際に，モデルをツールとして応用すること．
批評 (critique)	問題の解決に知識を適用するなかで，知識の限界をみつけ再構築すること．自分の獲得した説明モデルの妥当性と有効性を批判的に評価すること．
統制 (control)	一連のプロセスを振り返り，必要に応じて修正を行いながら，次の学習プロセスへと向かうこと．

（エンゲストローム（2010）より作表）

問題を究明する（仮説の設定と推論），問題を解決する（仮説の検証と生活への適用），の3段階に区分される．

　一方，エンゲストローム（2010）は，学習サイクルを表8-5に示すように，6つのステップ（動機づけ，方向付け，内化，外化，批評，コントロール）に整理し理論化している．エンゲストロームの書籍を翻訳している松下は，この6つのステップのなかでも，「内化なき外化は盲目であり，外化なき内化は空虚である」とし，「内化と外化の関係は，内化から外化へという一方向的なものではない．いったん内化された知識は，問題解決のために使ったり人に話したり書いたりするなどの外化の活動を通じて再構築され，より深い理解になっていく（内化が深まる）」と述べ，内化と外化の往還が重要であることを強調している．

　この学習サイクルは，動機づけからスタートするが，これまでの知識や経験では対処できない問題が子ども達の目の前に現れたという状況に直面することである．すなわち，学習集団として問題解決に向かう以上，立ち向かうべき課題が共有化されていないと協働も対話も生まれないのである．

2）協働学習

　文部科学省は，変化の激しい社会にあって，「学校教育には，子供たちが様々な変化に積極的に向き合い，他者と協働して課題を解決していくこと」を求めている．また，これからの時代に求められる人間像として「他者に対して自分の考え等を根拠とあわせて説明したり議論することを通じて相手の考えを理解したり，自分の考えを広げたりし，多様な人々と協働できること」，また，「問題を解決に導き新たな価値を創造していくと共に新たな問題の発見・解決につなげていけること」をあげている．

　山本（2016）も，「身体は協働して知を産出する媒体となり，また，学びの共有性を生み出す主要素になる」と述べている．換言すれば，自分と他者からの動きや感覚といった体育ならではの身体運動を通して，身体的および言語的コミュニケーションを生み出し，コミュニケーション能力を育み学びの深まりへと導かれる．

以上のように，アクティブラーニングのとるべき具体的な教育方法である問題解決学習と協働学習は，関連させながら採用されることでより深い学びへとつながると考えられる．

📖 **参考文献**

・中央教育審議会（2012）新たな未来を築くための大学教育の質的転換に向けて‒生涯学び続け，主体的に考える力を育成する大学へ‒（答申）．用語集.
・中央教育審議会（2014）初等中等教育における教育課程の基準等の在り方について（諮問）．
・中央教育審議会（2016）幼稚園，小学校，中学校，高等学校及び特別支援学校の学習指導要領等の改善及び必要な方策等について（答申案）補足資料．2016年12月21日．
・後藤幸弘，藤田宏，日髙正博，本多弘子（2002）範例学習に依拠した中学校体育科における選択制授業モデルの提案‒攻防相乱型シュートゲームを対象として‒．兵庫教育大学研究紀要，22：23‒32.
・日髙正博，細田知里，松本有希代，山内正毅，後藤幸弘（2016）体育授業で発揮されるコミュニケーション・チャンネルの実態‒算数との比較を通して‒．宮崎大学教育文化学部附属教育協働開発センター研究紀要，24：9‒20.
・日髙正博，長田天馬，八塚真明，澤村忠俊，佐々敬政，筒井茂喜，後藤幸弘（2020）アクティブ・ラーニングモデルによるマット運動学習プログラムの事例的研究‒学びの「内化」と「外化」の視点から‒．兵庫教育大学学校教育学研究，33：79‒86.
・日髙正博，山﨑努，八塚真明，長田天馬，澤村忠俊，後藤幸弘（2021）「アクティブ・ラーニング」によるマット運動の学習プログラムの有効性‒小学校3学年を対象として‒．兵庫教育大学学校教育学研究，34：237‒244.
・広岡亮蔵（1978）学習論‒認知の形成‒．pp80‒85，明治図書出版.
・石田達一郎，片山径介，野津一浩（2022）「見方・考え方を鍛える」視点からの体育授業の構想‒教科観の問い直し‒．静岡大学教育実践総合センター紀要，32：91‒101.
・加藤幸次（2016）アクティブ・ラーニングの考え方・進め方‒キー・コンピテンシーを育てる多様な授業‒．黎明書房.
・教育課程研究会編著（2016）「アクティブ・ラーニング」を考える．東洋館出版社.
・溝上慎一（2014）アクティブラーニングと教授学習パラダイムの転換．東信堂.
・文部科学省（2017）小学校学習指導要領.
・Mosston M, Ashworth S（1986）Teaching Physical Education, 3rd ed. Merrill.
・日本教育方法学会編（2016）アクティブ・ラーニングの教育方法学的検討．図書文化.
・日本体育協会編（1990）B級コーチ教本．日本体育協会.
・野津一浩（2022）見方・考え方を鍛える体育の授業づくり‒体育の教科内容を捉え直す‒／授業観の見つめ直しを足場に体育の授業改善に向き合う．体育科教育，70（12）：64‒67.
・野津一浩，大場洋典，齋藤剛（2022）見方・考え方を鍛えるための「対話的な学び」に関する研究～体育の授業実践を例にして～．静岡大学教育学部研究報告（教科教育学篇），54：160‒170.
・岡野昇（2015）アクティブ・ラーニングは体育の学びをどう変えようとしているのか．体育科教育，63（7）：16‒19.
・リチャート・R，チャーチ・M．モリソン・K著，黒上晴夫，小島亜華里訳（2015）子ど

もの思考が見える 21 のルーチン–アクティブな学びをつくる–. 北大路書房.

・佐藤学（2000）授業を変える学校が変わる–総合学習からカリキュラムの創造へ–. 小学館.

・澤村忠俊，八塚真明，日髙正博，佐々敬政，後藤幸弘（2021）アクティブ・ラーニングによる保健体育科授業–中学生を対象としたバレーボールの実践を通して–. 宮崎大学教育学部附属教育協働開発センター研究紀要，29：83-96.

・鈴木理（1994）「教授スタイルの連続体モデル（Mosston, M.）」の分析. スポーツ教育学研究，14（1）：17-27.

・杉江修治編著（2016）協同学習がつくるアクティブ・ラーニング. 明治図書出版.

・德原宏樹，日髙正博，後藤幸弘（2023）「アクティブ・ラーニング」によるマット運動の学習プログラムの有効性–小学校第 6 学年を対象として–. 宮崎大学教育学部附属教育協働開発センター研究紀要，31：111-124.

・辻延浩，梅野圭史，渡邊哲博，上原禎弘，林修（1999）小学校体育科における学習成果（集団技能）を高める指導ストラテジーに関する事例的検討. スポーツ教育学研究，19（1）：39-54.

・梅野圭史，辻野昭（1980）教育大学教科教育講座 11，保健体育科教育の理論と展開. 209，第一法規出版.

・山本敦久編（2016）身体と教養–身体と向き合うアクティブ・ラーニングの探求–. ナカニシヤ出版.

・八塚真明，日髙正博，後藤幸弘（2020）「アクティブ・ラーニング」による体育学習プログラム作成に向けての基礎的研究. 宮崎大学教育学部附属教育協働開発センター研究紀要，28：211-219.

・ユーリア・エンゲストローム著，松下佳代，三輪建二監訳（2010）変革を生む研修のデザイン–仕事を教える人への活動理論–. 鳳書房.

［日髙正博・野津一浩・後藤幸弘］

第9章

発達段階と運動学習の適時期

1．運動発達の段階分け

　　人間は生理的早生児として生まれ，人間の誕生時の行動能力はきわめて未熟である．したがって，スポーツを楽しめるようになるためには，その前提となる多くの基本的な動作の習得に時間と努力が必要となる．また，基本的な運動の習得は，種々の要因によってある順序に従って段階的に習得されるので，誕生からスポーツ運動の習得までの運動発達段階が設定できる．

　　表9-1は，それぞれの発達段階における年齢区分と特徴をまとめたものである．

（1）反射的行動の段階

　　哺乳類の多くが誕生直後からかなり発達した運動能力を備えているのに対し，ヒトの新生児は立つことも歩くこともできず，生得的な運動は各種の原始反射，姿勢反射，平衡反応などに限られる．

（2）初歩的運動の段階

　　誕生〜2歳頃には原始反射は徐々に消失し，中枢神経系の成熟や筋機能などの発達に伴い環界との交流を深め，随意的な動作の習得が始まる初歩的運動の段階である．

　　この時期には，寝返り，座る，立つ，歩く，走るなど，身体全体のコントロールを要する移動型の運動の発達と，把握や操作運動の発達が特徴である．言語の獲得や基本的な生活習慣の自立がなされ，急激な発達がみられる．

（3）基本的運動習得の段階

　　2〜3歳頃は幼児なりの独立歩行を獲得し成人様歩行への移行開始期である．活発に環境を探索し，感覚−運動機能を働かせて多くの基本運動を習得する．2歳以降の運動の習得は急激でしかも多彩であり，特別な発達障害がない限り走，跳，投，蹴，等のヒトの基本動作が習得される時期である．

（4）基本的運動習熟の段階

　　2〜3歳頃に習得された運動形態や協応能力は，6〜7歳頃になれば成人のレベルに近似する．この時期に習得される運動は，日常動作，労働運動，スポーツ運動などの

表9−1　発達段階における年齢区分とその特徴

およその 年齢区分	運動発達の段階	できる運動例	運動発達の特徴，運動の習得
胎児〜1歳	反射的行動の段階 （前歩行ステージ）	・寝返り ・直立立位，伝い歩き	・未熟さからの出発 ・原始反射，姿勢反射など
誕生〜2歳頃	初歩的運動の段階 （独立歩行確立ステージ）	・独立歩行 ・ボール投げ	・人間らしさへの第一歩 ・独立歩行，把握，操作の獲得
2〜3歳	基本的運動習得の段階 （幼児型歩行ステージ）	・速度を変えて走る ・立ち幅跳びと垂直跳びが 　区分される	・各種のヒトの基本運動の習得 ・小さな人間への成長
3〜6・7歳	基本的運動習熟の段階 （成人様歩行への 　移行ステージ）	・パントキック ・補球 ・立ち幅跳びで身長以上跳ぶ	・ヒトの基本動作の成人様パターンへの移行期 ・スポーツ運動習得の前提となる基本的運動の 　習得
6〜8・9歳	一般的な運動技能習得 の段階 （成人様確立ステージ）	・走り幅跳び ・竹馬 ・身長分の歩幅で走る	・基本的運動からスポーツ運動への移行 ・基本的運動の習熟・洗練化 ・運動組み合わせの習熟 ・動くものに対応する動きの習得
9〜12・13歳	基礎的なスポーツ技能の 習得の段階 （ゴールデンエイジ）	・助走速度に見合った走り幅 　跳び ・近代4泳法で泳ぐ ・リレー（加速の認識）	・運動習得の最適期，即座の習得 ・スポーツ運動の始まり ・基本的スポーツ技能の習得 ・達成要求が高まる
13〜15歳	専門的なスポーツ技能の 習得の段階 （専門スポーツ準備ステージ）	・戦術的な攻防相乱型 　シュートゲームができる	・体格や体力の顕著な発達 ・多様なスポーツ技能の経験 ・思春期の運動不器用

（後藤幸弘，上原禎弘編著（2012）内容学と架橋する保健体育科教育論．71，晃洋書房）

基本になるので基本的運動，あるいは少年期以降に始まるスポーツの基盤となるのでスポーツ運動の基本形態習得の時期ともいう．すなわち，この時期の動作の発達の特徴は，動作の多様化（量的拡大）と，動作の洗練化（質的変容）にあり，さまざまな運動を体験し運動のレパートリーを増やす時期である．

（5）スポーツ運動に関する段階

　児童期以降は，スポーツにつながる運動やスポーツそのものの習得が可能になる．この段階は，さらに次の3つの時期に区分して捉えることができる．

1）一般的な運動技能習得の段階

　児童期の前半（6〜8・9歳頃）にあたるこの時期の特徴は，幼児期に始まる基本的運動の習得がさらに拡大し，かなりの習熟位相に達することである．また，異なる2つ以上の運動を結びつけて（局面融合させ），停滞なく一連の運動経過として成立させることができるようになる．したがって，この時期はスポーツ技術の習得にはまだ早いが，それにつながる各種のゲーム（リレー，ドッジボール，ポートボールなど）や多様な運動形態を含む運動遊びを幅広く経験させることによって，基本的運動の習熟レベルを高めるとともに，その後のスポーツ技術を習得するための基礎作りが課題となる．

2）基礎的なスポーツ技能の習得の段階

　児童期の後半（9〜12・13歳頃）は，ゴールデンエイジと呼ばれる運動の習得に最も有利な時期である．すなわち，身体の調和的発達，運動の意識的な制御，即座の習得，達成要求の高まり，という特徴を持ち，新しい運動経過をみると直感的に素早く運動経過全体を捉え，荒削りではあるが即座に習得してしまう．また，スポーツの高い技能に強くあこがれ，習得した技能を顕示する欲求も高くなり，意識的にスポーツ技能を習得しようとする時期でもある．

3）専門的なスポーツ技能の習得の段階

　児童期の終わり頃（13〜15歳）から身長発育速度はピーク年齢（peak height velocity age：PHVA）を迎え，身長，体重の急成長とともに性ホルモンの分泌が増加し，二次性徴が現れる．性的成熟の始まりの頃は，一時的に運動系全体に質的な低下，いわゆる思春期の運動不器用を示す傾向がある．この性成熟による変化の著しい時期を過ぎると，再び運動の習得に有利な時期となる．したがって，専門的にスポーツトレーニングを開始するのに適した時期ということができる．

2．ヒトの基本動作の発達過程からみた教育内容

　子どもの運動動作の発達過程を明らかにしようとする発達動作学（developmental biomechanics）の分野がある．それは，子ども達に何ができて，何ができないのか，どのようにできて，どのようにできないのか，さらに，それが何によるのかを究明する運動発達研究の課題を明らかにすることに貢献するためである．

　子どもに運動動作を教えるときに，遂行されたパフォーマンス（記録）としての運動能力だけでなく，子どもが成熟や習熟の過程でどのような走り方，跳び方，投げ方，蹴り方などを身に付けていくのかの発達過程を知ることは教育内容を考えるうえで重要で，また，学習指導のうえでも重要な課題となる．

　また，動作の習得・習熟過程においては，幼少児は生得的な反射の機構を促進したり，あるいは抑制したりしており，運動の制御機構を考慮した学習指導に対する知見も提供できる．

　ここでは，投，捕，打，蹴等の操作系の運動について述べる（走，跳については第11章を参照されたい）．

（1）投げる動作

　図9−1は，オーバーハンドスローの動作パターンを10段階で評価し，発達過程を示すとともに小学校1年生から6年生にオーバーハンドスローの練習（30球／日，3日／週，4週間）を行わせた際の変化を合わせて示したものである．

　動作パターンは，ステップ，バックスィング，体幹の動き，フォワードスィングの上腕と前腕の動きに着目して分類されている．

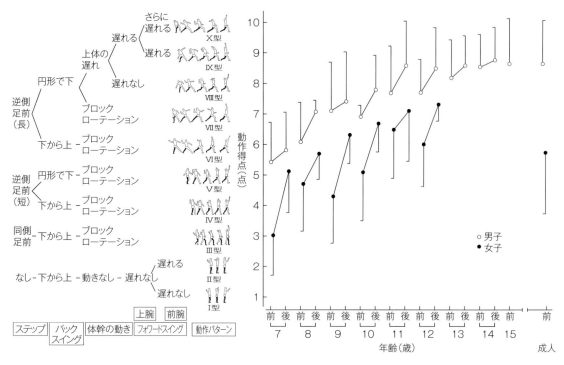

図9-1 投動作パターンの加齢と練習による変化

注）後は（30球/日, 3日/週, 4週間後）の成績
（奥野暢通, 後藤幸弘, 辻野昭（1989）投運動学習の適時期に関する研究－小・中学生のオーバーハンドスローの練習効果から－. スポーツ教育学研究, 9（1）：23-35）

　すなわち，動作パターンは，ステップ・体幹の動きがなく，上肢全体を同時に前方に動かし投射する非常に原始的な投げ方（Ⅰ型）から，投げ手と同側のステップによる投げ方のⅢ型，最後に，投げ手の逆足を大きく踏み出し，バックスィングは円形で下から行い，腰の回転の先行，体幹の捻転，肩の回転，肘の遅れ，さらにボールを保持している手が最後に動く，いわゆる，身体全体をむちのように使う投げ方（Ⅹ型）の10段階である．

　男子1～2歳児では，Ⅰ・Ⅱ型が多くみられ，3歳児ではⅢ型が，5歳児ではⅤ型，7歳児ではⅥ型，9歳児ではⅦ型，10歳児以降ではⅧ型が比較的多くみられるようになる．

　一方，5歳児女子の典型的な型は，投げる方向に正対し，腕を振りあげ前方にボールを押し出すような投げ方（Ⅲ・Ⅳ型）で，ほとんどが腕だけで投げている．8歳頃までに足の構えが前後に開き，体の反りも認められるⅤ型までに変化するが，腰をためて回転するような投げ方（Ⅷ型）は12歳になってもできない者が多く存在する．大学生においても体幹がブロックローテションのⅥ型の段階にとどまっているものが多数存在するが，女子大学生においても，週3回，6週間の練習で投距離を6m，動作パターンをⅦ型に改善できる．すなわち，個体発生的な運動である投動作の習得に

は学習と経験が必要である．

　また，投動作は他の運動に比して性差が早期からみられる特徴を持っているが，こ
れには文化・社会環境の影響が考えられる．

　したがって，優れた投球動作は，両肩の延長線を超えて上腕が水平位外転される，
肩と腰の間に捻れがある（ブロックローテーションの解消），前腕の回外・回内運動
が大きい，肩の外旋回動作が大きく前腕が後方を向く，さらに，体幹の中枢部から動
作を開始し末端を送らせて動かす，いわゆる鞭様の動きができる，こととまとめられ
る．

（2）捕球動作

　図9-2は，テニスボールを自分でトスアップし，できるだけ高い位置や低い位置
で捕球することを課題とした際の動作パターンの加齢的変化を示している．

　高い位置での捕球については，6年生の男子では，飛び上がって頭より高い位置で
捕球できる9.4±0.6点，女子は9.3±0.5点で男女差はみられない．また，低い位置
での捕球は，男子ではしゃがみ込んで地面すれすれで捕れる9.1±1.0点，女子はしゃ
がんで胸の前で捕れる7.7±0.9点で，男子に比べやや劣るがボールに対する身のこ
なしは一応できている．しかし，3年生以下では高い位置での捕球動作得点は7点以
下，低い位置では6点以下を示す児童が多く，3年生から4年生での発達が顕著にみ
られる．

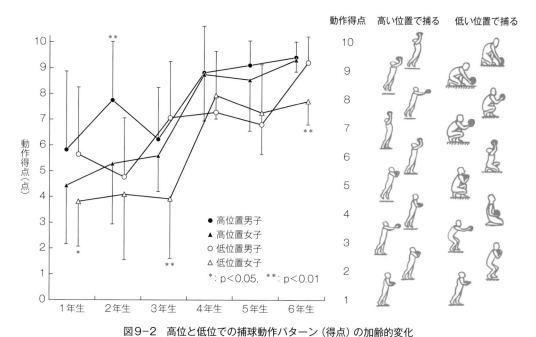

図9-2　高位と低位での捕球動作パターン（得点）の加齢的変化

（廣瀬武史，北山雅央，藤井隆志，三好千春，後藤幸弘（2004）小学校期におけるベースボール型ゲームカリキュラム作
成の基礎的研究－発達段階に応じた教育内容の措定－．大阪体育学研究，42：31-46）

動くもの（飛来するボール）に対応して身体を操作する必要のある捕球動作は，受容器と効果器をマッチングさせることが課題となり，動体視力（奥行知覚など）の発達等が基底的条件となる．すなわち，手掌だけで捕球できる段階では，空間的調整（spacing），時間的調整（timing），調整力（grading）の各要素がきわめて良好な状態で調節され，両者がマッチングされていることを示している．

運動能力テストでは遠投能力が測定され，現代の子どもは1980年代の子どもに比してその能力が大きく劣っていることが毎年の「スポーツの日」の新聞記事になる．しかし，ボールが顔に当たって怪我をする子どもの増加が，投能力の低下以上に重要な教育問題である．

すなわち，ボールゲームを楽しむためには，投能力の低いことよりもボールをつかめないことの方が致命的な問題となるので，小学校低学年の段階で捕球動作の学習を十分にしておくことが基底的条件といえる．

10時間のドッジボール学習による捕球動作の変化をみると，2年生では，高い位置，低い位置での捕球動作得点をほとんどの児童で7点以上に改善でき，手でつかめる小さいボールを使った捕球動作の学習の適時期は，小学校低学年にあるといえる．

（3）打つ動作

図9-3はトスされたボールに対するバッティング動作を5つに分類し動作得点化し，加齢的変化を示したものである．

女子1年生では，体が投手に正対し踏み込みのない動作パターン（1点）を示すものが多く，6年生においても足の踏み込みがなく腰よりも肩の動きが先行する，いわゆるボールを打ちにいく動作を示すものが多く存在する．一方，男子ではいずれの学

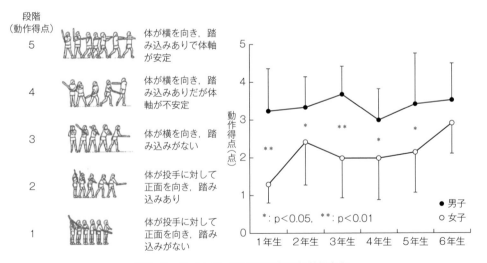

図9-3　バッティング動作の分類と加齢的変化

（廣瀬武史，北山雅央，藤井隆志，三好千春，後藤幸弘（2004）小学校期におけるベースボール型ゲームカリキュラム作成の基礎的研究−発達段階に応じた教育内容の措定−．大阪体育学研究，42：31-46）

年においても女子よりも優れているが，加齢による顕著な発達的変化はみられない．

バッティング動作は，バットに一番近い上肢だけを使う打ち方から，体全体を使うが体幹と腰が同時に回転する打ち方，そして，身体の各部が別個に動く打ち方へと発達する．しかし，そのステージは必ずしも年齢と対応して進むものでなく，打つ動作も，投・捕動作と同様に，学習の必要な個体発生・習熟優位の運動なのである．

したがって，生涯スポーツの基礎を培う義務教育段階の小学校低・中学年期までに，これらの動作にある程度習熟させ得る教育内容の設定が重要になる．

（4）蹴る動作
1）ボール速度の変化

キックも打つ動作の一種といえる．図9-4はプレースされたボールをキックした際のボール初速度の加齢的変化を示したものである．

ボール速度は，2歳児の2.0 m/sから加齢的に増大し，男子5歳児では6.7 m/s，成人では19.2 m/s，女子5歳児では5.9 m/s，成人では13.2 m/sを示し，男女いずれも13歳頃に成人の90％レベル以上のボール速度に達する．また，性差は5歳頃からみられ，加齢とともに顕著になる．

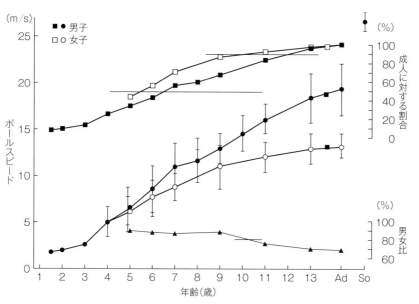

図9-4　キックされたボールスピードの加齢的変化
（後藤幸弘（1986）幼少児のキック動作の発達過程についての筋電図的研究．兵庫教育大学研究紀要，7：187-207）

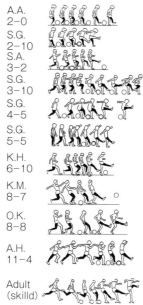

図9-5　キック動作パターンの加齢的変化
（後藤幸弘（1986）幼少児のキック動作の発達過程についての筋電図的研究．兵庫教育大学研究紀要，7：187-207）

2）キック動作パターンの変化

　図9-5はキックの動作パターンの加齢的変化を示したものである．2歳代後半の幼児では，S.G（2-10）の例のように蹴り脚を後ろに引いて構える予備動作が一部みられ，大腿直筋による股関節の屈曲は認められるが，内側広筋による積極的な膝の伸展はみられない．

　3歳代の幼児では，ボールキック後，蹴り脚を素早く身体の下に引き戻すretracto現象（S.G.，3-10）がみられ，蹴り脚対側の腕は，横あるいは後方に引かれるwing型を示す傾向が認められる．

　3歳おわりから4歳にかけて，助走を用いたキックができるようになる．しかし，ボールコンタクト後に膝関節が伸展され，ボール速度の増大に有効に利用されていないことが伺われる．

　5歳から6歳にかけてパントキックができ始め，下肢の相対動作としての腕の前後への振り，腹直筋に顕著な放電がみられるようになる．

　7〜8歳代になると，内側広筋の放電がボールコンタクト前に顕著になり，膝関節の伸展がキックに合理的に利用されるようになる．しかし，女子においては内側広筋の放電の出現が大腿直筋よりも遅れる例がみられる．また，踏み込み脚（支持脚）で助走の勢いを十分に受けとめることができない，いわゆる「ため」のないつまずくような動作になる例が多く，特別な経験のない限り8歳以降においても動作パターンにはほとんど変化はみられない．

　男子では，10歳以降で内側広筋，大腿直筋の放電の開始が成人熟練者と類似し，インパクト後の余分な筋緊張も消失し，フォームも成人と類似する．しかし，足関節を固定したキックはほとんどみられず，これを習得するにはかなりの練習が必要である（週2回，6カ月間練習した小学校4，6年生においても前脛骨筋と腓腹筋による固定はみられなかった）．すなわち，キック動作の発達段階に個人差はあるが，大きく分けると次の4つのステージに分類できるとまとめられる．

　第1ステージは，歩行動作のときに使う股関節を中心とした足の振り出しがボールに当たる程度といったレベルであり，1〜2歳で多くみられる原始キック動作である．この段階では，大きな運動をする関節は蹴り足の股関節1つだけである．

　第2ステージは2〜3歳にみられ，立ち止まった動作ではあるものの，膝関節を用いたバックスイングらしきものが加わってきたレベルで，ややキック動作らしくなってくる．

　第3ステージは3〜8歳にみられる．第2ステージに助走が加わってくるレベルであり，バックスイングが大きくなりスイング速度も大きくなる．助走が入ってくるので，蹴り足の股関節や膝関節の他，軸足の膝関節も加わって3つの関節が大きな運動をするようになる．

　最後の第4ステージは，個人差はあるが8歳頃からみられる．第3ステージの助走付きキック動作が，より三次元的にダイナミックになり，成人のレベルと本質的に

同じ動作になってくる．腰の回転も大きくなり，多くの関節がキックに加わってくる．

　すなわち，キック動作の発達段階が上になればなるほど，キックに多くの関節が動員されスイング速度の向上に貢献し，結果的に図9-4に示したボール速度の増大につながっているのである．

　ヒトの基本的な運動である歩・走・跳動作などの系統発生的な運動は，2〜4歳で急激に動作パターンが変化し，4〜7歳が成人パターンへの移行期で7〜8歳以降を完成期とみることができる．さらに，学習や経験が必要と考えられる個体発生的な運動では，系統発生的な運動にやや遅れて10歳以降を完成期とみることができる．

　その後も，パフォーマンスとしての運動能力は加齢的に増大し，小学校4年生と6年生ではその差は明らかである．しかし，フォームやこれを構成する身体支配能力は4年生ですでに6年生のレベルに近づいており，幼児・児童期における運動技能発達の過程では力よりも動きが先行する．したがって，小学校においては，種々の運動を経験させ，運動のレパートリーを広げさせることが最も重要で，低学年では動作範囲を拡大することに，中学年では動くものに対応する動きの習熟に，さらに高学年ではエネルギーの伝達の効率を高める質的変化と2つ以上の運動を組み合わせられるようになることに，それぞれの時期の発達課題があり，運動形成が小学校体育における主要な内容となる．

　また，いずれの動作においても，加齢による動作パターンの変化は，同一の年齢層における，いわゆる上手な子と下手な子にみられる差異と同一であることや，練習によって習熟する方向ともよく一致する．さらに，平均台の上で走ったり，高い場所から跳ぶなど，運動を行う場の条件が困難になれば，運動課題は低年齢者の動作パターンによって解決される．

　子どもは全体として発達し，そのなかには多くの要素が混じり合い，それぞれが異なった割合で発達する．したがって，すべての子どもの発達はユニークであり，個人差は上下2年程度みられることは珍しくないが，個人を越えて，同じ傾向で発達するのである．

3．発達観の変化

　人間の発達過程を規定する二大要因として，遺伝（成熟）と環境（学習・経験）が考えられる．また，発達研究には，現象の観察や測定に基づく平均的傾向の解明およびその記述，発達のメカニズムや因果性の究明，発達に及ぼす教育（環境）の影響，の3つの立場がある．

(1)成長と発達

　成長（growth）と発達（development）は，広義には個体が受精によって発生して

から死ぬまでの心身の形態，構造，機能等に生ずる量的・質的な変化をいう．

成長は身長などの比較的外部からの影響の少ない面の変化を，発達は機能的・精神的な面のように，比較的外部の条件に多く左右される面の変化をさす．また，発達は身体の機能面の変化，成長（発育）は形態面の変化とする限定した考え方もある．

（2）遺伝か環境か−成熟と習熟（学習）

発達に及ぼす遺伝と環境の影響についての初期の論争は，二者択一的であったが，現代では輻輳説に変化している．

1）環境説（氏より育ち）

ワトソン（Watoson JB）は，環境こそ発達に変化をもたらす原因で，肉体的に健康に生まれた赤ん坊ならば，どんな職業のどんな人間にでもしてみせるとした．

ヴェルトハイマー（Wertheimer M）は，生まれた直後の赤ん坊が，右あるいは左から聞こえる音の方に目を正しく向けること，また，鈴が鳴ったときに頭を右に回せば砂糖液が得られるが，ブザーの場合は得られない条件で学習の成立を証明し，新生児は知覚的能力を持って生まれ学習能力のあることを明らかにした．

ブルナー（Bruner JS）は，どの教科でも，その基礎をなんらかの形で，どの年齢の誰にも教えることができる "Any subject can be taught effectiveliy in some intellectually honest form to any child at any stage of devlopment" とした．

ダイアモンドら（Diamond MC）は，ラットを貧しい環境（1匹を小さなケージで），標準環境（2〜3匹を中ぐらいのケージで），豊かな環境（遊び道具もある広いケージに10匹以上で飼育）の3つの環境で育て脳細胞の発達の差異を明らかにした．豊かな環境で育ったラットの脳皮質は，標準環境で育ったラットよりも5〜6％増加しており，貧しい環境で育ったラットはすべて低下することを明らかにし，豊かな環境で育てることが重要であることを示した．

これらは，「氏より育ち」とするものである．

2）遺伝的・生得的要因説（蛙の子は蛙）

ゲゼル（Gesell A）は，双子を対象とした研究において発達は遺伝子に規定されたスケジュールに従うプロセスで，環境的要因は発達の基本的進行にほとんど影響を与えないとした．

ジェンセン（Jensen AR）は，血縁関係の程度によるIQの類似度から，集団間の知能指数差の80％は遺伝的要因によるとした．しかし，この結果は，遺伝が優位であるが，一方で環境も関係することを示唆している．

コッホら（Koch）は，全身持久力の優れたラットを交配させていった場合，4代目には，半数以上が初代の持久力を上回るようになることを明らかにした（図9-6）．

これらは，「蛙の子は蛙」を示すものである．

3）輻輳説，相互作用説（玉磨かざれば光なし）

初期には遺伝説，環境説が択一的に論じられたが，シュテルン（Stern W）は，上

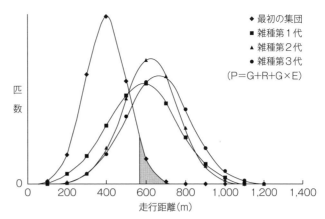

図9-6　全身持久力の優れたラットを交配させていった場合の度数分布
ラットにみられる全身持久力に対する遺伝の影響灰色にぬりつぶした部分から雄雌2匹ずつを
選び交配させていく．P：パフォーマンス，G：遺伝的要因，E：環境的要因．
(後藤幸弘 (2012) 運動学習の「適時期」について．兵庫教育大学研究紀要，40：115-130)

記の対立を調停するような立場の輻輳説を提唱した．すなわち，発達は遺伝的要因と
環境的要因の加算的な影響によるとした．これは，現在の相互作用説に近いものとい
える．ブッシャーら（Busher）は，42組の兄弟，66組の二卵性双生児，106組の一
卵性双生児を対象に90分間の自転車こぎで遂行できる仕事量（全身持久力）を測定
し，遺伝的要因の影響は70％としている．また，遺伝的要因と環境的要因は，加算
される部分と積算される部分があり，同じトレーニングをしても遺伝的要因が効果に
差異を生み出すとしている．すなわち，P（パフォーマンス）＝G（遺伝的要因）＋E（環
境的要因）＋G×Eで，現在では，後者の乗算の部分がより重要であるとされている．
　すなわち，「玉磨かざれば光なし」で，人間においては「鳶が鷹を生んだ」といわれ
るような事象も生起するのである．

（3）初期学習

　生物は，生後さまざまな環境作用に影響され，そこでの経験が学習へとつながる．
しかし，生まれた環境に問題が生じ，必要な学習がなされなかったり偏った学習がな
されたりしてしまうと，後の発達に大きな影響を与える．この初期の経験効果のこと
を初期学習といい，ヘップ（Hebb DO）らは，ネズミを用いた実験結果から初期学習
の重要性を強調している．
　また，ハーロウ（Harlow HF）は，生まれたばかりのアカゲザルを母親から引き離
して広い個室に入れ，針金製と布製の2つの模型母親を置いて飼育し，子ザルは，布
製の母親を選び，哺乳ビンがついていても針金の母親にはしがみつかないことを観察
した．この事実は，小ザルは柔らかい（毛が生えた）ものにしがみつくという生まれ
つきの慕親傾向を持つとともに身体的接触で愛着を示すと考えられ，この種の慕親・
愛着は，哺乳や世話を受けることを通じて学習されるものでないことを示した．母ザ

ルとの接触がなくても，他の子ザル達との接触があれば異常は認められなかったが，模型母親で育つか檻に1匹だけで部分隔離状態で育つと，他の子ザル達と遊ぶことができず，防御行動は普通に近いが遊びや性行動は十分に行えなくなった．また，個室に1匹だけの完全隔離で2年間育てると，対サル間の社会的行動はほとんどできなくなるが，生後80日目までの場合には普通に近い社会行動がみられた．

これらのことは，他の子ザル達と遊ぶ経験は，その後のサルとしての社会性の発達に重要な要因となること，ならびに学習に臨界期のあることを示唆している．

また，刻印づけ（imprinting）は初期学習の代表例である．刻印現象は，発達のごく初期の間だけ，ある種の経験をすれば瞬時に成立し，後の経験や学習によって訂正できない特性を持つ．生物学の世界では，この刻印現象の生じるような一定時期のことを臨界期（critical piriod）と呼んでいる．

古典的な刻印づけは，主として離巣性の鳥で報告され，ローレンツは，ガンやカモにみられる親の後について歩く行動は，生まれつきの本能行動であるが，何の後追いをするかは，生まれた直後の経験によって決まることを見出した．また，ヘス（Hess EH）らは，ガンやカモは孵化後16時間前後にみる動く物に最もインプリントされやすいことを明らかにしている．

初期学習の考え方は，フロイト（Freud S）による幼少期の体験と成人の神経症の間に関係があり，特定の発達段階における経験がその後の性格発達に決定的要因になるという主張と軌を一にする．

臨界期（感受性期）は視覚や言語など一部で明らかになってきているが，その他多くの脳機能に同様の感受性期があるかはよくわかっていない．むしろ，人間の場合「60の手習い」という言葉があるように限定的な感受性期がなく，成人後も獲得あるいは習得可能な機能の方が多いと考えられる．

4．運動学習の適時期

（1）臨界期から適時期へ

生物学の世界では，正常な発育に関係する因子の作用についての決定的な時期のことを，「臨界期」と呼んでいた．臨界期は，本来，物理学などで用いられる言葉で，物質がある状態から別の状態に移る時期のことで，哺乳類の場合は変化が起きる期間は長く，しかも終わりかたがゆっくりで急に終止しないので，最近では「感受性期」と呼ばれる．また，教育学の世界においても，学習効果が最も大きく出る時期のことを臨界期と呼ぶ者もいるが，学習効果がまったく出なくなる年齢は考え難いので，著者は「適時期」を用いることを推奨している（図9-7）．

学習指導において，ある段階でマスターしなければならないことをマスターしているかどうかが次の段階を規定するという考え方もそれに相当する．ハヴィガースト（Havighurst RJ）の提唱した発達課題（図9-8）はその一例で，それぞれの発達段

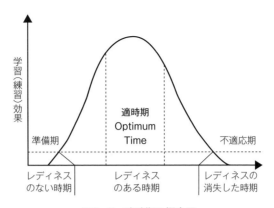

図9-7　適時期の概念図
（後藤幸弘（2012）運動学習の「適時期」について．兵庫教育
大学研究紀要，40：115-130）

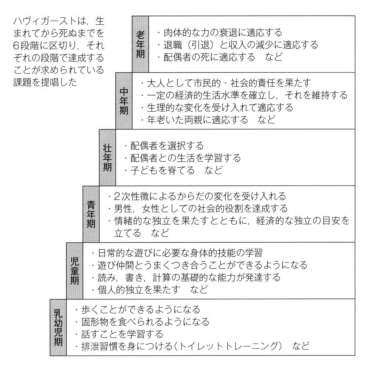

ハヴィガーストは，生まれてから死ぬまでを6段階に区切り，それぞれの段階で達成することが求められている課題を提唱した

老年期
・肉体的な力の衰退に適応する
・退職（引退）と収入の減少に適応する
・配偶者の死に適応する　など

中年期
・大人として市民的・社会的責任を果たす
・一定の経済的生活水準を確立し，それを維持する
・生理的な変化を受け入れて適応する
・年老いた両親に適応する　など

壮年期
・配偶者を選択する
・配偶者との生活を学習する
・子どもを育てる　など

青年期
・2次性徴によるからだの変化を受け入れる
・男性，女性としての社会的役割を達成する
・情緒的な独立を果たすとともに，経済的な独立の目安を立てる　など

児童期
・日常的な遊びに必要な身体的技能の学習
・遊び仲間とうまくつき合うことができるようになる
・読み，書き，計算の基礎的な能力が発達する
・個人的独立を果たす　など

乳幼児期
・歩くことができるようになる
・固形物を食べられるようになる
・話すことを学習する
・排泄習慣を身につける（トイレットトレーニング）　など

図9-8　ハヴィガーストが示した発達課題（ハヴィガースト（1997）より作図）

階において学習しなければならない課題があり，それを解決しなかったり，不完全であれば，それ以後の発達に大きな支障が生じると考えられている．

　教育界で，5歳の壁（言語習得の問題），9歳の壁（認知発達における様相的分化：可能性の世界と現実性の世界との分化）が発達上の大きな切れ目の指標，ということが問題になるのも発達には質的変化を含む段階のあることによる．

　前述したように，遺伝と学習は独立した因子ではなく，輻輳的な相互依存的な関係

にあるので，発達に対して学習をいつ与えるのがよいかという適時期が問題とされるようになった．またこれは，レディネス（readiness）として注目されることがらである．レディネスとは準備とか用意の意味で，ある学習をする場合に，その学習を可能にする経験，知識，身体的条件，態度等が用意されている状態をいう．

学習の適時期とは図9-7に示したように感覚的，運動的，動機づけ，および心理的な受け入れの能力等が最高の状態で存在し，学習に最も適した時期を意味する．

（2）適時期研究の諸問題

昭和62（1986）年の教育課程審議会の中間報告において，小学校段階では学習の適時性を重視して，運動領域の内容等について改善をはかることが望まれた．しかし，各種の運動について学習の適時期を実験的に明らかにすることには多大な困難が伴う．1つ目の問題は，学習成果を何でみるかである．後述のリレー学習において学習成果をリレータイムでみるか，利得タイムでみるかによって，答えはまったく異なる例である．2つ目は図9-9のバーベルトレーニングの効果をいつ判定するかの問題で，効果の保持の観点も含まれる．3つ目は指導法が学習者に相応しかったかということで，クロンバック（Cronbach LJ）の提案した適性処遇交互作用（aptitude treatment interaction：ATI）の問題がある．4つ目は年齢の異なる多数の被験者を対象にしなければならないという問題もある．これには対象のレディネスの問題に加えてそれまでの発達段階の問題も含まれる．5つ目は対象とする学習のレディネス要因の究明も課題になる．6つ目は世阿弥が「芸事は6歳の誕生日から始めるのがよい」としているように，学習開始の適時期についての問題もある．すなわち，検討しなければならない条件が多岐にわたるとともに実験条件のコントロールにも多くの難しさがある．

（3）適時期を支えるレディネス観の変化
1）古典的レディネス観

レディネスに関する初期の研究では，ゲゼル（Gesell A）らの一卵性双生児の行動発達研究に代表されるように，種々の知覚運動技能の学習がいつ頃可能になるかということの検討が中心であった．彼らの対象とした課題（例：階段登り）は，神経生理学的成熟に規定される程度の強いものであったため，学習は成熟の要因が整って初めて効果を持ち，学習は常に成熟に依存した形になると結論づけられた．このことは，教育において「待ち政策」の強調される背景を作ることになった．

ゲゼル以降も，種々の学習課題のレディネス成立時期を探索する研究が数多く行われた．ヒルガード（Hilgard JR）もその1人であり，平均28カ月の幼児集団に，階段登り，ボタンかけ，ハサミによる紙切りの訓練を12週間行い，階段登りはその後1週間の訓練で統制群に追いつかれたが，他の2つの課題については実験群が統制群よりも高いレベルにあることを明らかにした．ヒルガードも成熟優位説の立場であっ

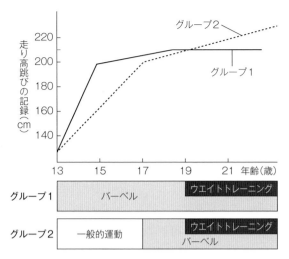

**図9-9　バーベルトレーニングの開始時期と走り高跳びの
記録の変化**
(後藤幸弘（2012）運動学習の「適時期」について．兵庫教育大学
研究紀要，40：115-130)

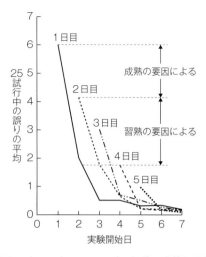

**図9-10　ひよこのついばみ行動の成熟と習熟
要因の関係**
(Cruze WW（1935）Maturation and learning in
chicks. J Comp Psychol, 19: 371-409)

たが，後者の結果は成熟優位を裏付けるものではなく，類似行動の少ない複雑な行動
ほど成熟要因に規定され難いことを示唆している．

　これらの研究では，成熟と習熟（学習）を別個の発達に作用する因子としている．
クルッツ（Cruze WW）の，ひよこのついばみ運動における技術的発達過程を示した
実験は両者を峻別しようとするもので示唆に富む(**図9-10**)．孵化後それぞれ異なっ
た日からついばみ練習を始めた雛群の失敗数の変化をみたもので，2日目開始群の初
日の成績は，1日目から開始した初日の成績よりも優れているが2日目の成績には劣
る．すなわち，前者は成熟，後者は習熟によるもので，成熟と習熟の関係を明確にし
た研究である．

　古典的レディネス観では成熟優位説の立場をとり，待ち政策を基本的指針としたた
め，教科の研究においても個々の教科に対応するレディネスがいつ頃成立するかとい
う調査・研究に主力が置かれた．レディネス要因には，成熟要因に加え，知識，興味，
態度，価値等の種々の経験的要因があげられる．また，教科を越えて必要な一般的な
要因と，特定の教科に必要な特殊要因との2つに大別されている．

2）新しいレディネス観

　経験的要因をレディネス要因に位置づけたことは，学習経験や教授法等の条件がレ
ディネス成立に影響を及ぼすことを示唆している．これは，積極的にレディネスの成
立を促進すべきであるという新しいレディネス観を萌芽させた．

　特定教科の知識・技能や課題の成功についての必要条件を吟味する教科のレディネ
スの問題は，ガニエ（Gagne ED）に代表される特定教材の学習の前提条件を階層的
に分析するという，積み重ね型レディネス観（累積学習理論）を成立させた．

スキナー（Skinner BF）は経験を重視し，オペラント条件づけを提唱し，スモールステップと即時的確認の原理に基づくとした．しかし，ティンバーゲン（Tinbergen N）は，いかなる報酬も動物が何か動作した直後に与えるとすればすべて強化因になる，とするオペラント条件づけを批判し，動物は選択性を持つとしている．

ピアジェ（Piaget J）は，外のものを取り入れる同化と自分を外のものに合わせる調整の2つの働きを発達の原動力としている．そして，神経の成熟，経験，社会，均衡化，の4つを発達の要因としてあげている．ピアジェは成熟を重視し，発達段階に基づいて外因の作用が有効になるとする立場に立っている．

一方，ブルナー（Bruner JS）は外因の働きによって一定の発達段階が形成され，学習によって発達が作り出されるという立場をとっている．すなわち，発達は先行学習の結果であると同時に，以後の学習を規定する因子であるとしている．

さらに，ヴィゴツキー（Vygtsky LS）は子どもの発達には2つの水準を考える必要があり，第1は現時点の発達水準，第2は現時点における潜在的な発達水準で，どちらも教育的配慮が加わったときに達するレベルとし，この付加的な範囲を「発達の最近接領域（zone of proximal development）」と呼んでいる．これは，学習は成熟に依存しつつも，成熟そのものの水準を高めていくという相互依存的関係を持ち，発達における教育の役割を積極的に規定している．

（4）運動学習における適時期研究の成果
1）体力要素のトレーナビリティ
①筋力・筋持久力

横断的にみて加齢による発達の著しかった11〜15歳の年齢層を対象に，大腿筋群に筋力と筋持久力の向上が期待できると考えられる等速性筋力トレーニング（180°/sの速度条件，1セット：30回連続試行，3セット／日，セット間休息1分間）を8週間（3回／週）負荷し，筋力と筋持久力の側面の効果の年齢差を検討した．

その結果，トレーニング効果は膝関節伸展・屈曲筋群のいずれにおいても13歳児で最も大きく，また，伸展筋力では11〜12歳児よりも14〜15歳児で，屈曲筋力では14〜15歳児よりも12歳児で効果の大きい傾向がみられた．

等速性筋力のトレーニングによる増大には，11〜15歳の年齢層では筋肥大よりも神経系の要因が大きく関与していると考えられたが，加齢とともに筋肥大の関与率が高くなる傾向がみられた．

一方，終末値でみた筋持久力のトレーニング効果は12〜15歳児でみられ，特に13歳児で顕著に認められた．また，筋持久力の向上には，筋放電量の変化から中枢神経系の興奮水準の高まりとその持続能力の改善が推察された．

すなわち，1つのトレーニングを負荷し，筋力と筋持久力の側面から効果の年齢差を相対評価すると，12歳児では筋力よりも筋持久力の方に有意な効果の得られる傾向が認められた．

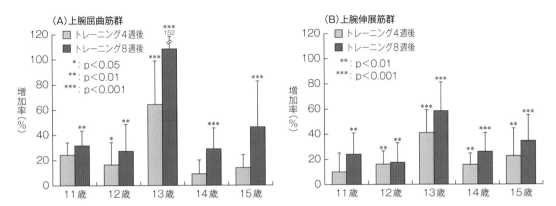

図9−11　上腕屈曲筋群（A），ならびに伸展筋群（B）の速度別最大筋力の年齢的推移と年間増加率

（後藤幸弘，緒方宗雄，辻延浩，辻野昭（1993）上腕筋群の等速性筋力の年齢的推移とトレーニングの適時期に関する研究−最大筋力とその持続能力について−．兵庫教育大学研究紀要．13：89−106）

　同様に，上腕筋群についても検討した結果（図9−11），トレーニング効果は伸筋・屈筋ともに11〜12歳の若年齢の方が早期に出現する傾向がみられた．しかし，4週後と8週後の有意水準の変化から長期にわたるトレーニングでは13歳以降の方が大きいと予測された．

　また，終末値でみたトレーニング8週後の持久力の効果は，13歳を頂点として14〜15歳よりも11〜12歳の方が高い傾向が認められた．これには血流量増加率の年齢差が関係していると推察された．

　ところで，筋力と身長の関係は，身長が150 cm付近と170 cm付近で交差する3つの直線回帰式で示され，身長が150 cm過ぎから170 cmになるまでの間は，筋力の発達が形態の発育よりも著しい．したがって，身長が児童・生徒一人ひとりの筋機能の発達促進期を捉える1つの指標になり得ると推察された．

　以上のことから，小学校高学年より筋持久力を高めるトレーニング内容を設定し，中学校期においては筋力ならびに筋持久力を高めるトレーニング内容を設定することは妥当であると考えられた．また，筋力・筋持久力ともに加齢による発達（成熟）の顕著な時期にトレーニング効果が大きく，トレーニングの適時期を推定する指標になると考えられる．

　②バランス

　小学校1〜6年生の男女児童480名を対象に，3週間（6日／週）バランス能力向上の練習を行わせた．その結果，基底面から出た重心を基底面内に戻したり，非常に狭い基底面内でバランスを維持したりする運動学習の適時期は，小学校期においては男女ともに低学年にあるが，先行研究の結果と合わせると，適時性は幼児後期の方が高いと考えられた．

　また，竹馬乗り未経験者の6〜12歳の男女児童252名を対象に4日間の練習を行わせ，習得（10歩歩ける）までに要する練習回数やパフォーマンスの年齢差ならびに

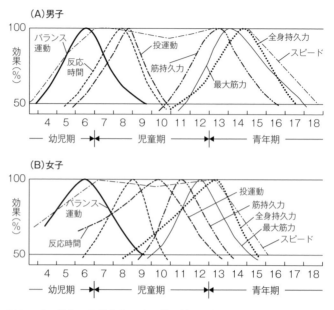

（A）男子

効果（%）

バランス運動　反応時間　投運動　筋持久力　全身持久力　スピード　最大筋力

100

50

4 5 6 7 8 9 10 11 12 13 14 15 16 17 18

── 幼児期 ──▶◀── 児童期 ──────▶◀── 青年期 ──────

（B）女子

効果（%）

バランス運動　反応時間　投運動　筋持久力　全身持久力　最大筋力　スピード

100

50

4 5 6 7 8 9 10 11 12 13 14 15 16 17 18

── 幼児期 ──▶◀── 児童期 ──────▶◀── 青年期 ──────

図9-12　体力・運動能力要素の練習効果の年齢差（模式図）（効果の最も大きかった年齢を100としてみた場合）
（後藤幸弘（2012）運動学習の「適時期」について．兵庫教育大学研究紀要，40：115-130）

習得・習熟過程の筋作用機序の面から適時期を検討した．その結果，バランス能力が大きくかかわると考えられる竹馬乗りの学習は6歳頃から可能で適時期は9歳頃に存在すると考えられた．

　これらの2つのバランス運動学習の適時期に学年差がみられた要因には，左右方向か前方向かのバランスに加え，動的バランス能力が関係する程度の差によるものと考えられた．

　③倒立学習の適時期

　バランス保持運動の代表で器械運動の基本技と考えられる倒立学習開始の適時期を論理的に考究してみる．倒立は，片脚つま先立ちが行えればできるといえる．なぜならば，片脚つま先立ちができるということは，バランス確保のための神経制御機構はできあがっていることを示している．また，安定性の力学的原則から，基底面（外乱の方向も）はつま先立ちよりも倒立の方が広く，重心の高さは同等で，質量（体重）はまったく同じである．すなわち，生理学的にも力学的にも，つま先立ちができれば倒立ができることが論理的に示唆される．このことの妥当性は，横峯（2009）の幼稚園の実践が裏付けている．倒立は決して難しい技でも大きな力が必要な技でもないのである．できないのは，非日常的な運動で慣れていないだけのことである．

　図9-12は，体力・運動能力の練習効果が最も大きく出現した年齢の成績を100とした場合のそれぞれの年齢の効果を模式的に示したものである．

　これらの結果を概観すると，巧みさを必要とする運動の適時期は幼児・児童期前半

にあり，持久力を必要とする運動は高学年児童期から中学生期に，さらに筋力を必要とする運動は中学校3年生から高校期にあるとまとめられる．ちなみに，短距離走タイムで評価したスピードで二峰性を示すのは，主として動作の改善（神経系）による疾走速度の向上の時期と筋力・瞬発力のエネルギー系の向上による時期があることによる．

2）運動学習のエデュカビリティ

①リレー学習の適時期とその成果からみえる走運動学習の適時期

現行の学習指導要領では，1・2年生では折り返しリレー遊び，低い障害物を用いての障害リレー遊びが，3・4年生ではバトンパスをしての周回リレーが示され，陸上運動としての速さつなぎを運動課題とするリレーの学習は高学年に配当されている．このような配列は，低・中学年では渡し手の速度を認知して速度を高め，バトンパスゾーン内で渡し手との動きをマッチさせる動く人に対応する動きの学習，すなわち，合理的なバトンパス技術の習得が困難と考えての配慮である．しかし，3年生以上では，現象を観察させたり，具体物を実際に操作させたりすることによって加速度を判断させることができる．そこで，加速の認識が一部可能と認められる3〜6年生児童を対象に，11時間（3回の記録測定も含めたリレー大会を含む）からなる学習過程を設定し，速さつなぎを運動課題とするリレー学習の適時期を検討した．

リレータイムでみた学習効果は，いずれの学年においても向上し，3年生の方が6年生よりも有意に大きかった．しかし，利得タイム（リレー走者のフラット走タイムの合計−リレータイム）の学習による変化は，3年生では単元後においてもプラスにできず，利得タイムで評価した学習成果はリレータイムとミラー現象を示し，6年生で最も大きかった（**図9-13**）．したがって，速さつなぎを課題とするリレー学習の適時期は，6年生にあるといえる．逆に言えば，上手に走れるようになるという面での走運動学習の適時期は，高学年よりも中学年の方が高く，前述したように7〜8歳

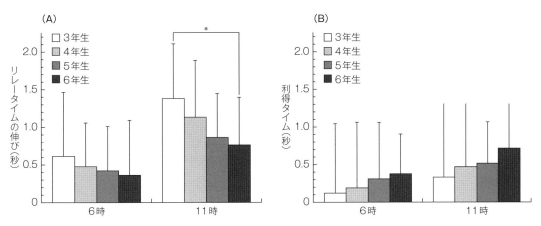

図9-13　リレータイムの伸びでみた学習効果の学年差（A）と利得タイムでみた学習効果（B）の学年差
（伊藤克仁，後藤幸弘，辻野昭（1994）陸上運動としてのリレー学習の適時期について−中・高学年児童を対象として−．日本教科教育学会誌，17（1）：11-21）

で筋放電パターン・疾走フォームは，成人とほとんど類似することと考え合わせるとさらに低学年にあるといえる（図9-12参照）．

②走り高跳び

小学校4〜6年生の児童を対象に，走り高跳びの授業を13時間行い，技能と認識の変容の学年差を検討した結果，記録はいずれの学年も6cm前後向上し，学年差はみられなかった．すなわち，走り高跳びの学習は，4年生においても可能であるが，HJS指数（記録−1/2身長/垂直跳び×100）でみた運動課題の達成率と学年平均値は6年生で最も高いことが認められた．すなわち，記録の伸びでは学年差はないが，4〜5年生ではクリアランス技術に顕著な向上がみられ，6年生ではクリアランス技術と踏切技術がともに向上する傾向が認められた．

そこで，記録向上に対する両技術要因の関与率を算出すると，4年生では踏切技術が8.2％，クリアランス技術が91.8％，5年生ではそれぞれ33.3％，66.7％，さらに，6年生では61.9％，38.1％関与していると計算された．すなわち，高学年ほど踏切技術の改善が記録の向上に関与していた．

また，記録の向上に対する踏切技術の関与率が学年進行に伴い大きくなる要因は，静的筋力よりもバリスティックな筋力によることの影響が考えられた．4年生は膝関節の屈曲・伸展を伴う踏切時間（200m/s以上）の長い動作を行う傾向があるのに対し，6年生では200m/s以内のバリスティックな筋収縮による踏切が行えていた．

さらに，児童は身体を後傾して踏切に入ることができない傾向がある．筋電図をみると，踏切期後半は成人と異なり，股関節の伸展を使って跳躍しようとしていた．このような踏切動作を行う背景には，重心を基底面から外してバランスを保つという動的バランス能力と，助走の勢いを衝撃的に受けとめるエキセントリックな筋力発揮の未発達であることが推察された．

踏切時の筋力発揮様式の変化や踏切時に身体をいかに後傾できるかがレディネス要因と考えられ，これらの発達の差が上記結果をもたらしたものと考えられる．したがって，踏切技術の学習効果は6年生で認められ，走り高跳びの技能特性を助走の勢いを生かして高く跳躍することと捉えるならば適時期は第6学年にあるといえる．

高学年児童を対象に，はさみ跳びから背面跳びまで発展させて指導するF群と，はさみ跳びのみを指導するS群の学習効果をみると，指導内容が異なる単元後半では，F群で大きな伸びがみられた．また，単元終了時のHJS指数は，S群の79.3±15.2点に対しF群では87.7±15.5点を示した．

すなわち，はさみ跳びのみの指導では，HJS指数の学級平均値を技能特性に触れたと考えられる80点以上にできなかったが，背面跳びまで指導した場合には80点以上となった．さらに，100点以上の者がF群では23.5％で，S群（8.6％）の約3倍存在した．一方，60点未満の児童もS群では12.0％残存したのに対し，F群では4.9％と僅少であった．

記録の向上に対する踏切技術とクリアランス技術の関与率は，単元後ではS群の

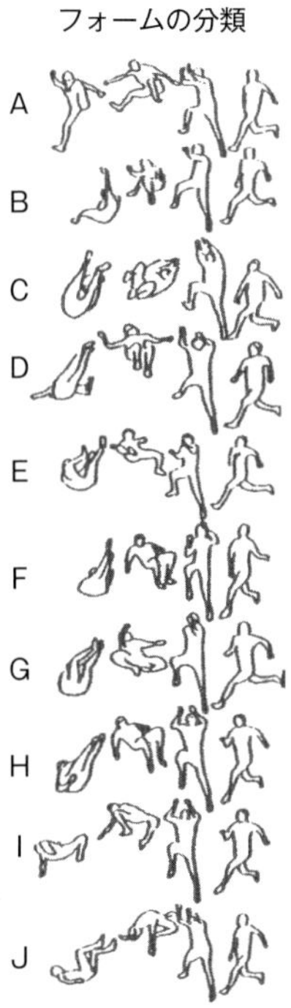

フォームの分類

順位	3日間の走り高跳び遊び			背面跳び学習後(%)
	1日目	2日目	3日目	
① A	20人	10人	7人	7.8
② B	8人	4人	1人	—
③ C	—	2人	2人	—
④ D	1人	7人	6人	23.4
⑤ E	1人	3人	2人	7.8
⑥ F	—	1人	2人	20.8
⑦ G	—	2人	7人	11.7
⑧ H	—	—	1人	11.7
⑨ I	—	1人	2人	16.9
⑩ J	—	—	—	—

A：足からの着地(はさみ跳び)
B：足以外での着地, 体幹の捻り, a<90°
　　体幹のそり(両股関節角の合計), b<180°
C：背中での着地, 　　　 a< 90, 180<b<270
D：背中での着地, 　 90<a<135, 180<b<270
E：背中での着地, 　 90<a<135, 270<b<360
F：背中での着地, 135<a<170, 180<b<270
G：背中での着地, 135<a<170, 270<b<360
H：背中での着地, 170<a<185, 180<b<270
I：背中での着地, 170<a<185, 270<b<360
J：背中での着地, 170<a<185, 360<b

図9-14　単元終了時における跳躍フォームの分布
(後藤幸弘, 原田耕造(1996)背面跳び(走り高跳び)学習の小学校段階への導入の是非について－はさみ跳びによる学習効果との比較から－. スポーツ教育学研究, 16(1)：25-37)

43.1%, 56.9%に対し, F群ではそれぞれ84.8%, 15.2%となった(図9-14).
すなわち, 単元後半はF群の方がS群よりも記録を高め, そのほとんどを踏切技術の改善によって向上させていることが認められた.

さらに, 単元終了時における跳躍フォームの分布をみると, 練習時には背面跳びで跳んでいたが, 記録会では背面跳びで跳んでいない児童や, 股関節を伸展できず4点と評価されるDのフォームの児童が約25%認められた. しかし, わずか5時間の指導で, 約30%の児童は身体をバーに平行になるように捻り, 股関節をかなり伸展させたフォーム(H, I)が習得できていた(図9-14).

以上のことから, 4年生においても, 調整力が主としてかかわるクリアランス技術は有意に向上し, 走り高跳びの学習は4年生においても可能である. しかし, 走り高跳びの技能特性を, 助走の勢いを生かして高く跳躍することと捉えるならば, 運動課題の達成率, 踏切技術の学習効果, 踏切時間の短縮, 認識の変容, さらには技能特性に触れている児童の割合等から, 走り高跳び学習の適時期は6年生にあると考えられた.

しかし, 現行の学習指導要領で示されているはさみ跳びでは, 6年生においてもHJS指数の学級平均値を技能特性に触れたと考えられる80点以上に高めることは困難であるので, 上述したカリキュラムに背面跳びを導入することが提案される.

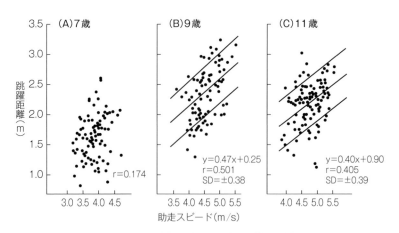

図9-15　助走スピードと跳躍距離の関係
(後藤幸弘 (2019) 跳運動のバイオメカニクス総論. 教育実践研究, 1：134)

③走り幅跳び

走り幅跳びの運動課題は，助走の勢いをいかに跳躍距離に変えるかである．両者の関係を児童期についてみると7歳では有意な相関関係は認められないが，9歳以降で関係が認められるようになる（図9-15）．このことは，9歳以降で文化としての走り幅跳びの学習が可能になることを示している．

④キック学習の適時期

サッカーで使われている種々の個人技能（キック，トラップ，ドリブル等）は，ボールに衝撃を加える身体部位や加えられる力の程度（加減），ならびに方向を変化させたキックと捉えることができる．また，サッカーで最も使用頻度が高いキックは，インサイドキックとインステップキックである．さらに，ドリブルとリフティングはキックの方向は異なるが，いずれも自分へのパスの連続で，本質的には同質のものである．したがって，中学生・成人では，リフティングの上手な者はドリブルも上手である．そこで，2・4年生の児童を対象に，サッカーの学習をドリブルから先に行う群とリフティングから行う群を設定し，いずれから指導した方が良いかについて検討した．

学習効果は，いずれから始めても4年生の方が高く，キック学習の適時性は，2年生よりも4年生の方が高いと考えられた．また，ドリブル技能とリフティング技能の転移の可能性は4年生のみで認められ，転移の方向は，リフティングからドリブルへの可能性の高いことが示唆された．

小学4年生，中学1年生，さらに高校1年生からサッカーを始めた群の8の字ドリブルとキック力のその後の経年的変化を比較すると，キック力は，高校から始めても児童期から始めたものと同等の成績を示すようになるが，ドリブルの成績は，若年齢から開始したものに及ばない．これは，パフォーマンスに及ぼす体力要因の影響度と技術要因の高いものは低学年で学習を初めるのがよいことを示唆している．すなわち，児童期はパワフルなキックよりもスキルフルなキックを習得させる時期なのであ

る.

　キックは，片足の運動であるところに特徴があり，バランス能力が非常に重要である．さらに，手の内にないボールを操作するため，ボールと自分の身体の空間的認知が要求される．開眼片足立ち維持時間や立位時の重心動揺面積は9歳頃に成人レベルに達する．また，11歳で正確性を要求した場合と，速度を要求して蹴らせた場合のボール速度に差異がみられるようになる．

　これらのことを考え合わせると，キック動作の学習の可能性は，パントキックができるようになり，知覚・運動系の能力がある程度発達していると推察される6歳以降で，また，学習の適時期は，バランス能力が成人レベルに達する9歳頃からボール速度が成人レベルに達する13歳頃までの年齢に存在し，ボール速度を蹴りわけることができるようになる11歳前後にあるものと推察される．

　⑤バレーボール学習開始の適時期

　小学校4年生から中学校3年生の男女児童・生徒719名を対象に，12時間のバレーボール学習を行わせ，学習成果の学年差から，バレーボール学習開始の適時期を検討した（図9-16）．

　ラリー回数，アンダーハンドサークルパス，平均触球回数，オーバーハンドパス等の技術レベルとゲームで感じる楽しさとの間には高い相関関係が認められ，ゲームで使用される頻度の高いアンダーハンドパス，オーバーハンドパス技術に支えられて成立するラリーの続くゲームを子ども達は楽しいと感じていた．また，小学校6年生以降で技能的特性に触れた楽しさを味わわせることができ，バレーボール学習開始の適時期は小学校6年生になると考えられた．

　さらに，小学校6年生時にバレーボール学習を経験した中学校1年生（EJ群）と，中学校1年生時に初めて経験した中学校2年生（JJ群）を対象に，12時間のバレーボール学習を実施した際の縦断的学習成果を比較した結果，バレーボールで必要な目より高い位置でのボール操作能力（オーバーハンドパス）は，中学校期よりも児童期に学習させる方が，中学校期でのバレーボール学習の成果を豊かにすることが認められた．すなわち，小学校6年生でのバレーボール学習の経験は，中学校1年生でのものよりも，オーバーハンドパス技術を高め，オーバーハンドトスを用いた3段攻撃ができるゲームをさせ，バレーボールを好きにさせることにつながっていると考えられた．

　以上のように，一般に加齢による発達の著しい時期に学習させると大きな学習成果が得られる傾向のあることが適時期研究において認められた．したがって，横断的・縦断的な発達研究の成果から適時期を推定できる可能性がある．

　また，適時期は身体づくりにおいてはトレーナビリティ，学習においてはエディカビリティの問題で，何かを学習させるのに最も効果的な時期のあることは明らかである．教育の経済性，上手にできるようにさせることが子どもを運動好きにさせる基底

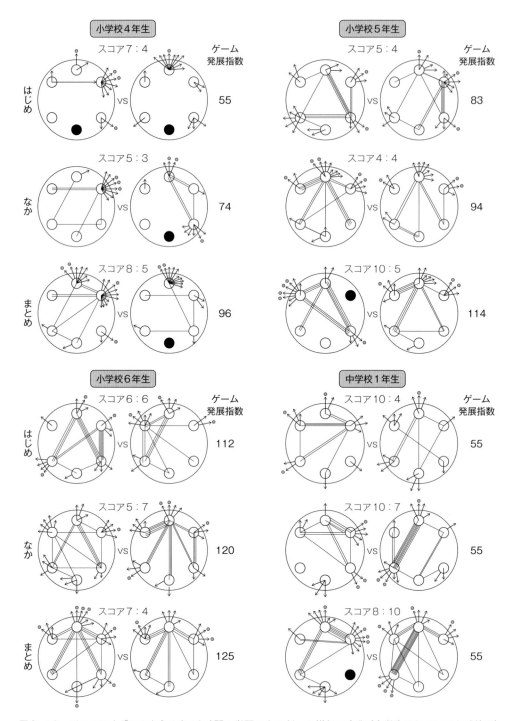

図9-16　パスソシオグラムからみた12時間の学習によるゲーム様相の変化（小学生はミニソフト球使用）

ゲーム発展指数＝「（サーブ継続率÷47.2×1.0＋ラリー回数÷0.76×2.27＋平均職級回数÷1.20×1.17）×1÷4.44×100」が97点以上であればゲームを楽しめている.

（長井功，後藤幸弘（2002）小学4年生から中学3年生の学習成果の学年差から見たバレーボール学習開始の適時期について．大阪体育学研究，40：1-15）

的条件であることから，教授法を吟味した条件で適時期を明らかにする研究は，カリキュラム編成を考えるうえで重要である．

参考文献

- 東洋編（1982）教育の心理学的基礎．朝倉書店．
- Elbert T, Pantev C, Wienbruch C, Rockstroh B, Taub E（1995）Increased cortical representation of the fingers of the left hand in string players. Science, 270: 305-307.
- 後藤幸弘（1986）幼少児のキック動作の発達過程についての筋電図的研究．兵庫教育大学研究紀要，7：187-207．
- 後藤幸弘（1991）竹馬乗り学習の適時期に関する研究-習得・習熟過程の筋電図的分析ならびに練習効果の年齢差から-．スポーツ教育学研究，11（1）：9-23．
- 後藤幸弘，宮下禎之，奥野暢通（1992）動的バランス運動学習の適時期について-児童期における練習効果の年齢差から-．兵庫教育大学研究紀要，12：125-141．
- 後藤幸弘，緒方宗雄，辻延浩，辻野昭（1993）上腕筋群の等速性筋力の年齢的推移とトレーニングの適時期に関する研究-最大筋力とその持続能力について-．兵庫教育大学研究紀要，13：89-106．
- 後藤幸弘，原田耕造（1996）背面跳び（走り高跳び）学習の小学校段階への導入の是非について-はさみ跳びによる学習効果との比較から-．スポーツ教育学研究，16（1）：25-37．
- 後藤幸弘，貴田大介，本多弘子，辻延浩（2004）走り高跳び学習における適時性に関する研究-レディネス要因としての筋力と踏切能力の関係の加齢ならびに練習による変化-．兵庫教育大学研究紀要，25：131-140．
- 後藤幸弘（2007）教育内容と適時性に基づく「走り高跳び」カリキュラムの提言．日本教科教育学会誌，30（3）：21-30．
- 後藤幸弘（2008a）ヒトの基本動作の発達特性に基づく小学校体育科における教育内容（Ⅰ）-バランス系・移動系の運動について-．兵庫教育大学研究紀要，32：135-150．
- 後藤幸弘（2008b）ヒトの基本動作の発達特性に基づく小学校体育科における教育内容（Ⅱ）-操作系・回転系の運動について-．兵庫教育大学研究紀要，33：159-172．
- 後藤幸弘，瀬谷圭太（2010a）サポートの動きを学習する「サッカー課題ゲーム」の開発とその有効性の検討-6年生児童を対象として-．兵庫教育大学研究紀要，37：121-136．
- 後藤幸弘，瀬谷圭太（2010b）「課題ゲーム」を通してサポートの動きを学習するサッカー授業-4年生と6年生児童の学習成果に比較-．兵庫教育大学研究紀要，38：181-193．
- 後藤幸弘（2012）運動学習の「適時期」について．兵庫教育大学研究紀要，40：115-130．
- 後藤幸弘，上原禎弘編著（2012）内容学と架橋する保健体育科教育論．晃洋書房．
- 後藤幸弘，灘本雅一，奥野暢通（2017）投球の運動学的総論．宝塚医療大学紀要，4：39-55．
- 後藤幸弘（2019）跳運動のバイオメカニクス総論．教育実践研究，1：129-150．
- ヘップ DO 著，白井常訳（1964）行動学入門-生物化学としての心理学-．紀伊国屋書店．
- ハヴィガースト RJ 著，児玉憲典，飯塚裕子訳（1997）ハヴィガーストの発達課題と教育．川島書店．
- 廣瀬武史，北山雅央，藤井隆志，三好千春，後藤幸弘（2004）小学校期におけるベースボール型ゲームカリキュラム作成の基礎的研究-発達段階に応じた教育内容の措定-．大阪体

育学研究，42：31-46.
・伊藤克仁，後藤幸弘，辻野昭（1994）陸上運動としてのリレー学習の適時期について−中・高学年児童を対象として−．日本教科教育学会誌，17（1）：11-21.
・川本幸則，後藤幸弘（1995）児童期における走り高跳び（はさみ跳び）学習の適時期について．スポーツ教育学研究，15（1）：1-13.
・金城辰夫編著（1992）学習心理学．放送大学教育振興会.
・長井功，後藤幸弘（2002）小学4年生から中学3年生の学習成果の学年差から見たバレーボール学習開始の適時期について．大阪体育学研究，40：1-15.
・長井功，後藤幸弘（2003）小学6年と中学1年から学習した生徒の縦断的成果の比較からみたバレーボール学習開始の適時期．大阪体育学研究，41：7-17.
・奥野暢通，後藤幸弘，辻野昭（1989）投運動学習の適時期に関する研究−小・中学生のオーバーハンドスローの練習効果から−．スポーツ教育学研究，9（1）：23-35.
・奥野暢通，後藤幸弘（2001）女子大学生のオーバーハンドスローの練習効果．四天王寺国際仏教大学紀要，33：103-111.
・辻延浩，後藤幸弘，辻野昭（1993）大腿筋群の筋力と筋持久力に対する等速性トレーニング効果の年齢差について．スポーツ教育学研究，13（2）：79-90.
・梅野圭史，久保田晴久，藤田定彦，後藤幸弘，辻野昭，楠本正輝（1985）走り幅とびにおける技能の主観的な伸びと客観的な Performance との関係−小・中学生を対象として−．デサントスポーツ科学，6：272-281.
・横峯吉文（2009）ヨコミネ式子供が天才になる4つのスイッチ．日本文芸社.

[後藤幸弘]

第10章

体つくり運動

1．体つくり運動領域と体ほぐしの運動

体つくり運動領域は，平成元（1988）年までの学習指導要領では体操領域と呼ばれていた．そして，平成10（1998）年の改訂で，体ほぐしの運動が新しく導入され，旧来の体力を高める運動とでその内容が構成されるようになった．

（1）体つくり運動領域の内容

体ほぐしの運動とは，体への気付き（自分や仲間の体や心の状態に気づく），体の調整（日常生活での身のこなしや体の調子を整える），仲間との交流（仲間とかかわることの楽しさ，仲間を認める），が主な目的である．

体力を高める運動とは，体の柔らかさおよび巧みな動きを高めるための運動，力強い動きを高めるための運動，動きを持続する能力を高めるための運動をいう．

（2）体ほぐし運動の導入の背景・意義

体ほぐしの運動とは，自分の体の調子を感じたり，相手のからだの様子を感じとる運動で，一言でいえば内部感覚を育てる領域である．

体ほぐし運動導入の背景には，他者とかかわれない硬直した身体，感受性と応答性を喪失した身体，突発的に暴力や破壊へと向かう身体，自虐的な行為を繰り返す身体，などがある．

子どもの生活から仲間と身体的な遊びをする機会が消失したとするならば，体育の授業でこれを回復させ，子どもの心と身体のバランスを取り戻す必要があるとの考えによる．著者らはその解決策の1つに相撲の復活を考えている．

（3）体つくり運動領域の特性と普遍的教育内容

体つくり運動は，必要としての運動，自覚に裏付けられた目的追求の運動という特性を持つ．すなわち，第1章で述べた内的環境操作能力を高める領域ということができる．したがって，その具体的内容は多岐にわたるが，普遍的教育内容は，体力の高め方がわかる，体力を高める意義がわかる，自他の体に気づく，自由に動く賢いからだに育てる，運動の爽やかさ（爽快感）を感じることができる，の5つにまとめられる．

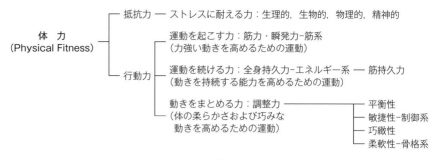

図10-1　体力の要素

　換言すれば，運動生活習慣作りが教育内容となり，帯状単元的な取り扱いにならざるを得ない特性を持ち，実質的な実践は課外や家庭で（健康運動日記）行えるようにしなければならない特性を持つ領域である．

　筆者は，生活習慣の確立が基礎的課題になり，12時には寝る（シンデレラ睡眠：明日のために寝る子），朝は必ず起きる（セロトニン神経を覚醒する），朝ごはんを食べる（朝ご飯を食べている子は勉強ができる），有酸素性運動によって一汗をかく（粘り・根気強くなる，防衛体力を高める），腰を伸ばす（腰・腹が据わる，身体の中心感覚を育てる），大きな声で挨拶する（コミュニケーション，人間関係の第一歩），腹式呼吸をする，の7点の生活化を期待している．

2．体力・適応性の構造

（1）体力の構造

　体力とは，知・情・意という精神的な力の総合されたものが，体格という肉体的媒体を通じて，自己の生活環境に有効に働きかける力で，生活環境の如何によって，行動力（生産力）とも防衛力ともなる．

　図10-1は，体力を抵抗力と行動力に分けるとともに，行動体力の3要素と学習指導要領に示されている体力を高める運動との関係でまとめたものである．図10-2には，人体を円で示し行動体力と防衛体力の関係を示した．

（2）適応性の構造

　トレーニングとは，「運動刺激および環境刺激に対する身体の適応性を利用し，身体の抵抗力と行動力を望ましい水準に高めようとする過程」と定義づけられる．すなわち，図10-3に示したように人体の持つ適応性に働きかけ陽性適応の方向に変えようとする試みである．この際，運動を適応性の刺激にするのが一般的であるが，環境に対する適応を積極的に用いようとする方法もある．その1つが低酸素状態を利用する高地トレーニングである．

　筋は使わなければ萎縮するが，適度に使えば肥大する（ミロと子牛の話[注1]）はよく

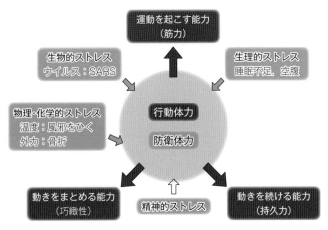

図10-2　防衛体力と行動体力の構造と要素

体力とは，知・情・意という精神的な力の総合されたものが，体格という肉体的媒体を通じて，自己の生活
環境に有効に働きかける力で，生活環境のあり方によって，行動力（生産力）とも防衛力ともなる．

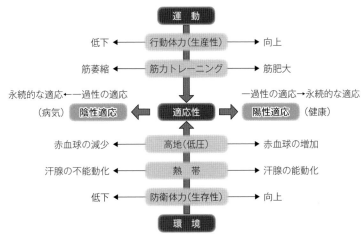

図10-3　適応性の構造

引き合いに出される）．これを意図的に行うことがトレーニングであり，その方法を
目的と対象者に応じて考えることを，医師が患者に薬や治療法を示すのと同様に「運
動（トレーニング）処方」と呼んでいる．

　図10-4は，著者が左膝の靱帯を痛め，1カ月ギプス固定をした際の大腿筋群の
陰性適応（筋萎縮）の例を示している．

> **演習課題**　大腿の前面の筋群（大腿直筋, 内側広筋, 外側広筋, 中間広筋）と後面の筋群（大
> 腿二頭筋, 半腱様筋, 半膜様筋）ではどちらの方が萎縮しやすいかがみてとれる．
> 筋の形からどちらが前かを見極めるとともに，老化は足からといわれるが，そ
> の内実を考えてみよう．

注1）少年ミロは，生まれたばかりの子牛を持ち上げる練習を子牛が成牛になるまでつづけ，4年後には成牛を持
　　ち上げるくらいに筋力は増加したという，ギリシア神話クロトナの話．

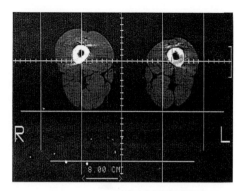

図10-4　1カ月のギプス固定による大腿筋群の廃用性萎縮の例

3．体力の高め方の原則

　　体力トレーニングで効果を高めるためには，下記の6つの原則と3つの条件について知る必要がある．オーバーロードの原則の内容が3条件であることから，5原則3条件といわれることもある．

（1）トレーニングの6原則と3条件
　トレーニングの6原則は以下のとおりである．
　全面性の原則：トレーニングの目的は，心身がバランスよく発達することで，偏った発達は望ましくなく，いろいろな運動を取り入れたほうが効果的である．
　漸進性の原則：初めは軽い運動から入り，徐々に強度，持続時間，回数を増やしていくこと．
　反復性の原則：トレーニングは続けなければ効果がなく，反復しなければならないこと．また，体力の向上に伴って反復回数を多くする必要がある．
　個別性の原則：本人の体力や健康状態に応じて，トレーニングの強度や方法を工夫しなければならない．個別差を考えないトレーニングからはよい結果は生まれない．
　意識性の原則：漠然とトレーニングするのではなく，その目的や方法を自覚して取り組むと効果的である．
　オーバーロードの原則：体力を高めるには，トレーニングの3条件（強度・時間・頻度）がある．一定水準以上の負荷でなければ十分な成果が期待できないので，過負荷の原則とも呼ばれる．
　トレーニングの3条件は以下のとおりである．
　運動強度：オーバーロードの原則の負荷強度のことで，筋力を高めるには最大筋力の2/3以上の負荷をかける必要がある．
　運動時間（反復回数）：トレーニング全体にかける時間のことで，たとえば全身持久力のトレーニングでは30分が目安になる．ただし，体力に自信のない人などは，漸進性の原則に基づき5分程度から始めて徐々に時間を延ばすとよい．

表10-1　運動の反復回数で負荷強度やトレーニング効果を知ろう（空欄を埋めよう）

筋力や筋持久力を高めるには，「どのような強度の運動」を「何回くらい繰返す」とよいかの目安が，種々の実験によって明らかにされている．すなわち，筋力を高めようとする場合，個人の最大筋力の（①　　　　　）の力を発揮する必要のある運動を（②　　　　　）回程度行えばよい．一方，筋持久力を高めようとする場合には，最大筋力の（③　　　　　）の力を発揮するような運動を（④　　　　　）回程度繰返せばよい．なお，（⑤　　　　　の条件）については週（⑥　　　　　日，最低2回，最大5回）が望ましいとされている．最大筋力を基準とした強度の表示は科学的であるが，種々の運動に関係する最大筋力（静的）の測定は，実際上かなり困難である．しかし，（⑦　　　　　）（1回だけ動かせる最大負荷）に対する相対的強度と，その強度で運動を繰り返せる（⑧　　　　　，運動のリズムは2秒に1回）との間には，図10-5のように指数関数で示される一定の関係がある．したがって，最大反復回数を調べることによって，その運動の強度が推定できる（図10-5）．

すなわち，特別な道具を用いなくとも上記の関係を利用すれば，「⑨　　　　　」領域の「⑩　　　　　運動」や「⑪　　　　　運動」の処方を，各個人に応じて見い出すことができる．また，反復回数の増加からトレーニング効果の程度が評価できる．

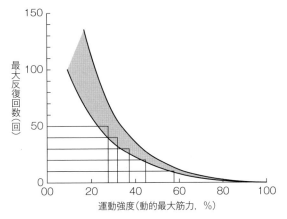

図10-5　運動強度と最大反復回数の関係
（金子公宥（1978）運動強度の簡便な処方．体育の科学，28：678-682）

運動頻度：週に何回トレーニングするかという回数のことで，週1回では効果は期待できず，週2回では現状維持とされている．理想的には，週3〜5回程度を定期的に行うとよい．逆にいえば，週2回は休んだ方がよいのである．

運動の反復回数で負荷強度やトレーニング効果を知るため，**表10-1**の空欄を埋めよう（解答はp130）．

（2）腕立て伏せ臥腕屈伸運動

体つくり運動の例示に腕立て伏臥腕屈伸運動が示されている．これは，自分の体重を利用したベンチプレスに相当する．これまでにこの運動を経験したことのない人はいないであろう．しかし，筋持久力テストとして用いられている通常の腕立て伏せは，何kgのベンチプレス（体重の何％）を行っていることに相当するかを知る人は少ない．体重計を用いて，腕立て伏せの姿勢を取れば，何kgのバーベルに相当するかがわかる．通常，肘を伸ばした状態で体重の65％，曲げた場合70％程度の負荷が腕に

重心

足にかかる荷重　　a：b　　手にかかる荷重
　　　　　　　体重の逆比

図10-6　腕立て伏せが腕屈伸運動

（辻野昭，後藤幸弘，徳山廣（1971）腕立て伏臥腕屈伸運動のキネシオロジー
的考察．大阪教育大学紀要，19：187-201）

かかっている．

　腕立て伏せの姿勢の変化と腕にかかる負荷量の関係を力学的に図解すると**図10-6**のようになる．すなわち，腕から重心までの距離（a）と足から重心までの距離（b）の逆比でそれぞれに体重が配分されて支えていることになる．このことは，足を横に開いて立ち，重心を左右に動かすことによって体感できる．

　腕に全体重をかけるには逆立ちしなければならない．したがって，脚を高く上げて行けば行くほど腕にかかる負荷量は増す．しかし，注意しなければならない問題がある．脚を高く上げて腕立て伏せを行った場合，腕にかかる負荷量は増加するが大胸筋の胸肋部や腹部に放電がみられなくなるのである（**図10-7**）．筋の起始-付着の位置関係から，これらの筋には上肢を引き下げる方向の分力を持つので，足を上げた姿勢での腕立て伏せで働くことは，マイナスになるので活動しないのである．

　また，腕を前方に置いての腕立て伏せは，通常の腕立て伏せよりも腕にかかる負荷量は小さくなるが，主観的には負荷強度が強く感ぜられる．これは，姿勢維持のために腹直筋や大腿四頭筋等を強く収縮させなければならないからである．腕を前に出した腕立て伏せの姿勢をとった仲間のお腹を触るとこのことがわかる．

　トレーニングを正しく行うためには，解剖学や運動学についての知識が必要なのである．

演習課題

体重50kgのAさんは25回腕立て伏せができました．**図10-5**の負荷強度と繰り返し回数の関係図を用いて，Aさんは何kgのベンチプレスができるかを推定しよう．また，トレーニングによって50回腕立て伏せができるようになりました．Aさんの最大筋力は，何％増加したことになりますか？

表10-1の解答：①2/3，②8～10，③1/3，④20～30，⑤運動頻度，⑥3，⑦最大筋力（1RPM），⑧繰り返し回数，⑨体つくり運動，⑩力強い動きを高めるための運動，⑪動きを持続する能力を高めるための運動

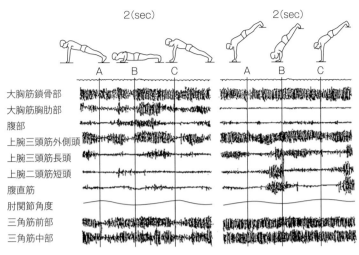

2(sec)   2(sec)

	A	B	C	A	B	C
大胸筋鎖骨部						
大胸筋胸肋部						
腹部						
上腕三頭筋外側頭						
上腕三頭筋長頭						
上腕二頭筋短頭						
腹直筋						
肘関節角度						
三角筋前部						
三角筋中部						

図10-7　腕立て伏せ臥腕屈伸運動の筋電図

（辻野昭，後藤幸弘，徳山廣（1971）腕立て伏臥腕屈伸運動のキネシオロジー的考察．大阪教育大学紀要，19：187-201）

演習課題　3つの体力要素を高める種々のトレーニング法を知ろう

4．筋力トレーニング

（1）筋力トレーニングの種類

　筋力は，抵抗負荷に対して筋を強く収縮させるトレーニングを行うことによって強化できる．筋収縮には次のような型があり，これらを基にして各種のトレーニングが組み立てられる．

　まず，等尺性収縮（isometric contraction）と呼ばれる静的筋収縮（static contraction）である．筋が一定の長さに保たれたまま張力が発生している収縮のことで，この筋収縮を利用したトレーニングをアイソメトリックス（isometrics）と呼ぶ．たとえば，胸の前で両手を合掌し，手のひらを内方に向けて強く押しつければ，大胸筋を強化するアイソメトリックスである．

　次ぎに等張力性収縮（isotonic contraction）と呼ばれる動的収縮（dynamic contraction）である．この筋収縮によるトレーニングは，動的筋力トレーニング，あるいはアイソトニックス（isotonics）と呼ばれている．この代表がウェイトトレーニング（weight training）である．

　動的収縮には，もう1つ等速性収縮（isokinetic contraction）がある．これは，機械的にスピードを一定にコントロールできる器具を使って短縮性収縮を行うトレーニングでアイソキネティックス（isokinetics）と呼ぶ．

　筋収縮にはもう一つあり，筋が引き伸ばされながら力を発揮する伸張性収縮

（eccentric contraction）である．プライオメトリックトレーニング（plyometric training）はその一例である．すなわち，筋肉を伸張させたあとすぐに収縮させ，筋肉の爆発力（筋力とスピード）をアップさせることをめざすトレーニングで，高いところから飛び下りて着地後すぐにジャンプするデプスジャンプなどが代表的である．

（2）筋力トレーニングの方法
　ここでは，アイソメトリックスとアイソトニックスの具体的な方法について述べる．

1）アイソメトリックス
　このトレーニングの実践に当たっては，強度・時間・頻度の3つの条件に照準を合わせる必要がある．
　強度は最大筋力の50〜60％以上がよい．ただしスポーツ選手の場合は，最大筋力でトレーニングをする．時間は疲労困憊に至るまでの時間の20〜30％でよい．頻度は1日に3〜5回繰り返して行う．
　なお，アイソメトリックスで筋を緊張させている間は，止息しないで呼吸を続けることが重要である．止息したまま力むと心臓・血管系の生理上，好ましくないからである．また，アイソメトリックスではそのときとっている関節角度の近くでしかトレーニング効果が得られない，という事実も覚えておくべきである．

2）アイソトニックス
　動的筋力トレーニングであるアイソトニックスには，色々なトレーニング方法がある．一般に広く知られているのは，ウェイトトレーニング（weight training）で，バーベルやダンベル（俗にフリーウェイトと呼ぶ）のような重りを使って行うものである．
　フリーウェイトでは動作中，終始一定の重量負荷しかかけられないので，スティッキングポイント（挙上動作範囲内で，最もその挙上動作がきつくなる点）を越えられる程度の負荷しか扱えない．この弱点を解消するため，挙上していくにつれて器械的に次第に作動筋にかかってくる負荷が強くなっていく仕組みや機器が開発された．これが可変抵抗（dynamic variable resistance：DVR）方式である．
　一般には，8回くらい繰り返せる最大負荷（8 RM）を用いて，トレーニングを開始する．次第に回数を増やしていき，12回繰り返せたら再び8 RMに増量して12回を目指したトレーニングを行う．
　なお，経験者の場合には，5〜6回くらいまでしか繰り返せない高負荷をかけたトレーニングの方が，筋力増強の効果は大きくなる（高負荷・低回数制）．
　逆に，15回以上繰り返せる低負荷のトレーニングは，筋持久力の養成によい（低負荷・高回数制）．初心者は，1つの運動について1セット行うだけでも効果を得ることができる．しかし，ある身体部位を特別に強化したい場合には，1つの運動について10セット前後繰り返すこともある．

5．持久力トレーニング

（1）持久力トレーニングの種類と方法

1）持久力の種類

　持久力の種類には，①全身持久力と局所（筋）持久力，②有酸素的持久力と無酸素的持久力，がある．①は，持久力を使う作業能力と腕，脚のような局所の作業能力に分けたものである．②は，使うエネルギーが有酸素的か無酸素的であるかによって分けたものである．実際の運動様式でいえば，無酸素的持久力はスピードの持久力である．

　有酸素的エネルギーを使って行う運動を有酸素的運動（aerobicwork，aerobics）といい，その持続能力を有酸素的持久力（aerobic endurance capacity，aerobicworking capacity）という．

2）有酸素的運動の条件

①酸素摂取量占有率からみた条件

　身体の摂取するエネルギーには無酸素的なものと有酸素的なものがあり，長時間の運動は有酸素的エネルギーによって行われる．酸素 1 L の消費は，約 5 kcal のエネルギー消費に相当する．したがって，運動で使われるエネルギーの量は酸素需要量を測定すればわかる．そこで使われるエネルギーが有酸素的なものか，無酸素的なものであるかは，酸素需要量に占める酸素摂取量の割合，すなわち酸素摂取量占有率を求めればよい．

　酸素摂取量占有率が 50 ％負荷になる運動の持続時間は，3 分間をやや上回る．したがって，エネルギーの需給関係から運動の性質を 2 つに分けるならば，3 分間という最大持続時間を境にして，これよりも短時間で終了する運動は無酸素的な運動であるといえる．

②乳酸性作業閾値からみた条件

　運動で無酸素的エネルギーが使われると乳酸が発生する．したがって，運動後に血液中の乳酸濃度を測定すれば，その運動に無酸素的エネルギーが用いられたかどうかがわかる．血中乳酸濃度が安静時の値と変わらなければ，その運動は有酸素的エネルギーだけで行われた運動であったことを意味する．

（2）全身持久力の指標

　持久力の評価のための代表的指標には，持久力の成績，最大酸素摂取量，一定負荷に対する心拍数，がある．

　持久力成績は，一定距離の持久走時間（1,500 m 走タイム），あるいは，一定時間内の持久走距離（5 分間走距離など）で評価する．

　最大酸素摂取量は，1 分間に体重 1 kg あたり取り込むことができる酸素の量（mL/kg/分）を示す．そのため，体内に十分な酸素を取り入れ利用することができる能

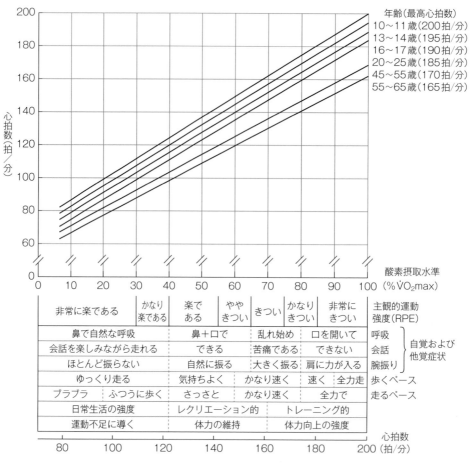

図10-8 心拍数と酸素摂取量水準，ならびに主観的運動強度の関係
(山地啓司（1981）運動処方のための心拍数の科学. 167，大修館書店より改変)

力である全身持久力の指標として利用されている.

　一定負荷に対する心拍数は踏台昇降テストで測定されるものが代表的である.

　これらのうち，最も信頼性の高いのは，最大酸素摂取量で，簡便なものは持久走成績である.

　酸素摂取量と心拍数との間には，図10-8に示したように直線関係が認められる. 最大酸素摂取量には個人差があるのに対し，最大心拍数の個人差は同一年齢層であれば比較的小さい. 酸素摂取量は％$\dot{V}O_2$max に換算し，これと心拍数との関係をみると図10-8に示したように，各年齢層ごとに直線関係が成立するので，心拍数も運動強度の指標になる. すなわち，最高心拍数は年齢によって少なくなるので，同じ心拍数でも％$\dot{V}O_2$max は年齢によって異なる.

（3）主観的運動強度

　図10-8は，酸素摂取量水準と心拍数の関係に加え，心理・生理学者のボルグ

（Borg）の提唱した主観的運動強度（rating of perceived exertion：RPE）との関係を示したものである．加えて，自覚症状や他覚症状，さらには走や歩行のペースとの関係がわかるようにまとめたものである．一般に持久力の向上のためには，最大酸素摂取量の65％以上の強度の運動を15分間程度行えばよいとされている．

　ところで，小学校高学年の体つくり運動領域の例示に「無理のない速さで5〜6分程度の持久走をすること」が記載されている．時間は客観的であるが無理のない速さをどう考えればよいのであろうか．言葉から最大努力の速さでないことは理解されるが，持久走が体つくり領域に位置づけられているからには，科学的に設定されなければならない．これは，5〜6分の持久走によって持久力の向上が期待される強度の下限までの速さを意味する．すなわち，児童では，運動時の心拍数が165拍／分になるような速さが下限になる．図10-8のそれぞれの年齢の関係式から，無理のない速さを設定できるようにすることが教育内容になる．7段階に設定されている主観的運動強度では，「きつい」以上で「かなりきつい」であれば十分であることになる．その際の自覚ならびに他覚症状の理解もからだ気づきの内容になる．

　図10-9は，「主観的に運動強度を設定できるようになろう」のテーマでの持久走の授業に用いた資料である．すなわち，3段階以上の速さの持久走（3分以上）を行い，各自の主観的運動強度と心拍数の関係式を作る．それは年齢毎の関係式は，多数の被験者から求めたもので，かならずしも個人差に応ずるものではないからである（10％程度の誤差を見込む必要がある）．そして，「今日は主観的にこの程度の強度の持久走をしよう」として5〜6分走った際，心拍数が狙った値になっていればその人は主観的に運動強度を調節できるということになる．このような授業は，高学年児童でも可能である．

　なお，教師が生徒がどの程度の強さを感じているかを評価した主観的運動強度（subjective intensity of teacher tresumed RPE：SPE）と，生徒が実際に感じている強さの間には強い相関関係がある．しかし，教師の方が，生徒が感じているよりも一段強く見積もる傾向がある．つまり，教師の観察からも授業中の生徒の運動強度は推定できるが，教師の観察の方が強く見積もっている傾向のあることを自覚しておかなければならない．

　また，生徒は，主運動の運動量によって，授業中の活動欲求の満足感を感じることから，教師は，主運動の運動量を高める工夫が必要である．1時間の授業で，SPE4「きつい」レベルなら12分以上，3レベル「きつくもなく楽でもない」なら24分以上の運動時間の確保が目安となる．

演習課題　自分の心拍数と主観的運動強度の関係式を作成しよう．

（4）持久力トレーニングの留意点
　持久力トレーニングの留意点として，休息の必要性，体調の把握，水分摂取があげ

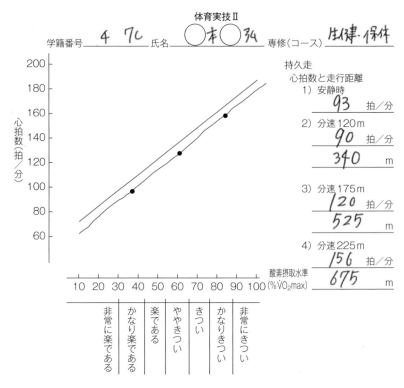

体育実技 II

学籍番号 ___4 7c___ 氏名 ___○本○弘___ 専修(コース) ___生健・保体___

持久走
心拍数と走行距離
1) 安静時
___93___ 拍／分
2) 分速120m
___90___ 拍／分
___340___ m
3) 分速175m
___120___ 拍／分
___525___ m
4) 分速225m
___156___ 拍／分
___675___ m

図10-9 「主観的に運動強度を設定できるようになろう」の授業資料
（後藤幸弘，上原禎弘編著（2012）内容学と架橋する保健体育科教育論．138，晃洋書房）

られる．

　運動によるトレーニングの効果は，運動後の休息期に生じる．一般的には，一夜の熟睡で疲労が残るトレーニングはやりすぎと見なすべきである．

　運動の効果は身体に運動刺激を正しく受け入れる条件の備わっている場合に生じるのである．したがって，運動前に身体の不調を示す症状があるときは，運動を止めるべきであり，また，運動中も不調を感じたら運動を中止しなければならない．

　運動時に喉の渇きを感じたときは，少しずつ，適当な間隔で水分を補給するようにするのがよい．また，気温の高いときは運動前に水分を摂取しておくとよい．

6．総合的体力トレーニングの方法

　オールラウンドな身体づくりをねらいとした総合的な一連のトレーニング法のことを総合的体力トレーニングという．

　このトレーニングでは，全身の筋力や持久力あるいはパワー，スピード，調整力など文字どおりのオールラウンドな運動に関連を持つ諸機能の向上のみならず，スポーツマンとして高める体力について，バランスのとれた開発が企図されている．

　総合的体力トレーニングの代表的な方法としては，サーキットトレーニング

（circuit training）をあげることができる.

（1）サーキットトレーニング

　サーキットトレーニングは，英国のモーガン（Morgan RE）とアダムソン（Adamson GT）によって考案された．サーキットトレーニングには，筋および呼吸・循環の適性の発達を目的とした漸増的負荷の原理を適応している，それぞれの運動種目を定められた配分で行いながら，また，自分の進行状態を計時しながら，連続番号を付けた運動種目の１サーキットを行わせることによって，全員がそろって個人差に応じて同時に多数のものがトレーニングできる，という特徴がある.

　サーキットトレーニングの実施方法は次のとおりである．トレーニングとして必要な運動種目を選択する．各運動種目の反復回数は，個人のその種目の最高反復回数を測定し，この測定値の1/2を標準トレーニング回数とする．測定は，各種目間に約１分間の小休止をとり疲労の影響を避ける．軽い運動種目で反復回数の多くなる場合は，30秒あるいは１分の時間制限を定めて最高回数とする．反復回数の最高値は30回を越さないようにする.

　トレーニングは，測定によって決められた標準回数で各運動種目を実施し，これを３循環行う．３循環に要した時間を自己のトレーニング所要時間とし，この時間から短縮する目標の時間を設定して，これに近付くようにトレーニングを継続する.

　サーキットトレーニングの所要時間は，運動種目の数や運動の種類にもよるが，少なくて10分多くて30分で効果が期待できる.

（2）サーキットトレーニング実施上の留意点

・サーキットトレーニングは，１つのトレーニングの型であってテストではない.
・サーキットトレーニングを競争形式で利用したり，実施してはならない.
・トレーニングの所要時間の短縮ばかりを気にせず，運動を正確に行うことに注意すべきである.
・トレーニングの強度を無理やり増さない.
・このトレーニングは，15歳以上の少年に対して最も価値がある.
・サーキットトレーニングは，体力の非常に高度な発達の手段としてではなく，体力の適当な水準を保持する手段として用いるのがよい.

7．ストレッチング（静的柔軟体操）

　ストレッチングとは静的柔軟体操である．また，伸展法というマッサージということができる．柔軟体操の実施に当たって，被補助者と補助者の関係が，「被害者と加害者」のような関係にならない幇助法の習得も重要な教育内容になる.

　ストレッチングは，体の柔らかさを高める運動としても，体ほぐしの運動としても

学習指導要領解説に例示されている．それは，ストレッチングには次のような目的と効果があるからである．

（1）ストレッチングの目的と効果

ストレッチングの目的として，準備運動や整理運動，障害や故障の予防・防止のため，リハビリテーションとしての治療，などがあげられる．効果としては，疲労の軽減，血行の改善，気分の改善，筋の伸展性や弾性を高め関節の可動域を高める，などがあげられる．

（2）ストレッチングの科学的基礎

1）柔軟性

優れた柔軟性は，特定の動作のバイオメカニクス的効率によい影響をもたらし，競技成績を上げる（たとえば足関節の柔軟性が大きくなったことで，スプリント走の記録が向上）．また，股関節のストレッチンングによって歩行効率が高まるなど，健康的に日常活動を営むうえでも重要である．

柔軟性は，ある関節，もしくは一続きの関節（脊柱の場合のように）まわりの可動範囲（range of motion：ROM）の程度として定義される．これは，静的柔軟性と呼び，運動場面で発揮される動的柔軟性とは区分される．

柔軟性の主な制限因子は，解剖学的な骨構造と軟部組織である．前者は，骨構造部分の配置換えをしない限り可動域を変えることは不可能である．したがって，ストレッチングの対象となるのは，後者の軟部組織（筋肉組織，筋膜鞘，腱の接合組織，靭帯，関節包）である．また，筋のストレッチに対する最大の抵抗は，筋肉や筋線維の収縮要素を覆う筋膜鞘であるので，筋膜鞘の進展性を高めることがストレッチングのねらいとなる．

2）スタティック（静的）ストレッチングとバリスティック（動的）ストレッチング

従来，柔軟性を高める運動のことを柔軟運動・柔軟体操といっていた．柔軟体操の具体的な動作は，標的の筋肉を伸展（ストレッチ）させることである．

柔軟体操は伸ばすことに目的があるにもかかわらず，日本語では曲げると表現されるので，多くの誤解を生じさせてきた．しかし，今日では，柔軟運動というより直接に「ストレッチしよう」などと表現するようになった．

ストレッチングの方法は2つのタイプに区分できる．1つ目は，スタティック（静的）ストレッチングで，緩やかな動きで標的の筋を無理なく最大限にしばらく伸ばし続けるというタイプのものである．伸ばす時間は20〜30秒程度が普通である．しかし，1分以上行うこともあり，特徴は伸展時間にある．

2つ目は，バリスティック（動的）ストレッチングで，反動を利用して強く標的筋肉を伸ばそうとするものである．伸展の強度は強いが伸展時間が短い．いずれの方法も柔軟性を高めるのに役立つが，スタティックストレッチングの方が関与する筋組織

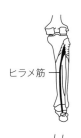

下腿三頭筋（ヒラメ筋）
起始：腓骨頭，腓骨の後面上部1/3，ヒラメ筋線
付着：踵骨隆起
作用：足関節の底屈
神経支配：脛骨神経
※ヒラメ筋の強大な付着腱は腓腹筋の付着腱と結合してアキレス腱（踵骨腱）として踵骨隆起に終わる．

腓腹筋
起始：大腿骨内・外側顆上方後面より内・外側頭をもって起こる．
付着：踵骨隆起（ヒラメ筋の付着腱と結合してアキレス腱として）
作用：足関節の底屈
神経支配：脛骨神経

A．ベントニーストレッチング

B．ストレートニーストレッチング

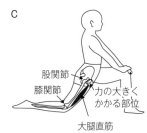

C

股関節
膝関節
大腿直筋
力の大きくかかる部位

図10-10　さまざまなストレッチング法
（後藤幸弘，上原禎弘編著（2012）内容学と架橋する保健体育科教育論．136，晃洋書房）

がその生理的伸展限界を超えて伸展される危険性が小さい．

（3）改めてストレッチングとは

　ストレッチングは，伸展法という1種のマッサージであるともいえる．ヒトの身体は，200あまりの骨と600あまりの筋で構成されている．図10-10に一例を示すように，わずかな動作の違いによって伸展される筋が変化するため，ストレッチングの動作様式は多数想定される．したがって，目的，各自の体調に合わせてストレッチングを構成できるようになる必要がある．

（4）ストレッチングの方法と留意点

・リラックスして，目的とする筋・腱を意識する．
・ゆっくりと伸ばすことによって，伸張（展）反射を誘発しないようにする．
・じっと止めて，伸ばし続ける筋に温かみを感じるようにする．
・関節は「円運動」をする．したがって，曲げた反対の筋・腱を伸ばすためには，関節を引き出すように大きく円を描き行う．
・呼吸はリラックスして行うことが重要なポイントで，意識的にゆっくり吐きながら行う（決して呼吸を止めない）．
・20〜30秒伸ばし続けることが大切で，段階的に発展させる．
・ネコやイヌが朝起きたときにする背伸びの運動が，ストレッチングの理想の姿（極意）である．

演習課題　図10-10の（A）や（B）のようにわずかな動作の違いによって伸展される筋が変化する例をみつけよう．

演習課題 ①運動と免疫力，②運動と抵抗力，③運動と自然治癒力について調べよう．

演習課題 準備運動をウォームアップというのはなぜかを考えよう．

演習課題 スキルウォームアップを考えよう．

8. 体操の歴史

　歴史的には，体操は解剖学原理に基づき身体各部を動かす運動で構成されたものが多く，関節人形体操（鋳型化，形骸化）との批判が生まれた．すなわち，体操改革運動が起こり，機能を重視する体操，表出を追求する体操，リズムを中心にすえた体操（例：リズム体操）の体系化，ダンス的発想に基づく体系化（例：ジャズ体操），ナショナリズムからの転換，等の特徴を持つ新体操が種々提案されてきた．

（1）「体操」の語の由来と小史

　古代ギリシア語のギュムノス（gymnos：裸体の，軽装の）にテクネー（techne：技術）がつけ加えられたギュムナスティケー（gymnastike：BC400年頃から用いられている）がその語源である．

　古代ギリシア人は，スポーツを愛好し，調和のとれた美しい身体を理想とする美意識を持っていた．ソクラテス（BC470-339）は，立派なギリシア人になるためには，激しい身体訓練が必要であるとし，プラトン（BC427-347）は，鍛えられた健全な身体に善良な精神が宿るように努力した．当時のギュムナスティケーの内容は，走・跳・投といった陸上競技的要素の運動と，レスリング・ボクシングなどの格闘技で，内容は今日よりも広範囲にわたる運動であった．このような古代ギリシアのギュムナスティケーは，18世紀には汎愛派の体育家であるグーツムーツ（1759-1839）やペスタロッチ（1746-1827），さらにスウェーデン体操の祖であるリング（1776-1839）によってギムナスティークという用語で導入されたことを契機に，ヨーロッパに広まった．

　20世紀に入ると，ドイツで新体操（Neue Gymnastik）やオーストリアで自然体操（Naturliches Turnen）が導き出され，これらが発展して現在の体操にいたっている．

（2）わが国における体操史

　わが国で体操の語が使われるようになったのは幕末期で，フランス語やオランダ語の訳語をもとに生まれた．天保12（1841）年，高島秋帆が武州徳丸ヶ原で洋式調練を実演し，この訓練の初歩的段階に体操が実施されたという．その内容は，器械体操や陸上競技の原型に相当し，木馬跳越，吊環，手摺（手すり），ぶらんこ，馳足など

であった．

　洋式調練は，維新前夜の日本で政治的必要に迫られて導入された西洋陸軍戦闘法の新兵教育訓練方式であった．この陸軍体操は，後に明治時代の陸軍でも採用され，兵士の体格・体力の向上をねらいとして実施された．

　明治5（1872）年の学制頒布で体術が教科の1つになったが，その内容は示されなかった．これ以前の慶応2（1866）年に福沢諭吉は，その著「西洋事情」で身体の健康を保つ運動場のあることを紹介し，明治元（1868）年以降慶応義塾の食堂にジムナスチックの語を掲示して保健体操を奨励した．

　学制での体術は，翌年には体操と称されその内容も，榭中体操法図や東京師範学校版体操図などで具体的に示された．

　明治政府は，殖産興業・富国強兵策で近代化を促進し，国民の体位・体力の向上を重視し，明治7（1874）年，フランス文部省から発行（1872年）された「体操書」全6冊が翻訳・刊行された．

　明治11（1878）年に，学校体育法の研究選定と体育教師養成の目的で体操伝習所が設立され，招聘されたリーランド（G.A. Lealand）は，軽体操（普通体操）を指導した．この内容は，徒手体操と亜鈴体操や球竿，棍棒などの手具体操であった．

　普通体操は，単なる運動形式の伝授にすぎなかったため批判されるようになり，明治30年代には，生理・解剖学などを基礎としたスウェーデン体操（川瀬元九郎，井口あぐりらによって紹介される）が導入された．

　文部省はこれらを統合するため明治37（1904）年に，体操遊戯取調委員会を発足させ，大正2（1913）年に学校体操教授要目を制定し，体操はスウェーデン体操を中心とする内容になった．学校体操教授要目は大正15（1926）年に改正され，体操の内容はスウェーデン体操にドイツ体操が加えられた．

　第2次世界大戦の敗北により昭和20（1945）年8月，占領行政が始り，戦時教育令の廃止など軍事色の払拭が行われた．また，翌昭和21（1946）年にはアメリカ教育使節団が来日し，教育改革の方向が定められ，教科名がこれまでの体操，鍛錬科体操・武道から保健体育科とされた．

　昭和22（1947）年に，教育基本法と学校教育法が公布され，戦後初の学習指導要領が出された．これによる徒手体操は，主運動の準備，調整，矯正，ならびに補助運動とされ，画一的指導法は拒否された．学制以降常に主教材であった徒手体操はここでは小学4年まで除かれていた．

　昭和26（1951）年，講和条約が成立して独立を回復し，翌年には小学校の学習指導要領が改訂された．体育の内容は，個人的，集団的，レクリエーション的種目に分類され，徒手体操は個人的種目の1領域として位置づけられた．その内容は，スウェーデン体操方式の腕，脚，首，からだの身体各部位の運動，応用の運動として柔軟性を養う運動，身体固癖を予防矯正する運動，各種競技に適した準備運動・整理運動，健康増進のための生活に応じた体操などが示された．

昭和33（1958）年の学習指導要領の改訂では，体育の内容が8領域に分類され，徒手体操はその1領域として位置づけられたが，その内容は以前のスウェーデン体操を中心とした．

昭和43（1968）年の学習指導要領では，体育科の目標に体力づくりが掲げられるようになった．徒手体操は体操に変更され，その内容は従来の身体各部位の挙振，屈伸，捻転，回旋などの運動に加えて，歩，走，跳，投捕，押す，引くなどの全身的運動，健康増進や体力向上のための体操，スポーツの技能や作業能率を高めるための体操が示された．この改訂によって，従来のスウェーデン体操に加え，20世紀におけるヨーロッパの体操改革運動から芽ばえた新しい体操の内容が，全身的運動として学校体育教材に導入された．

昭和52（1977）年の改訂では，体育の6領域の1つとして体操を位置づけ，その内容はリズミカルな動き，タイミングのよい動き，素早い動き，力強い動き，ならびに動きを持続する能力を高める運動として示された．また，自覚に裏付けられた目的追求としての運動である特性から，小学校5～6年生から位置づけられた．

平成元年（1988）年の学習指導要領の改訂においては，児童においても柔軟性の低下傾向がみられるので，体の柔らかさを高めるための運動が追加され，ストレッチが例示として示された．

平成12（2000）年の改訂において，体操は体つくり運動と改称され，体ほぐしの運動と体力を高める運動で構成されるように変化し，現在に至っている．

【コラム：ラジオ体操】

老若男女を問わず，この音楽が流れるとほぼ全員が同じ動きができる体操として，ラジオ体操がある．夏休みに子ども達が早朝から行うだけでなく，事業所の始業時や高齢者の朝の集まりなどでも取り組まれ，広く国民に親しまれている．

図10-11　大阪放送局でのラジオ体操
（NHK（1928）『ラヂオの日本』10月号）

ところで，ラジオ体操の始まりはアメリカであった．大正12（1923）年逓信省簡易保険局の猪熊貞治が保険事業の視察に渡米した際，ラジオを通して保健体操を行う構想を知り，日本に持ち帰った．昭和3（1928）年11月11日午前7時に東京中央放送局で本格的に放送されるが，この年の8月に大阪中央放送局が1カ月間試験放送しており，これがラジオ体操の最初といえる．

当初は国民健康体操と命名されたが，ラジオによる体操ということから，昭和5（1930）年代にはラジオ体操と呼ばれるようになり国民に親しまれるようになった．昭和7（1932）年には，ラジオ体操第二が作られ，同年7月21日から放送された．同時に夏休み全国ラジオ体操の会も開始された．

第二次世界大戦後の一時期，連合国軍最高司令官総司令部

（GHQ）により，曲に合わせて一斉に行う体操が全体主義的とみなされ，ラジオ体操は禁止された．しかし，国民の強い要望により再開され，新しく作成されたのが現在のラジオ体操第一である．この作成には，ベルリンオリンピックに出場し，海軍でも体操を教えていた千葉大学の遠山喜一郎があたった．

演習課題 興味ある体操について，その成立経緯や歴史を調べよう．

📖 **参考文献**

・後藤幸弘（2001）「体ほぐし運動」に関する基礎的研究．体育科学，30：83-101.
・後藤幸弘，上原禎弘編著（2012）内容学と架橋する保健体育科教育論．晃洋書房．
・井関敏之，山田耕司，中川敬，羽間鋭雄，三野耕，後藤幸弘，脇田正道（1975）中高年者トレーニングの生態に及ぼす影響－呼吸循環機能と血液成分について－．大阪市立大学保健体育学研究紀要，10：1-18.
・井関敏之，山田耕司，三野耕，後藤幸弘，脇田正道（1976）走運動トレーニングの中高年肥満者に及ぼす影響．大阪市立大学保健体育学研究紀要，11：1-12.
・金子公宥（1978）運動強度の簡便な処方．体育の科学，28：678-682.
・なにわのスポーツ研究会編（2015）なにわのスポーツ物語．p108，丸善プラネット．
・三野耕，井関敏之，後藤幸弘，榎本剛夫（1978）中高年者における運動中の酸素摂取量と心拍数及び血圧の関係．大阪市立大学保健体育学研究紀要，13：31-38.
・三野耕，千駄忠至，荒木勉，後藤幸弘，永木耕介，森田啓之（1998）運動不適応症候群の教育的解決に資する実践的研究－小学校教育における活動内容の体系化の試み－．マツダ財団研究報告書，12：1-8.
・三野耕，千駄忠至，荒木勉，後藤幸弘，永木耕介，森田啓之（1999）学童の運動不足の解決を図る小学校保健知育教育の実践理論の構築．平成8・9・10年度文部科学省科学研究費（基盤研究（B））研究成果報告書，1-192.
・辻野昭，後藤幸弘，徳山廣（1971）腕立て伏臥腕屈伸運動のキネシオロジー的考察．大阪教育大学紀要，19：187-201.
・山地啓司（1981）運動処方のための心拍数の科学．大修館書店．

[後藤幸弘・田中　譲]

1．陸上競技（運動）の特性と内容の取り扱われ方の変遷

　　陸上競技は，より速く走り，より遠く，より高く跳ぶ課題に対して，自己の能力を最高度に発揮して，その成果を競うところに特性がある．したがって，速さ，距離，高さを競って相手と競争したり（競争型），自己のめざす記録に挑戦（達成型）することが楽しめる機能的特性を持つ．すなわち，ヒトの基本動作を競技化したといえ，各運動の技術を身につけ技能を高めるところに構造的特性を持つ．

　　昭和28（1953）年までの学習指導要領では，陸上運動領域は遊技の領域に位置し，鬼遊び，リレーといった遊びのなかで陸上競技的な運動を行い，遊戯的形態の運動から基礎的身体運動能力を高める運動として取り扱われていた．

　　法的根拠を持つようになった昭和33（1958）年の学習指導要領では，科学的系統に従って遊戯的な簡単な運動，やや形の整った運動から組織立った運動へと，学年ごとにその内容が配当された．たとえば，短距離走では，学年進行に伴って距離が30 m → 50 m → 80 m → 100 mと伸ばされている．

　　昭和43（1968）年の学習指導要領では，遊びの段階，初歩的な技術の段階から，基礎的な技術の段階へと内容が配当され，体力つくりの目標との関連が図られた．

　　昭和52（1977）年，平成元（1989）年，平成10（1998）年の学習指導要領では，小学校1〜4年生までを未分化，未組織な運動段階，小学校5〜6年生を組織立った運動の段階として区分し，低・中学年では基本の運動のなかで多様な運動（走り方ではジグザグに走る等）を体験・習得し，運動に親しませ，高学年の文化としての陸上運動の学習に進みその特性に触れ，楽しさを味合わせるようにと取り扱われた．

　　平成20（2008）年以降の学習指導要領では，基本の運動領域の概念が外され，低学年が走・跳の運動遊び，中学年が走・跳の運動，高学年が陸上運動で構成されている．

2．陸上運動をする子どもに関する知識

（1）走運動の発達過程

　　図11-1は，疾走速度，歩幅，歩数の加齢的変化を示したものである．走行（歩行）の移動速度（V：m/s）は，1歩あたりの歩幅（SL：cm）と単位時間あたりの歩数（SF：

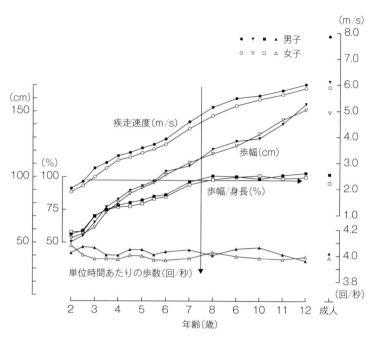

図11−1　疾走速度・歩幅・歩数の加齢的変化
(辻野昭, 後藤幸弘 (1975) 幼児・児童期における走運動Patternの加齢的変遷. 大阪
教育大学紀要, 24：253−262)

回/秒) の関数 ($V=SL \times SF$) である．疾走速度は，2歳児の 2.0 m/s から 12歳男子
の 6.0 m/s，女子の 5.9 m/s と加齢とともに向上し，なかでも 2〜8歳にかけて著し
い伸びがみられる．走運動は，脚の振子運動の連続で，歩幅は振子の振幅に，歩数は
振子の周期に相当する．速度を高めるためには，脚の振り出し期に振子の腕を短く折
りたたみ歩数を高め，支持期には脚を伸展（特に股関節）し振子を長くして歩幅を広
げることが重要である．しかし，歩数は 4回/秒前後で年齢による差違はみられない．
すなわち，加齢による走速度の向上は，歩幅の増大によってもたらされている．身長
の伸びを考慮してそれとの比でみても，歩幅は 2〜8歳にかけて増大し，8歳以降で
は身長とほぼ等しくなる．このことは，8歳頃までに走り方も大きく変化し，疾走中
の腕の後方への振り，遊脚期の膝関節の屈曲，股関節の屈曲伸展の範囲が 2〜7歳で
著しく増大する．また，踵から着地する者の割合が 2〜9歳で加齢的に減少する．離
地期の足底と地面のなす角度は 2〜8歳にかけて大きくなる．これらの関節の動作範
囲の拡大が歩幅の増大をもたらしている．

　走運動の習熟過程の筋電図（**図11−2**）をみると，股関節の屈曲（股あげ）に働く
大腿直筋の離地期の放電が 3歳中頃から顕著になる．これに呼応して腹直筋に放電
が出現し，走行習得初期には認められない股あげを合理的に行うための骨盤の固定が
みられるようになる．4歳頃になると腓腹筋は接地前から顕著な放電を示し，成人の
ように足先にスピードをつけてつま先から着地しようとする動きがみられる．また，

Running　　A：1歳4カ月　B：2歳　C：3歳6カ月　D：4歳　E：7・8歳　F：成人パターン

前脛骨筋	
腓腹筋	
内側広筋	
大腿直筋	
大腿二頭筋	
大殿筋	
腹直筋	
仙棘筋	
三角筋　前部	
三角筋　後部	

バゾグラム{ 接地期　　　　　　　　　　　　　　　　　　　├─┤0.1 sec

図11-2　走運動の習熟過程における筋電図とフォームの変化
（後藤幸弘，辻野昭，岡本勉，熊本水頼（1979）幼少児における走運動の習熟過程の筋電図的研究，
237-248．キネシオロジー研究会編，身体運動の科学Ⅲ．杏林書院）

腓腹筋，大腿二頭筋の放電が接地期後半まで顕著にみられ，足関節，股関節の伸展を積極的に行い，歩幅の増大を導いている．さらに，三角筋前部と同後部の同時放電も解消され相反的になり，腕の前後への振りも合理的になる．そして，7～8歳で筋放電パターンと疾走フォームは成人とほとんど類似する．したがって，走運動の習熟過程は，1～4歳で歩行の延長としての振動形式の走から，屈曲・伸展を伴った能動的な走形式へ移行し，一応，走としての基本的な動作パターンを習得し，以後7～8歳までに，走速度の向上に必要な動きとしての歩幅の増大と，合理的な走動作を習得していくとまとめられる．すなわち，走運動の習熟過程では，余分な筋緊張がリファインされるものと，腹直筋や離地期の大腿直筋のように活性化（activate）される2方向の変化を示すのが特徴である．

　以上の変化は，全力疾走時の等速状態になったと考えられる地点の結果でみたものである．しかし，スタート時（4歩まで）では膝関節の伸展が主として推力にかかわっているのに対し，全速期では股関節の伸展が推力を発揮していると考えられる筋放電様相を示し，顕著に異なることには注意する必要がある．また，離地後の大腿直筋の放電は，支持脚と交差する時期までに消失する．一般に，疾走能力の高い者は，股は上がっているが，それは上記の結果であってその場での股上げ練習は，筋の働きの点からは意味を持たないことにも留意する必要がある．

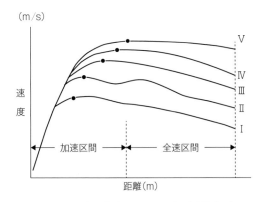

(m/s)

速度

加速区間　全速区間

距離(m)

図11-3　速度曲線パターンの類型（模式図）
（後藤幸弘（1988）短距離走におけるスタート技術学習の
適時期について．学校体育, 42（8）：118-124より改変）

表11-1　至適短距離走距離一覧

学年段階	適正距離
幼児前期（3〜4歳）	20m
幼児後期（5〜6歳）	25m
低学年児童	30〜35m
中学年児童	35〜45m
高学年児童	45〜50m
中学生女子	60〜80m
中学生男子	80〜100m

（後藤幸弘（1988）短距離走における
スタート技術学習の適時期について．学
校体育, 42（8）：118-124より改変）

図11-3は，疾走フォームの連続的発現の結果である速度曲線パターンを模式的に示したものである．速度曲線のパターンは，最高速度が低く，最高速度維持区間がなく，速度が徐々に低下しながらゴールするⅠ型，最高速度出現後いったん速度が低下し，再び速度が向上し，速度曲線に2つの山がみられるⅡ型，最高速度出現地点がⅠ・Ⅱ型に比して遅れるものの，かなり高い最高速度が得られ，Ⅰ型と同様に徐々に低下しゴールするⅢ型，最高速度がかなりの間維持できるがゴール直前では低下のみられるⅣ型，そして，最高速度が高くゴールまで持続できる理想的なⅤ型，の5つのパターンに類別され，加齢的にも興味ある変化を示す．すなわち，Ⅰ型は幼児前期に，Ⅱ型は幼児後期に，Ⅲ型は小学校低学年，Ⅳ型は小学校高学年で比較的多く観察され，速度曲線のパターンは，Ⅰ型からⅤ型へと加齢的な発達的変化を示す．また，これらの速度曲線のパターンは，同一年齢層の疾走能力とも対応し，能力の低いものではⅠ型を，高いものではⅤ型を示す傾向がある．また，速度曲線は，練習によって上位のパターンに移行する．これらの速度曲線のパターンの加齢的変化は，学年段階に応じた至適距離のあることを示唆している．

表11-1は，最高速度の90％以上の速度を維持できる距離に基づき設定した短距離走至適距離を示したものである．これらの距離は，8秒から10秒間で全力で走れる距離にほぼ相当し，ATP-CP系のエネルギー供給との対応が認められる．

（2）跳運動の発達過程

図11-4は，立ち幅跳びの動作パターンの加齢的変化を，また，図11-5は，立ち幅跳びの記録ならびに，跳躍時のキック力，キック角度，キック時間の加齢的変化を示している．

1歳後半で，低い台から片足で降りるという跳ぶに類似した動作ができるようになる．しかし，完全な両脚踏切の跳躍が可能となるのは2歳後半からである．

立ち幅跳びの距離は，男子で2歳児の38cmから6歳の125cm，さらに12歳の

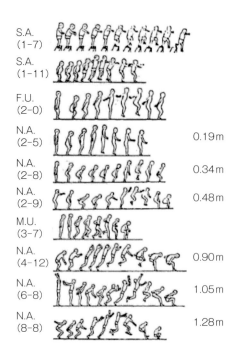

S.A.
(1-7)

S.A.
(1-11)

F.U.
(2-0)

N.A.
(2-5)　　　　　　　　0.19m

N.A.
(2-8)　　　　　　　　0.34m

N.A.
(2-9)　　　　　　　　0.48m

M.U.
(3-7)

N.A.
(4-12)　　　　　　　0.90m

N.A.
(6-8)　　　　　　　　1.05m

N.A.
(8-8)　　　　　　　　1.28m

図11-4　立ち幅跳びの動作パターン
　　　　の加齢的変化
イニシャルが同じ子どもは同一児を意味し,
カッコ内の数字は年齢を示す.
(辻野昭, 岡本勉, 後藤幸弘, 橋本不二雄
(1974) 発育にともなう動作とパワーの変
遷について-跳躍動作(垂直跳び, 立幅跳び)
-, 203-243. キネシオロジー研究会編,
身体運動の科学Ⅰ. 杏林書院)

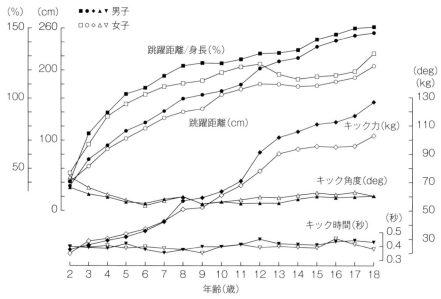

図11-5　立ち幅跳びの記録ならびに跳躍時のキック力・キック角度・キック時間の加齢的変化
(辻野昭, 岡本勉, 後藤幸弘, 橋本不二雄 (1974) 発育にともなう動作とパワーの変遷について-跳躍動作(垂
直跳び, 立幅跳び) -, 203-243. キネシオロジー研究会編, 身体運動の科学Ⅰ. 杏林書院)

202 cm(2歳児の5倍以上)へと加齢とともに増大する. この間, 動作も著しく変化し,
年少の幼児ではN.A.(2-8:2歳8カ月)の例のように深くしゃがみ込んで踏切時に
も身体が伸び切らないまま跳ぶところに特徴がある(図11-4). しかし, 加齢とと
もに構えのしゃがみ込みが浅くなり, 身体を伸ばし切って跳べるようになる(N.A.(8

−8），図11−4）．これらの，幼少児にみられる跳ぶ動作（立ち幅跳び）の発達過程は，次のようにまとめられる．

踏切動作時間は，約0.4秒で加齢による変化はみられない．このことは，跳躍距離の増加はパワー（仕事/時間）の発達によることを意味している．新体力テストの立ち幅跳びで瞬発力が評価できるのはこのためである．

踏切時の膝関節，股関節の伸展範囲が増大する．

踏切時の身体の前傾が増大する．このことは，マスキュラティブ・フォース（筋力によって発揮される力）に加え，グラビティー・フォース（重力によって生ずる力）が使えるようになっていることを示している．

踏切でのキック力は垂直方向，水平方向ともに増大し，特に後方（水平）へのキック力の増大が著しく，キック角度は2〜6歳にかけて減少する．すなわち，2歳児前半では，垂直跳びをしているのか立ち幅跳びをしているのか判別しがたいこともあるが，3歳児では明確に区別できるようになる．

腕の振りは，F.U（2-0）のように外側や後ろへ引き上げるウイング型から，4歳頃で両腕を前方へスウィングする型が多くみられるようになる（図11−4）．さらに，6〜8歳頃に後方へのバックスウィングとフォワードスウィングが，脚の反動動作に呼応する成熟した型になる．すなわち，腕が跳躍距離の増大に利用できるようになる．

5歳以降で，踏切時の膝関節の伸展に大腿直筋が参画するようになり，7歳以降では，内側広筋，大腿直筋，大腿二頭筋の同時放電が消失し合理的な脚伸展が行えるようになる．したがって，キック力の体重比も急増する．

8歳以降で，下肢筋ならびに上肢帯筋の筋放電パターンは成人のものと類似するようになる．フォームをみても，脚伸展期に両腕の振り込み動作が積極的に行われ，空中期には股関節の過伸展，腕の下方向への振り降ろし，ならびに膝関節を伸展し股関節を屈曲し身体を2つ折りにする跳躍距離を増すのに有効な着地動作がみられるようになる．

以上のことから，立幅跳びの動作パターンは，2〜4歳にかけて急激に変化し，4〜8歳が成人動作様式への移行期，8歳以降完成期とみることができる．したがって，8歳以降で，瞬発力の測定に立ち幅跳びを用いることができるといえる．

様式は異なるが人の基本的な運動である歩・走・跳動作などの系統発生的な運動は，2〜4歳で急激に動作パターンが変化し，4〜7歳が成人パターンへの移行期で，7〜8歳以降を完成期とみることができる．さらに，学習や経験が必要と考えられる個体発生的な運動では，10歳以降を完成期とみることができる．すなわち，いずれの運動においても，必要な筋が，必要なときに，必要な程度に使われるようになり，加齢的に動き（関節運動）が組織化され，パフォーマンスを高めているのである．

その後も，パフォーマンスとしての運動能力は，加齢的に増大し，小学校4年生と6年生ではその差は明らかである．しかし，フォームやこれを構成する身体支配能力は4年生ですでに6年生のレベルに近づいており，幼児・児童期における運動技能

発達の過程では力よりも動きが先行する．すなわち，小学校においては，種々の運動を経験させ，運動のレパートリーを広げさせることが最も重要でる．一言でいえば，運動形成が小学校体育における主要な内容として位置づけられる必要がある．

(3)走り幅跳び

　走り幅跳びは，走と跳の2つの運動が組み合わされている．この場合，組み合わせようとしているそれぞれの運動を習得していなければならない．2歳以上の幼児では，走ることも，その場から跳ぶことも一応できるが，助走を伴って跳ぶということを試みた場合，2つの動作に途切れがみられる．すなわち，前の運動の終末局面を次の運動の準備局面に利用する，いわゆる局面融合ができないのである．

　4歳頃になると，走と跳をある程度組み合わせることができるようになる．しかし，かなりの速度で走って片足で踏切，両脚で着地する走り幅跳びは，幼児には困難である．

　8歳頃から助走スピードと跳躍距離の間に有意な相関関係がみられるようになり，助走によって得たスピードを跳ぶために合理的に利用できるようになるが，同一学年の同じ平均助走速度の者でも，跳躍距離に著しい差がみられる．これらの例では，踏切跳躍角，跳躍高，踏切手前での速度逓減，着地動作などに差異がみられる．

　ちなみに，立ち幅跳びに対する走り幅跳びの記録の割合は，8歳で1.78（255/143 cm），10歳で1.90（313/165 cm），12歳で1.93（362/188 cm）を示す．

　すなわち，助走スピードを跳躍距離に変換する走り幅跳びの技能特性に触れることができるのは小学校2年生以上で，走り幅跳びの学習はさらに高学年の方が適当である．逆にいえば，小学校1〜2年生の教育内容は，ある程度の助走速度から片足踏切で跳べ，両足で安全に着地できることであると措定される．

3．子どもの「できる−わかる」関係に基づく陸上運動の指導プログラム

(1)短距離走（速度曲線の記録）

　走り幅跳びおよび障害走の学習をする前提として，短距離走について学習することが重要になる．短距離走の運動課題は，定められた距離をいかに速く走り切るかである．この運動課題を解決するために，疾走フォームの連続的発現の経過である速度曲線とこれを構成する歩幅と歩数を記録する簡易スピード曲線記録法（図5−1・2，pp28−29参照）を用いるとよい．これにより，学習課題が，スタート，加速，最高速度，最高速度の維持，の4つのいずれかとして明確化される．

(2)走り幅跳び

　走り幅跳びの運動課題である，助走スピードをいかに跳躍距離に変換するかの課題を解決させるために，「うまく着地をしよう−踏切手前の走り方を工夫しよう−自分に合った助走スピードをみつけよう−オリンピック大会を開こう」の走り幅跳びの運

時間	学習過程	共有課題とその内容
1	つかむ	○共有課題Ⅰ：うまく着地しよう ●学習内容 ・短助走から踏切板を使って，うまい着地のしかたを工夫する． ・短助走から反り跳びとはさみ跳びを比較し，自分で決めた跳び方で着地練習をする． ・中助走からねらい幅跳びをする．
2		
3		
4	深める	○共有課題Ⅱ：踏切手前の走り方を工夫しよう ●学習内容 ・中助走から跳躍するなかでうまい踏切の仕方を工夫する． ・中助走から横木の幅に足を合わせながらねらい幅跳びをする． ・踏切手前3歩のリズムを崩さないようにねらい幅跳びをする．
5		
6		
7	確かめる	○共有課題Ⅲ：自分に合った助走スピードをみつけよう ●学習内容 ・踏切線から助走路を逆走し，自分に合った助走距離をみつける． ・ねらい幅跳びをするなかで，自分に合った助走スピードをみつける． ・走り幅跳び診断表の診断が高くなるように助走スピードを調整して跳躍練習をする．
8		
9		
10	身につける	○共有課題Ⅳ：オリンピック大会を開こう ●学習内容 ・チームごとに運動経過に即したまとめの跳躍練習をする． ・チーム対向のオリンピック大会のなかで新記録に挑戦する．
11		

図11-6　走り幅跳びの指導プログラム

(後藤幸弘，梅野圭史，林修，辻延浩（2004）走り幅跳びの学習過程作成の試み−児童の走り幅跳びにおける「認知的内容」と「技術的要因」の対応関係を基に−．兵庫教育大学実技教育研究，18：25-36)

動経過と逆行する順路で学習を展開させる課題形成的学習による指導プログラムが図11-6である．これは，動作発達等や児童のつまずきに関する知見に基づいている．

このプログラムでは，技能特性に触れる技術的内容を踏切手前の歩幅調整に焦点化し，そのための練習方法として横木幅跳びを導入している．また，身体資源を平均助走スピード（短距離走能力）と設定し，それをいかに運動成果としての跳躍距離に変換するかを評価できる走り幅跳び診断表（表11-2）を用いる．この診断表は，学習課題を明確にするためにも技能特性に触れているかを判断する道具としても用いることもできる．これによって，子どもは走り幅跳びの技能レベルを客観的に把握し，学習課題を形成する．

小学生では，自分に合った助走距離がみつけられない子ども，強い踏切を意識しすぎて逆に体が浮いてこない子ども，両足で着地するのが怖い子どもが多くみられる．また，子どもは踏切時での振り上げ足の引き付け練習を強調すると，高く跳ぼうという意識が強く働き，踏切足の膝の屈曲伸展の大きい踏切を行ってしまう傾向がある．

助走の勢いを活かし，跳躍距離につなげるためには，踏切手前3歩の歩幅調整に

表11-2　走り幅跳び診断表

走り幅跳び記録カード

年　　組　　番　　名前

目標：助走のスピードを生かして遠くへ跳ぼう

月／日	助走距離	助走タイム	助走スピード	記　録	診断結果
／	m	秒	m/秒	m	
	m	秒	m/秒	m	
／	m	秒	m/秒	m	
	m	秒	m/秒	m	
／	m	秒	m/秒	m	
	m	秒	m/秒	m	
／	m	秒	m/秒	m	
	m	秒	m/秒	m	
／	m	秒	m/秒	m	
	m	秒	m/秒	m	
／	m	秒	m/秒	m	
	m	秒	m/秒	m	

助走スピード＝助走距離÷助走タイム

走り幅跳び診断表

$y=0.42x+0.93$
$r=0.40$

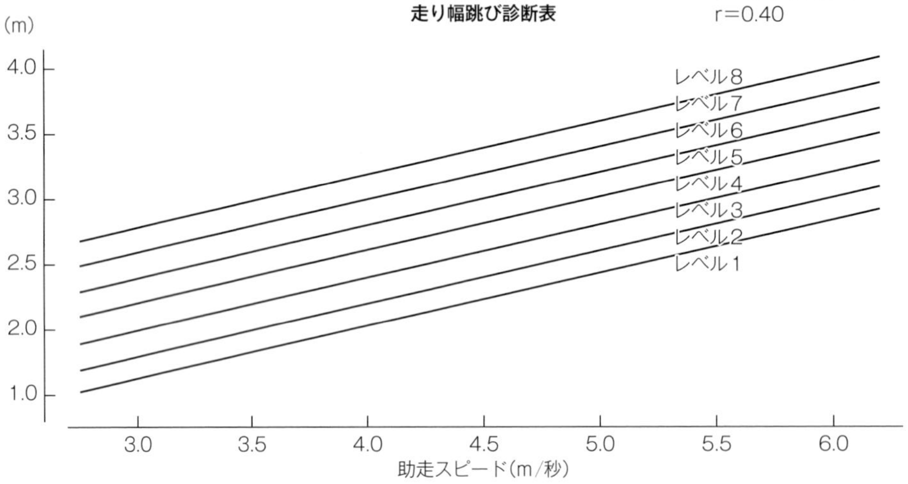

新しい発見！

よって最後の1歩の歩幅を狭くし，踏切手前の助走スピードを落とさないことが重要になる．本プログラムでは，踏切手前の走り方を工夫させるために，以下の点について学ばせることをねらいとした．

・走り幅跳び診断表を用いて，自分の助走スピードと跳躍距離を記入し，自分の走り幅跳びの技能レベルを理解する．

・中助走から跳躍するなかで，うまい踏切の仕方を工夫する．

・中助走から横木の幅に足を合わせながら，踏切手前の歩幅調整を体感する．

写真 11-1　階段走り幅跳びの実験風景

(後藤幸弘, 五十嵐善彦, 稲葉寛, 本多弘子, 松下健二 (2002) 走り幅跳びの学習指導に関する研究−階段を用いた踏切学習の有効性について−. 兵庫教育大学実技教育研究, 16：13-30)

・踏切手前でスピードを落とさず踏み切るために, 踏切手前3歩のリズムを崩さないようにねらい幅跳びをする.

　ところで, 走り幅跳び学習において, 踏切手前の歩幅の調節の学習の困難性が種々報告されている. 織田幹雄は, 走り幅跳びの指導で「空に向かって駈上れ」の言葉がけが有効であるとしている. これには, 平地から階段を駆け上がるイメージが歩幅の調節に機能し, 記録を向上させているのではないかと予想された. そこで, 踏切学習に5 cm（幅90 cm×長さ135 cm）と10 cm高（90×90 cm）の2段の階段を用いた際の効果をバイオメカニクス的に検討した（**写真11-1**）. その結果, ほとんどの児童で記録を向上（平均で14.6±12,6 cm）させ得た. また, **図11-7**は結果の1例（T.M.）で, 階段を用いた場合に記録を33 cm向上させ, 踏切1歩前の歩幅を2歩前よりも小さくできていた（この傾向はほとんどの児童で観察された）.

　踏切準備期から踏切期（b-c）では, 内側広筋, 大腿直筋, 大腿二頭筋に顕著な放電がみられ, 大殿筋は踏切前半で放電がみられた. すなわち, これらの筋の収縮によって膝関節と股関節を伸展し, 助走の勢いを前上方に変換していると考えられた.

　腹直筋の放電は, 仙棘筋の放電の消失に呼応して出現し, 空中期中盤まで持続した. しかし, 仙棘筋の放電は, 成人と異なり, 踏切期後半から空中期前半にはみられず, 反り跳びのできないことが児童の特徴として認められた.

　一方, 階段を用いた場合にも踏切脚の筋放電様相には通常の場合と差異は認められなかった. しかし, 振上脚の大腿直筋は, 通常の場合よりも早期の踏切準備期からみられ, また, 離地直後から空中期の放電が顕著に認められた. これらの放電は, 振上脚の素早い引き出しと空中期にも大腿を高く保とうとすることに働いている.

　すなわち, 踏切1歩前の歩幅の短縮が踏切脚の内側広筋, 大腿直筋の放電を踏切期前半に集中させ, 振上脚の前方への素早い引き出しを導いているのである. また, これは跳び出し角を大きくすることにもつながっていた（通常：11度→階段：17度）. さらに, 階段を用いた場合の方が, 踏切手前5 m区間の助走速度と跳躍距離の相関関係は, 通常の場合よりも強くなり, 回帰直線の傾きも大きくなることが認められた.

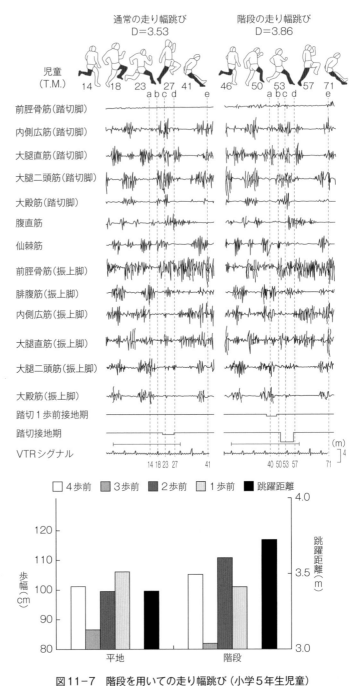

図11-7　階段を用いての走り幅跳び（小学5年生児童）
（後藤幸弘，五十嵐善彦，稲葉寛，本多弘子，松下健二（2002）走り幅跳びの学習指導に関する
研究−階段を用いた踏切学習の有効性について−．兵庫教育大学実技教育研究，16：13-30）

　このことは，階段を用いた場合の方が，通常の場合よりも，助走の勢いを効果的に跳
躍距離に変換できていること，上手な踏切のできていることを示している．すなわち，
階段は，踏切動作練習の教具として有効であるのである．

（3）ハードル走

　ハードル走の運動課題は，障害のあるコースをいかにフラット走タイムに近づけて走りきるかである．したがって，ハードルクリアランス技術の学習が主要な教育内容になる．この課題を解決させるために，抜き足の学習で子どもの恐怖心を軽減し，振り上げ足の学習に向き合わせるように企図した「ハードル走をしよう–安全なハードル走をしよう–バランスのよいハードル走をしよう–思い切ったハードル走をしよう」を共有課題とする学習過程の課題形成的学習による指導プログラムを図11-8に示した．このプログラムでは個人の身長，全力疾走時の歩幅，50 m 走タイムを基に初心者でも 3 歩で走りきれるインターバルとハードルの高さがわかる早見表（表11-3，表11-4）を用いている．さらに，走り幅跳びと同様に，身体資源を 50 m 走タイムと設定し，いかに運動成果としての 50 m 障害走タイムをフラット走に近づけることができるかを評価できる障害走診断表（表11-5）を用いる．

　まず，安全なハードル走をしようを共有課題Ⅱとし，インターバルとハードルの高さがわかる早見表を用いてハードル走を体験する．これにより，ハードリング技術の

時間	学習過程	共有課題とその内容
1 2	つかむ	○共有課題Ⅰ：ハードル走をしよう ●学習内容 ・3歩維持率が75％以上になることを目標に練習する． ・ハードル走診断表にハードル走のタイムを記入し，自分のハードル走のレベルを知る．
3 4 5	深める	○共有課題Ⅱ：安全なハードル走をしよう ●学習内容 ・抜き足を横に抜いた方が安全で，しかもスピードが落ちないことに気づく． ・抜き足の膝を振り上げ足着地後，胸の前にもってくることが大切であることに気づき，ハードルの角を使っての練習や全力での練習をする． ・ハードルすれすれに抜き足をもってくればよいことに気づき，「1・2・3・4」のリズムで練習する．
6 7 8	確かめる	○共有課題Ⅲ：バランスのよいハードル走をしよう ●学習内容 ・バランスよく走るために，振り上げ足をまっすぐ上げることに気づき，ハードルキック板を足裏で押し出す練習をする． ・ハードルキック足をうまく使いこなせることをめあてにもって練習する． ・振り上げ足と抜き足との協応動作を大切にしながら，遠くから思い切って突っ込む練習をする．
9 10	身につける	○共有課題Ⅳ：思い切ったハードル走をしよう ●学習内容 ・思い切ったハードル走をするためには，上体を前にかがむようにしてハードルに突っ込んでいくことに気づく． ・ハードル診断表における診断がより高くなるようにハードリングやインターバルの走り方のまとめの練習をする．

図11-8　ハードル走の指導プログラム

（後藤幸弘，上原禎弘編著（2012）内容学と架橋する保健体育科教育論．154，晃洋書房）

表11-3 ハードル走至適条件早見表（小学生用）

身長 (cm)	ストライド (cm)	50m走タイム (秒)	インターバル (m)	ハードル高さ (cm)
~139	~134	10"30以上	4.5	44
		10"00~10"29	5.0	
		9"99以下	5.5	
	135~149	10"00以上	5.0	
		9"70~9"99	5.5	
		9"59以下	6.0	
	150~	9"70以上	5.5	
		9"40~9"69	6.0	
		9"39以下	6.5	
140~149	~144	9"50以上	5.0	52
		9"20~9"49	5.5	
		9"19以下	6.0	
	145~159	9"20以上	5.5	
		8"90~9"19	6.0	
		8"89以下	6.5	
	150~	8"90以上	6.0	
		8"60~8"89	6.5	
		8"59以下	7.0	
150~	~154	8"70以上	6.0	60
		8"40~8"69	6.5	
		8"39以下	7.0	
	155~169	8"40以上	6.5	
		8"10~8"39	7.0	
		8"09以下	7.5	
	170~	8"10以上	6.5	
		7"80~8"09	7.0	
		7"79以下	7.5	

（後藤幸弘（1991）「走運動の科学」を生かした授業. 体育科教育別冊, 39（6）：24-28）

表11-4 ハードル走至適条件早見表（中学生用）

身長 (cm)	ストライド (cm)	50m走タイム (秒)	インターバル (m)	ハードル高さ (cm)
~149	~155	9"30~	5.5	60
		9"00~9"29	6.0	
		~8"99	6.5	
	156~168	9"00~	6.0	
		8"70~8"99	6.5	
		~8"69	7.0	
150~159	156~168	8"70~	6.0	
		8"40~8"69	6.5	
		~8"39	7.0	
	169~181	8"40~	6.5	
		8"10~8"39	7.0	
		~8"09	7.5	
	182~194	8"10~	7.0	
		7"80~8"09	7.5	
		~7"79	8.0	
160~169	156~168	9"00~	6.0	68
		8"10~8"99	6.5	
		~8"09	7.0	
	169~181	8"10~	6.5	
		7"80~8"09	7.0	
		~7"79	7.5	
	182~194	7"80~	7.0	
		7"50~7"79	7.5	
		~7"49	8.0	
	195~207	7"80~	7.5	
		7"50~7"79	8.0	
		~7"49	8.5	
	208~	7"50~	8.0	
		~7"49	8.5	
170~	169~181	8"40~	6.5	
		8"10~8"39	7.0	
		~8"09	7.5	
	182~194	7"80~	7.0	
		7"50~7"79	7.5	
		~7"49	8.0	
	195~207	7"80~	7.5	
		7"50~7"79	8.0	
		~7"49	8.5	
	208~	7"50~	8.0	
		~7"49	8.5	

（新川美水, 藤田定彦, 後藤幸弘, 辻野昭（1987）中学校障害走教材におけるハードルの高さとインターバルの設定に関する基礎的研究. スポーツ教育学研究, 7（1）：55-78）

学習をインターバルの学習のうえに重ね合わせて展開することができる．続いて，抜き足の学習を進めることにより，恐怖心を軽減させ，学習課題に正面から向き合わせる．すなわち，安全なハードル走をするために，以下の点について学ばせることをねらいとするプログラムである．

・短距離走の学習で記録した簡易スピード曲線の記録に基づいて，早見表を用いて

表11-5　ハードル走診断表とハードルクリアランスフォーム

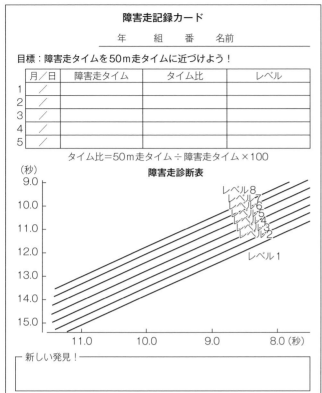

障害走記録カード

年　　組　　番　　名前＿＿＿＿＿＿＿＿＿

目標：障害走タイムを50m走タイムに近づけよう！

月／日	障害走タイム	タイム比	レベル
1	／			
2	／			
3	／			
4	／			
5	／			

タイム比＝50m走タイム÷障害走タイム×100

障害走診断表

（秒）
9.0　　　　　　　　　　　　　　　　レベル8
10.0　　　　　　　　　　　　　　　レベル7
　　　　　　　　　　　　　　　　　レベル6
11.0　　　　　　　　　　　　　　　レベル5
　　　　　　　　　　　　　　　　　レベル4
12.0　　　　　　　　　　　　　　　レベル3
　　　　　　　　　　　　　　　　　レベル2
13.0　　　　　　　　　　　　　　　レベル1
14.0
15.0
　　　11.0　　　10.0　　　9.0　　　8.0 （秒）

新しい発見！

ハードルクリアランスフォーム

得点7　　抜き足の膝が横に上がる　　バランスのよい着地
MY　障害走記録　10.25秒

得点5　着地後の1歩を大きくできる
振り上げ脚の膝が伸びる
YU　障害走記録　11.04秒

得点3　踏切距離＞着地距離
抜き足が縦（高く跳び上がる）
AK　障害走記録　11.93秒

得点1　踏切距離＜着地距離
身体傾斜角
接地角　前傾姿勢　抜き脚動作　着地距離
踏切距離　振り上げ脚
YU　障害走記録　14.88秒

（後藤幸弘（2003）指導と評価の一体化を目指して－教育内容の明確な授業のために－. 体育科教育学研究, 20（1）：15-26）

3歩で走りきれるインターバルとハードルの高さを知る．早見表は，初心者でも4台のハードルを3歩のリズムで走り切れる基準であるので，単元の中盤以降ではインターバルを1段階上げた条件で学習させるのがよい．

・ハードル走診断表にフラット走のタイムとハードル走のタイムを記入し，自分のハードル走の技能レベルを理解する．

・抜き足を横に抜いた方が安全で，しかもスピードが落ちないことに気づく．

・抜き足の膝を振り上げ足着地後，胸の前にもってくることが大切であることに気づき，ハードルの端を使って練習をする．

・ハードルすれすれに抜き足をもってくればよいことに気づき，「1・2・3・4」のリズムで走り切る練習をする．

ハードルクリアランスフォームは8段階で評価できる．得点3以下に位置づく児童は，ハードル踏切距離の方が着地距離よりも短いという特徴がみられる．これは，振り上げ足の膝も伸ばせず，インターバルの速度も活かせない高く飛び上がる動作につながる要因となる．一方，得点5になると，踏切距離が着地距離よりも長くなる．これは，振り上げ足の膝が伸び，またぎ越すような動きができている現れである．このとき，反対側の手を突き出すことがセットになっていなければ，バランスを崩して

表11-6　走り高跳びカリキュラム案

学年	主要な教育内容	目標値
小学校1～2年生	片足連続跳び(ケンケン)，スキップ等の各種の跳躍と台上から飛び降り安全に着地できる	
小学校3年生	片足踏切のゴム跳び	
小学校4年生	短助走での正面跳び(クリアランス動作を中心に)	
小学校5年生	正面跳び(踏切位置の発見とクリアランス動作を中心に)	
小学校6年生	正面跳び(助走技術と踏切技術を中心に)	HJS指数> 80
	背面跳び(仰向け跳び)(曲線助走と踏切技術を中心に)	HJS指数> 90
中学生	背面跳び(踏切技術とクリアランス動作を中心に)	HJS指数>100

（後藤幸弘（2007）教育内容と適時性に基づく「走り高跳び」カリキュラムの提言．日本教科教育学会誌，30（3）：21-30）

しまう．得点7になると，抜き足が横になりディップがみられ，着地からインターバルの動きのスムーズな完成形に近い動きがみられる．これらのことから，得点3以下は努力を要する，得点7以上は十分満足できる，と評価することができる．

（4）走り高跳び

　表11-6は，これまでの子どもの走運動，跳運動，走り高跳び学習の適時性，背面跳び学習の是非等の研究成果に基づいて，小・中学校期における走り高跳びカリキュラムを提案したものである（第9章参照）．

　すなわち，小学校1～2年生では，片足連続跳び（ケンケン），スキップ等の種々のジャンプをできるようにするとともに，高いところから飛び降り安全に着地できる能力を付ける（各2～4時間程度）．小学校3年生では，助走から片足踏切のゴム跳びができるようにする（2～3時間程度）．小学校4年生では，クリアランス技術を中心に短助走でのはさみ跳び動作をできるようにする（3～4時間程度）．小学校5年生では，短助走でのはさみ跳びにおいて，適切な踏切位置の発見とクリアランス技術を中心に学習させ，HJS指数を80点以上にする．この際，踏切位置に踏切板を用いることも有効である（3～4時間程度）．

　小学校6年生では，クリアランス技術よりも踏切技術の学習を中心に行い，はさみ跳びから背面跳び（仰向け跳び）学習に移行・発展し，HJS指数を90点以上にする（8～9時間程度）．中学生では，背面跳びの完成をめざす（6～8時間程度）義務教育段階のカリキュラム案である．

（5）リレー

　陸上競技としてのリレーは，利得タイムの創出・速さつなぎが運動課題で，走力が勝敗に関係することはいうまでもないが，走力が勝敗を完全に決定するならば教材としての価値は低いものになる．そこで，教材として成立させるためには，走力以外の勝敗決定要因を抽出し，そこに教育内容の焦点が当てられる必要がある．

　リレーの競技形式は，①走るだけのもの，②走ることに他の動作を加えたもの，③

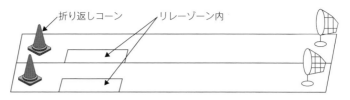

図11-9　的当てリレー

(後藤幸弘（1988）短距離走におけるスタート技術学習の適時期について．学校体育，42（8）：118-124より改変)

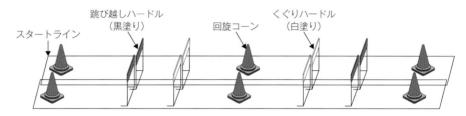

図11-10　障害物リレー

(後藤幸弘（1988）短距離走におけるスタート技術学習の適時期について．学校体育，42（8）：118-124より改変)

物を運搬するもの，④障害を克服しつつ走るもの，⑤特殊な移動形式によるもの（移動様式が特殊化されているため，単純な片足交互の循環運動ではなくリズムやタイミングが重要になる），の５つにまとめられる．この５つの競技形式を走力以外による勝敗決定要因が高いものから示せば，⑤→④→③→②→①の順になる．

　速さつなぎを課題とするリレーの学習の適時期は小学校５～６年生であることから，高学年では走るだけのものを教育内容として設定することができる．

1）低学年：的あてリレー（走ることに他の動作を加えたもの）（図11-9）

　①奇数走者はボールをかごに入れる（失敗したら転がるので，お手玉のような転がりにくいものを投げさせる）．偶数走者はそのボールをとってくる．投げ入れるのはコースのどこからでもよい．ただし，かごに入らなかった場合はボールを拾って入れる．

　②ボールをかごに入れる，またはとった後，走者は折り返しコーンを回って，リレーゾーン内でバトン（ボール）パス，またはボールを持っていないときは手タッチをする．ボールパスはゾーン内なら投げてもよいが，キャッチできなかったときは，前走者が拾って次走者に渡す．

　本形式のリレーの勝敗には，走力だけでなく，投・捕の技術とチームの作戦が重要になる．すなわち，速さつなぎのための作戦として走順，ボール投げ入れの場所，失敗後のリカバリー，バトンタッチ等をどうするのかといった工夫が多様に考えられる．こうしたアレア的要素を含んだ作戦が，大逆転を生じさせるおもしろさがある．

2）中学年：障害物リレー（障害を克服しつつ走るもの）（図11-10）

　①跳び越しハードル，くぐりハードル，回旋コーン等の障害物のあるコースによる

表11-7　バトンパスによって生じる利得タイムの事象

4×100mリレー
日本男子チーム　リオ・オリンピック　銀メダル

1走	2走	3走	4走
山縣亮太選手	飯塚翔太選手	桐生祥秀選手	ケンブリッジ飛鳥選手
10秒05	10秒22	10秒01	10秒10

→ 合計タイム　40秒38

※当時の自己最高記録（著者調べ）

→ リレーのゴールタイム　37秒60

差＝利得タイム　──→　2秒78

（野津一浩（2022）見方・考え方を鍛える体育の授業づくり−体育の教科内容を捉え直す−／考える力を高めるために考えさせる. 体育科教育, 70（7）：74−77）

折り返しリレー.

②障害物はコースのどこに，どの順序で設置してもよい（チームの作戦に位置づける）.

　本形式のリレーでは，障害物の置き方で走タイムがかなり変化し，走力が勝敗を決定する要素を低下させることができる．さらに，体を内側に軽く傾けたコーンの回り方や走りながらのバトンパス等の仕方を工夫することによって，チームの走タイムを短縮することができる．また，対戦チームとの勝敗を競うだけでなく，自分のチームの記録の伸びに挑戦することが楽しめる．

3）中学生：バトンパスにおける利得タイム創出の原理の探究

　リレー競技では，フラットレースにおける個人の走タイムを合計したタイムよりもリレーのゴールタイムの方が速くなる．この速くなった分の差を利得タイムと呼ぶ．リオ・オリンピックの4×100mリレーで日本チームが銀メダルを獲得したときの利得タイムの事実は表11−7に示したとおりである．

　このような利得タイムが生じる事象を利用して，「なぜ個人の走タイムを合計したものよりもリレーのゴールタイムの方が速くなるのだろう」という問いを立て，その探究に取り組む学習を行う．たとえば，個人の50m走のタイムを基に，2×50mリレーによって，その利得タイムの実現を実感させ，身近なものに引き寄せて考えることが可能となる．

　生徒は，走りながらバトンの受け渡しをするから，テークオーバーゾーンで加速するから，バトンのスピードが落ちないから，などの考えを述べるが，それらの特徴は，バトンパスの行い方に偏った考えに留まることが多い．そのため教師は，「走りながらバトンの受け渡しをするとなぜ速くなるの」「加速するとなぜ速くなるの」と問い返していく．そうして，「バトンのスピードが落ちないってどういうこと」などと問うことによって，バトンを受け渡すという目に見える現象から，バトンの移動する様相（速さ）に視点を移動させていく．そうして，個人タイムを合計するときのバトン

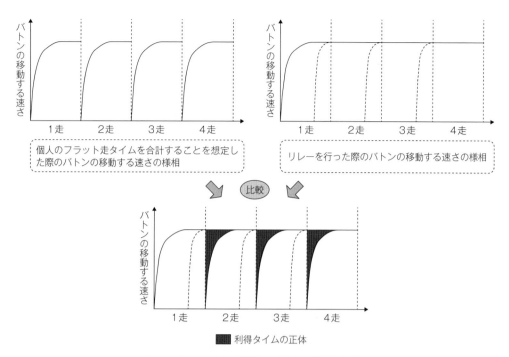

図11-11　バトンの移動する速さの様相と比較

（野津一浩（2022）見方・考え方を鍛える体育の授業づくり－体育の教科内容を捉え直す－／考える力を高めるために考えさせる．体育科教育，70（7）：74-77）

の移動する様相と，リレーを行ってバトンをつないでいくときのバトンの移動する様相を比較するという思考を働かせることによって，利得タイムの正体に迫っていく（図11-11）．このような過程を経て，利得タイムが生み出される原理についてバトンの移動する速さをつなぐという概念の理解が深められていく．

　中学校学習指導要領解説保健体育編（文部科学省，2018）のリレーに関する記載には，次走者がスタートするタイミングやバトンを受け渡すタイミングを合わせること，と示されている．利得タイムが生み出される原理の理解の深まりに伴って，次走者がスタートするタイミングやバトンを受け渡すタイミングを合わせるとはどのようなことなのかと立ち止まって追究していくことが大切である．すなわち，適切なスタートマーク位置（ゴーマーク位置）を発見するとはどのようなことなのかの内実を考えさせ，利得タイムが生み出される原理の理解を深めることがリレーにおける重要な教育内容になる．

演習課題　ゴーマーク位置を一発で発見させる場の条件を考えよう．

📖 **参考文献**

・福島勝，日高正博，宇土昌志，後藤幸弘（2022）実技と知識の学習を関連させた保健体育科学習プログラムの実践－陸上競技（長距離走）における事例－．宮崎大学教育学部附属教

育協働開発センター研究紀要, 30：81-93.

・後藤幸弘, 松下健二, 辻野昭, 岡本勉（1976a）ハードル走（110m 高障害走）のキネシオロジー的考察, 145-158. キネシオロジー研究会編, 身体運動の科学Ⅱ. 杏林書院.

・後藤幸弘, 松下健二, 辻野昭（1976b）走の筋電図的研究－各種走速度における筋電図－. 大阪市立大学保健体育学研究紀要, 11：55-68.

・後藤幸弘, 辻野昭, 岡本勉, 熊本水頼（1979）幼少児における走運動の習熟過程の筋電図的研究, 237-248. キネシオロジー研究会編, 身体運動の科学Ⅲ. 杏林書院.

・後藤幸弘, 松下健二, 本間聖康, 辻野昭（1983a）筋電図による走の分析－歩幅・歩数の変化を中心として－, 15-33. キネシオロジー研究会編, 身体運動の科学Ⅳ. 杏林書院.

・後藤幸弘, 松下健二, 本間聖康, 辻野昭（1983b）走の筋電図的研究－傾斜条件による筋電図の変化－. 大阪市立大学保健体育学研究紀要, 18：27-38.

・後藤幸弘（1988）短距離走におけるスタート技術学習の適時期について. 学校体育, 42（8）：118-124.

・後藤幸弘（1991）「走運動の科学」を生かした授業. 体育科教育別冊, 39（6）：24-28.

・後藤幸弘, 原田耕造（1996）背面跳び（走り高跳び）学習の小学校段階への導入の是非について－はさみ跳びによる学習効果との比較から－. スポーツ教育学研究, 16（1）：25-37.

・後藤幸弘, 本多弘子, 辻延浩（1997）走り高跳びの学習指導に関する基礎的研究－踏切板（用具）の使用が跳躍高に及ぼす影響について－. 兵庫教育大学実技教育研究, 11：61-74.

・後藤幸弘, 五十嵐善彦, 稲葉寛, 本多弘子, 松下健二（2002）走り幅跳びの学習指導に関する研究－階段を用いた踏切学習の有効性について－. 兵庫教育大学実技教育研究, 16：13-30.

・後藤幸弘, 梅野圭史, 林修, 辻延浩（2004）走り幅跳びの学習過程作成の試み－児童の走り幅跳びにおける「認知的内容」と「技術的要因」の対応関係を基に－. 兵庫教育大学実技教育研究, 18：25-36.

・後藤幸弘（2007）教育内容と適時性に基づく「走り高跳び」カリキュラムの提言. 日本教科教育学会誌, 30（3）：21-30.

・後藤幸弘（2012）運動学習の「適時期」について. 兵庫教育大学研究紀要, 40：115-130.

・後藤幸弘, 松下健二（2015）ランニングのバイオメカニクス総論. 宝塚医療大学紀要, 2：117-128.

・後藤幸弘（2018）跳運動のバイオメカニクス総論. 桃山学院教育大学教育実践研究, 1：129-150.

・五十嵐善彦, 稲葉寛, 本多弘子, 松下健二（2002）走り幅跳びの学習指導に関する研究－階段を用いた踏み切り学習の有効性について－. 兵庫教育大学実技教育研究, 16：13-30.

・稲垣徳馬, 日髙正博, 宇土昌志, 後藤幸弘（2020）実技と知識の学習を関連させた体育授業プログラム作成の試み－陸上競技（短距離走・リレー）における事例－, 宮崎大学教育文化学部付属教育協同開発センター研究紀要, 95：41-54.

・伊藤克仁, 後藤幸弘, 辻野昭（1994）陸上運動としてのリレー学習の適時期について－中・高学年児童を対象として－. 日本教科教育学会誌, 17（1）：11-21.

・岸野雄三編（1987）最新スポーツ大事典. 大修館書店.

・中島友樹, 坂本新一朗, 後藤幸弘（2023）ハードル走を中核とした陸上運動大単元学習プログラムの有効性の検討－高学年児童を対象として－. 鹿児島大学教育学部研究紀要,

74：151-168.

・野津一浩，下田新，後藤幸弘（2012）児童の「つまづき」の実態とその解決策からみた教育内容－陸上運動・ボール運動領域を対象として－．大阪体育学研究，50：21-33．

・野津一浩（2022）見方・考え方を鍛える体育の授業づくり－体育の教科内容を捉え直す－／考える力を高めるために考えさせる．体育科教育，70（7）：74-77．

・新川美水，藤田定彦，後藤幸弘，辻野昭（1987）中学校障害走教材におけるハードルの高さとインターバルの設定に関する基礎的研究．スポーツ教育学研究，7（1）：55-78．

・辻野昭，岡本勉，後藤幸弘，橋本不二雄（1974）発育にともなう動作とパワーの変遷について－跳躍動作（垂直跳び，立幅跳び）－，203-243．キネシオロジー研究会編，身体運動の科学Ⅰ．杏林書院．

・辻野昭，後藤幸弘（1975）幼児・児童期における走運動Pattern の加齢的変遷．大阪教育大学紀要，24：253-262．

・梅野圭史，久保田晴久，藤田定彦，後藤幸弘，辻野昭，楠本正輝（1985）走り幅とびにおける技能の主観的な伸びと客観的な Performance との関係－小・中学生を対象として－．デサントスポーツ科学，6：272-281．

・山本貞美（1982）生きた授業をつくる体育の教材づくり．大修館書店．

・山根文隆，後藤幸弘，辻野昭，藤田定彦，田中譲（1987）クラウチングスタート法の適時性に関する基礎的研究－クラウチングスタート法による効果の年齢差－．第8回日本バイオメカニクス学会大会論集，14-20．

［後藤幸弘・野津一浩・日高正博］

第12章

水泳（運動）

1．水泳（運動）の特性と領域

（1）水泳の特性

　水泳は，学習しなければ身につかない個体発生的運動であるところに大きな特性がある．また，水という特殊な環境における移動運動という特性を持つ．

　したがって，浮けて，息継ぎができて，移動できれば泳げたことになり，この習得が学習課題となる．この移動のための推力発揮の方法に色々なスタイルがあり，犬かき，横泳ぎ，平泳ぎ，クロール，背泳，バタフライ等と名付けられている．

　水泳の教育的意義（図12-1）は，水中で身を守るための身体操作技術の獲得といえる．また，泳げなければ，マリンスポーツや水辺の活動にも消極的になる可能性が高くなり，生涯にわたって主体的に運動を享受する妨げにもなる．

（2）水泳の領域

　現行の学習指導要領では，小学校低学年では水遊び，中・高学年では水泳運動，高学年ではクロールと平泳ぎと安全の確保につながる運動を指導し，中学校1・2年で

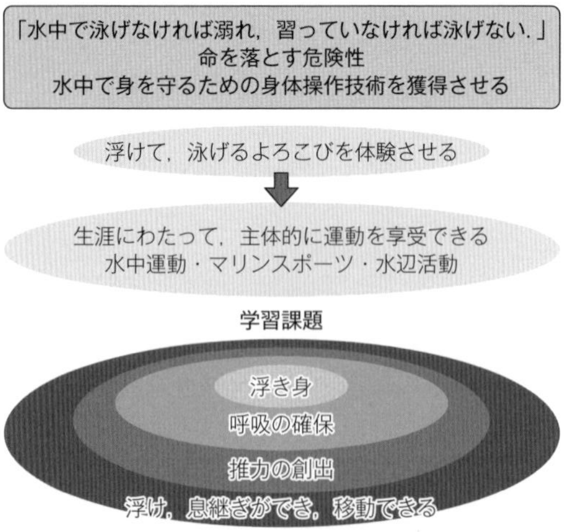

図12-1　水泳の教育的意義
（下田新，芹沢博一，山崎有希，後藤幸弘（2009）中学年児童を対象とした「だるま浮き」
からと「背浮き」からの指導過程の有効性の比較．教育実践学論集，10：181-194）

は，クロール，平泳ぎ，背泳ぎ，バタフライが示され，2年間でクロールまたは平泳ぎを含む2つを選択できるようになっている．さらに，中学3年では，クロール，平泳ぎ，背泳ぎ，バタフライ，を複数の泳法で泳ぐまたはリレーが示され，これらのなかからの選択となっている．

　この表記が意味することは，クロールと平泳ぎが近代4泳法のなかでも基本であることを示唆し，前者は速く泳ぐために，後者は長く泳ぐために適した泳法である．また，バタフライは平泳ぎから発祥・発展した泳法で，背泳は，クロールを逆位にしたものである．

　また，内容の取り扱いにおいて，適切な水泳場の確保が困難な場合はこれを扱わないことができるが，水泳の事故防止については，必ず取り上げること．また，保健の応急処置との関連をはかることが望まれている．

（3）水泳の心得

　水泳の心得は以下の6点にまとめられる．

- ・体の調子を確かめてから泳ぐ：睡眠不足，空腹時および食事や激しい運動の直後には泳がない．長時間続けて水に入らない．
- ・水泳には安全とそうでない場所のあることを知る．海では岸に平行して泳ぐ．
- ・プールなどの水泳場での注意事項を守って泳ぐ．
- ・自己の水泳の能力に応じて泳ぐ．
- ・バディーシステムを励行する．
- ・溺れている人をみつけたときは，他の人に知らせるなど救助の方法（竿，ロープ，手つなぎ）を知る（泳いで助けるのは最後の手段と心得なければならない）．

　また，水難事故の90％は，背の立つ場所で起きている．これには，水中は浮力の関係で空間定位がしにくく，斜めに足を伸ばして背が立たない場所であると錯覚し，パニックになることが大きな要因である．したがって，目を開けて潜れることや，水中での立ち方を十分指導する必要がある．

演習課題　夜，海で泳ぐことが危険である理由を考えよう．

2．水泳（運動）に関する基礎知識

（1）人はなぜ浮くか

　ある物体が浮くかどうかは，比重による．アルキメデスの原理が示すように，ある物体の体積に相当する浮かそうとする液体の重量とある物体の重さの比が比重である（図12-2）．海の方がプールよりも浮きやすいのは，海水の方が真水よりも密度が高く重いからである．

　また，人によって浮きやすさが異なるのは，表12-1に示したように身体組成に

(A)

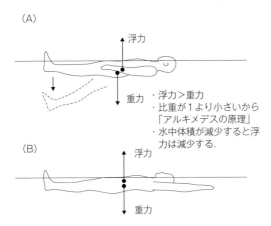

浮力

重力

・浮力＞重力
・比重が1より小さいから
「アルキメデスの原理」
・水中体積が減少すると浮
力は減少する.

(B)

浮力

重力

図12-2 水中姿勢と浮き沈み
（金子公宥，藤原敏行（2020）スポーツ・バイオメカニクス
入門―絵で見る講義ノート―第4版. p79, 杏林書院）

表12-1 身体組成と比重

部位	比重
骨	2.01
爪・毛	1.20～1.30
筋肉	1.06
脳	1.04
脂肪	0.94

筋肉質の人は浮きにくく，脂肪の多い人は
浮きやすい.
（水野忠文，高橋華王（1960）日本人の
体容積に関する研究. 体育学研究, 4：1-9）

表12-2 身体比重の加齢的変化

年齢(歳)	男	女
10	0.967	0.970
15	0.993	0.988
20	1.030	1.030

水泳の指導は小学生の時期が適している.
（小林一敏（1960）浮力，160-164. 宮畑
虎彦ほか，身体運動の科学. 学芸出版社）

よって比重が異なるからである. すなわち，筋肉質の人よりも脂肪の多い人の方が浮
きやすいのである. また，成人・中学生よりは，小学生の方が浮きやすい（表12-2）.

演習課題 種々の体位（姿勢）で水中体重を計ってみよう.

（2）推力

　図12-3は，クロールにおける推力を図解したもので，手によって発揮された実
際の力はfであるが，前方に進むための力は，f_hでf_vは浮くための力となる. 同様に
脚においても，F_{1h}とF_{2h}が推力となる. したがって，腕によるfやバタ足によるF
をより後方に向けることが速く泳ぐには重要になるため，足首が硬い人はクロールに
は不向きなのである.

　表12-3は，MosterdとJongbloed（1964）の四泳法の推進力の比較表を改変し
たものである. また，図12-4は，平泳ぎとクロールで泳いだ場合の速さを100と
した際の腕のみ，脚のみで泳いだ泳速の割合を示している. これからも，クロールは
主として腕で，平泳ぎは脚で推力を得ていることが理解されよう.

　いずれの泳法においても，腕だけあるいは脚だけで泳いだ場合の推力の合計は，両
方を使って泳いだ場合よりも大きく，背泳でその比が最も高く，バタフライが最も小
さい. そして，この差の小さい人の方が手と足の動作のマッチング技術が高いといえ
る.

　男女比に着目すると，女性の方が1分間水泳時の推力よりも泳速でみたものの方
が，いずれの泳法においても20％前後大きいという傾向がみられる. これには，柔

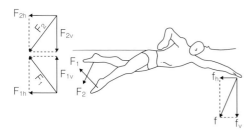

図12-3　クロールにおける推力
F，f：実際に発揮された力，F_h：前に進む力
(Karpovich PV (1935) Analysis of propelling force in the crawl stroke. Res Q, 6：49-58)

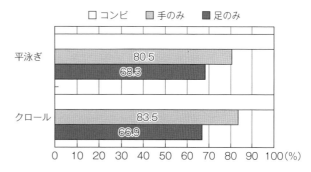

図12-4　平泳ぎとクロールのコンビと手のみ足のみによる速度の比率（コンビ速度を100％とした場合）

表12-3　各種泳法の推進力の比較

		1分間水泳（kg）	20秒間水泳スプリント(kg)	20秒間腕だけのスプリント(kg)	20秒間脚だけのスプリント(kg)	100m最高記録	V（m/秒）
自由形	男子	10.7	14.6(87.4)	11.6	5.1	57"4	1.74
	女子	7.4(69.2)	9.0(84.9)	6.6	4.0	1'02"9	1.59(91.4)
平泳ぎ	男子	17.3	22.7(87.3)	11.9	14.1	1'13"4	1.36
	女子	12.4(71.7)	15.5(85.2)	6.5	11.7	1'21"6	1.23(90.4)
背泳	男子	12.1	15.5(95.1)	10.2	6.1	1'05"5	1.53
	女子	9.4(77.7)	11.6(93.5)	7.3	5.1	1'10"9	1.41(92.2)
バタフライ	男子	9.9	13.1(76.6)	7.7	9.4	1'03"2	1.58
	女子	5.6(56.6)	6.2(74.7)	4.2	4.1	1'10"4	1.42(89.9)

カッコ内は男女比（％），（％）腕・脚/（腕＋脚）×100（％）
(Mosterd WL, Jongbloed J (1964) Analysis of the stroke of hightly trained swimmers. Int Z Angew Physiol, 20: 288-293より改変)

軟性，体型，身体組成等の面で女性の方が水泳に向いていることを示唆している．

演習課題　①推進力から4泳法の特徴を考えよう．
②推進力や記録にみられる性差から水泳の特徴を考えよう．

3．水泳動作の発達

（1）reflex swimming

　McGraw（1939）は，生後数週間余りの乳児においても，水中で伏臥姿勢をとらせると伏臥姿勢を保ったまま下肢のリズミカルな屈伸運動が常に現れ，わずかな距離ではあるが前進することを報告している．これらは陸上における反射的なcrawlingやstepping動作と似ているが，水中の場合には，その動作が明らかにリズミカルであるという．また，新生児は年長児を水に浸したときに一般的にみられるような，咳をしたり不安がったりすることはなく，水中に入れると反射的に呼吸が抑制される．この反射的な呼吸抑制と四肢のリズミカルな屈伸動作は，"reflex swimming movements"と呼ばれている．reflex swimming は，生後2～3カ月になると消失し，4カ月以後の乳幼児は水に入れられると恐怖を示し，運動は乱れ，息を吸う際に水を飲みこんでしまう．したがって，泳動作はその後に適当な環境下で学ばなければならず，特に呼吸の確保と浮くための動きの習得が重要な課題となる．

（2）バタ足

　図12-5 は，幼児と成人熟練者のバタ足動作の筋電図と下肢関節角度の変化を示したものである．なお，中央の 6・7・8 歳児は同一幼児である．

　成人熟練者のバタ足では，膝を 90 度近く曲げた状態から膝の伸展（kick）がなされ，キック終末では膝がほぼ完全に伸展されている．膝・股関節角の関係でみると，膝が伸展されるキック期前半に股関節は約 30 度屈曲され，後半は伸展される．一方，膝が屈曲されるリカバリー期では股関節は前半に約 30 度過伸展され，後半は屈曲される．すなわち，膝・股関節の屈伸動作は，位相を異にした波動運動を示すところに特徴がある．

　キック期の前半は膝伸展に関与する内側広筋，大腿直筋に強い放電が認められ，後半は股関節伸展に関与する大腿二頭筋，大殿筋に強い放電が認められる．また，キック終末にみられる腓腹筋の強い放電は，アップキック時に足裏での水の押し上げに働いている．

　一方，支持なしで 2 m ほど泳げるようになった 2 歳 8 カ月の幼児では，上体をほぼ垂直位に保ち，膝を深く屈曲した状態から膝・股関節を完全に伸展する積極的なペ

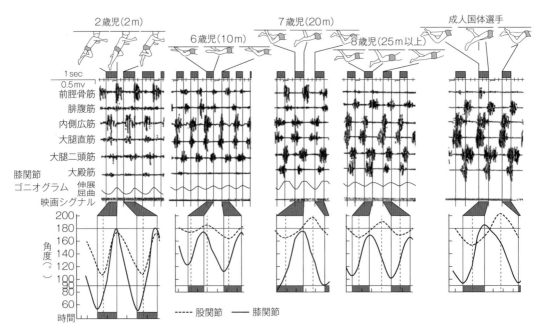

図12-5　幼児と成人熟練者のバタ足動作の筋電図と下肢関節角度の変化
（後藤幸弘，上原禎弘編著（2012）内容学と架橋する保健体育科教育論．165，晃洋書房）

ダリング動作を示し，大殿筋に強い放電がみられ，強力な踏み込み動作によって身体の沈みを防ごうとしている．しかし，同一幼児が幾分上体を水平に近づけた状態で泳がせた場合，大殿筋にはほとんど放電がみられなくなり，他の下肢伸展筋の放電も減少した．

6歳で面かぶりクロールで10m泳げるようになったときのバタ足は，膝関節の伸展と股関節の屈曲が同期し，大腿直筋と内側広筋がキック動作開始時に同時放電を示した．しかし，約2週間にわたって大腿の上下動を協調したバタ足指導を受けた7歳児では，股関節伸展動作に対して膝伸展が相対的に早くなり，成人熟練者と近似した下肢の波動運動ができるようになった．また，筋放電パターンもそれを裏づけるように，膝伸展期の後半に股関節の積極的な伸展を示す大殿筋の放電がみられ，大腿直筋と大腿二頭筋の放電は，明瞭な相反的パターンを示すようになった．

一方，スイミングスクールで訓練を受け，かなりの距離が泳げる5歳児では，股関節の過伸展は十分ではないが，成人熟練者にみられる腓腹筋の放電が膝伸展期の後半にみられ，足首のスナップ動作も認められた．したがって，バタ足における足首のスナップ動作は，反復練習によって，幼児においても習得できるものである．

さらに，8歳児になり楽に25m以上泳げるようになると，膝関節の伸展と股関節の屈曲に位相ずれが生じ，大腿直筋の主放電の消失後，内側広筋の放電がみられるようになる．すなわち，大腿四頭筋を構成する両筋を制御できるようになる．

クロールで4～5m泳げるようになった習得初期の6歳児においても，下肢の交互屈伸や上肢の交互回旋という上下肢の協応動作は成人熟練者と類似したパターンを示し，クロールにおける上下肢の協応動作は，四ツ這いや歩行に類似した反射様の動作を促進したものであると考えられた．

4．水泳習得の難しさの要因

（1）平泳ぎ

平泳ぎは脚の蹴り（キック）が大きな推進源となる泳法である．しかし，初心者にとって推力の得られる有効なキックの習得は容易ではない．熟練者の平泳ぎの泳速は，腕だけ（プルのみ），あるいは脚だけ（キックのみ）で泳いだ場合よりも速くなるが，初心者では遅くなる場合が多い．

図12-6は成人熟練者（A）と習得初期の6歳児（B）の平泳ぎの筋電図，フォーム，膝関節角度曲線，ならびに腰部の水平速度曲線を示している．

平泳ぎの運動局面は通常，キック，グライド，プル，リカバリーの4期に分類される．Aの熟練者では，キック，プル期に加速し，グライド，リカバリー期で減速を示す．しかし，Bの習得初期の児童では，キック，プル期においてもほとんど推力は得られていない．

成人熟練者では，キック期，足背屈筋の前脛骨筋と膝関節伸展の主動筋である内側

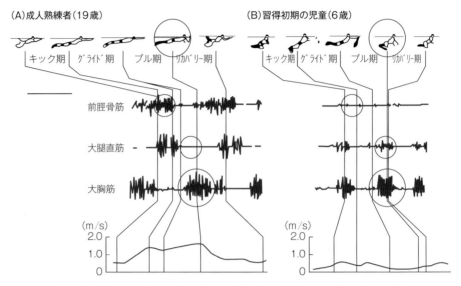

（A）成人熟練者（19歳）　　　　　　　　　　　（B）習得初期の児童（6歳）

キック期　グライド期　プル期　リカバリー期　　　　キック期　グライド期　プル期　リカバリー期

前脛骨筋

大腿直筋

大胸筋

図12-6　成人熟練者（A）と習得初期の児童（B）における平泳ぎ時の筋電図
（丸山ら（1987）未発表資料）

広筋に顕著な放電がみられ，足首を曲げた状態で足底で水をキャッチしながら膝関節の伸展を強く行い大きな推力を得ている．しかし，習得初期の児童では前脛骨筋に放電はみられず，内側広筋の放電も弱い．すなわち，足背屈を保っていないため足底で水がキャッチできず，いわゆる空げりのためほとんど推力が得られていない．

　平泳ぎにおけるキック動作は，生得的な反射様の動作で自然であるが足関節を背屈しブレードのように使えないために推力が得られないのである．したがって，反射を促進しやすい不安定な水中でこれを抑制し，脚伸展時に足関節を背屈位に保つ必要があるところに平泳ぎのキック動作の難しさがある．

　一方，プル期では，成人熟練者と初心者で，アームプルに関与する上肢の筋放電様相には顕著な差はみられない．しかし，熟練者では膝関節の伸展と股関節の屈曲に働く大腿直筋に放電はみられないが，初心者では終始強い放電が認められる．この大腿直筋の放電は，フォームからもわかるように股関節の屈曲に働いている（図12-6の丸で囲まれたプル終末のフォーム参照）．熟練者では上体，下肢を水面とほぼ平行に保ちながらアームプルを行っているので大きな推力が得られているが，初心者ではアームプルによる後方への力が股関節の屈曲による大腿が抵抗となって相殺され，結果としてほとんど推力が得られていないのである．すなわち，アームプルの間に反射様の股関節の屈曲を抑制しなければならないところに平泳ぎの難しさがある．

　しかし，トレーニングを受け平泳ぎに習熟した5歳10カ月児では，上下肢の筋電図，動作，速度変化曲線は成人熟練者と近似したパターンを示すことから，幼児においても練習によって，これらの反射様の動作は抑制できるので，小学校低学年で平泳ぎの学習は十分に可能である．

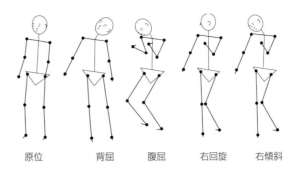

|原位|背屈|腹屈|右回旋|右傾斜|

図12-7　頚反射による姿勢の変化
運動には，反射を利用しているものと反射を抑制しなければならないものがある．
（時実利彦，大熊輝雄編（1967）中枢神経実験法−生理学編−．医学書院）

（2）クロール

　クロールは，呼吸のための首のひねりと上肢の動作は**図12-7**に示す頚反射と合致しないため，息つぎ動作の習得が困難であるという特徴がある．

　すなわち，息つぎのために顔をいずれかの方向に向けた際，顔を向けた対側上肢は屈曲されるという頚反射がある．顔をあげることは，浮力が減少するので，対側の腕は前方に伸ばし，身体を沈みにくくすることが合理である．しかし，初心者は，反射で腕が屈曲し浮力が減少するため，さらに顔を上げようとする．したがって，呼吸をすることによって一気に上下動が生じ，面かぶりクロールではスムーズに泳げていたものがリズムをこわしてしまうところに呼吸のつまずきの誘因がある．この反射を抑制した息つぎの習得がクロールでは難しいのである．

5．水泳初心者指導の実際

（1）水泳初心者への段階指導

　著者らは，初心者をつまずかせることなく25m泳げるようにする段階指導を以下のように提案している．

　　第1段階：浮き身（だるま浮き→伏し浮き→立ち方）

　　第2段階：呼吸の確保（泳法的には平泳ぎ）

　　第3段階：推力の創出（25mを息継ぎ3回以上で泳げる）

　　第4段階：長く（泳法的には平泳ぎ，プールで100m泳げると海での1kmの遠泳はできる）

　　第5段階：速く（泳法的にはクロール，2種目で50m以上泳げる）

　すなわち，**図12-8**は，おぼれた等による水に対する恐怖心やトラウマがない中学年児童を12時間で8割以上25m完泳させることのできる指導プログラムである．

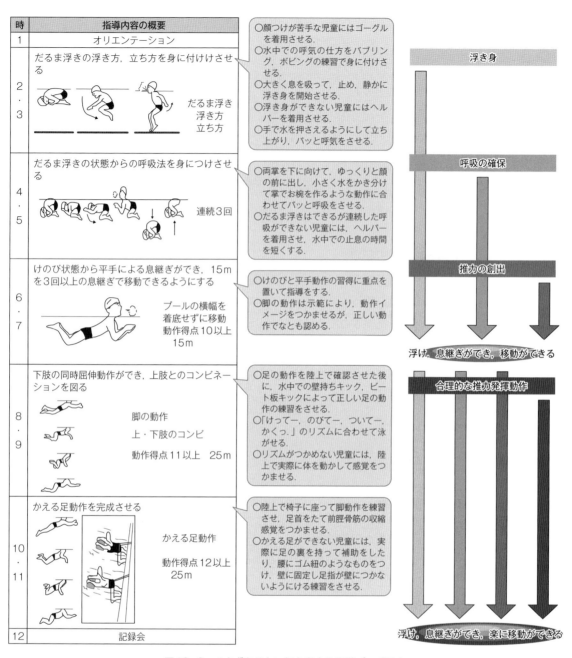

図12-8　つまずかせない初心者水泳指導プログラム
（下田新, 芹沢博一, 山崎有希, 後藤幸弘（2009）中学年字度を対象とした「だるま浮き」からと「背浮き」からの指導過程の有効性の比較.
教育実践学論集, 10：181-194より改変）

（2）着衣泳

　平成5（1993）年に文部省（当時）が発行した「水泳指導の手引き」において，「学校の諸条件が許せば，児童生徒に着衣したままでの水泳を体験させることは有意義なこと」とし，着衣水泳の学校教育への導入が公的に認められた．水泳の教育的意義は，

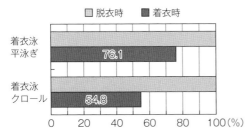

図12-9 着衣が泳速に及ぼす影響（衣服の着脱に
よる推進力の比率）
（後藤幸弘，上原禎弘編著（2012）内容学と架橋する保
健体育科教育論．170，晃洋書房）

写真12-1 「死海を楽しもう」の体験風景
（後藤幸弘，上原禎弘編著（2012）内容学と架
橋する保健体育科教育論．170，晃洋書房）

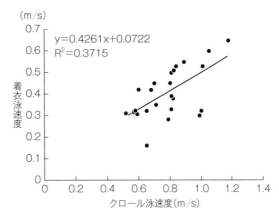

$y=0.4261x+0.0722$
$R^2=0.3715$

図12-10 着衣が泳速に及ぼす影響
（後藤幸弘，上原禎弘編著（2012）内容学と架橋する保健体育
科教育論．170，晃洋書房）

水中で身を守るための身体操作技術の獲得といえるので，着衣泳についても体験させ
ておく必要のあることは当然なことである．

図12-9は，下はジャージで，上はワイシャツを着て泳いだ場合と水着で泳いだ
際の泳速を比較したものである．また，図12-10は水着と上記の着衣条件で泳いだ
際の泳速の関係を示している．着衣によって，泳速は大きく低減するがその程度は平
泳ぎよりもクロールの方が大きく，約半分の速度になる．

また，上着なども上手く使えば，浮き輪代わりなることを体験させることが重要な
教育内容になる．さらに，立ち泳ぎについても体験させておくことは，水中で身を守
る身体操作技術として重要である．

（3）死海を楽しもう

「死海を楽しもう」をテーマに，プールで本を読んでみたり，それが可能になるた
めにはどの程度の浮力が必要か，なぜ死海というのか，どこにあるのか等，総合学習
として学習するのも楽しい．

写真12-1は，死海を楽しもうの体験風景である．500 mLのペットボトルを足
首に2本，1,000 mLを首に1本付けて，本を読むことができる．

演習課題 近代4泳法の発生と技術的変遷を『最新スポーツ大事典』（岸野，1987）で調
べよう．

![参考文献] **参考文献**

・後藤幸弘（2008）ヒトの基本動作の発達特性に基づく小学校体育科における教育内容（1）
　-バランス系・移動系の運動について-．兵庫教育大学紀要，32：135-150．

・金子公宥，藤原敏行（2020）スポーツ・バイオメカニクス入門-絵で見る講義ノート-第
　4版．杏林書院．

・Karpovich PV（1935）Analysis of propelling force in the crawl stroke. Res Q, 6: 49-58.

・岸野雄三編（1987）最新スポーツ大事典．大修館書店．

・小林一敏（1960）浮力，pp160-164．宮畑虎彦ほか，身体運動の科学．学芸出版社．

・丸山宜武，岡本勉，堤博美，後藤幸弘（1987）動作・筋電図からみた幼少児の泳運動-平
　泳ぎの難しさについて-．小児保健研究，46（2）：180．

・McGraw MB（1939）Swimming behavior of the human infant. The Journal of
　Pediatrics, 15: 485-490.

・水野忠文，高橋華王（1960）日本人の体容積に関する研究．体育学研究，4：1-9．

・Mosterd WL, Jongbloed J（1964）Analysi of the stroke of highly traind swimmers. Int
　Z Angew Physiol, 20: 288-293.

・佐々敬政，川人慎二，千原啓輔，中島友樹，後藤幸弘（2012）「教育内容の明確な普遍的
　体育科カリキュラムの確立に向けて（Ⅱ）-水泳領域の適時性の検討-．兵庫教育大学紀要，
　40：167-180．

・下田新，芹沢博一，山崎有希，後藤幸弘（2008）水泳学習における児童の「つまずき」の
　実態とその解決策について．兵庫教育大学教科教育学会誌，21：36-45．

・下田新，芹沢博一，山崎有希，後藤幸弘（2009）中学年児童を対象とした「だるま浮き」
　からと「背浮き」からの指導過程の有効性の比較．教育実践学論集，10：181-194．

・時実利彦，大熊輝雄編（1967）中枢神経実験法-生理学編-．医学書院．

・時実利彦（1970）人間であること．岩波書店．

［佐々敬政・後藤幸弘］

第13章

器械運動

1．器械運動の特性と本質

（1）器械運動の特性と本質

　学習指導要領の解説書等では，器械運動を克服型スポーツとして捉えられていた．しかし，器械運動は器械・器具を用いて，より巧みな身体の操作性を動きとして表現することを楽しむことから生まれた運動である．この過程で，試技者の創造性が多様な技を開発し，文化としての技として定着・伝承されてきたのである．したがって，器械運動の学習においては先人が残した技を追求すると同時に，試技者の創造性を器械・器具を用いた身体表現によって発揮し，からだが自由になっていく喜びを感じられるところに器械運動の特性があるといえる．

　すなわち，①人為的・観念的に設定した基準に挑戦する運動（達成型，アゴーン）である点に，②空間における逆位や回転感覚（イリンクス）を楽しむ運動である点に，そして，③陸上運動が立位での運動であるのに対し，非日常の変形姿勢での運動である点に器械運動の特性がある．また，①に関しては，能力主義的技術観に陥りやすい傾向があるが，課題達成の個別性と自由性の承認が重要で，②に関しては，基本の重視・安全性の確保が重要で，指導の順序性や帮助法，技術観察学習の組織化（教え合い活動）が他の運動領域以上に重要になる．さらに③に関しては，恐怖感を伴うので運動経過逆行型指導過程が有効な場合が多い．

　陸上運動が足支持による移動運動といえるのに対し，器械運動は，腕支持による表現運動と捉えられ，腕支持跳躍運動，手足交互性，3軸回転運動ということができ，位置エネルギーと回転エネルギーの変換にその本質がある．

　跳び箱運動は，高い位置でのマット運動ということができ，鉄棒運動も振動による位置エネルギーと回転エネルギーの変換に本質があり，その変換の過程で種々の表現（技）を行っているといえる．すなわち，マット運動で習得された感覚や技能は，跳び箱運動や鉄棒運動の基礎となるので，中学校学習指導要領の領域および内容の取り扱いにおいて，マット運動は必ず指導するように構成されている．

（2）マット運動・跳び箱運動・鉄棒運動の基礎・基本

　マット運動の基礎・基本は，ゆりかご，前転，倒立，跳び箱運動の基礎・基本は，横跳び，うさぎ跳び，鉄棒運動の基礎・基本は，振動，だるま回りと考えてよい．し

たがって，小学校低学年では，遊びのなかにこれらの運動を含みこませ，体験・習熟させるのがよい．また，小学校中学年以降では，準備運動に取り入れ，主運動につなげる基礎感覚を養うのもよい．

2．回転運動の発達過程

通常，物体が地面に接して回転することを転がるといい，マット運動の前転や後転がその代表例である．人間の転がる運動の初期の現象は寝返りといえる．

転がる運動は，身体を伸ばして横になり，身体の前面，側面，背面を順次，接床しながら長体軸で回転するもの（横転），身体の前面あるいは背面を順次接床しながら，左右軸まわりを行ったりきたりする回転未満運動（ゆりかご），背中を順次接床しながら，左右軸のまわりに1回転する運動（前転），の3つに細分される．回転運動にはこれらに加えて，空中で回転するものや，フィギュアスケートのスピンに代表される身体長軸に対する回転がある．

（1）前　転

図13-1は，前転の動作パターンを12の型（できないを除く）に分類し，年齢別の分布を示したものである．加齢とともに3歳頃から，横たおれ型，ねじり起き型，腰着き停止型を経て，5〜6歳からしり着き停止型，幼児手着き型に発展し，7〜8歳頃で幼児型を習得し，9〜11歳のかかえこみ型を経て準完成型，完成型へ習熟する傾向がみられる．すなわち，前転は回転局面に基づいて，頭越え，背中での回転，立ち上がりの3つの運動局面に区別でき，幼児・児童の前転は大きく次の5段階の順に発達するとまとめられる．

第1段階：頭越えができない段階

第2段階：頭越えができるようになるが，仰向けの状態で回転運動が中断され，起き上がりに体軸のひねりが用いられる段階

第3段階：前方への回転が一連の連続運動として行われるようになるが，背中で前方に回転する局面で上体の長体軸ひねりを使い起き上がる段階

第4段階：頭越え，背中での回転，ならびに立ち上がり局面ともに左右軸回転で行えるようになる段階

第5段階：腰角度の大きい，位置エネルギーと運動（回転）エネルギーの合理的な変換によるなめらかな回転ができる段階

なお，5〜6歳以下においてかかえこみ型の習得率が低かったことには，膝立の腹筋回数の加齢的変化から腹筋力の未発達（9回以下）であることが関与していると考えられた．

前述のそれぞれの年齢の代表的な前転の型を示した者に2週間練習させたところ，5〜8歳の不成功者では幼児型が，6〜8歳の不成功者ではかかえこみ型が，9〜11歳

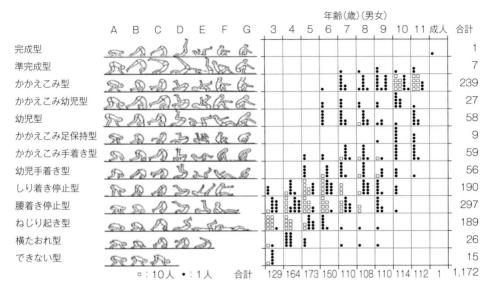

図13-1　前転動作パターンの年齢別分布（発達過程）

A：着手，B：着頭，C：離足，D：着肩，E：着腰，F：着足，G：離腰，幼児型よりも上欄が成功（習得段階）を示す.
完成型：C–Dで膝・股関節を伸展し，D以後，急激に屈曲する高度なタイプ.
準完成型：C–Dで膝関節を伸展させるが股関節の伸展はまだ不十分なタイプ.
かかえこみ型：膝・股関節を終始屈曲させるタイプ.
かかえこみ幼児型：E–Fで幼児型よりも膝・股関節を屈曲させているが，かかえこみ型のように終始屈曲していないタイプ.
幼児型：E–Fで膝・股関節を一時伸展することによって回転率を高め，G前で膝を再び屈曲して起き上がる. いわゆる幼児が成功しやすいタイプ.
かかえこみ足保持型：膝・股関節を終始屈曲し，E–Fで膝を保持して立ち上がろうとするタイプ.
かかえこみ手着き型：膝・股関節を終始屈曲し，E–Fで腕の押しで立ち上がろうとするタイプ.
幼児手着き型：E–Fで膝・股関節を一時伸展して起き上がり，腕の押しで立ち上がろうとするタイプ.
しり着き停止型：E–Fで膝・股関節を伸展し起き上がろうとするが，長座で停止するタイプ.
腰着き停止型：E–Fで膝・股関節を伸展し起き上がろうとするが，腰が着いた段階で停止するタイプ.
ねじり起き型：D–Fで膝・股関節を伸展し，左または右にねじりながら起き上がろうとするタイプ.
横たおれ型：前方への回転がなされず，横へ倒れるタイプ.
（石垣隆孝，後藤幸弘，辻野昭（1984）幼児・児童期における「前転」の運動Patternの加齢的変遷. 日本教科教育学会誌，9（12）：31–40）

のかかえこみ型の習得者では完成型が，11歳の幼児型の習得者では完成型がそれぞれ習得された. すなわち，「幼児型→かかえこみ型→準完成型」の習熟過程がみられ，かかえこみ足保持型は必ずしも習熟の過程で経過する型でないことが認められた.

　すなわち，腰角度の大きい完成型の習得の妨げとなるかかえこみ足保持型は，教科体育時の特別な学習の影響と考えられた. この点を除いて縦断的な変化は，横断的にみた加齢的変化と対応していた.

（2）後　転

　図13-2は，後転動作の習熟の順序に基づき作成した評価基準を示している. 後転も前転と同様に，頭越しのできない段階や背中で後方に回転する局面で上体の長体軸ひねり（こじれ）が生じる段階があるが，これについては除いている.

	後転の運動様式	評価規準の視点
1	 腰角度	・立位から後ろへ倒れながら後転 ※腰がマットから離れた後，腰角度が90度以上開く ・手で押さずに立てる
2		※立位から後ろへ倒れながら後転 ・膝が腰の上を通過する前後に，膝を伸ばす ※手で押さずに立てる
3		・立位から後転 ※膝が腰の上を通過する前後に，膝を伸ばす ※手で押さずに立てる
4		※立位から後転 ・膝が曲がって回転する ・足で立てる
5		・しゃがんだ姿勢で構えてから後転 ※膝が曲がって回転する ※足で立てる
6		・しゃがんだ姿勢で構えてから後転 ※手のひらをついて回る ・膝をついて立てる
7		・しゃがんだ姿勢で構えてから後転 ・足が腰を越えて反対側へいく ・膝をついて立てる

図13-2　後転の動作パターンの習熟過程に基づく評価表

(後藤幸弘，藤井隆志（2023）マット運動の「技」の評価基準作成の試み．兵庫教育大学学校教育学研究，36：189-199)

　すなわち，後転も前転と同様に，動作得点1の段階から腰角度の大きい位置エネルギーと運動（回転）エネルギーの合理的な変換によるなめらかな回転ができるように習熟していくといえる．

　図13-3は，山内（2007）の提唱する器械運動の準備運動「ねこちゃん体操」である．この体操は，言葉とリズムに合わせて器械運動の技の獲得に必要な身体感覚を含み，著者の提唱するスキルウォームアップとして優れた構成になっている．

3．器械運動の指導

(1)マット運動の技の指導体系（指導の順序性）

　図13-4は，昭和24（1949）年から現行の小学校学習指導要領に例示されたマットの回転運動を回転軸や地面と接触があるか等で分類するとともに，指導体系図として示したものである．

　まず，マット運動の基本技術であると考えられる倒立を，位置エネルギーが大きいものを上位の技とし，首倒立から頭支持倒立，補助倒立，倒立の順に，指導体系の幹として中心に位置付けている．

　次に，それぞれの技を習得・習熟するための基礎的感覚を体感できる動作として抽出・整理された7つの技や動きを，指導体系を支える土台として位置付けている．そ

①ね〜こちゃんがおこった

ひざをつき体操の準備をする.

②フーッ!

おなかを見て,背中を丸める.

③ハッ!

上を見て,背中を反らす(②③を10回繰り返す).

④ね〜こちゃんのあくび,いち,に,さん

腰を後ろにグッと引いて肩を入れ,止める.

⑤にゃ〜おん

顎,胸,腰をマットにするようにして前に出る.

⑥ピーン

腹をつけ,上を見て体を反らす(⑤⑥を10回繰り返す).

⑦かめさんになって

うつぶせの状態で足首を持つ.

⑧おなかでピーン

肩甲骨をよせて体を反らす.

⑨それ,グーラン,グーラン

上,下を交互に見て,顎角を変え,前後に揺らす(10回繰り返す).

⑩お〜しまい

⑪ぐるり

うつぶせから仰向けになる.

⑫ブ〜リッジ,いち,にい,さん,し

ブリッジ姿勢をとり4秒間保つ.

⑬あ〜しあげ,それ,いち,にい,さん,し,お〜しまい

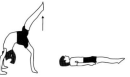

ブリッジ姿勢で足を上げ,4秒間保つ.

⑭アンテナさんのよう

足腰を持ち上げ足先がマットにつくように曲げる.

⑮ピーン,ポキ,ピーン

足先を垂直に上げる.尻をゆるめ,くの字形に体を曲げる.尻をしめ,少し反り気味に足を上げる(10回繰り返す).

⑯お〜〜し　まいっ!　ビシッ

足先をマットにつけ,手を伸ばして体角を開くようにして振り出して立つ.

図13-3　ねこちゃん体操
(山内基広(2007a)ねこちゃん体操からはじめる器械運動のトータル学習プラン.8-9,創文企画)

の際,幹から出る枝に配置する技との関係から,手支持感覚と逆さ感覚をより強く体感できる動き(カエルの足たたき,ブリッジ,うさぎとび)を中央に,回転感覚を体感できる動きのなかで,左右軸によって回転する動き(ゆりかご)を左側に,前後軸および上下軸によって回転する動き(腕立て川跳び,横転がり)を右側に配置している.そして,技を体幹のマットへの接触の有無によって,左側に触れる技,右側に触れない技が配置されている.なお,ネックスプリングとヘッドスプリングは,回転軸の方向によって側方倒立回転群とは分け,別の技群として示した.

　本指導体系では,「前方倒立回転跳び」が各指導体系の最上位の技として位置付けられている.

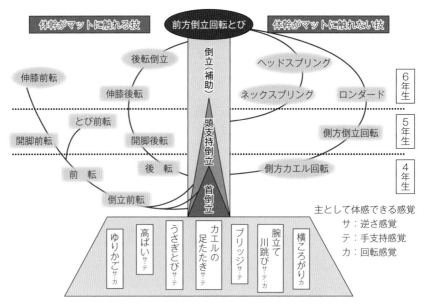

図13-4　マット運動における回転系の運動の分類と指導体系

①「技」や「動き」は計35あったが，「前転」と「前回り」のように運動構造は同一であるが名称の異なったものを1つにすると19にまとめられた.

②体系図の土台に示されている運動は，器械運動に必要な「逆さ感覚」「手支持感覚」「回転感覚」を身につけやすい基礎的運動を示している.

③「ゆりかご」とは膝を抱えての小さなゆりかごではなく，首倒立までいって位置エネルギーを獲得し，倒立前転の要領で前方に倒れ込む．腰角の大きな踵を地面につけない「ゆりかご」をさせる.

（藤井隆志，廣瀬武史，北山雅央，後藤幸弘（2004）器械運動の学習指導に関する研究（Ⅰ）−児童のマット運動における「技」の指導体系化の試み−．大阪体育学研究，42：47-58）

　すなわち，マット運動の基礎と捉えた手支持感覚と逆さ感覚を経験・体感できる，大きな位置エネルギーを得た状態から運動を開始することにより，器械運動で重要な位置エネルギーを運動エネルギーに変換する感覚や回転力を創出することの重要性を認知・体得できる，翻転技群の習得過程において，バランスを崩したときの対処法を体得することができ，練習にのぞむうえでの恐怖感を取り除くことができる，首倒立・頭支持倒立・補助倒立からの前転は文化としての倒立前転の習得過程に位置付けられる.

　なお，点線は4〜6年のそれぞれの学年で指導したい技を想定している.

（2）逆行型指導過程

　図13-5は，小久保（1982）が提案している腕立て開脚跳び越しの段階的練習法である．この方式は，恐怖感の伴う運動の初心者指導に非常に有効である．著者は，これを運動経過の逆行型指導過程と呼んでいる.

　授業現場で，跳び箱の近くまではかなりの勢いで走っていくが踏切で止まってしまう子をよくみかける．これは技の後半部分に対する恐怖心がなせる事象で，頑張ってでは済まない問題なのである.

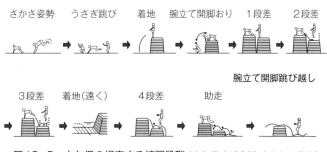

腕立て開脚跳びおり

さかさ姿勢　うさぎ跳び　着地　腕立て開脚おり　1段差　2段差

腕立て開脚跳び越し

3段差　着地(遠く)　4段差　助走

図13−5　小久保の提案する練習段階 (小久保 (1982) をもとに作図)
運動経過逆行型指導過程と名付けられる (不安感の伴う運動に有効).

　また，4段が跳べなければ3段に下げるという対処も適切ではない．低すぎると第2空中局面で切り返す時間がとれないため，頭から突っ込んでしまい倒れる危険がある．

　逆行型指導過程は，逆さ姿勢等で支持感覚を十分体感させた後に5段の跳び箱からとびおり，安全に着地する技術を習得させ，その後に，腕立て開脚おりで腕で跳び箱を後ろに押す感覚を習得させ，段差のある跳び箱でうさぎ跳びの要領で開脚とびおりを段階的に体験させる．そして，助走からの段差の練習を行い，4段の跳び箱は跳べていることを自覚させた後に運動経過に基づいて跳ばせるものである．この方式により股関節の高さの跳び箱は，2時間の授業で4年生の児童を全員跳ばせられる．

演習課題　図13−6は，小久保の練習段階の合理性を明らかにするため，それぞれの運動について筋電図記録したものである．腕立て開脚跳び越しの筋の使い方との異同を比べ，それぞれの段階練習の意義を考えよう．

（3）逆上がり

　つまずきの1つの要因は，図13−7Bの児童のように身体を後ろに倒せず，肘を曲げて回転軸（鉄棒）と身体重心の距離を大きくしてしまう例である．また，図13−7Cのように身体は後ろに倒せるが，首が後屈しているため，頚反射によって腕が伸び，体幹を腹屈できず，からだを鉄棒にまきつけられない例が典型である．壁の近くに鉄棒をおき，床の延長である壁を蹴り上げ，蹴り足逆側の膝を鉄棒の方向に持ってくることによって腹屈する．そして，徐々に蹴る位置を鉄棒に近づけ，鉄棒よりも手前で踏切れば習熟したといえる．

　児童にとって逆上がりはできる・できないが明確なため，たかが逆上がり，されど逆上がりで，鉄棒運動が好きになるか嫌いになるかの分かれ目にもなる技である．したがって，児童をつまずかせることなく全員をできるようにさせていただきたい．

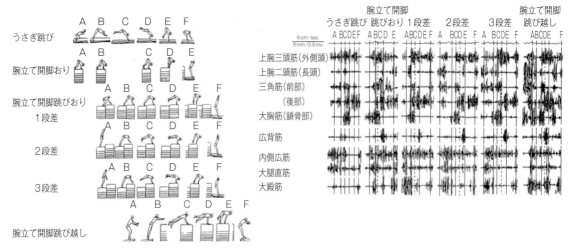

図13-6 腕立て開脚跳び越しにかかわるそれぞれの動作中における筋電図

(久本佳巳, 後藤幸弘, 辻野昭 (1986) 器械運動の学習指導に関する基礎的研究-腕立て開脚跳び越し (跳び箱運動) の習得過程の分析-.
日本教科教育学会誌, 11 (1) : 25-32)

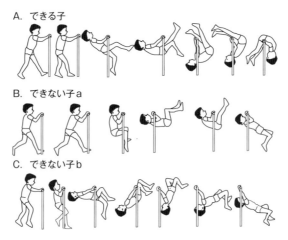

図13-7 逆上がりができない子の動きの特徴

(4) 集団マット

器械運動は, できる・できないがはっきりするので, それぞれのレベルでできる技を組み合わせて集団でマット運動を楽しませるのも1つの指導の工夫として有効である. その際の原理・原則を表13-1に示した.

1) 単元の配当時間

個人練習と集団演技づくりの比率を考え, 単元の前半は個人による技練習を中心に, 後半は集団演技づくりを集中的に行う. また, 単元後半の集団演技づくりには話し合いの時間を確保し, 自主的な練習時間を保障するために授業日に間をあけるのも有効である.

表13-1　マット運動を集団的に扱ううえでの原理・原則

項　目	原理・原則
単元の 配当時間	単元の前半と後半で，個人練習と集団演技づくりの比率を変える． 　・単元の前半は個人による技練習を中心に行う． 　・単元の後半は集団演技づくりを中心に行う． 単元後半は，授業日に間をあけて設定する． 　・話し合いの時間の確保 　・自主的な練習時間の保障
児童の創造性を 発揮させる 手だて	マット枚数や組み方は，グループ内での話し合いに基づいて決定させる． 単元前半に集団演技づくりの基礎を指導しておく． 音楽は使用する．候補曲を数種類用意し選曲は児童に任せる． 　・選曲のポイント：リズムが明確で一定であること，クライマックス 　　　　　　　　　　を感じさせる部分のあること．
グループ編成	集団内異質，集団間同質の男女混合（6〜8人）．
マット枚数	「グループの人数÷2＋1」枚が最低必要枚数． 　・最大においても「グループの人数」枚．

（後藤幸弘，上原禎弘編著（2012）内容学と架橋する保健体育科教育論．183，晃洋書房）

2）児童の創造性を発揮させる手だて

　集団マットでは，児童の創造性を保障する必要がある．その観点として3つあげられる．1つ目はマットの枚数・組み方である．枚数は，「グループの人数÷2＋1」枚が最低必要で，最大で「グループの人数」枚あればよい．組み方は，子ども達が考えた演技により異なることから，グループ内での話し合いに基づいて決定させる．2つ目は自分たちで演技を構成できるように，単元前半に合わせる・ずらすなどの集団演技づくりの基礎を指導しておくことである．3つ目は音楽の使用である．その際，候補曲を数種類用意し選曲は児童に任せるが，選曲にあたっては，リズムが明確で一定であること，クライマックスを感じさせる部分のあるものがよい．

3）グループ編成

　集団内異質，集団間同質の男女混合で，6〜8人が適当である．

（5）器械運動に対する問い

　・片足つま先立ちができる子は倒立ができるといえるか？
　　→答え：できる．低学年児童でも正しく指導すれば，1日10分の練習で1週間で数
　　　　　　秒は立てるようにできる（第9章③倒立学習の適時期，pp116-117参照）．
　・足を壁に掛けてのぼる「壁倒立」（肋木等を活用して）は是か非か？（腹が壁側）
　　→答え：非である．重心線を基底面の上に持っていくことができない．また，直
　　　　　　立立位でも斜めに立つとしんどいように，非常に疲れる姿勢である．こ
　　　　　　れでは決して倒立は好きにならない．
　・倒立の際，両手を底辺とする三角形の頂点を見るのがよい生理学的意味は？
　　→答え：緊張性頚反射により腕を伸ばして体重を支えやすくする生理学的意味が
　　　　　　ある．

・コウモリ振りおり（跳び）を行わせる適正な鉄棒の高さは？

　　→答え：膝立の姿勢で両腕を伸ばして鉄棒を持てる高さ．これより低すぎると振れないし，高すぎると腕を振動開始の補助に使えない．

・伸膝前転は，助走なしでできるか？

　　→答え：できる．位置エネルギーと回転エネルギーの変換にその本質があるので，腰角の大きなゆりかごができればできるようになる．

・跳び箱の「閉脚跳び越し」ができるかどうかは，うさぎ跳びで判断できるか？

　　→答え：できる．手よりも前に両足を着地できれば，できているとみてよい．

4．身体をひらく体育科学習の創造

　ここでは，兵庫教育大学附属小学校で取り組んだ身体をひらく体育科学習についての考え方を「器械・器具を使っての運動遊び」を例に紹介する．

（1）身体をひらく

　子どもの生活から三間（遊びの時間，遊びの空間，遊びの仲間）が消えたといわれるようになって久しい．少子化をはじめ過度な習い事による過密スケジュール，地域行事の減少，児童を対象とした犯罪の増加等，環境条件の悪化により遊ぶ場所や機会が少なくなっている．一方，遊びの質においても，急激な情報社会の発展により，室内でのテレビゲーム遊びばかりではなく，戸外においてもポータブルゲーム機を持ち寄って遊ぶ，また，メール・チャット・インターネット等，モバイル空間でのつながりにのみ価値を見出すといった危機的な状況がみられる．このような時代において，五感を総動員させ，身体全体で感じる・気づく大切さを改めて確認する必要がある．身と心を不可分なものとして捉え，可能な限り一人ひとりのときほぐれた開かれた見方・感じ方・行い方を保障し，尊重する実践である．

　子ども達が運動に夢中になる・没頭するとき，五感を総動員させていると考えられるので，めざす子ども像を動きにこだわる姿とした．

　図13-8は，子ども達はどのような関係性（かかわり）のなかで運動しているのかの関連を示した構造図である．関係性の対象を自己・他者・教材の3つとし，①の自己に関しては，運動に取り組む際，自分の動きを見つめる，自己啓発の意味を込め「自己に啓く」，②の他者に関しては，運動は仲間とかかわりながら取り組むことから，開かれた関係を構築することを意図し，④の自己と他者の交差領域に「他者に開く」を位置づけた．③の教材に関しては，教育内容を含ませ，子ども達が動きにこだわることができるように工夫した．子どもの立場からいえば，運動に夢中・没頭することを，「教材に拓く」と押さえた．そして，⑤の自己と教材の交差領域には，子ども達は教材を理解しながら動きを上達させていくことから，「身体知の形成」を位置づけた．また，⑥の他者と教材の交差領域には，他者が教材から学んだことをクラス全体で共

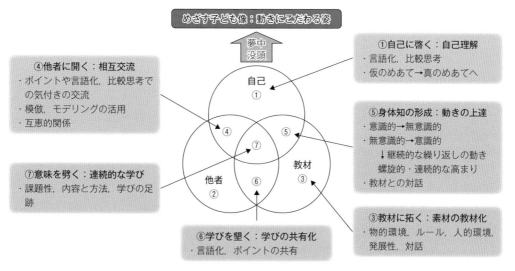

図13-8　身体をひらくの関連構造

(佐々敬政（2010）身体をひらく体育科学習の創造，152-153．兵庫教育大学附属小学校教育研究会編，かかわりが生み出す『真の学び』．明治図書出版より改変)

有していることとし，「学びを墾く」とした．そして，⑦の自己・他者・教材のすべてを含む中央の交差領域は，学んだ意味を次の授業・次の単元・日常生活に突き破っていく（劈く）ことを意図し，「意味を劈く」とした．

（2）自己に啓く：自己理解

　要件は，言語化，比較思考，仮のめあてから真のめあてへ，の３つである．

　言語化は，言葉にしにくい運動の感覚を言葉で表現させることをいう．そのなかで，子ども達がイメージや表現しやすいように，「トンッと踏み切る」「タッタッシュッ」「階段を駆けのぼるように」等，擬音語・擬態語・比喩を活用する．言語化する観点は，運動の全体（リズム）と運動の局面（部分）の２つが考えられる．留意することは，言葉だけが独り歩きしないように，動きとセットで言語化し，仲間と共有させることである．

　比較思考は，比較を通して共通点や相違点などさまざまな気づきを生起させようとする手立てである．図13-9において，比較思考には，①自己における現在と過去の比較，②現在の自己と他者，③現在の自己と過去の他者の比較，④過去の自己と現在の他者の比較，⑤過去の自己と過去の他者の比較，⑥他者の現在と過去の比較，⑦現在の他者同士の比較，⑧過去の他者同士の比較，⑨・⑩他者の現在と異なる他者の過去の比較，⑪理想的な動きと現在の比較，の11の観点のあることを示している．

　仮のめあてから真のめあてへは，授業のなかで，めあての修正を積極的に認めながら，その子にとって本当に必要なめあてを子どもとともに探ることを指している．ただ「めあてを考えなさい」といっても，課題から外れた内容，その子にとって無理の

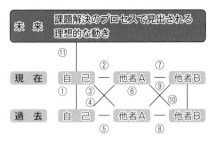

図13-9　比較思考
（後藤幸弘，上原禎弘編著（2012）内容学と架橋する保健体育科教育論．185，晃洋書房）

ある内容，精一杯応援するなど動きではなく態度に関する内容がみられることが多い．したがって，「共通－選択－個別」の系統を考えている．課題解決に向かうめあてを子どもの思いや願いを考慮して教師が設定する（共通のめあての段階），課題解決に向かうめあてを数個提示し，その中から選択させる（めあての選択の段階），そして，今の自分の動きを客観的に理解させ，今の自分に適切なめあてを考えさせる（個人での設定の段階）とする系統である．いずれにせよ大切なことは，切実感のあるめあてを探ることである．この真のめあてを持つことが学びを充実させる．

（3）他者に開く：相互交流

　要件は，交流（言語化，ポイント，比較思考での気付き），模倣・モデリング，互恵的関係，の3つである．

　交流は，擬音語・擬態語・比喩を活用して言語化した言葉や，跳び箱の前に手を着くや目線を上げるなどの目で見てわかるポイントを言葉で交流することである．また，比較思考においての気づきを交流することも含まれる．換言すれば，バーバルコミュニケーションである．

　模倣は，上手な子の動きに憧れ，工夫した子の動きをやってみたくなる．つまり，憧れる→真似をしようと思うとの思いから生起する学びである．また，モデリングは，運動を説明しようとするときに，「見ていてね．こうやってするんだよ」といって見本を見せるかかわりである．体育科ではこのような，言葉を介さないコミュニケーション（ノンバーバルコミュニケーション）も大切にしなければならない．

　互恵的関係は，苦手な子が上手な子から学ぶといった一方向の関係ではなく，上手な子も苦手な子から学ぶ双方向の関係の構築を意味している．**図13-10**は，具体的な関係を6つに整理したものである．1つ目は，一緒に運動するから楽しいという「情意－情意」関係．2つ目は，「教えたい－できた」から充実感を得る「情意－技能」関係．3つ目は，「教えたい－あっわかった！」という「情意－認識」関係．4つ目は，互いの動きが上達する「技能－技能」関係．5つ目は，教えるなかでわかりできていく「認識－技能」関係．6つ目は，互いにわかり合う「認識－認識」関係．このような，豊かな交流のなかで，さまざまな力が高まり合っていく互恵的な関係（教え合い－学び合う

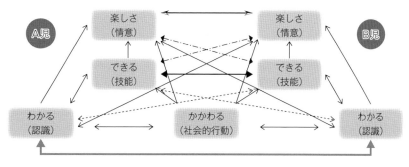

図13-10　互恵的関係の内実
（後藤幸弘，上原禎弘編著（2012）内容学と架橋する保健体育科教育論．187．晃洋書房）

関係）の構築を目指している．

（4）教材に拓く：素材の教材化

　要件は，物的環境，ルール，人的環境，発展性，対話，の５つである．

　物的環境とルールは，コートの大きさ，教具の種類，ルール設定が子どもの動きや作戦を規定するため，教材化を図る際に熟考しなければならない大切な要件である．

　人的環境は，グループ編成の仕方，グループ内交流，グループ間交流を意図的に仕組んでいく．グループ内での学び合いが活性化するよう，その交流の仕方を指導しなければならない．その具体の１つに，運動をみる観点の提示がある．

　発展性は，教材に含まれる課題が解決され，動きが停滞したり，作戦が飽和したりしたときに，発展的な課題や教材を準備しておく必要があるということである．その際には，系統性を見据えたうえで，子どもの動きの工夫をとりあげるなどして発展性を志向する．器械運動等では，方向，速さ，回数，距離，リズムなど子ども達の動きの工夫を引きだせる手立てを持っておくことが大切になる．

　対話は，教具に命を吹き込み，子ども達が「」（かぎかっこ）を使って話させる取り組みである．教具を大切にする感覚が育つとともに，「マットさんが痛いと言っているから，もっと柔らかく着地するね」等，技能と関連する内容がみられるようにもなってくる．また，鉄棒など，冷たい鉄の棒でしかない教具が，私を回転させてくれる仲間として認識する等，教具以上の存在になる可能性を秘めている．

（5）身体知の形成：動きの上達

　身体知が形成されるとは，無意識のうちに動くことができる状態，つまり自動化された動きになった状態と考えている．その過程には２つの道筋がある．１つ目は，めあてを持って考えながら運動し（意識的），それが考えなくてもできるようになっていく（無意識的）という道筋である．２つ目は，夢中になって動いているうちに（無意識的）もっと上手に動きたいという欲求が生まれ，自然発生的にめあてをもって取り組む（意識的）といった道筋である．その動きが自動化されればさらに質の高い動き，

つまり次のステージで同じことが繰り返されるといった螺旋的で連続的な高まりを想定している.

(6)学びを墾く：学びの共有化

　動きが上達するなかで，仲間が気づいた有効な言語やポイントは，全体で共有する必要がある．見本をみせてその大切さを伝えたり，子どもが説明したりすることによって，クラス全体に学びを広げるのである．ここでは，価値ある動きを見抜く目が求められる.

(7)意味を劈く：連続的な学び

　要件は，課題性，内容と方法，学びの足跡，の3つである.

　課題性は，今の子ども達にとって切実感のある課題とは何か，どうしても解決したい課題とは何かを探り，子どもと共有することの大切さを指している．そのためには，子ども達は，今，何を学び，活動していることにどのような意味を見出しているのかを，授業中の姿や学習カード等から把握しなければならない．それが子ども達の要求しているものであれば，「先生，それそれ！」という声が聞こえてくるような感覚になる．課題が子ども達のものになれば，解決に向けてひたむきに取り組む姿になる.

　内容と方法は，動き（内容）と学び方（方法）と言い換えることができる．つまり，動きと学び方をカリキュラムのなかでつないでいこうとするのである.

　学びの足跡は，今までに解決してきた課題や，そのときに有効だった言葉や動き等を模造紙にまとめていく活動である．子ども達は，めあて設定の際にその内容を参考にしたり課題解決のヒントを得ようと授業中に見に来たりする．また，よい動きの写真を貼りつけておくことで，ポイントを確認したり写真の本人に聞きに行ったりするなどの姿もみられる．そして，単元終了後や次単元の前に模造紙を眺めながら，何を学んできたのか，何をどのように活かすことができるのかといったことを確認したり問いかけたりするなかで，子ども達の学びを劈こうとしている.

5．授業実践

(1)第1学年「にんじゃワールドへようこそ！」（器械・器具を使っての運動遊び）
1)単元設定

　小学校低学年の子ども達には，未分化・未組織な存在であることから，精一杯運動するなかで，動くこと自体が楽しい，工夫することが楽しい，できるようになっていくことが楽しいなど，運動することの楽しさを十分に感じさせてやりたい．そこで，体育館全体にいろいろな器械・器具を設置した場を「にんじゃワールド」と称して，子ども達にとって魅力ある環境を創り出そうとした（図13-11）.

　しかし，何をしてもよいのであれば，這いまわる授業になってしまう．子ども達は，

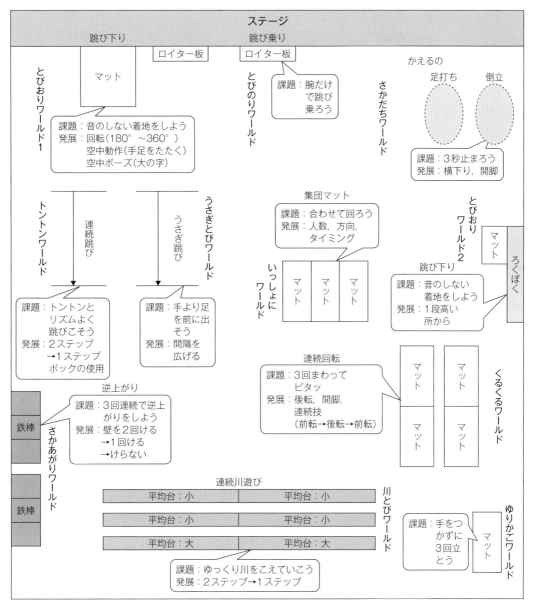

図13-11　にんじゃワールド

（佐々敬政, 川人慎二, 千原啓輔, 中島友樹, 後藤幸弘（2011）教育内容の明確な普遍的体育科カリキュラムの確立に向けて（Ⅰ）－「器械・器具を使っての運動遊び」についての実践－. 兵庫教育大学研究紀要, 39：253-266）

「にんじゃワールド」で忍者になりきって遊んでいるが，そこには将来の器械運動につながる系統性のなかに位置付けられた教育内容が含まれていなければならない.

　器械運動は腕支持での表現運動といえるように，腕支持が中核に位置付く. また，回転は，マット運動，跳び箱運動，鉄棒運動のいずれにも必要な運動要素となる. 着地は，安全性の面からも重要で，技のできばえは着地に現れる. したがって，本単元では，教育内容を腕支持，回転，着地の3つとし，意図的にこれらの運動にたくさ

ん取り組めるようにした.

　場の構成に関しては,「カエルの逆立ち−首倒立−倒立」「うさぎ跳び−馬跳び」のように,類似の運動を連続で取り組めるように配慮した.また,忍者になりきることによって,動きのスムーズさ,音のしない動きを志向する姿が自然発生的に生起することを企図した.さらに,グループを3人組にし,先頭の子の真似をするルールを設定し,自分1人では取り組まない動きにも挑戦するようにした.各ワールド(場)には,発展技を準備しておき,動きに飽和がみられれば,「こんなことできるかな?」と挑戦課題を提示し,意欲を持続させるようにした.

2) 単元目標

　○めあてを持って運動したり,技ができるようになった自分の成長を感じたりしている(自己に啓く).

　○上手な動きを真似したり,教え合ったりしながら運動している(他者に開く).

　○方向や速さ,リズム等に変化を加えて,動きを発展させている(教材に拓く).

　○腕支持,回転,着地の各運動ができる(身体知の形成).

3) 単元計画(全9時間)

　第1次:にんじゃワールドを楽しもう!(3時間)

　○素早く安全に準備・片づけができるようにする.

　○それぞれのワールド(場)で,どのような動きに挑戦するのかを理解する.

　第2次:にんぽうをレベルアップさせよう!(3時間)

　○方向・速さ・回数・距離・高さ・人数・ポーズ・リズム等を観点に,動きを工夫する.

　第3次:かっこいい「にんぽう」にしよう!(3時間)

　○音のしない動き「かっこいい『にんぽう』」を志向する.

4) 学習の実際

　①腕支持

　腕支持を習得させるのに中核となる技は倒立である.この倒立には,小学校1年生から取り組ませるべきだと考えている.なぜなら,頚を上げ肘を伸ばせば頚反射を働かせ,自分の体重を支えることは決して力技ではないからである.そこで,手と手の間に目玉を置き,その目玉を見させながら補助による壁倒立をさせると,1時間で全員ができるようになり,子ども達から驚きの声と歓声があがった.自信を持った子ども達は,休み時間にも教室で壁倒立に取り組むようになるとともに,壁から少し離れた所で倒立をし,手で歩いて壁まで行く遊びがみられるようになった.また,授業のなかで1人で壁倒立ができない子には,子ども達から「壁がささえてくれるから」「倒れないから大丈夫」といった声が聞かれ,壁は絶対に裏切らない仲間として認識されるようになった.これは,壁を擬人化し,壁という環境と対話したことを意味している.このように壁が仲間と認識されることによって,1人でできる子が増えたのである.このような過程を経て,単元終盤には,1人での壁倒立がほぼ全員ができる

写真13-1　壁倒立
（後藤幸弘，藤井隆志（2023）マット運動の「技」の評価基準作成の試み．兵庫教育大学学校教育学研究，36：189-199）

重心線が基底面の上に

写真13-2　片足を離す壁倒立
重心線は基底面の前方に落とされているが，足を前後に開くように片足を壁から離すことによって倒立ができるようになる．
（後藤幸弘，藤井隆志（2023）マット運動の「技」の評価基準作成の試み．兵庫教育大学学校教育学研究，36：189-199）

ようになった（**写真13-1**）．1人ではできない子も数人いたが，補助で壁倒立をし，5秒静止する倒立は全員できたのである．小学校1年生から器械運動の基本技に位置付く倒立に取り組ませることの意義がここにみられた．

　壁倒立の発展技としては，片足を壁から交互に離し，重心線を基底面の上へもってくる倒立ができるようになると，倒立を習得したと考えてよい（**写真13-2**）．

　②回転

　大きなゆりかごは，ゆりかごワールドとして毎時間全員で取り組むことにした．大きなゆりかごとは，首倒立で足を高く上げ位置エネルギーを大きくし，腰角度を大きく保った状態で倒れ込み，床に踵が着くぎりぎりの所で止める（踵が床に着いてはいけない）ことを繰り返すものである．このことによって，体幹のしめ感覚をつかませるとともに，跳び込み前転にもつながる腰角度の大きい完成型の前転ができるようになる．このゆりかごを数回繰り返した後に，踵が床に着く直前に膝・股関節を曲げ，踵をお尻の方へもってくると慣性で自然と立てるようになる．その際，手を前方につき出せば，さらにスムーズに立てる．この動きが，回転運動の基本技になるのである．

　くるくるワールドでは，3回まわってピタッと止まることを課題として取り組んだ．最初は，足が前にこない，手をつく，倒れる動きがみられた．しかし，大きなゆりかごを繰り返し，何回も体験することによって，開脚前転や足を伸ばした大きな前転もみられるようになった．その過程には，開脚前転している子を大きな声で「かっこいい！」と言って認め，「パー前転をしたんだよ」という声を引き出し，この動きへの挑戦がクラスに広まった．ここには，模倣やモデリングといった他者に開かれた姿があり，子ども達は少し難しい課題に積極的に取り組む存在だということが改めて感じさせられた場面であった．

　その後，赤玉を用意して，爆弾に見立ててぶつからないように前転することに取り組ませると，赤玉と赤玉の間隔をどんどん狭くし始め，課題を自分たちで難しくする

姿がみられた．結果，まっすぐ回転する前転が上手にできるようになった．

　③着地

　とびおりワールドでは，子どもが教材との対話において「マットさんはみんながドスンと下りるからいたいと思います」と学習カードに書いたことを取り上げ，「痛くないように跳び下りようね」と課題を投げかけるなかで，音のしない着地を志向し始めた．学習カードに「とびおりで，やさしくストンとおりたら，いたくなかったよといわれて，うれしかった」という記述がみられるなど，自分たちでもその上達を自覚していることが読み取られた．このように，ストンなどのイメージしやすい言語化がみられ，ストンととびおりるなどめあても自分たちで設定できるようになった．

　着地の習得状況をみるため，上に跳び180°回転してピタッと止まれるかに挑戦させてみた結果，全員ピタッと止まることができ，1学年上の2年生以上に着地動作が上手くなっていることが認められた．

　④子ども達の工夫

　子ども達は忍者になり切って運動するなかで，ストーリーを作り始めた．舞台をお城と見立て，静かに舞台に跳び乗り，お宝を取ってきて音を立てずに跳び下りる，肋木を石垣に見立て，移動しているときに槍に撃たれて落ちるのだが，忍者だから音を立てずに落ちる等がみられた．ここに共通するのは，音を立てないということであり，単元終盤では，「全部のワールドで音をたてない動きをしよう！」が課題となった．

　また，横1列3人でそろえて回る，連続してリズムよく技をするなど，グループで協力して運動する姿もみられた．ここでは，どのようにすればそろうのかを相談していた姿が印象的であった．さらに，子ども達の学習カードに「ぼくは，○○くんになりたいです．」と上手な子への憧れが書かれている内容もみられ，3人組の効果が認められた．

6．アクティブラーニングによるマット運動の授業

　アクティブラーニングによる体育学習プログラム（図8-8，p95参照）を取り入れたマット運動の授業（AL群）と，授業を担当した教師が従来行ってきた授業スタイルで授業を実践（NL群）し，学習成果を比較・検討した結果の技能の伸びの変化を示したものが，図13-12である．

　授業での試技回数はNL群の方が多かったが，技能点数の伸びはAL群の生徒の方がすべての技でNL群よりも大きかった．また，診断的・総括的授業評価におけるできる因子の得点の伸びも，AL群の方がNL群よりも大きかった．さらに，形成的授業評価においても成果の項目で単元が進むにつれて点数が向上した．

　抽出した対象者の活動内容は，NL群よりもAL群の方が授業での発話回数に増加が認められ，AL群の授業内での試技回数はNL群よりも少なかったが，グループ内で会話を行いながら試技を行い，深い学びが生まれていると考えられた．すなわち，

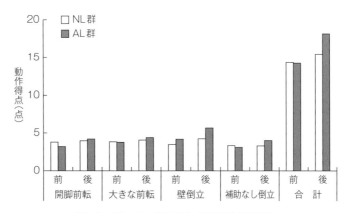

図13-12　スキルテストの単元前後の変化

AL群：アクティブラーニングを取り入れた授業，NL群：従来の授業
（日髙正博, 長田天馬, 八塚真明, 澤村忠俊, 佐々敬政, 筒井茂喜, 後藤幸弘（2020）アクティブ・ラーニングモデルによるマット運動学習プログラムの事例的研究－学びの「内化」と「外化」の視点から－．兵庫教育大学学校教育学研究，33：79-86）

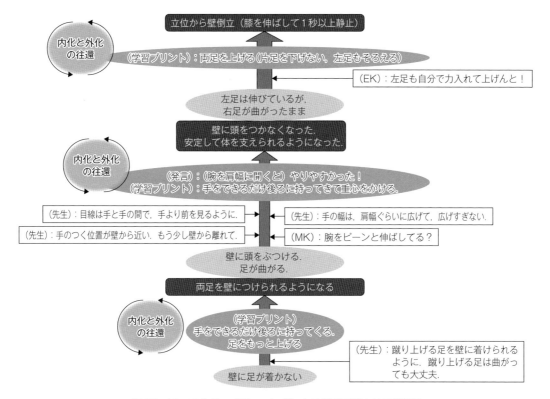

図13-13　アクティブラーニングによる学びの深まりの模試図

（日髙正博, 長田天馬, 八塚真明, 澤村忠俊, 佐々敬政, 筒井茂喜, 後藤幸弘（2020）アクティブ・ラーニングモデルによるマット運動学習プログラムの事例的研究－学びの「内化」と「外化」の視点から－．兵庫教育大学学校教育学研究，33：79-86）

　　　　AL群の生徒は，NL群よりも友達に対する教え合い活動を多く行い，単元を通して習得した知識や技能を他者に教える形で外化が多く行われていたと考えられた．したがって，担当教師がこれまで行ってきた授業スタイルよりも，アクティブラーニング

による学習プログラムでのマット運動の授業は，**図13-13**に模式的に示すように，内化と外化の往還によって主体的，対話的で深い学びを生むことが認められた．

📖 **参考文献**

・藤井隆志，廣瀬武史，北山雅央，後藤幸弘（2004）器械運動の学習指導に関する研究（Ⅰ）－児童のマット運動における「技」の指導体系化の試み－．大阪体育学研究，42：47-58.

・後藤幸弘，藤井隆志（2023）マット運動の「技」の評価基準作成の試み．兵庫教育大学学校教育学研究，36：189-199.

・日高正博，長田天馬，八塚真明，澤村忠俊，佐々敬政，筒井茂喜，後藤幸弘（2020）アクティブ・ラーニングモデルによるマット運動学習プログラムの事例的研究－学びの「内化」と「外化」の視点から－．兵庫教育大学学校教育学研究，33：79-86.

・久本佳巳，後藤幸弘，辻野昭（1986）器械運動の学習指導に関する基礎的研究－腕立て開脚跳び越し（跳び箱運動）の習得過程の分析－．日本教科教育学会誌，11（1）：25-32.

・石垣隆孝，後藤幸弘，辻野昭（1984）幼児・児童期における「前転」の運動Patternの加齢的変遷．日本教科教育学会誌，9（12）：31-40.

・小久保昇治（1982）調整録を高めることによって全員を飛び越させた実践事例．体育授業研究，14：19-25.

・根本正雄編（2002）体育授業の知的組み立て方－5〜6年編－．明治図書出版.

・佐々敬政（2009）言語化を活用した言葉がけ．体育科教育，57（14）：45.

・佐々敬政（2010）身体をひらく体育科学習の創造，152-171．兵庫教育大学附属小学校教育研究会編，かかわりが生み出す『真の学び』．明治図書出版.

・佐々敬政，川人慎二，千原啓輔，中島友樹，後藤幸弘（2011）教育内容の明確な普遍的体育科カリキュラムの確立に向けて（Ⅰ）－「器械・器具を使っての運動遊び」についての実践－．兵庫教育大学研究紀要，39：253-266.

・佐々敬政（2013）器械運動，52-55．清水由編著，「口伴奏」で運動のイメージ・リズムをつかむ体育授業，明治図書出版.

・須藤晃平，前田晃宏，日高正博，後藤幸弘（2018）運動の指導言葉の有効性に関する研究－マット運動の前転を対象として－．教育実践学論集，9：255-264.

・立木正監修（1995）跳び箱遊び・跳び箱運動－絵とことばかけでわかりやすい－（教育技術mook）．小学館.

・徳原宏樹，日高正博，後藤幸弘（2023）「アクティブ・ラーニング」によるマット運動の学習プログラムの有効性．宮崎大学教育学部附属教育協働開発センター研究紀要，31：111-124.

・富田淳，後藤幸弘，辻野昭（1984）ハンドスプリングの習得・習熟過程の分析的研究．日本バイオメカニクス学会第7回日本バイオメカニクス学会大会論集，228-234.

・山内基広（2007a）ねこちゃん体操からはじめる器械運動のトータル学習プラン．創文企画.

・山内基弘（2007b）大好きになる体育の授業．日本標準.

・八塚真明，日高正博，後藤幸弘（2020）「アクティブ・ラーニング」による体育学習プログラム作成に向けての基礎的研究．宮崎大学教育文化学部付属教育協同開発センター研究紀要，28：211-219.

[佐々敬政・日高正博・後藤幸弘]

第14章

球技 (ボール運動)

1. ボールゲームの特性と分類論

(1) 特 性

　1つのボールにかかわって2チームで競い合う単数ボール型ゲームは，ボール争奪の技術，奪ったボールを運ぶ技術，シュートする技術を駆使し攻防を競うところに特性がある．このうち，ボールを運ぶ技術とシュート技術は，後述するように，狙った所にパスをすることに集約される．そして，これらのプレーを妨害する防御行動がある．

　複数ボール型ゲームでは，各自がボールを持っているので相手からの直接妨害はなく，狙ったところにボールを正確に運ぶところに特性がある．

　いずれも，他人との競争で相手より優れたいという欲求の充足を満たすことができ，「勝つための工夫を楽しむこと」に特性がある．また，自己記録を対象として楽しめる所にも機能的特性がある．体力的側面では巧みな動きや持久力の向上，情意的側面では協力の大切さに気付ける等の効果的特性がある．

(2) 分類論

　図14-1は，ボールゲームをゲーム形式に基づいて分類したものである．単数ボール型ゲームは，攻撃と防御が1つのコートのなかで入り乱れる攻防相乱型と，地理的条件もしくは時間的条件によって攻撃と防御が分離されて進行する攻防分離型に分類される．前者の攻防分離型は攻守分離系，後者は攻守交代系とも呼ばれる．さらに，攻守分離系は，味方の連係プレーが存在する連係プレー型と，連係のない攻守一体プレー型に細分される．また，攻防相乱型は仲間との連係の仕方や得点の仕方から，シュートゲーム型と陣取りゲーム型に細分される．

　このように，ゲームを分類することで，それぞれのゲームの位置づけが明確になると同時に，攻撃の戦術課題とその系統性が「的を突く」「ズレを突く」「ズレを創って突くパスを入れる」と鮮明になる．

　平成20 (2008) 年度学習指導要領以降のゲームの分類は，ゴール型，ネット型，ベースボール型と型で示すようになったことは評価できる (表14-1)．しかし，ネット型は一見わかりやすいが，この分類では種々の問題を内在している．たとえば，バレーボールにゴールがあるという認識は生まれないし，戦術課題がサッカーやバスケット

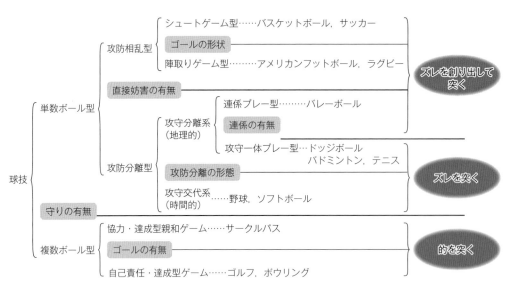

図14-1 球技の分類と攻撃戦術課題の体系

(林修, 後藤幸弘（1997）ボールゲーム学習における教材配列に関する事例的研究. スポーツ教育学研究, 17（2）: 105-116より改変)

表14-1 平成29年改訂学習指導要領における小学校1年から中学校2年までのボール運動・球技領域に示された種目一覧

学　年	小学校1・2年生	小学校3・4年生		小学校5・6年生	中学校1・2年生
領　域		ゲーム		ボール運動	球　技
段　階	初歩のゲーム※	やさしいゲーム		簡易化されたゲーム	公式ゲームの学習※
ゲームの分類	ボールゲーム ボール投げ ボール蹴り	ゴール型	ハンドボール ポートボール	バスケットボール サッカー ハンドボール	バスケットボール ハンドボール サッカー
			ラインサッカー ミニサッカー		
			タグラグビー フラッグフット	タグラグビー フラッグフット	
	鬼遊び	ネット型	ソフトバレー プレルボール	ソフトバレー プレルボール	バレーボール 卓球, テニス バドミントン
		ベースボール型	キックベースボール※	ソフトボール ティーボール	ソフトボール

※：具体名は記されていないが, 内容から類推して名付けた.（文部科学省（2017）をもとに作表）

ボールと同じように, ズレを創って突くパスを入れることであることの理解にいたり難い. 端的にいえばバレーボールは6人ゴールキーパーがいるシュートゲームであるという発想は生まれないであろう. さらに, バレーボールは, バスケットボールの仲間というよりも, ボレーという特性からサッカーの仲間と考えた方がよいという発想も生まれない.

演習課題 バドミントンはネット型（地理的分離型）のゲームであるが, 卓球・テニスとの同質性と異質性を考えよう.

2．パスの種類と機能

（1）パスの種類

　　パスの種類を，バスケットボールにおけるチェストパスやショルダーパスといった旧来の考え方では，それぞれの球技にある沢山のパスを教えなければならないことになる．各種のボールゲームで用いられるドリブル，パス，シュート，クリアを個別の技術と捉えるのではなく，ドリブルは自分へのパス，パスは仲間へのパス（これだけをパスと考えてはいけない），シュートはゴールへのパス，クリアはゾーンへのパスと押さえる新しいパスの種類の理解が，世界に800以上ある球技で，どの球技で何を教えるかを措定するうえで重要である．

　　このようにパスの種類を押さえると，それぞれのパスを可能にする身体操作法は限りなくあることが理解されるとともに，新たに創出することもできるようになる．また，ボールを持った際に，何をすればよいのかの判断もしやすくなる．すなわち，まずシュートができるかを考え，これができないのでパスやドリブルによってシュートができる状況を作ることが課題になるのである．

（2）パスの機能

　　パスの機能は，ボールを運ぶ，ズレを創る（一般には横パス），突く（縦パス），の3つにまとめられる．このことによってパスは何のためにするのかの理解が容易になる．すなわち，パスまたはドリブルでボールを自分の考えた場所に運び，防御の背後にボールを出すことにつながるズレを生み出し，そのズレを利用して防御者の背後にボールを運ぶ（突く）ことができるのである．その究極がゴールへのパスと言えるシュートとなる．

3．ボールゲームのカリキュラムと基本的指導法

（1）カリキュラム

　　ゲームの本質は，勝つための工夫を楽しむことにある．勝つための工夫には，戦術，技術，体力，ルールの4つの要素がある．しかしながら，限られた学校体育の時間のなかで，すべてに習熟させることは不可能である．したがって，4つの要素の何で勝つための工夫を楽しめるかを考えれば，先人によってその有効性が確かめられている，仲間の力を勝つためにどのように使うかの作戦（戦術）を学習の中心にしなければならないことは容易に理解されよう．換言すれば，戦術課題を系統的に学習させる戦術学習が重要になる．

　　図14-2は，作戦のやりやすさを基に考えたゲーム・ボール運動領域における教材配列カリキュラムである．すなわち，学習すべき戦術課題が他の型のゲームに比べ豊富にあり，判断力を高めるうえでも評価される攻防相乱型シュートゲームの学習に

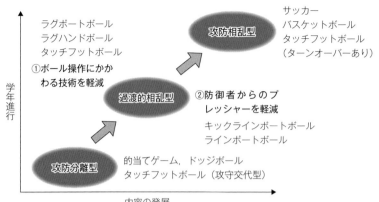

図14-2　ゲーム・ボール運動領域における教材配列案

(林修, 後藤幸弘（1995）ゲーム領域における教材（学習課題）配列に関する事例的検討－攻防分離型から攻防相乱型への移行・発展の有効性－. Proceeding of the 2nd Tsukuba International Workshop on Sport Education, 55-65)

向けて体系化したものである.

　また, これは**図14-1**に示したボールゲームの攻撃戦術課題の体系, 突くを幹として, マトを突く, ズレを突く, ズレを創り出して突く, の3つの階層とも対応するものである.

　また, 攻防分離型は, 敵に邪魔されずボール操作に集中していかにシュートするかであるため比較的容易に戦術を実行できるのに対し, 攻防相乱型になると, 相手の直接妨害のあるなかでいかにシュートするかという難しい課題となる. そのため, 攻防分離型から攻防相乱型へと移行・発展させる過渡期のゲームとして攻防相乱型における作戦遂行上の困難さを軽減した過渡的相乱型ゲームを位置づけている.

　すなわち, 過渡的相乱型ゲームは, 攻防相乱型ゲームにおける作戦遂行の困難さを軽減したもので, ボール操作にかかわる技術を軽減する方法と, 防御者からのプレッシャーを軽減する2つの方法で作成されている. たとえば, 前者ではドリブル等でボールを操作しながら相手をかわす技術をボールを持って走ってもよいとか, バレーボールでワンバウンドまでならボールを地面に落としてもよいなどの工夫がある. 後者では, コートの一部に防御者の侵入できない（安全）ゾーンを設置することで, 防御者の直接的な防御を受けないで判断とボール操作に集中させる工夫である. この2つは, スポーツ素材の特性と子どもの適時期に応じて別々に, あるいは同時に用いてもよい.

　この考え方に基づき作成した義務教育段階のカリキュラム試案が**図14-3**である. 小学校1年生から中学校2年生までに戦術課題を系統的に学ばせ, 攻防相乱型シュートゲームに立ち上げ得ると考えられるゲームが下に示す8つの基準に基づき選択・配当されている.

　・教育内容の精選：戦術課題の系統の7つの段階にできるだけ少ないゲームを配当する.

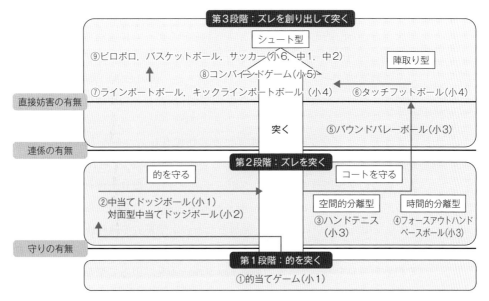

図14-3 小学1年生から中学2年生までのゲーム配当案

(北山雅史，廣瀬武史，藤井隆志，後藤幸弘（2005）攻防相乱型シュートゲームに立ち上げる小学校期のゲーム学年配当試案－ゲーム様式と戦術課題に系統性を基に－．兵庫教育大学実技教育研究，19：1-10)

・作戦遂行の容易さ：ゲーム形式を攻防分離型から過渡的相乱型を経て攻防相乱型へと移行・発展させる．

・触球機会と技能向上の保障：各ゲームの必要最低人数でゲームを行い，順次ゲーム人数を増加させる（攻防相乱型ゲームにおけるゲーム人数の最小単位は4人）．

・課題達成の困難度の原則：攻防相乱型シュートゲームでは，ズレを創り出して突くという課題達成の困難度を考慮し，ゴールの大きさを順次小さくする．

・適時性：各学年の発達段階を考慮する．

・経済性：施設用具の簡便性等を考慮する．

・制度性：学習指導要領の内容を考慮する．

・基本動作の習得：ヒトの基本動作様式（移動系，操作系）を用いるように配慮する．

（2）各学年段階に配当するゲームの選択・抽出

図14-3で階層化された戦術課題のうち，最下段の的を突くは，守る相手がいない状況でスコアを競い合うゲームで，達成的な楽しみ方をするものである．また，的を突くという戦術課題は，狙ったところにボールを送るという意味において，すべてのボールゲームに共通する最も基本的な課題である．

この第1段階は，一人ひとりが確実に課題解決に取り組める自己責任型ゲームで，難しい用具操作がなく，簡単な技能で楽しめる的当てゲームからスタートし，動く的当てゲームのドッジボールに移行する．また，時間的に攻守交代するならびっこベースボールも1年生のゲームとして相応しい．

第2段階のズレを突くは，相対峙する相手のズレを突くゲームである．守る対象の大きさから，的を守るゲームとコートを守るゲームに大別される．前者には，守備者のいる的当てゲームやドッジボールなどのゴール（的）を守るゲームなどが含まれる．これらのゲームのなかでは，投・捕・走・跳のヒトの基本的な4つの動作を含み持ち，ゲームを通してこれらの基本的動作が複合・局面融合できるドッジボールがよい．

　すなわち，ドッジボールは相手に直接妨害されることなく，集団で戦術的な動きを遂行でき，作戦の基礎を学ばせ得る点で，低学年のゲームとして貴重な教材である．戦後の学習指導要領にドッジボールが一貫して取り上げられていた理由もここにある．ドッジボールは，中当て型と対面型があり，1年生では中当て型が相応しく，2年生で中当て型から対面型へ発展させるのが学習者の適時性に合致している．したがって，止まった的を突くゲームの次の段階に位置付けるゲームとして，動く的を守る相手のズレを突くゲームであるドッジボールを，中当て型から対面型に発展的に配列されている．

　次に，コートを守るゲームは，系統的に低学年の的を突くゲームおよび的を守るゲームと，高学年の攻防相乱型のゴールを守るゲームをつなぐゲームとして位置づくので，中学年に配当されている．このゲーム群は，空間的に攻守が分離したゲーム（地理的攻防分離系）と時間的に攻守が分離したゲーム（攻守交代系）に分けることができ，後者の方が作戦の遂行は容易で，やさしい技術で楽しめるように工夫できる．したがって，中学年児童の発達段階に相応しいと考えられたハンドテニス（インサイ）とフォースアウトハンドベースボールが配当されている．

　最後の第3段階は，味方同士で連係して積極的にズレを創り出して突くことが戦術課題になるゲームで，集団の戦術的な動きが勝敗を決定するという点で，第1・2段階のゲーム群と大きく異なる．

　ズレを創り出して突くゲームは，直接妨害ができるかどうかの視点によって，バレーボールのような攻守分離・連係プレー型とサッカーやバスケットボール等の攻防相乱型に大別される．学習指導要領においては，直接妨害のない攻守分離・連係プレー型ゲームのバレーボール型ゲームは，中学年から位置付けられている．テニス型ゲームと同様にコートを守るゲームであるが，味方の連係プレーによって相手のズレを積極的に創り出すところにテニス型と異なる特徴がある．したがって，3年生には，2年生のテニス型のハンドテニス（インサイ）から発展的に学習できるバウンドバレーボールが配当されている．

　一方，直接妨害のある攻防相乱型のゲームは，時々刻々と変化する状況に合わせて，チーム全員が的確な状況判断のもとにプレーしなければ作戦が成功しない．4年生以降にこの形式のゲームの適時性があるので，第3段階のズレを創り出して突くという課題を攻防相乱れる状況で学習するゲームを配当した．

　過渡的相乱型ゲームには，最初にボール操作技術のやさしい時間的分離型の要素を

取り入れた攻防相乱陣取り型ゲームのタッチフットボールを配当した．このゲームは，ハドルによって随時作戦（フォーメーションプレー）を確認し，遂行できる点も利点である．

　次に，学習指導要領に示されているバスケットボールに対応し，コート上に一部分離の要素を取り入れた過渡的相乱型シュートゲームとしてサイドマン付きラインポートボールとラインポートボールを配当した．また，サッカーに対応してサイドマン付きキックラインポートボールとキックラインポートボール，Run ランサッカーを配当した．

　最後に，ズレを創り出して突くことが戦術課題となる攻防相乱型スモールゴールシュートゲームのバスケットボールおよびサッカーを小学校高学年（6年）・中学校1・2年生に配当した．さらに，運動様式の観点から，用具を用いてボールを操作する簡易ホッケー（ピロポロ）を位置付けるのもよい．

　なお，6年生に配当したバスケットボールおよびサッカーと，4年生に配当したラインポートボールおよびキックラインポートボールを結びつけるゲームとしてコンバインドゲーム（第8章，pp91-92参照）が5年生に配当されている．コンバインドゲームは，4年生と6年生に配当した4つのゲームで用いるボール操作技術を駆使し，攻防相乱型シュートゲームの総体を学ぶことができるものとしてスピードボールを参考に開発したゲームである．

　ところで，サッカーとバスケットボールは，攻防相乱型シュートゲームであるので，課題ゲーム作成に当たっては，同じ原理・原則を用いることができる．しかし，表14-2に示した点で違いがあるので配慮が必要である．

　ゴールは，サッカーでは垂直に設置されているため防御ができるが，バスケットボールでは，ゴールにあたるリングが空中に水平に設置されているため，シュートされたボールを防ぐことはできない．ドリブルは，いずれも自分へのパスであるが，バスケットボールは床とのワンツーパスの連続であるため，サッカーに比べると攻撃側が有利な状況となり，ドリブルでの突破がやりやすい．時間的ルールは，サッカーはボレーのスポーツ，一方，バスケットボールは，ボールをホールドできるスポーツである．この違いは攻撃側に有利に働き，防御側がボールを奪うことが難しく，極端な場合，バスケットボールは1ゴールを決めた後は，ボールキープで逃げ切る作戦が可能になる．こうした作戦は，ゲームの面白さを著しく阻害するので，バスケットボールには時間的制約のルールが多いのである．オフサイドは，バスケットボールにもあり，3秒ルールは，ゴール前で身長の高い人が待ち伏せすることを防ぐことに本質がある．

　さらに，バレーボールは，形式は攻防分離型ゲームであるが，攻撃戦術課題はサッカーやバスケットボールと同じズレを創り出して突くパスを入れるである．これらの種目に共通する教育内容は，パスの機能，パスの種類，フェイントの原理と方法，戦術行動の基本，ルールの意味と意義にまとめられる．

　ところで，バスケットボール特有のピボット動作は，4種類あり，防御技術ではな

表14-2　サッカーとバスケットボールの相違点

	サッカー	バスケットボール
①ゴール	垂直（守れる）	水平（守れない）
②ドリブル	自分へのパスの連係	床を介してのワンツーパスの連続
③時間ルール	少ない （ボールをキープするのが困難）	多い （ボールをキープしやすい）
④オフサイドルール	両方にある．サッカーだけでバスケットボールにないのではない．	

く攻撃技術である．したがって，ピボット動作の未習熟な者はバスケットボールのつまずきの要因になるのでその指導が重要な教育内容になる．

（3）ボールゲームの４つの指導法と問題点

　ボールゲームの指導の難しさは，戦術的判断とボール操作技術を同時に高めながら身に付けさせなければならないところにある．特に，攻防相乱型ゲームでは，ゲームが途切れなく続くため，瞬時の判断に基づく行動の成果の確認が難しい．子どもがなぜその場面でその技術を選択したか，の問いに対し，その理由をゲーム後に振り返って考えることは容易でない．この難しさを克服することが，ボールゲームの指導の課題である．図14-4にボール運動の代表的な指導法を示した．

　Aは基本技能→応用技能→ゲームと学習を進めていく，基礎から応用へという方法である．技術とゲームとのかかわりが理解できないと何のための技術練習か不明であり，そのため，練習した技術をゲームに生かしきれないという問題が生じる．

　Bはゲームを中心とする方法である．技術はゲームで活かされて初めて技能となり，そうした技能は，ゲームのなかでこそ学習されるという考え方に基づいている．個人技能や集団技能に応じたレベルのゲームを学習しながら，ゲームレベルを高めていく学習過程である．この方法は，ゲームを学習すること，集団技能がチームの戦術として学習できる点でAの方法より優れている．しかし，ゲームのなかで学習させるべき内容が頻出する保証はない．ゲームの発展が系統的に段階を踏んでいない目標の不明確な学習では，子ども達は進むべき方向が判らず，低レベルのゲームに終始してしまう可能性がある．

　Cはボールゲームで学習しなければならない課題を，ボールを獲得する，ボールを前に運ぶ，ボールを目標とするところに運ぶ，味方を助ける，相手を妨げる，の５つとし，それらをゲームレベルに応じて分習しながらゲームレベルを高めていく方法である．しかし，ボールを前に運ぶとボールを目標に運ぶの違いが明確でなく，ゲームの構成要素の分類に問題点がある．

　Dは技術に裏打ちされた戦術を課題ゲームを通して学習させる方法である．課題ゲームを通しての学習は，前記ABの弱点を保障しようとするもので，教えたい内容が頻出するゲームを用いての学習である．

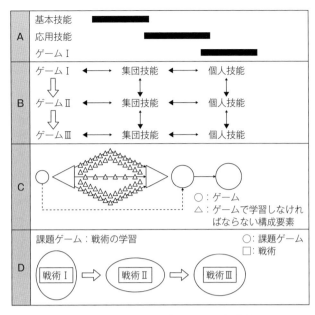

図14-4　代表的なボール運動の指導法

(梅野圭史，辻野昭（1980）体育分野における学習指導の基本問題，197-213．辻野昭，松岡博編，教育大学教科教育講座第11巻，保健体育科教育の理論と展開．第一法規出版；Schaller HJ（1976）Zur Systematik der Lehrvefaren im Bereich der Sportspiels. In: Andressen R, Hagendorn G（Hrsg.）Zur Sportspiel-Forschhung. Bartels und Wernitz,S.151ff)

（4）戦術学習の重視

　勝つための工夫を楽しむこととは作戦を立てることで，作戦を立てる行為の意味とは，楽しさを引き出すために目標を設定（課題を明確にする）するという行為にほかならない．ゲーム場面で子どもが楽しめない原因は，ボール操作技術の未熟さと，どこへ動いたらよいかわからない，の2つである（図6-12，p52参照）．

4．攻防相乱型ボールゲーム学習の実際（6年生バスケットボール）

（1）単元設定

　バスケットボールは，敵味方が入り乱れているなかで横パスでズレをつくり，ゴール前への突破を担うプレーヤーに突くパスである縦パスを通すことを戦術課題とする攻防相乱型シュートゲームである．ゴールは動かない仲間でシュートは突くパスの極致になる．

　本単元をつらぬく軸を，組織的なフォーメーションプレーの生成とした．バスケットボールでは，状況に応じて担う役割は変化するが，ゲーム人数は戦術行動を保障する最少人数の4人とした．

　また，基本技術（第6章参照）は，ドリブル，パス，シュート，ピボットの4つであることから，これらの技能を高めていくことをねらいとした．**図14-5A**は，こ

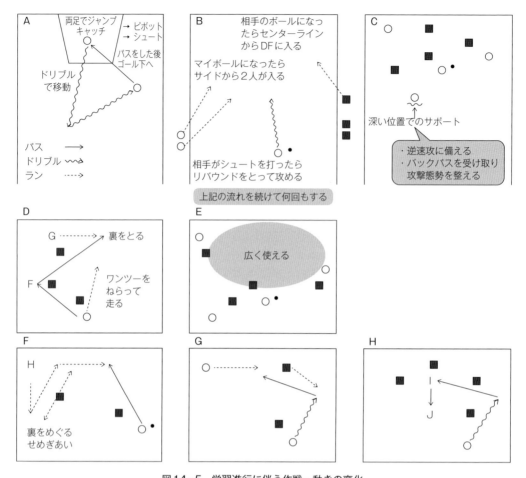

図14-5　学習進行に伴う作戦・動きの変化

（後藤幸弘，上原禎弘編著（2012）内容学と架橋する保健体育科教育論．219-222，晃洋書房）

れらすべての技術を含みこませたピボットターンシュートで，単元を通してスキル
ウォームアップとして取り組ませた．ピボットをする際は，左右の足をそれぞれ軸足
としたフロントターンとリバースターンの4種類のピボットに取り組ませた．また，
フォーメーションプレーを志向したときに，速攻や遅攻での基本的な動きの習熟が必
要であるので，3対1，3対2の速攻ゲーム（**図14-5B**）と遅攻ゲーム（ハーフから
遅攻で攻める）を授業前半に取り入れ，シュート成功率が高くなるゴール下での攻防
に重点化して気づきを生み出そうとした．

2）単元目標

○速攻や遅攻の場面で，ポジションに応じためあてを設定してプレーしている．

○比較思考や仮定思考からの気づきを交流し，作戦成功に向けて互いの動きを高め
　ようとしている．

○攻守が入り乱れているなかでも，ピボットをする，おとりになって走るなど，ズ
　レを創り出して突くプレーをしようとしている．

○フォーメーションプレーを生み出すために，状況判断をしてプレーすることができる．

3）単元計画

第1次：シュートをたくさん打とう！（3時間）

○速攻が中心になることから，たくさんシュートを打つためには，速い動きとパス回しが大切なことを理解する．

第2次：ノーマークでシュートを打とう！（3時間）

○遅攻が中心になることから，シュート成功率が一番高い最重要空間のなかで，ノーマークでパスを受けることができるかを観点に，作戦を立案して遂行しようとする．

第3次：ゲーム大会を開こう！（3時間）

○相手に応じて作戦を考える．

○速攻と遅攻の作戦を使い分けてプレーをする．

4）学習の実際

①ゲーム様相の変化

a．速攻頻出期

単元の序盤は速攻が中心となった．子ども達の動きをみると，相手ボールになったときにはオフェンスが戻ることに意識が向いていなかったため，逆速攻をゆるしてしまう場面が多々みられた．当然のように，子ども達は速攻を止めようとするポジションを考え始めた．すなわち，攻撃しているときにセンターラインに近い位置で逆速攻に備えるポジションに1人を配置したのである．このポジションは深い位置でのサポート（図14−5C）といえ，逆速攻に備えるばかりではなく，前線へのパスコースがなくなったときに，バックパスをもらい，もう一度攻撃態勢を整える役割を担うこともできる．この深い位置でのサポートに気づけたことは，子ども達の作戦が遅攻に移行するうえで，きわめて大切な学習になった．

その後は，逆速攻をしかけて走っても守られるので，ドリブルで攻め上がる動きがみられるようになった．しかし，ディフェンスに囲まれどのようにすればよいのかがわからず，戸惑う姿がみられた．このような問題状況を受け，課題を「囲まれたらどうする？」と提示し，子ども達と解決していくことにした．

子ども達は，囲まれた状況を打破するために，いろいろと試行錯誤する姿がみられ，気付いたことを以下のように学習カードに書いてきた．

A児「囲まれている時になかなかボールが出せなくて，ピボットをしたらいいのに，ピボットをやらずに遠い人にパスをして相手に取られてしまった．もし，ピボットをして一番近い○○さんにパスをしていたら，前があいていたからドリブルしてシュートをしたら入っていたかも．」

B児「こうげきのポジションが『く』の字になっていたら，パス＆ランをしてワンツーが成功したと思うから，次の授業のめあてにしたい．」

C児「ピボットをしたら，後ろにいる子にバックパスをしたらいい.」

　この仮定思考を活用した内容を子ども達に紹介しながら，ピボットでズレをつくる，「く」の字をつくってパス＆ランをし，ワンツーを成功させる，バックパスも選択肢の1つ，の3つをクラス全体で共通確認した. なお，ワンツーに関しては，角度を変えることに意味があり，さまざまな場面で活用できることも同時に指導した.

　すると，「ピボットをすると，すぐズレができるから，囲まれても大丈夫だった」など，囲まれたときでも落ち着いてプレーできるようになってきた. また，「くの字にチャレンジすると，相手が走りまわっていた」「くの字をされると守りにくい」と「くの字」のよさも実感できるようになった.

　b. 遅攻模索期

　ピボットをした子のボールをとりに行く，ワンツーを仕掛けてボールを受ける，というプレーは多々みられるようになったが，そこでプレーが止まってしまう状況もみられた. すなわち，3人目が意図的に動けていなく，3人目の動きをめぐって2人のプレーヤーから責められている場面がみられた. 話を聞くと，ワンツーをしかけようとD児からボールをもらったのだが，ディフェンスに守られていて，D児にリターンパスを出せなかった. だから，ピボットで他のプレーヤーにパスをしようとしたけど，他のプレーヤーがボーッとしていてパスが出せなかったというのである. このような問題状況は，他のチームでもみられたので，集合させ，「3人目の動きを考えよう」を課題とすることにした. 以下は，黄色チームの学習カードである.

　　E児「FくんとGさんのパスは通ったけど，1.5 m くらいの近さだったので，もうちょっと2人の位置を遠くした方がいいことを作戦タイムで話すと，Gさんが遠くに行って裏をとっていたから，3人目のパスが通ってシュートがきまりました.」

　図14-5D は，学習カードに書かれていた，裏をとる動きを図にしたものである. このように，F児にパスをしたときに，ワンツーをねらいながらも，ゴール下のG児が上手に裏をとれ，ノーマークになったことから，パスが通りシュートが成功したのである. この動きを取り上げ，裏をとることが有効であることを確認した. また，ディフェンスを背中にしてパスを受け，ピボットでシュートをするような，ディフェンスにわざとくっついて裏をとる方法もあることを，プレーを再現させ確認した.

　また，ドリブル突破にかかわって互いの主張をゆずらない場面もみられた. 話を聞くと，女児2人は「オープンスペースが空いていて私たちはノーマークだったのに，見ていなくてボールがこなかった」という. ドリブル突破した男児は「ボール保持の時間は長かったけれど，気がつけば前があいていたから，ドリブルでゴール下まで行き，シュートをした」という. このチームは，ボール非保持者がディフェンスを引きつける役割を担っていたので，ドリブルからシュートできたとの理解ができていなかった. そこで，図14-5E のように，プレーヤーがオープンスペースとなっているサイドに位置することによって，ディフェンスが広がり，真ん中が広くなることを再

現するなかで，引きつける動きの大切さを確認した．

　ここでは，裏をとる動きとディフェンスを引きつける動きを学んだが，いずれも
きっかけは，子ども達のトラブルからであった．しかし，その内実は，よりよいプレー
をしようとする気持ちの表れから生起したもので，動きにこだわる姿の１つである．
授業でトラブルが生じることは学習が飛躍する契機になる．教師はトラブルが起こっ
たと笑って対処し解決できる力量を備えていなければならない．

　　c．フォーメーションプレーの確立期

　実際に子ども達が考え，成功させた作戦は，裏をとる，引きつける，ポストプレー
の３つに整理することができた．

　図14−5F は裏をとってシュートを決めたプレーである．特に，H 児は前に出て
ディフェンスを誘い出し，ディフェンスが前に出てきたときに合わせてゴール下に走
り込み，ボールをもらってピボットをしてシュートを決めた．この H 児とディフェ
ンスの裏をとろうとする・とらせないようにするの攻防はずっと続いており，H 児
はタイミングを変えたり方向を変えたりして，常にゴール下へ入る機会をうかがって
いた．図14−5F のプレーは，ボール保持者がパスを出せるタイミングで走り込んだ
素晴らしいプレーであった．

　図14−5G は相手を引きつけてシュートを決めたプレーである．このプレーは，
ボール非保持者ではなくボール保持者がディフェンスを引きつけたプレーである．す
なわち，ボール保持者は同じ場所でドリブルを続けており，ディフェンスがきたとき
に抜こうとすると，もう１人のディフェンスがカバーに来たときにゴール下のプレー
ヤーにパスをするのである．これは，ドリブル突破してディフェンスがこなければ
シュートをねらえばいいし，カバーにくればゴール下にパスを入れるという，ドリブ
ルが得意な子を活かした作戦となった．

　図14−5H は，ポストを活かしたプレーで，ゴール下にディフェンスが密集して
いることから，ポストに位置する I 児はシュートをうたずに，外にいる J 児に出して
ノーマークでシュートをうたせる作戦である．このポストに入れる作戦は有効で，後
ろにディフェンスがいなければピボットターンしてシュートをするプレーもみられ
た．

　このように，単元後半にはチームごとにフォーメーションプレーが確立してきた．
そして，子ども達はボール非保持者が他のディフェンスを引きつけていることを理解
し，シュートが成功した際，「引きつけてくれてありがとう」と声をかける場面もみ
られるようになった．

　攻撃が組織だってくると，ディフェンスもその動きについていこうと，腰を低くし
速い動きについていこうとする姿や，マークの声が聞かれるようになった．攻撃の質
が向上すると守備の質も向上するのである．

　　②夢中・没頭する姿

　子ども達は作戦タイムになると，比較からの気づきを伝えたり，言葉と動きで伝え

たりする姿がみられた．また，プレーヤーに同化し試合をみながら「よし」「今」とつぶやく姿もみられた．これらも，夢中になる・没頭する姿の表出と読み取れる．

5．判断力を高める球技の指導

（1）判断力にかかわる要因

　図14-6は，状況判断の過程とそれにかかわる要因の構造を示している．状況判断力は，過去の経験・時空間の認識・戦術の理解等によって構築された判断基準に基づき，プレーの成否が再び過去の経験にフィードバックされる仕組みとなっていることを示している．したがって，判断力を高めるには，情報の入力→判断→プレー→フィードバック→判断基準の形成という一連のサイクルを，的確にかつ，数多く経験させる必要がある．

（2）判断力の育成を企図した課題ゲームの実践

　図14-7は，判断力育成のための課題ゲームとして開発したＰ＆Ｓバスケットのルールとコート条件である．ルールと意図は以下のとおりである．
　①ゲーム人数は，攻防相乱型シュートゲームにおいてすべての戦術行動を可能とする最少人数の，4人対4人である．
　②攻撃するゴールのあるコート（フロントコート）の3ポイントラインからでることのできないプレーヤー（ポストマン）を配置する．これは，戦術の基本である速攻の出現を容易にするとともに，遅攻時には相手を背負い，前線へのパスの供給を行うポスト型のプレーを担うことも企図している．なお，ポストマンはこのゾーンから出ることはできないため，攻撃側には4対3の数的優位が保障され，判断したことを行いやすくするための技能的負担を軽減するようにしたものである．なお，ポストマンは味方がシュートを打てば順次交代する．
　③コートの両端1.5mにはディフェンスが入ることのできないサイドゾーンを設けている．これは，ディフェンスからの圧力を地理的に分離することで軽減し，技能が未熟であっても意図したことを遂行しやすくするための2つ目の工夫である．しかし，ここでのプレーには一切の制限はない．すなわち，サイドゾーンからドリブルで切り込んで攻め上がること，パスを通すこと，シュートを打つこともできる．

（3）通常のゲームによる学習との成果の比較

　小学校6年生を対象に，単元前半はラインポートボールで，後半はＰ＆Ｓバスケットでズレを創り出し突くパスをいれることを学習するPS群と，単元を通して通常ルールのバスケットボールで学習するBB群を設定し，その効果を比較した．
　図14-8に示したように，Ｐ＆Ｓバスケットを用いた授業の方が状況判断遂行能

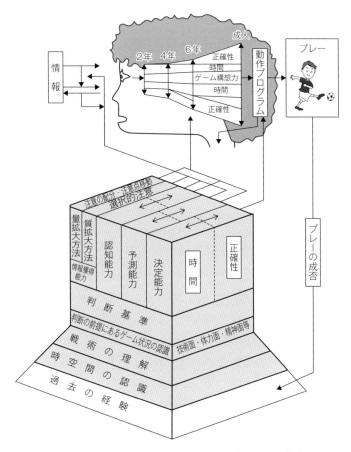

図14−6　状況判断の過程とそれにかかわる要因の構造
（窪田眞希人，中西充宏，後藤幸弘（2001）状況判断力評価法の試案とその基底的要因，ならびに
発達過程の検討．日本スポーツ教育学会第20回記念国際大会論集，461−466）

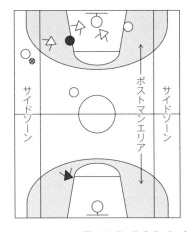

・課題：ズレを創って突くパスを入れる
・人数：4対4
・ルール：バスケットボールのルールに以
　　　　　下の点を追加．
（1）ポストマンはフロントコートの2
　　　点エリア内からでられない．味方が
　　　シュートを打つと，その役割を次の
　　　プレーヤーと交代する．
（2）サイドゾーンにはディフェンスは
　　　入れない．オフェンスはその使用に
　　　一切の制限はない・
※4対4で行うが，実質は4対3となり，
　攻撃側の数的優位を保持している．
※攻撃戦術の遂行には一切の支障はない．

図14−7　P＆Sバスケットのルールとコート条件
（中島友樹，佐々敬政，筒井茂喜，後藤幸弘（2017）小学校高学年児童を対象とした状況判断
能力を高めるバスケットボールの授業実践事例．スポーツ教育学研究，37（1）：19−31）

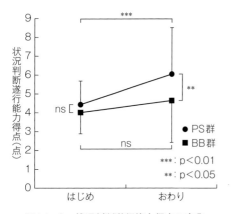

図14-8 状況判断遂行能力得点の変化
（中島友樹，佐々敬政，筒井茂喜，後藤幸弘（2017）小学校高学年児童を対象とした状況判断能力を高めるバスケットボールの授業実践事例．スポーツ教育学研究，37（1）：19-31）

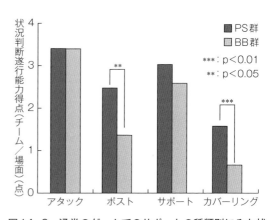

図14-9 通常のゲームでのサポートの種類別にみた状況判断遂行能力得点の比較
（中島友樹，佐々敬政，筒井茂喜，後藤幸弘（2017）小学校高学年児童を対象とした状況判断能力を高めるバスケットボールの授業実践事例．スポーツ教育学研究，37（1）：19-31）

力得点を向上させ得た．また，役割別で比較すると，**図14-9**に示したように，ボール保持時の判断力には両群で差はみられなかったが，ポスト，パスカットに備えるカバーリング，ならびにサポートのボール非保持時の判断についての得点がPS群で顕著に向上していることが認められた．

このことは，BB群では「パスを使うと攻撃がしやすい」などの抽象的な表現に留まっていたが，PS群では「逆サイドがらあきなことに気がついた」「味方からいつもパスがもらえるようにしておくことが大切」など，スペースやサポートに関する具体的な記述が学習カードに多くみられたことからも伺われた．

すなわち，ラインポートボールを通して，突くパス（シュート）をゴールマン（P＆Sバスケットのポストマンに相当）に送るためには，ズレを創るパスが不可欠であることが学ばれ，また，速攻を防ぐためには，必ず誰かが後ろにおり，攻めつつ守るカバーリングの重要性を学んでいた．

また，PS群の方が，意図的な攻撃が遂行された指標と捉えられる攻撃完了率が高いこと，ズレ創出パス（ボールとゴールとの間に結んだ架空の直線から左右45°よりも外側へのパス）を多く用いること，最重要空間（3秒ルールによって位置することが制限される攻撃するゴール下の台形の中）でのシュートの割合が有意に高かった．これらは，シュート成功率の高い最重要空間に人とボールを送り込むための横パスを有効に用いての攻撃が行われていたことを示している．

すなわち，ラインポートボールとP＆Sバスケットの2つの課題ゲームを通しての学習は判断力を高め，通常ルールのバスケットボールに転移されていた．

また，P＆Sバスケットによる判断力の評価基準は，児童にも理解できるように記述されているため，判断力を測定することに留まらず，学習者の自己認識の方向性に気づかせる指標として利用できる．

一例を示せば，お互いのゲームを観察しながら，ポストの位置にいるＡ児がパスコースを塞がれている状況（情報の入力）で，ボール保持者から離れてパスコースを確保した事象（プレー）について，Ｂ児が「今の判断もいいけれど（フィードバック），その場でディフェンスを背にしてパスがもらえるようにしてごらん（判断基準の形成）」と助言する場面がみられた．これによって，Ａ児はさらによい判断とは何なのかを知り，それを実現するための具体的行動を学んだのである．

6．課題ゲーム作成の留意点とその具体例

（1）攻防相乱型シュートゲーム・ボールゲームカリキュラム

　攻防相乱型シュートゲームにおける課題ゲーム作成時の留意点を表14-3に示した．また，以下に攻防相乱型ボールゲームのカリキュラムを学年ごとに述べる．

1）小学校低学年

　低学年は，神経系の発達が著しいうえに活動欲求が非常に強く，自己中心的で子ども自身が動くことに最大の興味関心がある時期である．そこで，ボール操作技術と対人的身体操作である体の巧みな動きを身に付けることができる課題ゲームを採用した．したがって，自分へのパスの連続であるドリブルや相手をかわすフェイント動作の習得と，的（ズレ）を突く戦術課題の学習を目標とする地理的攻防分離型の課題ゲームを中心とした．すなわち，ドリルゲームの図14-10Aの8の字ドリブル，図14-10Cのスルットシュートゲームを，スキルウォームアップとして行うようにした．

　図14-10A「8の字ドリブルゲーム」は，ズレを創る動きの習得を目標としたドリブル技術獲得のゲームである．3ｍの間隔に置かれたコーンをドリブルで周り，1周すれば4点が与えられる．ズレを創るボールの動かし方と突くドリブルの習得を目標とし，インサイドのみ，アウトサイドのみ，右足のみ，左足のみ，の4つの方法で角度を変えてボールを運べれば十分で，速さは追及しない．

表14-3　「課題ゲーム」作成の留意点

---

1) 学習課題が頻出する仕組み
 ・教育内容（課題）の措定
 ・地理的分離の要素を入れる(攻撃側の数的優位の保障)
 ・ビッグゴール制を採用する(ゴール複数化も含む)
 ・学習課題に沿ったプレーにインセンティブを与える
2) ゲーム人数を少なくする
 ・ゲーム人数の最小単位は4人
3) 固有の運動特性を損なわない
 ・そのスポーツ固有の面白さが失われない
4) 技能の個人差が吸収される仕組み
 ・地理的分離の要素を入れる(プレッシャーの軽減)

(後藤幸弘，松田聡，田中謙（2009）サッカー型「課題ゲーム」の批判的検討．兵庫教育大学研究紀要，35：137-150)

しかし，子どもは競争したがる特性を持つので，ウォーミングアップとしての機能が終われば，30秒間に何点とれるかのタイムリミット制で競争させるのもよい．この8の字ドリブルは，ワークリミット制でも行えるが，タイムリミット制で行う方が授業のマネジメントとしては効果的である．

　図14-10B「ツーゴールドリブルサッカー」は，サッカーの基本技術であるドリブル技術の習得に効果的であるとともに，相手をかわす動作の獲得に役立つ．また，ドリブルの本質的課題である相手との兼ね合いでボールの方向を変える戦術を学習できるように企図したものである．

　図14-10C「スルットシュートゲーム」は，向かい合った2人の間に置いたハードルをくぐらせ，相手にパスを出すゲームで，1分間に何回パスが通ったかを他のグループと競うものである．単元の最初は，相手が受けやすくボール速度もゆっくりな丁寧なパスを通すことを心がけさせる．そして，ダイレクトパスで回数を競うようにさせることで課題性を高めることも可能である．さらに，相手がトラップできなければ得点となるようにルールを変化させれば，課題性を高めたゲームになる．なお，休息は，完全休息ではなくコート内でその場での正確なパスの練習をさせる積極的休息とすれば，さらに効率的な授業展開になる．

　図14-10D「ドリパスゲーム」は，A，Bで練習したドリブルとCで練習したパスを活かし，相手をかわして味方にパスを通す「課題ゲーム」で，ゴールゾーン内で味方がトラップできれば得点となる．すなわち，「ツーゴールドリブルゲーム」にパスを加え，ゴール側の味方プレーヤーは，トラップ技術の習得とパスコースを読む戦術を学習させることを企図したゲームである．また，ゴールゾーンに2人味方を配置することによって技能レベルが低くてもゲームが成立するようにした．

　図14-10E「サイドサイドゲーム」は，中央のプレーヤーとサイドのプレーヤーの間でつながったパスの本数を競うゲームである．ズレを創ってパスを入れる戦術を学習し，縦のパス（突く）だけでなく，横へのパス（ズレを創る）も加わることで，パスの受け手も体の向きをボールのくる方向に向けなければならず，サポートで使うボールの受け方の練習にもなるように企図したものである．また，2カ所のサイドゾーンを設けることで，攻撃側に数的優位（3対1）を保障している．ダイレクトパスでつながれば得点を倍とし，課題とするプレーが頻出するようにインセンティブを与え課題性を高めることもできる．

　単元終盤のまとめのサッカー大会の前に，サッカー大会で行うサイドマン付きキックラインポートボールを体験させる時間を1時間設けた．このゲームは，単元で学習した戦術行動が，より高いレベルのゲームにおいて発揮できるかを試すとともに，中学年段階の導入ゲームとなることを企図している．

2）小学校高学年

　高学年では，競争心，向上心，社会性がさらに高まり，ボール保持者以外の動きにも関係したサポートができるようになる．そして，サッカーは片足のスポーツという

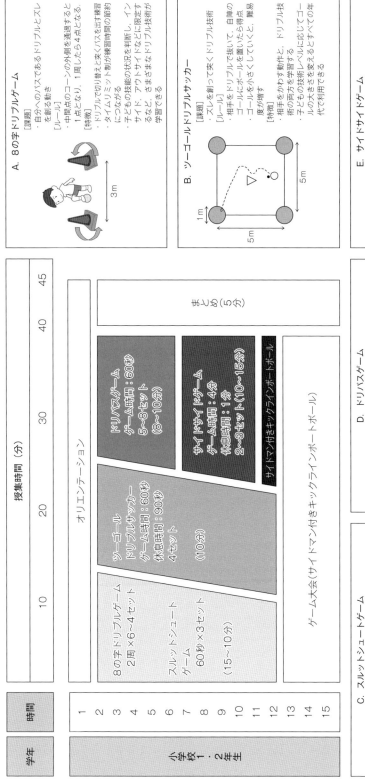
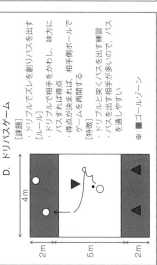

図14-10 低学年の単元カリキュラムとそこで用いる課題ゲーム

（田中譲（2013）義務教育段階における「課題ゲーム」を用いたサッカーカリキュラムの提案－体力向上も目指して．大阪産業大学人間環境論集．12：161-179）

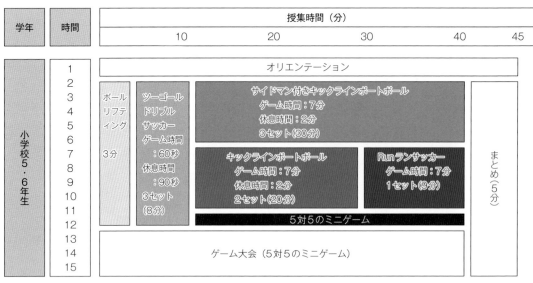

学年	時間	授集時間（分）					
			10	20	30	40	45

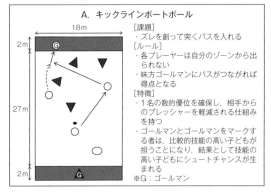

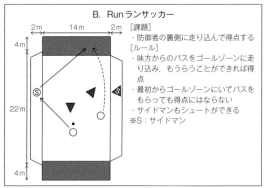

図14-11　高学年の単元カリキュラムとそこで用いる課題ゲーム

（田中譲（2013）義務教育段階における「課題ゲーム」を用いたサッカーカリキュラムの提案－体力向上も目指して－. 大阪産業大学人間環境論集，12：161-179）

ところに大きな特徴があり，バランス能力が成人の域に近づくこの時期では，ボールスピードをコントロールできるようになる．したがって，ズレを創って突くパスを入れる攻撃戦術を攻防相乱型課題ゲームで学習させるようにした．また，戦術理解が深まりチームワークが勝敗に大きく影響することが理解でき，持久力の向上も期待できるようにした．

　図14-11は，高学年の単元カリキュラムとそこで用いる課題ゲームである．

　高学年では，「サイドマン付きキックラインポートボール」は5対5で行わせる．そして，単元の後半では，数的優位を減じた「キックラインポートボール」を学習させる．

　「キックラインポートボール」は，センタリングと走りこんでボールをもらう戦術課題を除くすべての戦術が学習できる．このゲームはゴールを3等分し，中央のゾー

ンでパスを受ければ2点，他のゾーンであれば1点とすることによって課題性を高めることができる．ゴールマンがダイレクトでフィールドプレーヤーに戻して，ゲームを継続させ，ゴール前でのポストプレー的戦術を学習させることもできる．

　これまでの課題ゲームでは，防御の裏側に走りこんでボールをもらう動きと，そこへ突くパスを入れる戦術行動を学習する場面がほとんど生じない．しかし，ディフェンスの裏側に走りこんでボールをもらう戦術も学習させなければならない．

　図14−11B「Run ランサッカー」は，その戦術行動を学習させる課題ゲームである．すなわち，このゲームは，ワンツーパスで相手の背後に走りこむプレーが必要となるように企図されたもので，ゴールゾーンで待ってパスを受けても得点とはならない．

　ゲーム大会は，5対5のミニゲームで行わせる．

3) 中学校1・2年生

　中学校では社会性のさらなる発達とともに，筋力もつき始めるので，サッカーの醍醐味の1つである豪快なシュートが可能なゲームも学習させるようにした．そして，義務教育の最後であるので，生涯にわたってスポーツに親しむことができるよう公式ルールでゲームができるようにした．

　図14−12は，中学1・2年を対象とした単元カリキュラムと課題ゲームである．

　「ボールリフティング」は，センタリングからの攻撃にも対応するため，ヘディングのリフティングも加える．この段階からはゴールキーパーが必要となるので，離れた距離でパントキックやドロップキックを蹴り合いキャッチする練習も加える．

　図14−12A「ゴール付き Run ランサッカー」は，「Run ランサッカー」に，ゴール（用具）を設置し，ゴールへのシュートを意識させようとしたものである．これは，豪快なシュートというサッカーの醍醐味を保障し，公式ゲームで必要となるゴールへのシュート技術の習得も企図したものである．このゲームは，ゴールキーパーを加えているが，その際，シュートの成功感を保障しつつキーパーの練習を考えると，キーパーをゴールの前ではなく後ろに配置することもできる．

　図14−12B「シュートゲーム」は，さらにゴール前でのコンビネーションからのシュートに特化した課題ゲームである．すなわち，サイドゾーンを設け攻撃側の数的優位を保障するとともに，サイドからの攻撃を導きやすくし，センタリングからのシュートも意識したものである．そして，このゲームでは，ゴールキーパーの学習も企図しているが，ゴールエリア付近でゴールキーパーとプレーヤーの接触の危険性を防止するために，攻撃側のプレーヤーは，ゴールエリア内には入れないようにした．

　「7対7のサイドゾーン付きハーフコートゲーム」は，コート内にサイドゾーンを設けサイドマンを配置したゲームで，攻撃側の数的優位を保障しているが，攻防相乱型の条件でプレーするプレーヤーの数が多くなっている．なお，このゲームでは，サイドゾーンでのドリブルを禁止し，ワンツーや走り込んでパスを受けてセンタリングを行うプレーが頻出することを企図している．

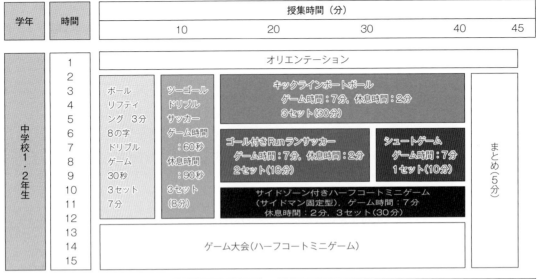

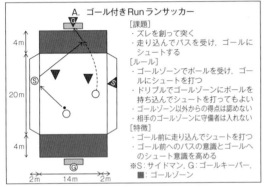

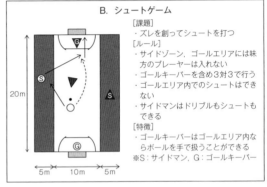

図14-12　中学1・2年の単元カリキュラムとそこで用いる課題ゲーム

（田中讓（2013）義務教育段階における「課題ゲーム」を用いたサッカーカリキュラムの提案−体力向上も目指して−．大阪産業大学人間環境論集，12：161-179）

　また，このゲームは，攻撃は外側から，守備は内側からの戦術行動を学ばせようとしたものである．つまり，外側からの攻撃は，ズレを創り出すものであり，防御をゴール前から引き出す戦術を学習させるゲームである．

　ゲームレベルが高まれば，サイドゾーンの使用を自由にし，サイドマンを固定せず攻撃側はいつでも何人でもサイドゾーンに入れるようにすると，ゲームの流動性は増し，公式ルールのゲームに近づくことになる．この場合にも，守備側はサイドゾーンに入れない．

　ゲーム大会は，ハーフコートの7人制ミニゲームで行う．このゲームは，「7対7のサイドゾーン付きハーフコートゲーム」からサイドゾーンを除いたもので，最終段階の公式ゲームに近いものである．

4）中学校3年生

　中学3年生では，義務教育段階の最終学年であること，さらに，選択制が採用されているので，サッカーを生涯にわたって楽しめるようになることを目標とした．さらに，ゲーム大会の運営を審判も含めて主体的にできるようになることも目標にした．

　ここでの公式ゲームは，ハーフコートにおける8対8のゲームで，日本サッカー協会が示す10歳以下の公式ゲームを意味する．なぜなら，正規の11対11では90分間のゲームであっても，ボールに多く触れるプレーヤーで120回程度，時間にして2分強であることから，ゲーム人数が多くなればゲームに参加できない生徒が生じる可能性が考えられるからである．

演習課題　○キックラインポートボール，ラインポートボールは，非常に完成度の高い攻防相乱型シュートゲームの教材で，小学校中学年から大学生においても，サッカーやバスケットボール学習の下位教材として適合性があり，有効性が高い．その理由を考えましょう．

　ところで，サッカーとバスケットボールは，同じ攻防相乱型シュートゲームであるので，課題ゲーム作成に当たっては，同じ原理・原則を用いることができる．しかし表14-2（p202参照）に示した異同があり，この点への配慮が必要である．

7．時間的攻防分離型ゲーム（ベースボール型）を対象とした課題ゲームを通しての学習の具体

（1）ベースボール型ゲームに必要な能力

　図14-13は，ベースボール型ゲームに必要な能力を示している．すなわち，投げる，捕る，打つ，走塁，ルール理解，作戦立案の6つの能力と，それらに支えられた判断力である．また，その具体の最低必要レベルも合わせて示した．

　ベースボール型ゲームの運動課題は，「打者・走者とボールの速さ比べ」ということができ，味方が投げた打ちやすいボールは最低打てなければならないし，自分の正面に飛んできたボールはつかめなければ仲間が助けようもないのである．したがって，著者らは児童期では味方が投げたボールを打つことで始まるフォースアウトハンドベースボールが楽しめるようになればよいと考えている．

（2）ベースボール型ゲーム教材開発の留意点

　ベースボール型ゲームは，戦術課題を解決する方法が多様であるため，課題ゲームを用いた学習方法に適した種目である．教材開発に当たっては以下の点に留意する．

　①触球機会を保障するため，コートは60°のフェアゾーンを基本とし，少人数制で行う．

　②多様なプレーの出現を保障するため，4つのベースをダイヤモンド型に置く．

　③打撃機会を保障し，ゲーム時間条件をできるだけ均一にするため，打者一巡イニング交代制を採用する．

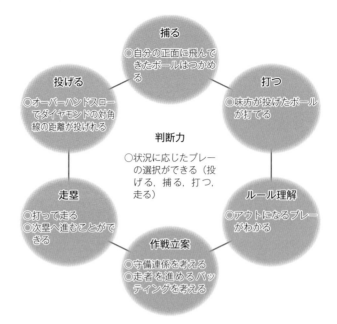

図14-13　ベースボール型に必要な能力
（廣瀬武史，北山雅央，藤井隆志，三好千春，後藤幸弘（2004）小学校期におけるベースボール型ゲーム
カリキュラム作成の基礎的研究−発達段階に応じた教育内容の措定−．大阪体育学研究，42：31-46）

④動くボールを打つ楽しさを味わわせるため，味方ピッチャー制を採用する．

⑤多様なプレーを引き出すため，イニング満塁スタート制を採用する．

⑥連係プレーを引き出すため，守備得点を設ける．

　ゲームは少人数の方がボールにかかわる機会が増す．ベースボール型においては5〜6人が望ましいため，フェアーゾーンは60°とした．三角ベースではなく4つのベースを配置する方が判断すべき状況が増加し，多様なプレーを導き出すことができる．ベースボール型の楽しさの特性である打撃については，味方が打ちやすいボールをトスする方がバッティングを保障し，ゲーム時間の短縮にもつながる．そして，守備のフォースアウトや連係プレーは，走者満塁の状態から始めると学習が進めやすくなる．さらに，守備のインセンティブを高めるため守備得点制度を導入する．

（3）ベースボール型ゲームの例

1）ならびっこベースボール

　「ならびっこベースボール」（図14-14）は，ベースボール型ゲームで必要な捕る，打つ能力の習得と，アウト，セーフ，ファールの理解を教育内容とした課題ゲームである．

　ゲームは5〜6人で行う．ルールはバッティングサークルから打ったボールが捕球され，そのプレーヤーを先頭に守備チームのメンバーが1列に並ぶ前に1塁に当たるコーンを回ってサークルに戻れば得点となる．フライを直接捕球したら守備得点1

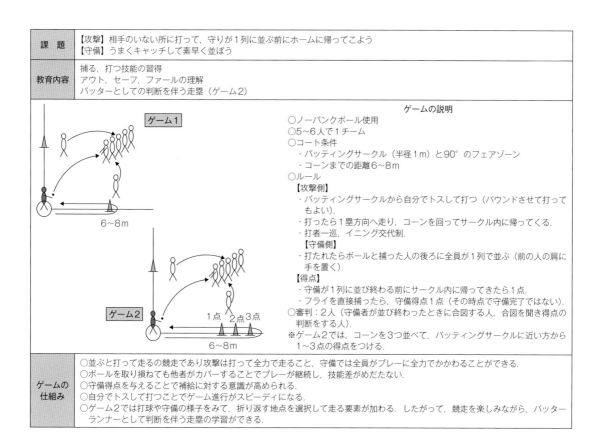

課　題	【攻撃】相手のいない所に打って，守りが1列に並ぶ前にホームに帰ってこよう 【守備】うまくキャッチして素早く並ぼう
教育内容	捕る，打つ技能の習得 アウト，セーフ，ファールの理解 バッターとしての判断を伴う走塁（ゲーム2）

ゲームの説明
○ノーバンクボール使用
○5～6人で1チーム
○コート条件
　・バッティングサークル（半径1m）と90°のフェアゾーン
　・コーンまでの距離6～8m
○ルール
【攻撃側】
　・バッティングサークルから自分でトスして打つ（バウンドさせて打ってもよい）.
　・打ったら1塁方向へ走り，コーンを回ってサークル内に帰ってくる.
　・打者一巡，イニング交代制.
【守備側】
　・打たれたらボールと捕った人の後ろに全員が1列で並ぶ（前の人の肩に手を置く）.
【得点】
　・守備が1列に並び終わる前にサークル内に帰ってきたら1点.
　・フライを直接捕ったら，守備得点1点（その時点で守備完了ではない）.
○審判：2人（守備者が並び終わったときに合図する人，合図を聞き得点の判断をする人）.
※ゲーム2では，コーンを3つ並べて，バッティングサークルに近い方から1～3点の得点をつける.

ゲームの 仕組み	○並ぶと打って走るの競走であり攻撃は打って全力で走ること，守備では全員がプレーに全力でかかわることができる. ○ボールを取り損ねても他者がカバーすることでプレーが継続し，技能差がめだたない. ○守備得点を与えることで補給に対する意識が高められる. ○自分でトスして打つことでゲーム進行がスピーディになる. ○ゲーム2では打球や守備の様子をみて，折り返す地点を選択して走る要素が加わる．したがって，競走を楽しみながら，バッターランナーとして判断を伴う走塁の学習ができる.

図14-14　ならびっこベースボール

（廣瀬武史，北山雅央，藤井隆志，三好千春，後藤幸弘（2004）小学校期におけるベースボール型ゲームカリキュラム作成の基礎的研究－発達段階に応じた教育内容の措定－．大阪体育学研究，42：31-46）

点を与える.

　攻撃側は相手のいない場所を狙って打ち，守備側はうまくキャッチして1列に素早く並ぶことが課題となるゲームである.

　並ぶと打って走るの競争であり，攻撃では打って走ること，守備では全力で並ぶことで全員がプレーに参加することができる.

　さらに，ゲーム2ではコーンを3つ並べ，バッティングサークルから近い方から1～3点の得点をつければ，折り返す地点を選択して走ることになり，バッターランナーとしての判断を試すゲームになる.

　ファーストベースの距離を決める際，セーフになる確率が高い距離を基準とし，徐々にセーフになる確率を減らすように距離を延ばすよう工夫すると，課題性が高まり，子どもの判断力と達成感・成就感と結びつき，学習成果を高めることに結びつく.

　このゲームは，次の点で優れた課題ゲームといえる.

　・全員が参加できる

　・全力を尽くさなければならない

課題	【攻撃】相手のいない所をねらって打とう，ゴロとフライを判断して走ろう 【守備】フォースアウトをねらって相手に得点させないようにしよう
教育内容	フォースアウト，タッチアウトのルール理解と，これにかかわるボール操作能力の習熟 ランナーとしての判断を伴う走塁

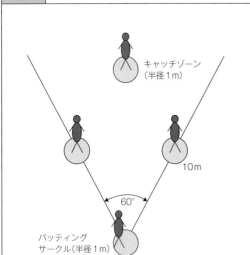

ゲームの説明

○ノーバンクボール使用
○5～6人で1チーム
○コート条件
　・60°のフェアゾーンでダイヤモンド型に4つのベースを配置．
　・ベースは半径1mのキャッチゾーンとする．
○ルール
【攻撃側】
　・打者一巡，イニング交代制．
　・常に満塁で攻撃開始．
　・バッティングサークル内で味方がトスしたボールを手で打つ（投げる場所はバッターが指定する）．
　・空振りとファールをストライクとしストライク3つでアウト．また，見逃しも含めて5球でアウト．
　・盗塁とリードはなし．
【守備側】
　・走っているランナーにボールでタッチしたらアウト．
　・捕ったボールをフォースアウトできる塁になげるか，捕った本人がサークルへ走り込む．
　・フライアウト，フォースアウト，タッチアウトになった時点，ランナーが先に進めなくなった時点で守備完了．
【得点】
　・守備完了までにホームに帰ってきた人数が攻撃得点．
　・アウトにかかわった人数が守備得点．

キャッチゾーン（半径1m）

10m

60°

バッティングサークル（半径1m）

ゲームの仕組み	○常に満塁で攻撃することで，ランナーはゴロのときには走る，フライのときには走らない．守備者はバックホームが第1の選択肢であり，後は近くの塁にボールを送ってフォースアウトをとるというように，判断が複雑にならない． ○ピッチャー，バッター，ランナーをローテーションすることで，攻撃側もほとんどの児童がプレーに参加することになる．特にランナーとしての走塁の学習機会が多くなる． ○アウトにかかわった人数を守備得点とすることで，塁上にいる味方に送球してのフォースアウトプレーの価値が高められ，ゲーム中に投げる，捕る機会が増えるようにしている．

図14-15　フォースアウトハンドベースボール

（廣瀬武史，北山雅央，藤井隆志，三好千春，後藤幸弘（2004）小学校期におけるベースボール型ゲームカリキュラム作成の基礎的研究−発達段階に応じた教育内容の措定−．大阪体育学研究，42：31-46）

・技能差が吸収される：走に対する能力差が顕在化しにくく，キャッチミスも目立たない
・課題が明確である
・ルールが単純である
・判断力が養える：相手の並ぶ速さとどのベースを回るべきかの判断力が試せる
・戦術の創意工夫ができる
・相手に制御されないので，自由に同じ条件で攻撃できる

2）フォースアウトハンドベースボール

　「フォースアウトハンドベースボール」（図14-15）は，ベースボール型ゲーム教材開発の留意点を満たす完成度の高い課題ゲームである．課題は，攻撃側では相手のいない所へ打つこと，走者はゴロとフライの判断をして走ること，守備側ではフォースアウトを狙って得点させないことである．

　ルールは常に満塁で攻撃が開始され，味方がトスしたボールを打つことで始まる．空振り，ファールをストライクとし，ストライク3つ，または見逃しストライクも

含め5球でアウトになる．守備側は，走っているランナーにタッチする，捕ったボールをフォースアウトできる塁に投げる，捕った本人が塁に走りこめばいずれもアウトになる．フライアウト，フォースアウト，タッチアウト，ランナーが先に進めなくなった時点で守備は完了する．守備完了までにホームに帰ってきた人数が攻撃得点となり，アウトにかかわった人数が守備得点になる．

このゲームは，満塁で始めることでゴロで走りフライで走らないという判断と，守備はバックホームが第1の選択，あとは近くの塁にボールを送ってフォースアウトをとるというように，判断が単純化されている．そして，ピッチャー，バッター，ランナーをローテーションすることで，攻撃側もほとんどの児童がプレーに関与できる．

8．地理的攻防分離型ゲーム（ネット型）を対象とした「課題ゲーム」を通しての学習の具体

（1）バレーボールの教材化のための本質的理解

バレーボールの楽しさは，ラリー，意図的なボールコントロール，協力してプレー，攻防の駆け引きであり，これらの楽しさを味わわせなければならない．

つまり，バレーボールは，ゲーム分類論で述べたように6人のゴールキーパーが守るゴールに，突くパスを入れるシュートゲームであるということを理解させることである．セッターのトスは，ブロッカーを外すためのものであり，これらの連係プレーは，攻防相乱型シュートゲームの攻撃戦術課題である「ズレを創って突くパスを入れる」そのものである．このことを踏まえ，次の問題に答えてみよう．

演習課題
①バレーボールは，サッカーの仲間かバスケットボールの仲間かを考えよう？
　（バレーボールの本質は）
②バレーボールにゴールはあるか？
③公式の6人制バレーボールは，6人（　　　　　）のいる（　　　　　）
　ゲームである．
④バレーボールの最少ゲーム人数は？（　　　　）人
⑤バレーボールでキャッチを認めることの是非は？
⑥返球までの回数をフリーにすることの是非？

（2）バレーボールの具体例
1）サークルスパイク（シュート）ゲームⅠ・Ⅱ

「サークルスパイク（シュート）ゲームⅠ」（図14-16）は，バレーボールの基本技術であるスパイク，レシーブ，トスをすべて用いて，1対1で3段攻撃を行うゲームである．中央の円をゴールと見立て，そこへスパイクを打ち込む．相手側のプレーヤーは，ゴールに打たれたスパイクをレシーブし，トスを上げ，ゴールに向けスパイクを返す．これを繰り返す．

ボールは，ゴールを通過するためワンバウンドとなり，技能の低い生徒でもレシーブしやすくなる．3段攻撃で返球すれば2点，そうでなければ1点とすると課題性が

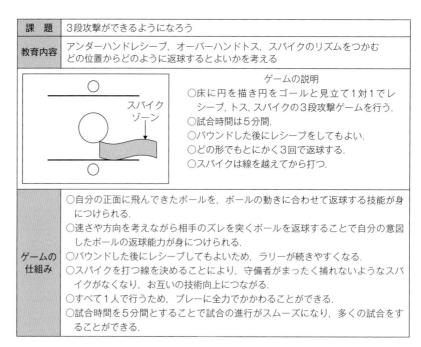

課　題	3段攻撃ができるようになろう
教育内容	アンダーハンドレシーブ，オーバーハンドトス，スパイクのリズムをつかむ どの位置からどのように返球するとよいかを考える

ゲームの説明
○床に円を描き円をゴールと見立て1対1でレシーブ，トス，スパイクの3段攻撃ゲームを行う．
○試合時間は5分間．
○バウンドした後にレシーブをしてもよい．
○どの形でもとにかく3回で返球する．
○スパイクは線を越えてから打つ．

ゲームの 仕組み	○自分の正面に飛んできたボールを，ボールの動きに合わせて返球する技能が身につけられる． ○速さや方向を考えながら相手のズレを突くボールを返球することで自分の意図したボールの返球能力が身につけられる． ○バウンドした後にレシーブしてもよいため，ラリーが続きやすくなる． ○スパイクを打つ線を決めることにより，守備者がまったく捕れないようなスパイクがなくなり，お互いの技術向上につながる． ○すべて1人で行うため，プレーに全力でかかわることができる． ○試合時間を5分間とすることで試合の進行がスムーズになり，多くの試合をすることができる．

図14−16　サークルスパイク（シュート）ゲームⅠ

高まる．3回以内で返球しなければならないが，それ以下の回数でもよい．

「サークルスパイク（シュート）ゲームⅡ」は上記のゲームを2対2で行うものである．このゲームでは2名に役割が生じ，チーム内での連係プレーを導き出すことになる．さらに，スパイクのコースを読み，レシーブの隊形を整える判断力の育成にも役立つ．

2）バドミントンコートによる4人バレー

バドミントンコートを用いた4人制バレーボールは，6人制のゲーム要素を満たしながら，ボールにかかわる機会を6人制より増加させる．

ルールは，ネットを斜めに張り中央に線を入れ，身長の高い子どもは低いネットでスパイクとブロックができない．サーブがネットに届かなければ，味方が一度触れてから入れてもよい（お助けサーブ）．さらに，ボールはコートにバウンドしたものをレシーブしてもよい．これらの工夫は，技能の低い子どもにもプレー参加を保障するとともに，仲間意識を高めることにも効果的である．しかし，これらのルールは，単元後半はゲームレベルの向上とともに削除する．

なお，以上のゲームで使用するボールは，正しいオーバーハンドパスの習得には適していないという理由で，ソフトバレーボールを用いることは避けたい．

・後藤幸弘，林修，佐伯卓也（1998）バスケットボールの教材化に関する基礎的研究−ゲーム人数ならびにコートサイズの変化に伴うゲーム内容の変化から−．兵庫教育大学・実技教育研究，12：73−86．

・後藤幸弘，松下健二，井上直郁（2000）ピボットの未熟はバスケットボールにおける技術的つまずきの基底的的要因か−ピボット動作の巧拙とシュート・パス技能の関係から−．兵庫教育大実技教育究紀，14：57−65．

・後藤幸弘，藤田宏，日高正博，本多弘子（2002）範例学習に依拠した中学校体育科における選択制授業モデルの提案−攻防相乱型シュートゲームを対象として−．兵庫教育大学研究紀要，22：23−32．

・後藤幸弘（2007）種目主義を超えた義務教育段階ボールゲーム・カリキュラムの構築−ゲーム形式と戦術課題ならびに適時期に基づいて−．兵庫教育大学研究紀要，30：193−208．

・後藤幸弘，松田聡，田中謙（2009）サッカー型「課題ゲーム」の批判的検討．兵庫教育大学研究紀要，35：137−150．

・後藤幸弘，田中謙，福田修一，山本忠志（2010）サッカー「課題ゲーム」の運動強度の検討−体力の向上にも配慮した学習過程の作成に向けて−．日本教科教育学会，33（2）：31−40．

・後藤幸弘，上原禎弘編著（2012）内容学と架橋する保健体育科教育論．晃洋書房．

・後藤幸弘（2016）サッカーのキックについての運動学総論．宝塚医療大学紀要，3：107−120．

・後藤幸弘，筒井茂喜，辻敏明（2016）ボールゲームにおける状況判断能力の発達過程．兵庫大学論集，21：75−87．

・後藤幸弘（2021）体育科におけるボール運動・球技の「教育内容」としてのルール・技術・作戦についての考え方．兵庫教育大学学校教育紀要，34：261−270．

・林修，後藤幸弘（1995）ゲーム領域における教材（学習課題）配列に関する事例的検討−攻防分離型から攻防相乱型への移行・発展の有効性−．Proceeding of the 2nd Tsukuba International Workshop on Sport Education，55−65．

・林修，後藤幸弘（1997）ボールゲーム学習における教材配列に関する事例的研究．スポーツ教育学研究，17（2）：105−116．

・日高正博，佐藤未来，後藤幸弘（2014）バドミントンのオーバーヘッドストローク（クリアー）の動作得点作成の試み−動作とシャトルスピードの関係から−．日本教科教育学会誌，37（2）：91−97．

・日高正博，松岡準人，灘本雅一，後藤幸弘（2020）連係プレイを高めるソフトボール課題ゲーム」の単元時間縮減とその有効性の検討−先行12時間実践と8時間実践の比較を通して−．宮崎大学教育学部紀要，94：1−12．

・廣瀬武史，北山雅央，藤井隆志，三好千春，後藤幸弘（2004）小学校期におけるベースボール型ゲームカリキュラム作成の基礎的研究−発達段階に応じた教育内容の措定−．大阪体育学研究，42：31−46．

・廣瀬武史，北山雅央，藤井隆志，後藤幸弘（2005）小学校期における各学年段階に応じたベースボール型ゲーム教材の選定・開発．大阪体育学研究，43：19−31．

・本多弘子，中西充宏，後藤幸弘（2001）ルール条件によるボールゲームにおける児童の「動き」を高める工夫に関する研究．日本スポーツ教育学会第20回記念国際大会論集，497−502．

・川崎梨子，日高正博，後藤幸弘（2023）バレーボール教材におけるルール変更がゲーム様相に与える影響．宮崎大学教育学部附属教育協働開発センター研究紀要，29：83−96．

・北山雅央，廣瀬武史，藤井隆志，後藤幸弘（2005）攻防相乱型シュートゲームに立ち上げる小学校期のゲーム学年配当試案−ゲーム様式と戦術課題に系統性を基に−．兵庫教育大

学実技教育研究，19：1−10.
・窪田眞希人，中西充宏，後藤幸弘（2001）状況判断力評価法の試案とその基底的要因，ならびに発達過程の検討．日本スポーツ教育学会第20回記念国際大会論集，461−466.
・松本靖，後藤幸弘（2007）戦術の系統に基づいて考案されたサッカー「課題ゲーム」学習の有効性−高学年児童を対象として−．スポーツ教育学研究，26（2）：89−103.
・文部科学省（2017）中学校学習指導要領（平成29年告示）解説「保健体育編」．東山書房.
・灘本雅一，山下将貴，日高正博，後藤幸弘（2017）戦術の系統に基づいて考案されたベースボール型課題ゲーム教材の積み上げ単元学習の有効性．日本教科教育学会誌，39（4）：71−82.
・中島友樹，佐々敬政，筒井茂喜，後藤幸弘（2017）小学校高学年児童を対象とした状況判断能力を高めるバスケットボールの授業実践事例．スポーツ教育学研究，37（1）：19−31.
・中西充宏，窪田眞希人，後藤幸弘（2001）バスケットボールの特性に触れさせる児童用課題ゲーム教材の開発．日本スポーツ教育学会第20回記念国際大会論集，485−490.
・中西充宏，辻延浩，後藤幸弘（2003）児童のバスケットボールに見られる「だんご状態」を解消する方法−コート上における範囲の制限線を設けないで−．兵庫教育大学実技教育研究，17：1−9.
・野津一浩，下田新，後藤幸弘（2013）児童の「つまずき」の実態とその解決策からみた教育内容−陸上運動・ボール運動領域を対象として−．大阪体育学研究，50：21−33.
・奥野暢通，長野文和，後藤幸弘（2015）バレーボールのオーバーハンドパスの指導法に関する基礎的研究−熟練者・経験者と未熟練者，未経験者の筋電図ならびにフォームの比較からの検討−．四天王寺大学紀要，59：179−198.
・佐々敬政，千原啓輔，筒井茂喜，後藤幸弘（2013）教育内容の明確な普遍的体育科カリキュラムの確立に向けて（Ⅲ）−「ゲーム」領域と「基本の運動」領域を融合させた実践−．兵庫教育大字研究紀要，42：125−135.
・佐々敬政，筒井茂喜，日高正博，後藤幸弘（2020）「ボレー」による小学校ネット型教材と指導過程の提案−「キャッチバレーボール」との比較から−．学校教育学研究第，33：95−104.
・Schaller HJ（1976）Zur Systematik der Lehrvefaren im Bereich der Sportspieis. In: Andressen R, Hagendorn G（Hrsg.）Zur Sportspiel-Forschhung. Bartels und Wernitz, S.151ff.
・田中譲（2011）サッカー「課題ゲーム」を用いた課題解決的学習の成果−高学年児童の体力向上に焦点化して−．日本教科教育学会誌，34（2）：41−50.
・田中譲（2013）義務教育段階における「課題ゲーム」を用いたサッカーカリキュラムの提案−体力向上も目指して−．大阪産業大学人間環境論集，12：161−179.
・田中譲，松田光弘，渡邊健一，後藤幸弘（2016）中学生を対象とした「課題ゲーム」を用いたサッカー授業の成果について−体力向上も目指して−．大阪産業大学人間環境論集，15：73−83.
・田中譲，河野成伸，後藤幸弘（2018）中学生女子を対象としたサッカー「課題ゲーム」を用いた授業の効果−ミニサッカーの授業との比較から−．大阪産業大学人間環境論集，17：79−96.
・梅野圭史，辻野昭（1980）体育分野における学習指導の基本問題，197−213．辻野昭，松岡博編，教育大学教科教育講座第11巻，保健体育科教育の理論と展開．第一法規出版.
・山本貞美（1986）「並びっこベースボール」の実践．体育科教育，56（6）：24−27.

[田中　譲・中島友樹・佐々敬政・筒井茂喜・日高正博・後藤幸弘]

第15章

武　　道

1．武道の特性

　　武道には，日本古来の尚武の精神に由来する，近代に入ってからの言葉，現代では，柔道・剣道・弓道・なぎなた・相撲・合気道・空手道・少林寺拳法などの総称，武士が理想とした文武両道や質実剛健が求められる，武士道を体現する身体技法で武士としての精神性を養う道，日本古来の身体文化ないしは運動技術を表す総称，形を重んじる「守・破・離」[注1]，といった特性がある．

　　しかし，その原型の柔術や剣術等は，本質的には殺傷性が根源にあり，肉を切らせて骨を切る，骨を切らせて髄を切るの世界であった．先人はこの特性を排除するためにさまざまな工夫をしてきたのである．その1つは礼の重視であり，剣道の残心，柔道の一本の精神である．柔道における一本の精神は，技の完成度を高めなさいということの暗喩なのである．また，工夫の足跡は教材化の道ということができる．

　　日本武道協議会は，昭和62（1987）年に武道の新たな発展を期し，基本的な指針を掲げて武道憲章とするとして以下のように示している．

　　　　武道は，日本古来の尚武の精神に由来し，長い歴史と社会の変遷を経て，術から道に発展した伝統文化である．

　　　　かつて武道は，心技一如の教えに則り，礼を修め，技を磨き，身体を鍛え，心胆を錬る修業道・鍛錬法として洗練され発展してきた．このような武道の特性は今日に継承され，旺盛な活力と清新な気風の源泉として日本人の人格形成に少なからざる役割を果たしている．

　　　　いまや武道は，世界各国に普及し，国際的にも強い関心が寄せられている．我々は，単なる技術の修練や勝敗の結果にのみおぼれず，武道の真髄から逸脱することのないよう自省するとともに，このような日本の伝統文化を維持・発展させるよう努力しなければならない．

　　　　ここに，武道の新たな発展を期し，基本的な指針を掲げて武道憲章とする．

　　　　（目的）第一条：武道は，武技による心身の鍛錬を通じて人格を磨き，識見を高め，有為の人物を育成することを目的とする．

注1）守破離とはそもそも兵法用語であったものを千利休が茶道の修行観に転用し，現在では，剣道や茶道で，修業上の段階を示したものである．守は型や技を確実に身につける段階，破は発展する段階，離は独自の新しいものを確立する段階とする解釈が一般的である．

（稽古）第二条：稽古に当たっては，終始礼法を守り，基本を重視し，技術のみに偏せず，心技体を一体として修練する．

（試合）第三条：試合や形の演武に臨んでは，平素錬磨の武道精神を発揮し，最善を尽くすとともに，勝っておごらず負けて悔まず，常に節度ある態度を堅持する．

（道場）第四条：道場は，心身鍛錬の場であり，規律と礼儀作法を守り，静粛・清潔・安全を旨とし，厳粛な環境の維持に努める．

（指導）第五条：指導に当たっては，常に人格の陶冶に努め，術理の研究・心身の鍛錬に励み，勝敗や技術の巧拙にとらわれることなく，師表にふさわしい態度を堅持する．

（普及）第六条：普及に当たっては，伝統的な武道の特性を生かし，国際的視野に立って指導の充実と研究の促進を図るとともに武道の発展に努める．

（昭和62年4月23日制定：日本武道協議会）

なお，スポーツでは練習という言葉を使うが武道の世界では稽古という．両者は，次のように定義されている．ここにも武道の特性がある．

武道・芸道では日々の技を習得する過程を稽古と呼ぶ．稽には考えるという意味があり，先人の技を編み出したいきさつや技の原理などを考えながら実践すること．稽古の過程で守・破・離が説かれるのもそのためである．互角稽古，引立稽古，捨て稽古，掛かり稽古，約束稽古などがある．

練習とは，新しい技術を身に付けたり，技能の習熟や体力の改善のため，動作の反復繰り返しを行うことである．

演習課題 柔道，剣道，すもう等の個別武道の特性を比較し，まとめよう．

2．学習指導要領における武道の位置づけ

（1）戦後の武道の採用経過（小史）

昭和22（1947）年：学校体育指導要綱（すもうは中・高とも陸上競技として示される）

昭和25（1950）年：学校における柔道の実施について（文初中500号：中学校以上の学校教育として柔道を行ってよい）

昭和26（1951）年：中学校・高等学校学習指導要領保健体育科体育編（中・高とも男子について柔道が選択教材として示される）

昭和26（1951）年：学校における弓道の実施について（文初中577号：中学校以上の体育の教材として弓道を行ってよい）

昭和27（1952）年：学校におけるしない競技の実施について（文初中289号：中学校以上の体育の教材として「しない競技」を行ってよい）

昭和28（1953）年：学校における剣道の実施について（文初中第385号：高等学校以上実施可能な学校においては行ってもよい）

昭和32（1957）年：学校剣道の実施について（文初中285号：従来，中・高校で行っている「しない競技」と高校で行っている「剣道」）

昭和33（1958）年：中学学習指導要領で，相撲，剣道，柔道などの武道が格技という名称で授業が行われる．

平成元（1989）年：学習指導要領で格技から武道に名称がもどされた．

以上のような経過を経て，平成20（2009）年の中・高等学校学習指導要領で，相撲，剣道，柔道などの武道が示され，武道領域は，中学校1・2年では必修とされた．

（2）学習指導要領の武道領域で取り上げられている種目

現行の学習指導要領では武道は必修となり，下記の種目が示され，中学校では柔道・剣道・相撲のなかから1つ，高等学校では柔道・剣道から選択，また，相撲・なぎなた・弓道・空手道・合気道・少林寺拳法・銃剣道のなかから取り上げてもよいとされている．

（3）武道の態度の内容

特性でも述べたように，単に勝敗の結果を目指すだけでなく，技能の習得などを通して人間として望ましい自己の形成を重視する武道の伝統的な考え方を理解し，それに基づく行動の仕方を尊重する態度の育成が重要とされている．

・自分で自分を律する克己の心を養うとともに，相手を尊重する態度で練習や試合ができるようにする．
・礼儀作法では，単に形のまねに終わるのではなく，克己の結果としての心を表すものとして，また，相手を尊重する方法としてこれを行うようにする．
・勝敗に対して公正な態度がとれるようにする．
・用具や服装，練習場などの安全を確かめ，禁じ技を用いないなど安全に留意して練習や試合ができるようにする．

3．柔　　道

（1）柔道のはじまり

柔道は嘉納治五郎によって創設された格闘技で，古来より伝わる柔術に改良を加え道があって応用の術が生まれるとの考え方から，柔道を人の道を説く館として，明治21（1882）年に講道館が設立された．これは，講道館柔道と名づけられ，世界に伝播したわが国固有の武道である．昭和39（1964）年の東京オリンピックで正式種目となり，国際化が一気に進んだ．柔道の戦後の小史を以下に示す．

第2次大戦後：一時禁止

昭和 24（1949）年：全日本柔道連盟設立

昭和 26（1951）年：全日本学生柔道連盟設立

昭和 27（1952）年：国際柔道連盟設立

昭和 39（1964）年：東京オリンピックで男子が正式種目となる（体重制）

昭和 53（1978）年：全日本女子柔道体重別選手権（初の女子大会）

昭和 55（1980）年：第1回世界女子柔道選手権（ニューヨーク）

昭和 63（1988）年：ソウルオリンピックで女子が公開競技となる

平成 4（1992）年：バルセロナオリンピックで女子が正式種目となる（体重制）

（2）「柔道の父」嘉納治五郎

万延元（1860）年，現在の神戸市東灘区で酒屋の三男として生まれる．父親の仕事の関係で若くして上京し，東京大学を卒業．天神真楊流柔術の福田八之助に入門を果たし，起倒流の飯久保恒年に学び，柔術二流派の技術を取捨選択し，崩しの理論などを確立して独自の「柔道」を作成した．明治 15（1882）年，下谷北稲荷町にある永昌寺の 12 畳の居間と 7 畳の書院を道場とし講道館を設立した．

明治から昭和にかけての柔道家，教育者で，柔道・スポーツ・教育に尽力し，日本のオリンピック初参加（大正元（1912）年）を決定するなど，日本におけるスポーツの道を開いた．初代日本体育協会（明治 44（1911）年）の会長でもあり，アジア初の IOC 委員でもある．

国際連盟（昭和 7（1932）年 10 月）を脱退した後において，昭和 15（1940）年の東京オリンピック招致に成功したが，帰国の途において没す（昭和 13（1938）年）．東京師範学校（現筑波大学）校長．

しなやかなやわらかいものが，かたくて強いものに勝ってしまうこと，換言すれば，小さい者が大きい者を投げ飛ばす「柔よく剛を制す」という思想こそが柔道の醍醐味とされている．

また，理念として「精力善用」と「自他共栄」を謳い社会や周囲の人たちに対して自らの心身がどうあるべきかを示した．すなわち，精力善用とは，自分が持つ心身の力を最大限に使って社会に対してよい方向に用いることであり，自他共栄とは，相手に対し敬い，感謝をすることで，信頼し合い助け合う心を育み，自分だけでなく他人とともに栄えある世の中にしようとすることである．

なお，嘉納の論説「柔道の本義と修業の目的」（武道宝鑑，昭和 9（1934）年）で次のように述べている．「昔柔術という名称で攻撃防御の方法が教えられて居た頃は原理の応用としてではなく，個々の先生の工夫であった．すなわち，一つの原理の応用としてではなく人々の工夫として教えていた．だから柔術は幾多の流派に分かれることになった．」

一方，柔道は，多くの「わざ」から帰納した根本原理を基本に置いている．「嘉納治五郎は自分の工夫を教えたのではなくて誰でも自身にそれに基づいて工夫し得る根本

原理を教えた．したがって，未来永劫亡びることはない．」と確固たる信念を披瀝している．「嘉納治五郎の教えた技でもその原理に合わなかったならば，それは本当の嘉納治五郎の教でなく嘉納治五郎が応用を誤ったのである．」とまで明言した．

　柔道の原理は，物理学でいう偶力（物体に働く大きさが等しく向きが反対の一対の力のこと）の利用であり，2点2方向に反対に加わる力によって相手を倒すのである．たとえば，大内刈であれば刈る足の掛ける位置，踏み込む軸足の位置，襟や袖をつかむ位置，仕掛けるタイミングや間合等々に工夫をこらし，より切れ味の鋭い大内刈，名人芸，神技と呼ばれる領域をめざすのが修業者個々人の目標である．

演習課題 嘉納治五郎とオリンピックについて調べよう．

（3）講道館柔道の特徴

　嘉納治五郎によると，講道館柔道には，柔道（個別武道）が根本原理であること，練習・試合することで人格の完成をめざすこと，全国組織があり日本全国で練習・試合できること，少数の基本技と多数の応用技があること，試合競技があること，昇段制度があること，などの特徴があると述べている．

（4）運動課題

　運動課題は，組み手と崩し，体さばきにより相手のバランスを崩し，投げたり，押さえ込んだりする．したがって，学習課題は，組み手，崩し（八方の崩し），体さばき（崩されないため・崩すため），投げ技，固め技，受け身，となり技術の体系は学習指導要領体育編解説では，次のように示されている．

　ア．基本動作：①姿勢と組み方，②進退動作，③崩しと体さばき，④受け身

　イ．対人技能

　（ア）投げ技≪手技≫体落とし，背負い投げ

　　　　　≪腰技≫大腰，釣り込み腰，払い腰

　　　　　≪足技≫膝車，支え釣り込み足，大外刈り，大内刈り，小内刈り

　（イ）固め技≪抑え技≫本袈裟固め，横四方固め，上四方固め

　（ウ）技の連絡変化（重ね技）①投げ技の連絡，②投げ技から固め技への連絡，③固め技の連絡

（5）柔道授業の実践例

　柔道の面白さは，技の攻防により一本をとることにある．そのためには，技を身に付けなければならない．しかし，技のうち投げ技は，体を畳に打ちつけることで一本が決まるという特性から，安全への配慮が不可欠であり，そのため受け身の習得に時間を費やすことが多くなりがちであった．その結果，自分の得意とする技を身に付けるまでには至らない例が多い．

この解決を図り，崩しと体さばきによって相手のバランスを崩し投げる技術を習得する方法の1つに，形の稽古がある．

　嘉納は，形と乱取りは作文と文法の関係と説明し，形の重要性を指摘している．なぜなら，形こそは投げ技の技術の合理をきわめたものであるからである．つまり，形の上手は乱取り上手に通ずる．さらに，形の稽古は受けと取りがあらかじめ決まっているため，受けは受け身に集中できる．一方，取りは崩す方向と技をかけるタイミングの一体化した技術稽古ができる．乱取りに進むためには，この形の稽古を十分に行い，技の要領と受け身を習得する必要がある．

　講道館では，投げの形を，①手技では，浮落，背負投，肩車，②腰技では，浮腰，払腰，釣込腰，③足技では，送足払，支釣込足，内股，④真捨身技では，巴投，裏投，隅返，⑤横捨身技では，横掛，横車，浮技，の5つの形15種を設定している．

　なお，初段に課せられる投げの形は，①手技から③足技であるので，これを授業で取り組む内容とする．これら3つの形の指導順序は，受け身がとりやすいと考えられる③足技→②腰技→①手技の順に進めるのがよい．

　安全面への配慮として，頭部保護のためヘッドキャップを着装させ，受け身の際の過度な加重を避けるため，体重の似た者同士で練習させる等に配慮する．そして，形や約束稽古では，技をかけた後で引手を道着から離さないよう徹底させなければならない．また，観察者の待機姿勢は，長座，膝立ち姿勢で座らない等の指導も，稽古や試合をしている者が倒れてきた際の対処の姿勢として必要である．

　受け身では腕で畳をしっかりと打ち付け，よい音が出る受け身を意識させ，受け身の良し悪しを音で判断するようにする．頭部を打ちにくくするための教示として「へそを見なさい」というが，畳をたたいた上肢を素早く引き上げることは頸反射によって促進することにつながる．さらに，前回り受け身を効率的に習得させるためには，柔道の単元の前にマット運動を位置づけ，飛び前転を習得させておく必要がある．

　技の練習では，受けと取りをあらかじめ決めて練習する約束稽古を中心に行わせ，確実な受け身ができなければ，乱取りや試合に進んではならない．

1）単元計画

　表15-1は，上記の点に留意して作成した中学校1年生の単元計画である．

　目標は，受け身，寝技，投げ技の基本技術を学ぶこと，投げ技では「形を身に付けよう」が目標である．

　関心・意欲・態度では，技の上達を通して，柔道への関心を高める．礼法や稽古を通して，礼に始まって礼に終わる，精力善用，自他共栄の精神で稽古に臨めるようにさせる．思考・判断では，崩しと体さばきによって投げ技が成立している仕組みを理解させ，技の習得に取り組ませる．技能では，崩しと体さばきを利用し，投げ技で相手を倒せること，安全に受け身がとれることを目標とする．知識・理解では，嘉納治五郎が柔道を創立した経緯から柔道の意義を理解させる．礼法の学習を通して日本の文化を知り，技術の体系，判定の基準について学習させる．

表15-1　中学1年生を対象とした柔道の単元計画

時　間	内　　容	備　考
1	オリエンテーション 　単元目標「形を身に付けよう」 　柔道の歴史の説明，柔道着の着方・たたみ方 　礼法：座り方，礼の仕方，技の構造：崩しと体さばき 　安全上の注意事項：ヘッドキャップの着装，観察する際の注意	安全面への注意を徹底する
2・3	受け身：後ろ受け身，横受け身，前回り受け身 固め技：袈裟固め 形：送り足払い，支釣込足，内股（膝車） 約束稽古：足技のみ	
4・5	受け身 固め技：上四方固め，横四方固め 固め技の乱取り：長座位で背中合わせから始める 形：浮腰，背負投，釣込腰（大腰） 約束稽古：足技，腰技のみ	技と受け身を習得させる（カッコ内の技を追加して指導してもよい）
6〜8	受け身，固め技，固め技の乱取り 形：浮落，背負投，肩車（体落） 約束稽古：足技，腰技，手技	
9・10	受け身，固め技，固め技の乱取り 得意な形を探す 約束稽古：得意な形の練習	得意な形を探させる
11・12	受け身，固め技，固め技の乱取り，得意な立技の形 判定試合：得意な形の発表	形の発表を全員で判定させる

　オリエンテーションでは，道着の着脱，形の説明，柔道の歴史，礼法など，柔道の概要を説明する．2・3時は，受け身全般と袈裟固め，足技の形を学習させる．すべての時間で受け身と固め技の乱取り（長座姿勢で背中合わせに座り，合図で向き合って固め技をかけ合う）は，準備運動を兼ねて行わせる．腰技，手技と順次学習を進めていきながら，受け身の習熟状況を把握し，安全性が確保できているかを確認する．単元のまとめとして行う判定試合は，約束稽古の出来栄えを判断する．生徒をその判定に参加させれば，技の判定基準を学習することになる．

4．相　　撲

（1）相撲を教材化する今日的意義・目的

　わが国の国技である相撲は 2000 年以上の歴史を持ち，明治 42（1909）年に相撲常設館が完成した際に「国技館」と名付けられたことを契機に国技と承認されるようになった．土俵の制定により，わが国の相撲は技の相撲という特徴を持つ．

　わが国では，人とのかかわりの減少，身体接触のある遊びをしない子ども達，全力を出す機会のない現在の子ども，等の社会変化がある．これが，現在の子ども達にみられる多くの社会的病理現象の誘因と推察される．肌が合うという言葉があるように，肌と肌の触れ合いは不思議な力を持っており，相撲は上記3点の解決につながる可

表15-2　大相撲と世界の相撲の比較

	大相撲	沖縄角力	ブフ	シムル	ヤールギュレシ	コシュティ	ブヌアン	シュビンゲン	ギリーマ
地　域	日本	沖縄	モンゴル	朝鮮半島	トルコ	イラン	フリィピン	スイス	アイスランド
勝敗の決め方	・足裏以外が接地した時 ・土俵から出た時	・背中が接地した時	・肘,膝,頭,背中,お尻のいずれかが接地した時	・膝より上が接地した時	・背中が接地したとき ・ポイント制	・背中が接地した時	・足裏以外が接地した時	・背中,両肩が完全に接地した時 ・ブリッジの姿勢で3秒以上保った時	・身体の前腕と手または下腿と足以外が接地した時 ・ポイント制
競技場	土俵（直径4.5m）土俵	土俵	無	円形の砂場専用マット	無	ゴウド（六角形,八角形の土俵）	無	リング	木製の床上（6〜9m四方の正方形）
着　衣	上半身裸,腰の辺りに廻しを巻く	・柔道着を着用し,太い帯を巻く	ゾドク（ベスト）とショーダク（パンツ）を着用し,モンゴル民族のゴルダ（ブーツ）を履く	・上半身に半ズボン（韓国）,上半身Tシャツに半ズボン（北朝鮮）を着用し,腰と右大腿部にサッパ（紐）を巻く	・上半身裸で,クスペット（水牛・牛革で縫って作られた黒い革のズボン）を着用	・上半身は肌着,下はトニケエ（脚にぴったりとしたニッカーズ）を着用		・薄い生地の着衣の上にキュロット（半ズボン）を重ねて着用し,皮製のバンドを締めたもの）を着用	・ランニングシャツをタイツがつながったものの上にブルマーのようなパンツを着用し,その上に革製のベルトを巻く.革製のシューズを履く
時　間	無	無	無	5分	無	無	無	5〜6分	2分
立ち合い	有	有	有	無	無	無	無	無	無
その他の特色	・寝技がない	・土俵はあるが,押し出しによる決め手はない ・打撃よる攻め手がない	・足取りが認められている	・組み手が固定	・身体に油を塗布 ・音楽伴奏あり ・寝技あり	・モルシェド（太鼓を叩いている長老）に向かって片膝をつき,両手を他方膝に添えた姿勢で試合開始を待つ	・組み手を固定 ・はたき込みや突き倒しは反則	・寝技あり ・一定条件内で組み手が自由 ・リングはあるが割っても負けにならない	・スティーガンディ（歩行しながら回転）の動作から開始 ・組み手が固定

（後藤幸弘編（2016）相撲を題材にした楽しく奥深い授業の構築をめざして−伝統文化の指導や身体接触に着目して−. 2,「身体接触を伴う教材の教育効果（平成23・24・25年度）」の科研費による資料集）

能性を有している.

　平成10（1998）年の学習指導要領から体ほぐしの運動が取り上げられ,ソフトタッチでのスキンシップが実践されている.一方,身体接触には,ぶつかり合う,身体の上に乗せるなど痛みを伴うハードタッチでのスキンシップもある.適度なぶつかり合い（けがには十分留意する必要があるが）のあるハードタッチのスキンシップも,小学校入学後には体験させる必要があると考えられる.また,腰肚文化[注2]の再生にも寄与することが,相撲を取り上げる意義である.

注2）腰が入っていることによって呼吸が安定し,その呼吸の深さがハラをつくり,ハラは人間の行動の原理や指針であり,人間の生き方の基盤であるという考え方.日本の文化形成の原点と考えられる.

232　第15章　武道

また，剣道に比べ用具がいらない点も魅力である．そして，相撲は土俵入り，行司の装束に代表されるようにさまざまに様式化され，日本文化を代表する武道といって過言ではない．

(2) 世界の相撲

　高等学校の体育理論では，スポーツの歴史，文化的特性や現代スポーツの特徴を学ばせることになっている．相撲はわが国だけでなく，さまざまな国で行われており，それぞれに特徴を持っているので，体育理論学習の素材としても価値は高いといえる（表15-2）．

(3) 相撲の運動課題

　相撲の運動課題は，相手のバランスを崩し，土俵外に押し出したり倒したりすること，である．

1) 学習課題

　学習課題は，バランスを保ち，水平分力を最大にするための重心操作と力の発揮，外乱に対する基底面の確保，各種の投げ技等である．なお，参考に安定性の原理を示しておく．物理学の世界では，基底面が広い，質量が大きい（重い），重心が低い，を持って安定の3原則とされているが，運動場面では外乱の方向に基底面を広げることが重要になるので，著者らは，外乱の方向に基底面が広いを加え4原則にまとめている．基底面は図15-1の点線で示されている部分をいい，足が地面に接している面積ではない．

2) 相撲の基本技術

　相撲の基本技術には，四股，運び足（すり足，出足），押し，突き，寄り，投げ技，仕切からの立ち会い，転倒法（受け身），前捌（まえさばき），調体（てっぽう），股割り，伸脚，蹲踞姿勢（そんきょしせい），塵手水（ちりちょうず），等がある．

演習課題　次に示す言葉は，相撲に関する諺や言である．これらは，日常生活においても用いられている．これらの言葉の意味を知ろう．
脇が甘い，足が揃うと落ちる，かいなを返す，胸を借りる，一人相撲，相撲にならない，力相撲，取り直し，金星，揚げ足を取る，勇み足，谷町，褌担ぎ，露払い，腰砕け，仕切り直し，死に体，肩透かし

(4) 身体接触に着目した相撲の実践

1) すもうを教材化する意義

　中学校学習指導要領では，武道として柔道，剣道，相撲が取り上げられているが，令和2（2020）年の実施率は，柔道が68.3％，剣道が17.6％，相撲が12.4％であり，相撲は必ずしも多くない状況にある．

　小学校においてすもうは，すべての学年において，体つくり運動のなかに位置づけ

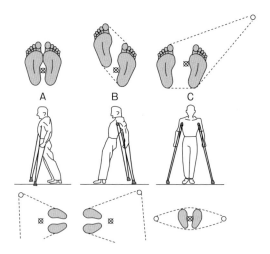

図15-1 安定性の原理（基底面）

(後藤幸弘編（2016）相撲を題材にした楽しく奥深い授業の構築をめざして－伝統文化の指導や身体接触に着目して－．12，「身体接触を伴う教材の教育効果（平成23・24・25年度）」の科研費による資料集)

られているが，すもうを1つの単元として取り扱うことはほとんどなく，力試しの遊びとして指導される程度である．

　しかし，小学校においてすもうを教材化し，1つの単元として取り扱うことは，教育基本法改正によって示された伝統と文化の尊重の観点からも，中学校での武道の必修化の上からも意義深いものと考えられる．さらに，全身全力運動，身体接触を伴う運動，という点からも小学校においてすもうを取り扱うことの意義は大きい．

　肌が合う，学者肌，鳥肌が立つなど，肌を使った慣用句は数多くあり，それらはいずれも人の感情を肌を使って表現し，日本人は古くから，人の感情や性格が肌と密接に結びついていることを感じとっているのである．

　著者らは，身体接触が対人関係における信頼関係を築くうえで有効な手段の1つになること，自律神経の興奮や緊張が和らいで情動が沈静し，情緒を安定させる働きがあると考えている．また，皮膚感覚による認知は，そのものに性質を与え，実在性を与えるという特質を持ち，視覚や聴覚による認知に比べ，人のなかに実感と納得をもたらせている．さらに，身体接触を伴った全身全力運動は自他の身体への気づきを促し，攻撃的な感情の表出を抑制する効果もある．

　現代の子ども達は，身体接触を伴う全身全力運動からどんどん遠ざかっている．少子化の影響で兄弟姉妹でじゃれ合って遊ぶことがなく，どう馬などハードに体をぶつけ合って遊ぶ伝承遊びはほとんどみられない．

　このように，現代の子どもを取り巻く環境は，人と身体を触れ合って活動すること，人とハードに身体をぶつけ合うことがほとんどなくなっている．

2）すもうの実践

①教育内容

本実践では，バランスを保ち水平分力を最大にするための重心操作と力の発揮，外乱に対する基底面の確保，各種投げ技，身体への気づき，の4点を教育内容とした．

②身体接触の教育的効果を発揮するための方法的原則

人は身体接触により，皮膚を通して，自他の内部情報（体温，筋肉の緊張・弛緩，発汗など）を交換し合っている．ここでの情報とは，皮膚への刺激であり，刺激を感知する受容体の数が多いほど情報量も増えることになる．すなわち，身体接触の面積を広くすることで刺激の感知にかかわる受容体の数が増え，情報量の増加につながる．また，受容体に刺激を与え続けることも情報量を増やすことになる．したがって，身体接触時間を長くすることも1つの方法になる．

さらに，私たちが触れ合っている相手の内部情報をより的確に捉えるのは，軽く触れる弱い身体接触ではなく，ぐっと相手を引き寄せた強い身体接触のときである．たとえば，腕に触れて筋肉の緊張を確認するとき，軽く触れるだけでは表面の筋肉の緊張しかわからないが，圧力を強め密着度を高めることで，内部の筋肉の緊張も感じとることができる．

これらのことから，接触面積を広くし，接触時間を長くする，圧力を高め密着度を強くするがハードな身体接触を用いる教育の方法的原則となる．

③授業計画

前述した方法的原則から，本実践のすもうは，突き，押しなどが出現する立ち合いからのすもうではなく，四つに組んでからのすもう（組ずもう）とした．

授業は全8時間（オリエンテーション1時間を含む）からなる単元構成とし，課題解決的授業とした（**図15-2，写真15-1**）．共有課題は，第1次：押してせめよう！，第2次：押したり，引いたりしてせめよう！，第3次：すもう大会をしよう！，とした．

第1次では，重心操作と力の発揮と外乱に対する基底面の確保を身につけることをねらいとした．第2次は，引きをルールに追加することで，押しからのタイミングのよい引きの出現を企図した．第3次では，投げをルールに加えることで，押す，引く，投げの連続技によってバランスを崩す動きの習得を課題とした．

④単元後の児童の変容

組ずもうの教育的効果をより明確にするために，身体接触を生じないように企図した棒ずもうの結果と比較した．

小学生用攻撃性質問紙による単元前後の結果（**図15-3**）から，組ずもう群の児童の方が棒ずもう群よりも，単元後に表出性攻撃の抑制されることが認められた．

自分の体への注意，自分の体の様子，体の変化への気づき，体の動かし方，友だちとのちがい，の5項目からなる質問紙調査の記述内容（**表15-3**）から，組ずもう群の児童は，組んだときに相手の体への気づきが起こっており，児童は，相手の筋肉の

単元目標
○タイミングのよい押し，引き，投げによって，相手のバランスを崩すことができる
○ルールや作戦を工夫して，楽しく組ずもうを行うことができる
○勝敗を素直に認めたり，公正・公平な態度で審判ができる

次	共有課題	主な学習活動	主な指導の手立て

| | | オリエンテーション　・単元の流れ，基本的な1時間の授業の流れを知る
1時間　　　　　　　・学習の場，部屋を知り，準備・片づけでの自分の役割を知る
・はじめのルールを知る | |

| 第1次　2・3時間 | 押してせめよう！ | ①重心を低くすることによって押されにくくなることを知る。
・押し合いっこ遊び，押し出し遊びをする。
②押してくる方向に対し，基底面を広げることで，押されにくくなることを知る。
・押されにくい子どもの足の構えから，押してくる方向に対して足を前後に広げることの重要性を見出す。
③足の裏全体に体重をかけることで構えが安定することを知る。
・バランス崩しゲームをする。 | ○バランス崩しを行わせ，バランスが崩れるとは，どういうことなのかを体感させて，重心が移動していることに気づかせる。
○基底面を狭くした状態と広くした状態を比較させることで基底面を広げることの重要性に気づかせる。
○重心を上下させることで，押されにくさが変わることを体感させる。
○押し合いっこをすることで相手が押してくる方向に基底面を広げることの重要性に気づかせる。 |

| 第2次　4・5時間 | 押したり引いたりしてせめよう！ | ①押したり，引いたりしてバランスを崩す。
・押す，引くをいいタイミングで行う。
②押して引く，引いて押すの連続技で相手のバランスを崩す。
・技をタイミングよく連続させることで，相手のバランスを崩す。
③自分の力を一番発揮できる組み方によって，相手のバランスを崩す。
・上手，下手，前みつの組み方を知り，自分の最も力の発揮できる組み手を考える。 | ○相手の力が自分の体のどこに一番強くかかっているのかを感じることで，押すのか引くのかを考えさせる。
○息を吐くときに力がぬけることに気づかせ，押すタイミングを考えさせる。
○3つの組み方を比べることで，上手は左右に揺さぶりやすい，下手は引きやすい，前みつは重心を持ち上げやすいことに気づかせ，バランスの崩し方によって，組み方を変える必要性に気づかせる。 |

| 第3次　6・7・8時間 | すもう大会をしよう！ | ①押す，引くに投げるを組み合わせることで，より確実にバランスを崩す。
・押す，引くの前後方向の揺さぶりに，投げるの左右方向の揺さぶりを加えることで，よりバランスが崩れやすくなることに気づく。
②今までに考えた押す，引く，投げるの作戦を活かして，トーナメント戦を勝ち抜く。
・大会および試合の運営を自分たちで行い9部屋によるトーナメント戦を行う。
③最終順位決定戦をする。
・自分の部屋の順位の背景，意味を考えることで，トーナメント戦の結果を素直に受入れ，お互いの努力を認め合う。 | ○相手の構え方や重心の位置によって，押す，引く，投げる方向を考えることで，よりバランスが崩しやすくなることに気づかせる。
○正確ですばやい判定，大きな声での応援，的確なアドバイスが試合の質を高めることに気づかせ，選手・審判・応援者の3者が一体となることでだれもが気持ちのよい大会になることを経験させる。
○閉会式では，全員の努力を評価し，だれもが達成感を味わえるようにする。 |

図15-2　学習過程

（筒井茂喜，日高正博，後藤幸弘（2011）ハードな身体接触を伴う『すもう』の教育的効果について−小学校3年生を対象として−. 日本教科教育学会誌，34（2）：11-20）

　　動き，息の仕方，心臓の鼓動を敏感に感じており，このことが相手の気持ちを主観的に認知することに結びついていた．さらに，身体への気づきと攻撃性との間には弱い相関が認められ，身体の気づきの高い児童の方が攻撃性の低い傾向にあることが伺わ

写真15-1　すもうパンツをはいての組ずもう（左）と棒ずもう（右）

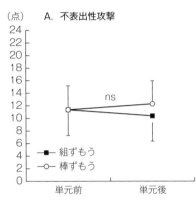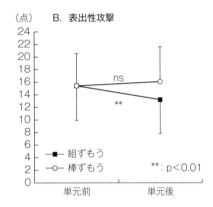

図15-3　攻撃性質問紙の二分類別平均値の変化
（筒井茂喜，日高正博，後藤幸弘（2011）ハードな身体接触を伴う『すもう』の教育的効果について
－小学校3年生を対象として－. 日本教科教育学会誌，34（2）：11-20）

表15-3　質問紙調査の記述内容

項　目	記述例
勝負・本気・努力	・組んだとき，S君の心臓が「ドキドキ」と速くなっていて，「ぜったいに勝ちたい」「負けたくない」という気持ちを感じた ・M君はすごく体が熱くてその分練習してきたということを感じた
体力	・組んだ瞬間，この人は強い，弱いがわかった ・T君は，筋肉がすごかった
呼吸・息	・Mさんは，私をつり上げるとき，息を吸ってから上げて，下ろすとき，息を吐いていた
心臓の鼓動	・私はみんなよりも少し遅れて，心臓が速くなります
発汗・体温	・私は手によく汗をかくけど，I君は鼻によくかく

（筒井ら（2015）より作表）

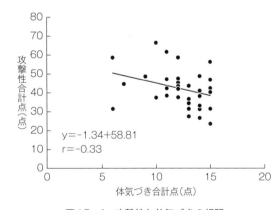

図15-4　攻撃性と体気づきの相関
（筒井茂喜，佐々敬政，日高正博，後藤幸弘（2014）身体接触を伴う運動「組ずもう」の教育効果とその学年差－小学2, 3, 4, 5年生を対象として－. 日本教科教育学会誌，37（3）：85-98）

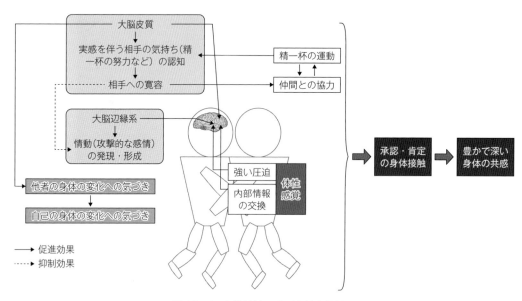

図15-5　身体接触の及ぼす教育的効果

（筒井茂喜，日高正博，後藤幸弘（2011）ハードな身体接触を伴う『すもう』の教育的効果について−小学校3年生を対象として−．日本教科教育学会誌，34（2）：11-20）

れた（図15-4）．

　以上の結果から，身体への気づきが主観的な相手の気持ちの認知および，攻撃的な感情の抑制を促していると考えられた．

　したがって，著者らは，身体接触と自他の身体への気づき，攻撃的な感情の表出を抑制の関連性は，図15-5に示すように仮説できると考えている．すなわち，身体接触を伴った全身全力運動による皮膚への強い刺激は，児童の体性感覚を高めるとともに，児童は相手の発汗，体温，筋肉の緊張や弛緩などの内部情報を皮膚感覚を通じて感じとれるので，他者の身体への気づきが促される．

　身体接触による他者の身体への気づきは，他者の身体に起こっていること（直接知覚できないこと）を生き生きと感じることであり，そのような経験が他者の身体や存在を手触りを持って実感し，他者の感情を主観的に感じとることにつながる．これが実感を伴う相手の気持ち（精一杯の努力など）の認知や理解につながり，自他の感情の共有化を生起させ，相手に対する寛容さを生み出すことになると推定された．したがって，相撲の経験は攻撃的な感情の表出を押さえ，情動を落ち着かせることにつながり，現代の子どもの心と身体にかかわる問題の解決につながる1つの方法になり得ると考えられた．

演習課題　女子相撲について調べよう．

5. 剣　　道

(1)特　性

　剣道の特性は，柔道，相撲よりも殺傷性が高いところにある．したがって，先人はこれを薄めるために竹刀や防具を開発するとともに残心などの精神性を強調したのである．

　他のスポーツよりも一瞬で決まるところに特徴があるので，集中力を高める点で優れている．また，間合いと表現される時空間認知能力を高め得る．さらには，用具を用いるスポーツの特性であるが，技をきわめれば年をとっても若者と互角以上に勝負できるという特徴もある．

(2)学習指導要領に示されている内容

　剣道の実施については，施設，用具，指導者，指導内容など多くの面に関して問題点や課題があげられる．学習指導要領には「剣道は，竹刀を使って，基本となる技や得意技を用いて相手と攻防を展開しながら，互いに有効打突を目指して勝敗を競い合う運動である」と示されている．

　試合における有効打突の観点から，中学生の大会レベル別に有効打突となった技の種類を調査分析した結果から考えると，初級レベル大会（161 試合，有効打突 211 本）では，しかけ技が有効打突全体の 94.6 ％を占め，応じ技はわずか 8 ％であった．中級レベル大会（112 試合，有効打突 127 本）では，しかけ技が有効打突全体の 90.6 ％を占め，応じ技は 10.2 ％で，上級レベル大会（314 試合，有効打突 370 本）では，しかけ技が有効打突全体の 88.4 ％を占め，応じ技は 2.6 ％であった．

　以上の結果から，中学校における剣道の指導計画のなかで指導されるべき剣道技を精選し**表 15-4** に示した．

　飛び込んで面を打つ技術が剣道技術の中核であるが，単に竹刀で相手の面（打突部位）を打てば一本（得点）になるのではない．気剣体の一致した動作で打突する必要がある．充実した気勢（気）で，適正な姿勢（体）をもって，竹刀の打突部である物打（剣）で，刃筋正しく打突し，しかも残心あるものが有効打突となる．残心とは，打突後に相手に対して身構えや気構えをすることである．すなわち，打突の姿勢が有効打突判定の要になるといえる．

　この指導計画で骨子とした剣道技術は，しかけ技であり，特に飛び込み面とし，同時に防御の練習を加え，有効打突の判定能力の習得を中心に展開する．

　第 1 学年では一本打ちの技を中心に，有効打突を習得する．第 2 学年では相手との攻防を中心に，生徒が互いに審判をし試合を楽しむことが可能となる展開を試みた．さらに，選択制で可能となれば第 3 学年では出ばな技の習得を目指した．

　指導の際に，ただ多くの技を提示するのではなく，限られた技のなかから攻防を展開し，自由練習や簡易な試合から有効打突の習得を目指す学習時間配分を考慮するこ

表15-4　剣道技の指導の順序性と技の選択

基本動作		姿勢（自然体），礼法 構えと目付，構え方納め方 足さばき，体さばき，素振り 掛け声（発声），間合 基本打突（面・小手・胴）の打ち方と受け方 防御の仕方 有効打突の判断，残心 剣道具の着装，後片付け		
学　年		第1学年 （10～13時間）	第2学年 （10～13時間）	第3学年 （10～13時間）
基本となる技	しかけ技	＜一本打ちの技＞ 面，胴，小手 ＜連続技（二・三段技）＞ 小手－面 ＜引き技＞ 引き面	→面－胴 →引き胴	＜出ばな技＞ 出ばな小手 →出ばな面
	応じ技		＜返し技＞ 面返し胴 ＜抜き技＞ 小手抜き面	→面抜き胴
得意技		自己の技能・体力の程度に応じて最も打突しやすく，相手から効率的に有効打突を取ることができる技（得意技）を練習する．		
試　合		・打ち込み練習，自由練習や試合を積極的に授業のなかに取り入れる． ・「気剣体の一致＋残心」を目指し，有効打突の判断を身に付けさせ，互いに試合（審判）ができるようにする．		

とが重要である．ただがむしゃらに技を出すのではなく，相手の攻撃に対し，互いに安全で的確に防御する避け方の指導も第1・2学年を通して行う．

　剣道は常に対人的技能であり，あらゆる場面を通してコミュニケーション能力を育成することが不可欠となる．以下に各学年での試合目的を示した．

　第1学年の試合では，面だけの試合を楽しむとして，面の攻防を展開させる．面を打ったり，防いだり，下がったりしながら打つ，攻防を展開することを目的とする．

　第2学年の試合では，小手，面，胴のしかけ技を中心としながら，試合を楽しむことができることを目的とする．さらに，相手のしかけ技に対して面返し胴，小手抜き面などの応じ技を楽しむことが望まれる．

　第3学年の試合では，相手との攻防のかけ引きを通して「試合を楽しむ」ように，相手の起こりを捉える出ばな技を中心に展開し，出ばな小手や面抜き胴を用いて試合が展開できるようにする．

📖　**参考文献**

・藤谷貞之，後藤幸弘，辻野昭，西浜史朗（1990）柔道における「受け身」指導法の開発に関する基礎的研究－「受け身動作」の筋電図的分析から－．スポーツ教育学研究，10：33

　　－44.
・後藤幸弘，筒井茂喜（2009）伝統文化を体育でどう指導するか，102-105．中村哲編，
　伝統や文化に関する教育の充実－その方策と実践例－．教育開発研究．
・後藤幸弘編（2016）相撲を題材にした楽しく奥深い授業の構築をめざして－伝統文化の指
　導や身体接触に着目して－．「身体接触を伴う教材の教育効果（平成23・24・25年度）」の
　科研費による資料集．
・長谷川明（2002）相撲の誕生．青弓社．
・嘉納治五郎（1997）嘉納治五郎－私の生涯と柔道－．日本図書センター．
・窪寺紘一（1992）日本相撲大鑑．新人物往来社．
・村田直樹（2001）嘉納治五郎師範に学ぶ．日本武道館．
・新田一郎（1994）相撲の歴史．山川出版社．
・杉山重利（2002）武道論十五講．不昧堂出版．
・筒井茂喜，日高正博，後藤幸弘（2011）ハードな身体接触を伴う『すもう』の教育的効果
　について－小学校3年生を対象として－．日本教科教育学会誌，34（2）：11-20．
・筒井茂喜，佐々敬政，日高正博，後藤幸弘（2014）身体接触を伴う運動「組ずもう」の教
　育効果とその学年差－小学2，3，4，5年生を対象として－．日本教科教育学会誌，37（3）：
　85-98．
・筒井茂喜，角山依絵，中本穂乃香，後藤幸弘（2014）身体接触を伴う運動「組ずもう」「カ
　バディ」の教育効果について－「筋出力の制御力」「重量弁別能力」「二点識別能力」でみた
　体性感覚を中心に－．兵庫教育大学研究紀要，45：147-154．
・筒井茂喜，佐々敬政，日高正博，後藤幸弘（2015）身体接触を伴う運動「組すもう」の積
　み重ね効果－小学校4年生を対象として－．日本教科教育学会誌，38（2）：1-12．
・内館牧子（2018）大相撲の不思議．潮出版社．
・吉川英夫（2021）中学校武道必修化第6回アンケート調査結果について．月刊武道，12
　月号：148-167．

［筒井茂喜・日高正博・後藤幸弘］

第16章

ダンス（表現運動）

1．ダンス（表現運動）の特性

　　表現運動・ダンスの文化基盤は，身体運動文化に内包される舞踊である．舞踊は，人類の歴史の始まり（言葉が生まれる以前）から存在した人類最古の文化といわれ，時代に応じて変容しながら人間の生（生活）と深くかかわって存在し，人類の歴史と同じ歳月を刻んできたと考えられている．盆踊りから社交ダンス，ブレイクダンス，クラシックバレエまで，あらゆる文化で踊りは重要な役割を演じている．ダンスをする能力は，筋肉を制御する運動ニューロンと感覚ニューロンで検出した聴覚信号を同調させる神経的な処理に依存している．感情を身体で表現しようとするものが舞踊で，感動が煮詰まると体のなかからわきでる思いを，より美しく，より感動的に，より高揚したかたちで相手に共体験してもらう表現の方法である．

　　柴（2004）は，舞踊を「現在を生きる表現主体者のからだを素材とし，人間のあらゆる動きを媒体として思想や感情を表現する，あるいは，動きそのものが思想であり，感情であるという「動きによる情緒的経験のコミュニケーション」である」と定義し，舞踊の根源は「感情に揺さぶられてからだが動いてしまうこと」としている．

　　人はなぜ踊るのかの答えとして，言葉では伝えられないものを伝えるために踊る，無意識のうちに音楽に同調して本能で踊る，リズムの共有による感情の共有が心地よいため踊る，心身を緊張や脅威から解き放つために踊る，時代に求められて踊る，の5点が考えられる．

　　また，表現運動・ダンスの特性はリズミカルな運動の連続による模倣・変身欲求の充足が楽しい運動で，湧き出る思いを身体で表現するなかで生起する身体コミュニケーションであるといえる．体育科において，これらの特性に触れさせ，子ども達の内に秘められている感性を目覚めさせ，創造性を育てていくことが求められている．

2．学習指導要領における表現運動・ダンス

　　学習指導要領では発達段階に応じて，表現・リズム遊び（小学校低学年），表現運動（小学校中・高学年），ダンス（中学校・高等学校）の領域名で示されている．小学校低学年においては表現遊び・リズム遊び，中学年においては表現・リズムダンス，高学年においては表現・フォークダンス，中学校においては創作ダンス・フォークダ

ンス・現代的なリズムダンス，で構成されている．これらは，表現系ダンス，リズム系ダンス，フォークダンスの３つに分けられる．

　表現系のダンスは，「表したいイメージを自由に動きを工夫して踊り表現する」「イメージになりきって自由に踊る」ことが特性とかかわる重点にあげられる．

　リズム系ダンス，現代的なリズムダンスは，「ロックやサンバ，ヒップホップなどのリズムに乗って自由に友だちとかかわって踊る」「リズムに乗って自由に踊る」ことが特性とかかわる重点にあげられる．

　フォークダンスは，「伝承された踊りを身につけてみんなで一緒に踊って交流する」「踊りを共有して人と交流して踊る」ことが特性とかかわる重点にあげられる．

　特に平成 20（2008）年の学習指導要領において，中学校１年生からダンスが必修となり，マスコミの影響もありヒップホップが必修になったといった誤解や，現代的なリズムダンスをストリートダンスと勘違いをしてストリートダンサーを講師として招聘するなどの混乱がみられた．しかし，舞踊文化を基盤とした表現運動・ダンス領域の学習として成立させるために，教育内容を明確にして展開していく必要がある．

3．ダンスの分類

　学習指導要領で取り組む表現系ダンス，リズム系ダンス，フォークダンスは，種々のダンスのなかでどのように位置付くのであろうか．すなわち，共通の特性を有しながらも，それぞれのダンスは，他のダンスでは味わうことのできない，異なった楽しさを内包していると考えられる．

　そこで，ダンスの全体像を描きだし，分類することで，その特性を明確にしようとした．図 16-1 は，片岡ら（1991）の分類も参考に世界中にほぼ無限にあるダンスを１枚の図に構造的に分類したものである．

　縦軸に定型的（見せる）と非定型的（踊る）を，横軸に社交性（集い踊る）と表現性（演じ見せる）を位置づけると世界中の踊りは，それらの４つの象限のいずれかに位置づけられると考えられた．定型的（見せる）と表現性（演じ見せる）の象はバレエ型（劇場舞踊），定型的（見せる）と社交性（集い踊る）の象は社交型（社交舞踊），非定型的（踊る）と表現性（演じ見せる）の象は創作型（イメージダンス），非定型的（踊る）と社交性（集い踊る）の象はリズム型（リズムダンス）と名付けるのがよいと考えられた．

　すなわち，湧き出る思いを身体で表現しようとする「動こうとする身体」を中心に，種々のリズムやステップを刻みながらコミュニケーションを図るといった舞踊の特性を中心に，４つの型をそれぞれ４つの象限に位置づけ，菱形のなかには日本の主な舞踊が，外側には諸外国の主な舞踊が記載されている．

　この分類に基づいて表現系ダンス，リズム系ダンス，フォークダンスを考えると，表現系ダンスは「創作型（イメージダンス）」，リズム系ダンスは「リズム型（リズムダンス）」，フォークダンスは「社交型（社交舞踊）」となる．したがって，バレエや能

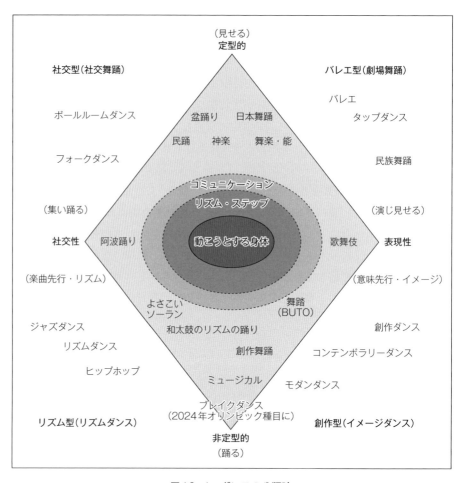

図16-1　ダンスの分類論

　のように，定型的な動きを演じ見せる「バレエ型（劇場舞踊）」は，学校教育のなかでは扱われてこなかった．

　また，この分類論をもとに学習指導要領で示されている3つを考えると，「表現系ダンス」では，いかに創作の楽しさを感じさせるか，「リズム系ダンス」では，いかにさまざまなリズムに乗る楽しさを感じさせるか，「フォークダンス」では，盆踊りやフォークダンスをさまざまな人々とともに踊り，交流を楽しむことができるか，が課題となることがみえてくる．特に，盆踊りやフォークダンスは，その由来・由緒を調べれば，地域理解・国際理解の学習につなげることができる．

　なお，令和6（2024）年のパリオリンピックに採用されたブレイクダンスは，創作型とリズム型にまたがる．1970年代にニューヨークのブロンクス区で生まれたストリートからスポーツの大舞台で楽しまれ，都会的なダンスと卓越した運動能力を融合させたダンススポーツの形態の1つである．

表16-1 学習指導要領（平成29年）にみるダンス学習内容の系統

	小学校 1・2年生	小学校 3・4年生	小学校 5・6年生	中学校 1・2年生	中学校 3年生	高等学校 入学年時	高等学校 入学年時以降
表現運動系 / ダンス	ア 表現遊び ○特徴が捉えやすく多様な感じの動きを多く含む題材 ・鳥、昆虫、恐竜 ・動物園の動物 など ○特徴が捉えやすく速さに変化のある動きを多く含む題材 ・飛行機、おもちゃ ・遊園地の乗り物など	ア 表現 ○身近な生活の中から特徴を捉えやすく多様な感じの動きを含む題材 ・「○○づくり」（料理・工作・土造形など） ・「日常生活（洗濯物、掃除、スポーツなど） ○未知の創造が広がる題材や忍者や戦いなどの2人組みで対立する動きを含む題材 ・飛行機 ○○探検（ジャングル、宇宙、海底など）	ア 表現 ○変化や起伏のある動きを含む題材 ・激しく○○する（バーゲンセール、火山の爆発、大型空中援近など） ・急に○○する（ロボット、壊れた、電器発生、怒りの爆発など） ○特徴的な群の動きや迫力を生かせる題材 ・祭り、スポーツの攻防 ・出口を探そ！ ○社会の出来事からいろいろな印象的な動きから選んだグループで選んだ身近で関心のある題材 ・私たちの地域、ニュースの○○ ・○月○日、私のダイアリー	ア 創作ダンス A 身近な生活や日常動作（スポーツいろいろ、働く人々など） B 対極の動きの連続（走る―跳ぶ―転がる、走る―止まる、伸びる―縮むなど） C 多様な感じ（激しい、急変する、軽快な、柔らかい、急変する、鋭いなど） D 群の動き（集まる―とび散る、磁石、エネルギー、対決など） E ものを使う（新聞紙、布、ゴムなど）	ア 創作ダンス A 身近な生活や日常動作（出会いと別れ、街の風景、綴られた日記など） B 対極の動きの連続（ねじる―回る―見るなど） C 多様な感じ（静かな、落ち着いた、重々しい、力強いなど） D 群の動き（大回り―小回り、主役と脇役、密集、迷路、都会の孤独など） E ものを使う（椅子、楽器、ロープ、絵など） F はこびとストーリー（起承転結、物語など）	ア 創作ダンス A 身近な生活や日常動作（出会いと別れ、街の風景、綴られた日記など） B 対極の動きの連続（走る―回る―見るなど） C 多様な感じ（静かな、落ち着いた、重々しい、力強いなど） D 群の動き（大回り―小回り、主役と脇役、都会の孤独など） E ものを使う（椅子、楽器、ロープ、傘など） F はこびとストーリー（起承転結、物語など）	ア 創作ダンス A 身近な生活や日常動作（ただ今猛勉強中、シャッターチャンス、クラス討論など） B 対極の動きの連続（伸びる―落ちる・回る・転がるなど） C 多様な感じの中から対照的な感じを表現（激しい―静かな、急変する―持続する、鋭い―柔らかい、素早い―ゆっくりとしたなど） D 群の動き（カノン・ユニゾン・密集・分散、円や列など） E 質感や大きさの異なるものを使う（大きな布・机、ティッシュペーパー、新聞紙のボールなど） F はこびとストーリー（気に入った小説、詩、絵画など）
フォークダンス	※フォークダンス ○その場ですぐに覚えて踊ることができるやさしい踊り ・ジェンカ ・キンダーポルカ ・タタロチカ	※フォークダンス ○その場ですぐに覚えて踊ることができるやさしい踊り ・ジェンカ ・キンダーポルカ ・タタロチカ	イ フォークダンス ○日本の民踊 ・阿波踊り、春駒、エイサー節、ソーラン節 ○外国のフォークダンス ・マイムマイム、コロブチカ、グスタフススコール	イ フォークダンス ○日本の民踊 ・花笠音頭 ・キンニャモニャ ・げんげんばらばら ・鹿児島おはら節 ○外国のフォークダンス ・オクラホマミキサー ・ドードレブスカポルカ ・バージニアリール	イ フォークダンス ○日本の民踊 ・よさこい鳴子踊り ・越中おわら節 ・ごきげん節 ・大漁唄い込み ○外国のフォークダンス ・ヒンキー・ディンキー・パーリ・ブー ・ハーモニカ ・オスローワルツ ・ラグカラーチャ	イ フォークダンス ○日本の民踊 ○外国のフォークダンス	イ フォークダンス ○日本の民踊 ・優雅な所作の踊り ・女踊りと男踊りのある踊り ○外国のフォークダンス ・速いリズムに合わせて踊り ・アクセントのはっきりしたリズムに合わせた踊り ・オープンサークルでの踊り ・カップルダンス
表現・リズム遊び	イ リズム遊び ○軽快なリズムの曲で幼児童にとって身近で関心の高い曲 ○弾んで踊れるロックやサンバ	イ リズムダンス ○軽快なテンポやビートの強いロックのリズム ○陽気で小刻みなビートのサンバのリズム	※リズムダンス 学校や地域の実態に応じて加えて指導することができる	ウ 現代的なリズムのダンス ○リズムの特徴を捉え変化のある動きを組み合わせてリズムに乗って全身で踊る	ウ 現代的なリズムのダンス ○変化とまとまりを付けてリズムに乗って全身で踊る	ウ 現代的なリズムのダンス ○リズムの特徴を捉え変化のある動きを付けてリズムに乗って全身で踊る	ウ 現代的なリズムのダンス ○リズムの特徴を強調して全身で自由に踊ったり変化とまとまりを付けて仲間と対応したりして踊る

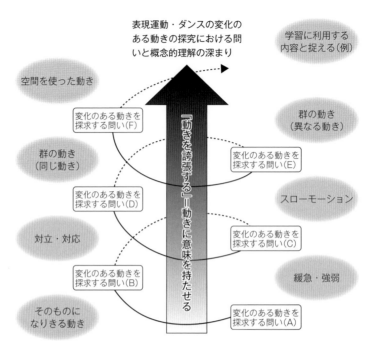

図16-2 「変化のある動き」を探求する学習の見方・考えかたを鍛える螺旋的積み上げ学習モデル (野津一浩 (2022) 教科体育における学びの系統性. 体育科教育, 70 (7)：58-61)

【コラム：ブレイクダンス】

　ブレイクダンスは 1970 年代にニューヨークのサウスブロンクス地区のアフリカ系アメリカ人やラテンアメリカ人の若者達によって発展したストリートダンスである. また, アフリカ・バンバータの提案でギャングが抗争をまとめるために銃撃戦の代わりにブレイクダンスのバトルを用い, 発展につながったといわれている. 1980 年代中頃になってニューヨークのロックステディークルーなどのクルー同士による大規模な抗争がメディアの関心を受け, これがダンスチームの成長へとつながった. 1980 年代後半には一時下火となったが, 1990 年にはドイツで世界大会「Battle of the Year」が開催されるまでになる.

　オリンピック界では国際オリンピック委員会 (IOC) および IOC 公認団体 ARISF に加盟する世界ダンススポーツ連盟 (WDSF) が「ブレイキン」の名でダンスバトル競技を始め, 2018 年ブエノスアイレスユースオリンピックで 3 種目 (男子, 女子, 男女混合) が正式競技となり, Ram (河合来夢) が金メダル, Shigekix (半井重幸) が銅メダルを獲得している. また, 2024 年パリオリンピックでは 2 種目 (男子, 女子) が追加種目となった. しかし, 2028 年ロサンゼルスオリンピックでは, 追加競技候補から外れている.

　表 16-1 は, 平成 29 (2017) 年学習指導要領におけるダンス学習の内容の系統をまとめたものである. また, 図 16-2 に表現運動・ダンスの変化のある動きを探求

する学習の見方や考え方を鍛えていく１つの螺旋的積み上げ学習モデルを示した.

４．表現運動・ダンス指導の観点

　栫（2020）は，表現運動・ダンスについて，技能評価の観点を図 16-3，図 16-4のように構造化している．この構造図が優れている点は，表現運動・ダンスの技能が巨視的な観点から微視的な観点までが体系化されていることにある．また，技能観点の関係性を文章化した「構造図の解説」を含めて提案していることも，実践者にとって活用しやすいといえる．すなわち，表現運動・ダンスの教育内容措定の観点を示していると読み取ることができ，何を教え，何を評価するのかといった指導と評価の一体化を図る一助になると考えられる．

５．授業実践例

（1）単　元

　小学校５年生を対象とした本単元では即興的な表現を核にして構成した．なぜなら即興には，瞬間の発想やまず動いてみることからのイメージの形成などにおもしろさが内在しており，作品をつくりあげるエネルギーになると考えられたからである．

　毎時間異なる課題に取り組み，１時間で解決に至る１時間完結型の授業を４回続ける単元を構想した．それは，表現運動における教育内容を，動きの原型という観点から見直し，すべての原型に触れさせようとしたところにある．すなわち，新聞紙という具体物を使うことによって動きのイメージをしやすい内容から始め，水平・垂直移動の原型である走る・止まる・跳ぶ，群の特質である集まる・散る，身体意識・多軸性形象の原型である伸びる・縮む・ひねる・回るを順に取り組ませた．基本となる原型の習得を大切にし，その原型を活用する場面（簡単なお話づくり）を授業展開のなかに組み込み，単元を通して，真似をする・なりきるといった非日常の世界を，楽しみながら夢中・没頭する姿を表出させることを狙いとした．

（2）単元目標

　○テーマから，その状況を擬音語，擬態語，比喩を含めた言葉で表現し，その言葉
　　を介して豊かに表現する．

　○仲間と一緒に動いたりイメージを交流したりして，互いの即興的な表現を組み合
　　わせて楽しむ．

　○表現しようとするイメージに合わせて，体育館全体を夜空や洗濯機などに見立て，
　　表現する場をつくりだす．

　○イメージに合わせて指先や目線にまでこだわるなど，全身を使ってなりきって表
　　現することができる．

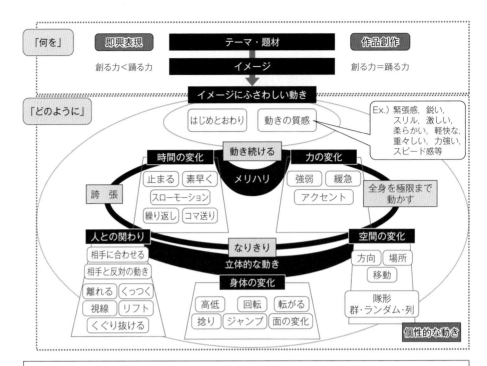

【表現系ダンスの技能評価観点構造図の解説】

　表現系ダンスの核となる技能評価の観点は,「イメージにふさわしい動き」と考えた. 従って,「イメージ」の出発点となる「テーマや題材」についても技能評価観点構造図でも必要と考え, 技能評価観点の上部の「何を」に位置づけ, 評価観点に含めた. なお, 直接的な評価観点ではないが, ダンスを実施する条件として「即興表現」「作品創作」という観点もあることから, 補足的に配置した.

　「イメージにふさわしい動き」が「どのように」実施されているかを評価する観点としては, まずは表現系ダンスの基本的な動きである「動き続ける」「なりきり」「全身を極限まで動かす」「誇張」の4観点を手がかりに評価することとした. また, それらの動きを「時間の変化」「力の変化」「身体の変化」「空間の変化」「人との関わり」という観点を加えることで, より詳細に評価できると考えた. さらに, 5つの各観点の詳細な観点も示した. なお, 前述の5つの観点は授業のねらいや内容によって取捨選択されるものである. 一方,「時間の変化」「力の変化」は「メリハリ」という観点にまとめて評価されると考えた.「身体の変化」「空間の変化」「人との関わり」は,「立体的に動く」という観点にまとめて評価できると考えた.

　なお,「個性的な動き」という観点は,「イメージにふさわしい動き」が実現されているときに現れるものして捉え, 補足的に配置した.

図16-3　表現系ダンスの「技能評価観点構造図（第3版）」
(栫ちか子, 松元隆秀, 金高宏文（2020）表現系ダンス・リズム系ダンスの「技能評価観点構造図」の提案.
九州体育・スポーツ学研究, 34（1）：9-25)

（3）学習の流れ（全4時間）

　　第1時：新聞紙になりきろう

　　第2時：走る-止まる-跳ぶでの表現を楽しもう

　　第3時：集まる-散るでの表現を楽しもう

　　第4時：伸びる-縮む, ひねる-回るでの表現を楽しもう

　　各時間の学習の流れは, 音楽に合わせて踊る, 身体ジャンケン, 本時課題の確認, 課題にかかわる活動, 簡単なお話づくりから集団表現へ, 振り返り, である.

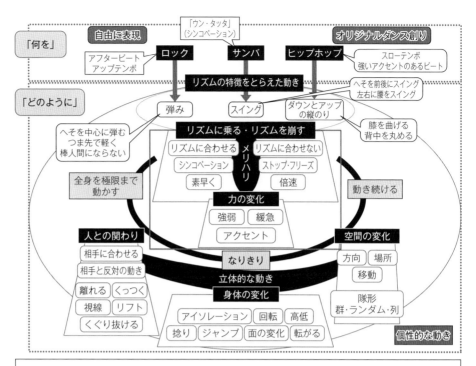

図16-4　リズム系ダンスの「技能評価観点構造図（第3版）」
（栫ちか子，松元隆秀，金高宏文（2020）表現系ダンス・リズム系ダンスの「技能評価観点構造図」の提案．九州体育・スポーツ学研究，34（1）：9-25）

（4）学習の実際

1）音楽に合わせて踊る

　スローテンポのイントロが流れると，子ども達は音楽の世界へ入っていく．そして，アップテンポのAメロが始まると同時に，音楽に合わせて踊り始める．このときに大切にしたことは，誰かと向き合いながら，そして向き合う相手を変えながら自由に踊ることである．子どもが学習カードに「自分と相手で向き合うと，自然に楽しくなって笑顔になれる．」「人と向かい合ったら自然と身体が動く．」と書いていたように，

写真16-1

（佐々敬政（2009）わたしとあなた，そしてわたしたちの表現−みんなちがってみんないい，151−160．梶田叡一編，言語・表現でつなぐ「学ぶこと」と「教えること」．明治図書出版）

写真16-2

（佐々敬政（2009）わたしとあなた，そしてわたしたちの表現−みんなちがってみんないい，151−160．梶田叡一編，言語・表現でつなぐ「学ぶこと」と「教えること」．明治図書出版）

自然と笑顔が増え楽しい雰囲気が醸成され，さらに，音楽を感じて自然と身体が動く姿がみられるようになった．仲間とともに精一杯踊ることによって，閉じていた身体から開かれた身体へと，表現するというスイッチがオンになったのである（写真16−1）．

2）即興表現を楽しむ

①身体ジャンケン

　教師がたたくタンブリンのリズムにのってスキップで移動しながら相手を探す．相手は自分で勝手に決めてよい．そして，ストップの合図でこれから勝負だぞという構えをつくる．やり方は身体全体を使って「最初はグー，ジャンケンポン．」をする．そして，勝てば「勝った，勝った，勝った」と3回連続で違うポーズで喜ぶ．負ければ「負けた，負けた，負けた」と同じように悔しがる．ここには考えて動くという時間はない．まさしく即興の動きが中心になる．**写真16−2**は，「グー・チョキ・パー」をいろいろな動きで表現している場面である．このとき，「みんながしていないようなチョキをしてごらん．」などと投げかけ，即興的に表出されたおもしろい表現を紹介しながら，互いの表現を楽しむことのできる時間にした．

②イメージと動きをつなげる

　子ども達に本時の課題を提示し，そこから連想されるイメージを発表し模造紙に書いていくところから始めた．

　集まる−散るの場面では，「ガラスが割れる，花火，爆弾，桜，風，火花」といったイメージがたくさん出てきた．そのイメージと動きを言語を媒介にしてつなげることにした．そのなかでも特に，「バーン・ヒラヒラ・雲のように」などの擬音語，擬態語，比喩と「やさしい・はげしい」などの性格，性質語を大切にした．

　このような言葉を意識させると，動きに反映させやすくなる．たとえば「バーンとはげしく火花が出るように爆発する」と，動きやすいようにあらかじめイメージをもたせたり，逆に動きが小さい子には「擬音語，擬態語，比喩を使うとどういう表現に

なる？」「どんな性格をしている風なの？」と問い返すことによってイメージをはっきりさせたりした．子ども達は学習カードに「いっぱい考えないでも言葉を意識したら身体が勝手に動く．」「自分が走るときに風がきました．なんか風と踊りながら走っているように感じました．」と書いていた．このような学習カードから，イメージと動きをつなぐことが即興的な表現を多様にし，イメージをさらに深めていく相乗効果の生み出されることが認められた．

3）子ども達と対話しながら簡単な作品（お話）を創る

はじめに，模造紙に出てきたイメージ（擬音語，擬態語，比喩，性格，性質語を含める）をつなげて，簡単なお話を子ども達全員との対話のなかで創りあげた．次に，男女混合の6グループに分かれて，簡単な作品（お話）を創ることにした．集まる−散るの場面では，次のような作品（お話）が完成した．

　　　　爆弾が爆発する→中から桜の花びらが出てきてヒラヒラと散る

　　　　　　　　　　→風が吹いてきて真ん中に集まる

　　　　　　　　　　→花火になって打ち上げられて花開く

考える時間は10分程度である．ここで大切にしたことは，誰かがアイデアを出したらまず動いてみよう，であった．以下は，あるグループの発話記録である．

「真ん中に立つ役をきめるときれいに見えるかな？」

「花びらも工夫しようよ．」

「そしたら，みんなで手をつないで手を精一杯広げてイナバウアーしようよ．」

この会話は，最後の花火が打ち上げられて花開く場面についてのものである．結果として，**写真16−3**のような表現が創られた．

また，「花をつくるときに『ゆれてみよう〜ゆれてみよう〜』と言ってゆれるととてもきれいな花ができました．」と書いたグループがあった．ここでは，声に出しながら表現すれば，よりイメージが豊かになること，そしてみんなでそのイージを共有できることが確認された．

写真16−3
（佐々敬政（2009）わたしとあなた，そしてわたしたちの表現−みんなちがってみんないい，151−160．梶田叡一編，言語・表現でつなぐ「学ぶこと」と「教えること」．明治図書出版）

4）指導に際して

①心と身体そして髪の毛の先・爪の先・目線までなりきる

「恥ずかしがっては楽しめない．」「動きは大げさじゃないと．」をより意識させるために，心と身体だけではなく，髪の毛の先，爪の先，目線まで意識させることにした．その×（かける）100（倍）．つまり，これは「自分が考えている以上に大げさに表現しよう」という指導者からのメッセージである．そして，なりきる楽しさやおもしろさを感じている子ども達の学習カードを抽出し，紹介していった．

「ヒラヒラ新聞紙をすると，自分の身体が勝手にヒラヒラなっていく感じがしました．」

「本当に天井に手が届いたと思うと，それに近い表現ができた．」

写真16−4

（佐々敬政（2009）わたしとあなた，そしてわたしたちの表現−みんなちがってみんないい，151−160．
梶田叡一編，言語・表現でつなぐ「学ぶこと」と「教えること」．明治図書出版）

　「走っているとき，向かってくる風と一緒に回転したりして風とのコンビネーショ
　ンが良かった．」
　「爆弾に本当に火をつけただけじゃなく，心にも火がついた．」
　「汗が5m先まで飛ぶように表現しよう．」
　学習カードに書いてあった内容と関係づけて今の動きのよさを確認したりして，み
んなで共有することを意図的に働きかけた．すると，「私も○○ちゃんのように風を
感じて表現してみたい．」といった表現を高めていこうとする姿や，「最初はなりきる
ことが難しかったけど，やっていくうちになりきる楽しさを知ることができたし，そ
の物の気持ちもわかるようになって，そこからまたなりきる楽しさが深くわかった．」
といった楽しさの深まりがみられるようになってきた．
　子ども達は表現の世界に没頭し，なりきっている姿がみられたのである．
　②みんなで真似をする
　よい表現はみんなで真似をする（**写真16−4左**）．子どもから「うわ，芸術作品や」
という声が上がり，みんなでその作品の真似をしてみる．そこでは「苦しい．」「痛い．」
という声が聞かれる．これは，その子にとって，今まで通り動いていては決してたど
りつけないポーズであり，表現の幅を広げることになった．また，「豊か」であったり「か
がやき」であったりと抽象的な表現がでてくることもある．しかし，その抽象的な表
現も，いろいろな動きで表すことができると考えられる．そこで，「豊か」を上手に
表現する子の動きをみんなで真似をしてみる．抽象的な言葉さえも，身体で表現でき
ることを共有することができたのである（**写真16−4右**）．つまり，真似ることは，
そのよさを身体や動きを通して理解でき，表現運動において大切な1つの指導法に
なると考えられた．
　③ストップモーションではいポーズ
　最後の決めポーズとしてストップモーションを入れるとやりきった表情がみられ
る．それは，カメラに写りたいという欲求も関係し，カメラは，子ども達の表現を高

表16-2　教材として取り上げられる世界のフォークダンス例（中学校・高等学校）

		曲　名	国　名	隊　形
パートナー不要	やさしい踊り	シュー・フライ	アメリカ	1重円
		リデ	フランス	1重円
		マイムマイム	イスラエル	1重円
		タタロチカ	ロシア	1重円
		アイルヨルイス	ギリシャ	1重円またはチェーン
	少し難しい踊り	ツァディク・カタマール	イスラエル	1重円
		アリパシャ	トルコ	1重円またはチェーン
		アルネル	ルーマニア	1重円
		ハサピコス	ギリシャ	1重円またはチェーン

		曲　名	国　名	隊　形	パートナーチェンジ
パートナー必要	やさしい踊り	オクラホマ・ミキサー	アメリカ・日本	2重円	有
		サーカシアン・サークル	イギリス	1重円	有
		ベギス・ダンス	スイス	1重円	有
		アバット・アバット	フィリピン	2重円	有
		キャルペリス	ロシア	1重円	有
		ラ・ラスパ	メキシコ	2重円またはフリー	無
		トリオレット	ドイツ	3重円・2組向いあう	無
		トロイカ	ロシア	3重円	有
	少し難しい踊り	マズルカ・メキシカーナ	メキシコ	2重円またはフリー	無
		ティトン・マウンテンストンプ	アメリカ	1重円	有
		オスロー・ワルツ	スコットランド	2重円	有
		ダス・フェンスター	ドイツ	1重円	有
		グランド・スクウェア	アメリカ	スクウェア	無
		スピン・ラドル・ツ・ドリット	オーストリア	3重円	無

めるうえで効果的な教具になりうると感じられた．

（5）まとめ

3人の子どもの単元終了後の振り返りを以下に紹介する．

「満足度は最高ですよ．ずっと満足度が低かったのは，きっと恥ずかしさがじゃまをしていたのだと思います．でも今日はなりきっていたので恥ずかしさなんか忘れていました．」

「身体を思いっきり動かすことができて楽しかったです．みんなと違う動きができてきたからすごくいいと思いました．」

「やはり表現というのは最高です．終えた後，心と身体がすっきりしていて，身体がフワッと浮くような感覚があり達成感がありました．心のゆくまま身体のゆくまま，動きは考えるのではなく感じることです．」

恥ずかしさの壁をどのように乗り越えさせるのか，表現することの楽しさをどのように感じさせるのか，そして，今まで感じたことのない新たな自分の身体のありようにどのように出合わせるのか，この3人の振り返りから再考させられた．そのなかでも1ついえることは，雰囲気づくりが大切だということで，そこでの教師の果た

す役割は大きい.

　参考資料として，世界のフォークダンスをパートナーの有無に分けて示す（**表16
-2**）.

演習課題 日本の三大盆踊りの歴史・内容を調べるとともに地元の盆踊りと比較しよう.

演習課題 これまでに盆踊りが禁止されたことがある．その理由を調べよう.

📖 **参考文献**

・荒木恵美子，井上邦江，礒島紘子（1994）「身体表現」の学習－系統的な学習指導をめざ
　して－．遊戯社.
・舞踊教育研究会（代表・片岡康子）編（1991）舞踊学講義．大修館書店.
・遠藤保子，細川江利子，高野牧子，打越みゆき編著（2011）舞踊学の現在－芸術・民族・
　教育からのアプローチ－．文理閣.
・藤田洋（2010）日本舞踊ハンドブック．三省堂.
・栫ちか子，松元隆秀，金高宏文（2020）表現系ダンス・リズム系ダンスの「技能評価観点
　構造図」の提案．九州体育・スポーツ学研究．34（1）：9-25.
・三浦弓杖，矢島ますみ（1992）舞踊教育再構築（Ⅰ）－日本における舞踊教育の可能性－ダ
　ンスの特性の視点から－．千葉大学教育学部研究紀要，40：109-119.
・文部科学省スポーツ・青少年局体育参事官（2012）ダンスの種類について.
・文部科学省（2013）学校体育実技指導資料第9集，表現運動系及びダンス指導の手引．東
　洋館出版.
・村田芳子（2006）舞踊，761-763．日本体育学会監修，最新スポーツ科学事典．平凡社.
・野津一浩（2022）教科体育における学びの系統性．体育科教育，70（7）：58-61.
・佐々敬政（2009）わたしとあなた，そしてわたしたちの表現－みんなちがってみんないい，
　151-160．梶田叡一編，言語・表現でつなぐ「学ぶこと」と「教えること」．明治図書出版.
・柴眞理子（2004）身体表現－個性・共創・コミュニケーション．共創シンポジウム2004（計
　測自動制御学会SI部門），9-15.
・シンガー・T（2017）ダンスの進化－人はなぜ踊るようになったのか－．日経サイエンス，
　11月号：76-81.

［佐々敬政・日高正博・後藤幸弘］

第17章

体育科の総合学習

1．総合学習の意義と目的

　図17−1は，現在の学校教育における問題点を示したものである．

　現在の子どもに問題を生起させている要因は種々考えられるが，分科主義の閉鎖性と知識の実用指向性の欠如がある．分科主義の閉鎖性は，知識の非文脈化と知識の非意味化を招き，教科書の（教師の）文脈のなかで知識を学んでも，わたしの知識にはなり難いのである．

　知識の非文脈化も知識の非意味化も分化の場で生起する問題であると考えられ，その解決のためには逆方向の場である統合への視点を持つことが求められるのである．

　また，知識の実用指向性の欠如も，知識の在処を教科の拠り所である科学に求め，子どもの生活のなかには見出してこなかったことが原因と考えられる．知識の実用指向性は生活において発揮されるものであるため，やはり統合する場（フィールド）が求められるのである．

　このことは，平成29（2017）年に告示された学習指導要領で，コンテンツ（内容）

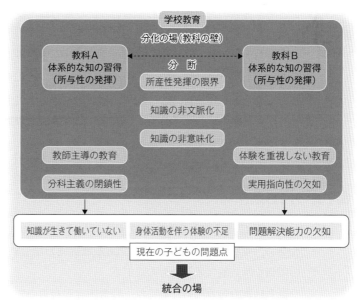

図17−1　現在の学校教育における問題点

ベースの教育からコンピテンシー（資質・能力）ベースへの教育へと転換していくことが求められていることと同義と捉えられる．

　以上のことから，現代の子ども達の問題状況を解決するためには，教育上の分化主義の閉鎖性と知識の実用指向性の欠如を解消し得ると考えられる統合の場で学びを展開する総合学習という学習スタイルも必要となる．

　すなわち，1998 年以降，学校教育において総合的な学習の時間が設定されたのは教科学習と総合学習で，教科で学んだ知識を総合の時間のなかで有効に活用できることを体験・経験させることを意図し，分化と統合を機能的に関連させ，知識獲得における問題点を解消しようとする試みであったのである．

　著者らは，生きる力の内実を，知識を関連付けて構造化する力（構造化能力），実践する力（実践力），問題を解決する力（問題解決能力），の 3 つのまとまりであると考えている．

　知識を関連付けて構造化できる能力（構造化能力）は，ものごとをより深く理解するために欠くことのできない能力である．また，このことが学びを楽しくする 1 つの要因である．すなわち，教科で身につけた知識を活かす場として総合学習が機能し，そのことによって学んだ知識も関連付けられることにより生きたものとして定着するのである．

　子ども達の体験の不足や家庭・地域社会の変化などにより，従来は生活のなかで身に付けていた問題を解決する力が十分に育っておらず，直面する諸々の問題に対処することができなくなっていることが現代の子どもの病理現象を生じさせている 1 つの要因と考えられる．したがって，これからの変化の激しい社会や将来予測のつかない先行き不透明な社会にあっては，問題を解決する力，換言すれば，未知のわからないことも既知の力によってわかるようになる力は，身に付けさせておくべき力ということができる．

　すなわち，現在を未来に向けて生きる子ども達に身につけさせるべき生きる力，資質・能力の内実は，構造化能力，実践力，問題解決能力であると捉えられ，わからなかったことを知識を関連付けて予想・理解し，それを実践することでさらに納得し，本当にわかり問題を解決できる力，換言すれば，知識を智恵に高めることが，生きる力の内実であると考えたいのである．

2．総合学習の内容条件

　図 17-2 は，生きる力を育成することに総合学習の意義があり，その内実は構造化能力，実践力，問題解決能力であると捉えた場合の総合学習の内容設定の 6 条件の関係を構造的に示したものである．

　構造化能力の育成のためには，教育内容が複数の要素から構成された総合的なものであることが必要である．したがって，構造化のための基底的な条件として「総合性」

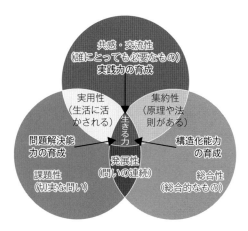

図17-2　総合学習の目的と内容条件の関係
（後藤幸弘，日高正博（2002）身体運動文化を中核にした総合学習のプログラムの作成．平成12・13年度科学研究費補助金（基盤研究（C））研究成果報告書）

を位置づけた．

　総合学習が機能し学習集団を学びの共同体として組織させ，体験が質的に高まるためには，お互いの情報は共感・交流されることが必要である．この「共感・交流」された知識は，実践力の基底的な要因になると考えられるので，実践のための内容条件として位置づけた．

　子どもの問題解決への主体的な取り組みは，子どもの切実な問いによって生ずるので，問題解決のための基底的な条件として「課題性」を位置づけた．

　構造を全体的に把握するためには，それぞれの要素の関係を捉えて法則や原理に集約できた方が実践に役立てることができる．したがって，構造化と実践のためには，内容に原理や法則にまとめられる「集約性」のあることが内容条件になる．

　子ども達にとって，内容が発展的に連続・関連していくものであれば，問題解決の結果から他の内容に発展させることが可能になり，解決の結果がより深く理解されると考えられる．したがって，構造化と問題解決のためには，内容に問いが連続して生じる「発展性」のあることが条件になる．

　問題解決の結果は，実際に活かされることで，より深くわかることができ，解決した意義を見いだしたり，満足感や充実感を味わうことができる．したがって，実践と問題解決のためには，内容に「実用性」のあることが条件になる．

　総合学習で育成される生きる力は，構造化能力，実践力，問題解決能力のまとまりであると捉えられ，3つの能力のサークルが重なる部分に位置づけた．

3．総合学習の授業構成原理

　総合学習が成功するためには，内容の検討に加え方法についても考える必要がある．学習は，元来，すべてが問題解決の能力を身につけるためのものだともいえる．また，

問題解決能力が養われなかった伝統的な教科書中心の学習から，なすことによって学ぶ児童中心の学校へと転換する大改革を行った人物としてジョン・デューイ（John Dewey）があげられ，記憶中心の学習から，自ら問いを持ち，考え，追求する学習へ転換し，問題解決学習の理論が基礎づけられた．また，社会の変化に主体的に対応できる資質や能力を育てるという点から，問題解決的な学習が求められ，問題解決学習の過程には知的な問題解決の過程と実践的（作業的）な問題解決の過程の2つがあり，どちらも子どもの主体的な学習活動であるのである．

したがって，問題解決的な学習過程を基本とし，総合学習を構想する際の方法的原理について検討した．

問題解決的な学習過程をとる場合，問題（課題）を与える方法（課題提示型）と，課題を学習者自らが形成する方法（課題形成型）の2つがあるが，総合学習における課題は，これまで述べてきたことからも，自ら形成させる方がよいと考えられる．

（1）課題形成の段階

わからないことをわかるようにする力は，自分の切実な課題意識から出発した学習のなかでこそ育つと考えられる．したがって，学習のスタートにあたっては，子どもに切実な問題意識が必要であり，発問やそれに対する予想などを契機として切実感のある課題を形成させる必要がある．すなわち，総合学習には子どもの内なる問いとしての課題形成の段階が必要である．

課題形成に際しては，切実感の喚起のためと，課題の内面化（わたしの課題としての把握）のための実体験が重要である．切実感がなければ，解決へのエネルギーは湧いてこない．

さらに，課題の内面化が行われなければ，解決にあたっての真剣さは生まれない．実体験を通して形成された課題は，わたしの文脈のなかでの課題把握を可能にし，課題の内面化に機能する．

この切実感の喚起と課題の内面化という2つの側面は，表裏一体のものである．なぜなら，総合学習を意欲的に主体的なものにさせるためには，そのスタートである課題形成時に，子ども達にどれだけ解決に向けての切実感を持たせるかにかかっており，同時にその切実感は，課題をわたしの課題と捉えているからこそ持ち得るのである．したがって，この両者が課題形成時に機能するようなリアルな体験を仕組むことが，総合学習成功の必要条件になる．また，総合学習をスタートにあたり設定するリアルな体験には，解決せずにはおかれない切実感の持てる課題へとつながるものであるかどうかと，わたしの課題であると認識できる課題へとつながるものであるかどうかということが，十分条件になる．

（2）課題解決の段階

子どもの内なる問いとして生起した切実な課題は，解決されなければならない．そ

の解決の仕方は，課題に対する予想を持たせたり，解決への見通しを持たせ，それを確かめるために条件を統一した実験や調査法等が考えられる．そして，実験や調査等で得られた結果の整理作業は，子どものわかりを身体を通しても深めることにも機能する．

（3）発展・総合の段階

　さらに，納得あるわかりを育てるためには，課題解決の結果から，新たな問いを生起させたり，関連あるものに発展・総合させ，解決の結果をより確かなものにする必要がある．したがって，総合学習の過程には，内容の発展と総合の段階を設定する必要がある．

　子ども達は課題を自分たちで解決しようとし，その過程で多くの知識を利用し，また学ぶ．しかし，子ども達が学んだ多くの知識は必ずしも総合されているとは限らない．子どもの学んだ知識を総合させるためには，教師の補助的な知識の紹介が必要になってくる．教師の力量が問われる場面で，教師による関連知の補充によって今まで別々だったものが関連付けられることによって総合学習が成功するのである．

（4）集約，共感・交流の段階

　総合学習を成功させるためには，子ども達の興味や関心からスタートさせることの重要性を指摘した．しかし，クラスの個々の子どもの興味や関心を重視すればするほど内容が多岐にわたり，拡散していく可能性が高くなる．この拡散した子ども達の興味や関心をそのままにしておいては，学習を這い回らせることにつながることが危惧される．したがって，拡散した子ども達の興味や関心を集約する段階が必要である．

　また，わかりを深めるためには，各グループが課題の解決を目指して実験や調査をした結果や，発展・総合して得られた情報を学習集団で共感・交流させ，体験を質的に向上させる段階が必要となる．さらに，課題形成時における実体験の重要性は，共感・交流の段階においても「自己と他者の相互性」の発揮の面からも意味づけられる．

　著者らが教育現場でみてきた総合学習の実践には，課題を解決するために複数のグループに分かれて活動し，その解決結果をグループごとに種々の方法を用いて発表するものが多くみられた．しかし，問題にしたいのは，それを聞いている子ども達の方である．友達の発表を自分のことのように聞き落とすまいと必死で聞こうとしているか，聞いている子の表情や態度から聞き落としてはいけないという真剣さを伴った雰囲気を感じることは少なかった．このような問題状況が生起する背景には，それぞれのグループの課題（形成）が共通の体験に基づくものでなかったことが考えられる．

　したがって，課題形成における共通体験の重要性が示唆されるのである．共通体験に基づく課題の分化は，それぞれの解決結果の発表という場面で自分の課題解決と関連づけ，友達の解決結果も自分の課題解決のために有効な情報であるという意識を芽生えさせ，真剣さを持って友達の発表を聞かせるのである．換言すれば，総合学習を

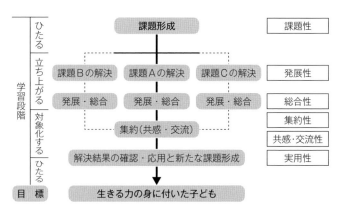

図17-3　総合学習における基本的な学習過程

（後藤幸弘，日高正博（2002）身体運動文化を中核にした総合学習のプログラムの作成．平成12・13年度科学研究費補助金（基盤研究（C））研究成果報告書）

成功させるためには，共通体験から形成された課題が，自己と他者の相互性を企図したものになっていることが重要である．

（5）解決結果の確認・応用と新たな課題の形成の段階

　総合学習において，子ども達は課題解決にあたってさまざまな体験をし，いろいろな知識を学ぶ．その知識を実際に次へ活用できなければ生きて働いたとはいえない．総合学習で学んだ知識は実際に活用し，使ってみることで知恵へと高まるのである．

　したがって，総合学習において体験をいかに質的に高めるかという視点は重要である．すなわち，総合学習の過程に問題解決結果を確認する場（実践）を設け，体験の質的向上を図る段階を設定する必要があるのである．

　さらに，子ども達のわかりが深まってくると，解決結果の確認・応用の段階での体験から，新たな課題の形成されることが予想される．ここでの新たな課題の形成は，次の学習サイクルのスタートにあたる．

　したがって，子どものわかりを深めるためには，解決結果の確認・応用と新たな課題の形成の段階が必要である．すなわち，総合学習を仕組む際の方法的原理にも，内容設定の条件とも重複する課題性，実用性，発展性，総合性，集約性，共感・交流性の段階が必要であると考えられる．

　以上のことから，総合学習における基本的な学習過程は，図17-3に示すように「課題形成の段階→課題解決の段階→内容の発展と総合の段階→内容の集約（共感・交流）の段階→課題解決結果の確認・応用と新たな課題形成の段階の発展的繰り返し」とするのが1つの方法になる．

　結果の確認・応用の段階において，子どものわかりが深まっていれば，新たな課題が形成される．この段階で形成された新たな課題に挑戦し，発展的に上述のサイクルの繰り返し回数によって，総合学習のプログラムの大きさは調整できる．

4．相撲（伝統文化）を中核にした総合学習

　教育基本法の改正による伝統と文化の尊重，学習指導要領の改訂による中学校での武道の必修化に伴って，伝統・文化をどのようにして教育活動として組織化していくのかへの関心が高まっている．ここでは，伝統文化を体育科においてどのように指導するのかについて，相撲を中核にした総合学習の展開を例に述べる．

（1）相撲とは

　相撲といえば，日本では大相撲を思い浮かべるが，日本の相撲に似た競技は，古くから世界各地で行われている．たとえば，5000年前の古代バビロニアの遺跡から，四つに組んだ置物が発見されている．古代エジプトの遺跡では，相撲の壁画が描かれている．インドでも釈迦が従兄弟たちと力比べによって，美しい姫を嫁にした話が仏典に記されている．中国では秦の時代に角觝という名称で相撲が始まっている．そして，現代ではモンゴルのブフ（モンゴル相撲），朝鮮半島のシムル（韓国相撲），アイスランドのギリーマ（図17-4）など，民族によってさまざまな相撲が行われている（世界各地で行われている相撲の特徴は表15-2（p232）参照）．

　世界の相撲のほとんどは，土俵のない場で素手で組み合い相手を倒すのを競う競技であり，土俵の上で組み合い，寄り切り，押し出しなどがある日本の相撲とは異なる．

　わが国における相撲は，古墳・神話時代に始まり，古墳から力士を形取った埴輪が数多く出土している．日本書紀には，垂任天皇のころ野見宿禰と当麻蹴速が力くらべをして，宿禰が蹴速の脇骨を折って勝ったことが記されている（図17-5）．その後，平安時代に宮廷で行われた節会相撲，鎌倉・室町時代には武士の心身鍛練を目的として武家相撲が行われ，江戸時代に入ると神社・仏閣・橋等を架け替える資金を集めるために行われた勧進相撲となった．この勧進相撲は，次第に自分たちの生活のために行う相撲へと変わり，相撲を職業とする者を生み出し，江戸相撲会所が設立された．このころには土俵の出現などによりルールが整い，現在の大相撲の基礎ができあがった．明治・大正・昭和には，大衆スポーツとして相撲は広く一般市民にも親しまれるようになった．特に，学校体育の重要な教材として取り上げられ，校庭の片隅に土俵のない学校はないといわれるほどに盛んになった．相撲会所も日本相撲協会となり，大相撲として現在に至っている．

　わが国で国技といえば相撲を指すが，相撲が国技であるという考え方は，両国に相撲常設館が完成した際に国技館と命名されたことに始まる．その後，国技＝相撲という考え方は広く国民の間に浸透したが，国によって正式に決められたことはない．

（2）「相撲」を総合学習の中核とする意義

　相撲は，日本社会が長い歴史を通して，培い発展させてきた芸能で身体運動文化である．そこには格闘技という運動形態だけではなく，日本民族が伝えてきた信仰，風

図17-4　世界各国の相撲

（後藤幸弘編（2016）相撲を題材にした楽しく奥深い授業の構築をめざして－伝統文化の指導や身体接触に着目して－．95，「身体接触を伴う教材の教育効果（平成23・24・25年度）」の科研費による資料集）

力士埴輪　　　　野見宿祢（右）と投げ飛ばされる當麻蹴速（左）の　　　　平安時代の相撲人形
（和歌山市教委蔵）　　　対戦図屏風　　　　　　　　　　　　　　　　　　　　　（御上神社蔵）
　　　　　　　　　（河鍋暁斎画，日本相撲協会相撲博物館蔵）

図17-5　日本の相撲の歴史

（後藤幸弘編（2016）相撲を題材にした楽しく奥深い授業の構築をめざして－伝統文化の指導や身体接触に着目して－．2-3，「身体接触を伴う教材の教育効果（平成23・24・25年度）」の科研費による資料集）

習，思想が内包されている．日本各地には，神事としての相撲が行われており，土俵は神の降りる場所で，土俵入りや四股は地面の下の悪霊を踏みつぶし，五穀豊穣を願う意味がある．せり上がりは腕の上にのった邪気を持ち上げ，はねのける所作である．また，塵手水は，取り組み前に互いに手に武器を隠し持っていないことを示すことが形式化されたものであり，お互いに正々堂々と相撲をとることを誓う礼法でもある．

　すなわち，相撲は，神事，芸能，競技が三位一体となって存在している身体運動文化で，相撲を取り上げその歴史を追体験することは，日本の伝統文化を学ぶことのできる興味深いテーマとなる．また，世界の相撲と日本の相撲の異同を調べ，それらを追体験することで，文化の相対性を学ばせることができる．

（3）単元づくりにおける視点

　相撲を中核にした総合学習の単元づくりにあたっては，総合学習の授業の構成原理と以下の点についても留意して単元づくりをするのがよい．

　　・文化には豊かな教育内容が内在しているが，その何を教育内容とするのか．

・身体活動を伴うリアルな体験を重視する.

・子どもの学びが這い回ることがないように，教師の指導性をどのように発揮するか.

・先人の体験，仲間の体験をいかに共有できるか.

・見えない文化を見えるようにするための実物教材をどのように取り入れるか.

総合学習における基本的な学習過程を踏まえ，全21時間の単元（表17−1）を作成した．なお，本単元は，小学校高学年を対象としたもので，体つくり運動のなかの体力を高める運動の例として示されている「押し，寄りを用いてすもうをとること」を用いることおよび総合の時間を使っての計画である.

1）課題形成段階

「組ずもうをしよう！」と子ども達に投げかけると，子ども達は，「組ずもうに勝ちたい！」と思う．この「勝ちたい！」という欲求は，人間に共通する根元的なもので，児童は勝つためにはどうすればよいかについて，切実な課題をもつ.

大相撲のVTRを視聴した子ども達に，「押されたり，倒されたりしないようにするには，どうすればいいのだろう？」と発問すると，子ども達は大相撲の力士たちの構え方から，「足を広げて構えると押されにくそうだ」「腰を低くした方が押されにくそうだ」「体の大きな人の方が押されにくそうだ」というバランスの取り方に対する課題が形成される.

2）課題解決段階

①A課題：「足を広げて構えると押されにくそうだ，なぜだろう？」に取り組むグループ

大相撲を視聴した子ども達は，力士たちは足を広げて構え合っていることに気づいている．また，日常生活においても遊びなどを通して，足を広げて構えた方が押されにくいことを知っており，足を広げて構えた方が押されにくいという予想は容易に出現する.

この予想が正しいかどうかを判断するためには，条件を統一した比較が必要であり，腰も高さを同じにしたバランス崩しという活動が導き出される.

［実験・調査］

「どちらの構え方が押されにくいだろう？」というテーマでバランス崩しを行う.

足を狭くし直立した姿勢で肩を押されたときと，足を広げて立って肩を押されたときを比べ，どちらがより小さな力で倒れそうになったかを比べる．その際，押される方向に対し足を広げなければ安定しないこと（外乱に対する基底面の確保）にも気づかせる.

［結果の整理］

押す方向（外乱）に対して，足を広げた方（基底面の確保）が，安定することを確認する.

表17-1 「組ずもう」から「大相撲，○○小学校場所を開こう」を経て日本の伝統・文化に触れる総合学習の展開

		教育内容と学習活動および児童の意識			時間
課題形成		組ずもうをする 組ずもうに勝ちたい！！ VTRで大相撲の取り組みを観る			2
課題解決	課題	・足を広げて構えると押されにくそうだ，なぜだろう．	・腰を低くしたら，押されにくそうだ，なぜだろう．	・体の大きな人は押されにくそうだ，なぜだろう．	3
	予想	・足を広げた方が安定するから	・腰を低くした方が倒れにくいから	・重い方が押されにくいから	
	解決の方法	・腰の位置，体重を同じにして，足の広げ方の違う構え方の比較	・足の広げ方，体重が同じで，腰の位置の違う構え方の比較	・足の広げ方，腰の位置が同じで体重の重い人，軽い人の比較	
	実験・調査	・腰の位置，体重を変えずに足の広げ方だけを変えて，バランス崩しを行う	・足の広げ方，体重を変えずに腰の位置だけを変えて，バランス崩しをする	・足の広げ方，腰の位置を変えずに体重だけを変えて，押してみて力の入れ具合を比べる	
	結果	・足を広げた方が安定する	・腰の位置が低い方が安定する	・体重が重い方が押されにくい	
課題の発展・総合と集約（共感・交流）		基底面が広いこと，重心が低いこと，体重が重いこと グループごとの発表 安定のための原理・原則 ── 生活用具にも安定の原理・原則は利用されている			1
原理・原則の確認		バランス崩し，押し合い遊びをして原理・原則の確認する． 安定の原理・原則を応用して組ずもうをする			3
課題の応用と新たな課題の形成		「大相撲，○○小学校場所を開こう」 ↓ 「大相撲」のような「相撲大会」をしたい！！			1
新たな課題と解決		力士のかかわること ・塩をまくのは，己の穢れを払うため ・四股をふむのは，悪霊を払うため ・蹲踞，塵手水は，相手への礼法 ・横綱には優れた人格も求められる ⇩ 力士の所作は神事を表現しており，芸能的要素も取り入れている．力士には優れた人格が求められる	行司のかかわること ・行司は土俵祭りを執り行う ・行司にも位がある ・短刀は判定への責任の表れ ⇩ 行司そのものが，神事・芸能・競技が一体となった存在	力士，行司以外の人にかかわること ・相撲茶屋は入場券を売っている ・床山は力士の髷を結っている ・呼び出しは力水の世話もしている ⇩ 多くの人たちによって大相撲は支えられている	4
		相撲は，日本の風習・信仰・思想と深く結びつきながら，発展してきた			
課題の発展・総合と集約（共感・交流）		「大相撲○○小学校場所」を開く			5
		・各部屋に分かれて親方，関取となる	・行司，呼び出し，衣装や所作	・アナウンサー，解説者，相撲用語，技の名称	
新たな課題の形成		世界の相撲を調べる			2

（後藤幸弘編（2016）相撲を題材にした楽しく奥深い授業の構築をめざして−伝統文化の指導や身体接触に着目して−．26-27，「身体接触を伴う教材の教育効果（平成23・24・25年度）」の科研費による資料集）

②B課題：「腰を低くした方が倒されにくそうだ，なぜだろう？」に取り組むグループ

　子ども達は大相撲のVTRから，押されている力士は押している力士よりも腰が高いことに気づいている．したがって，腰を低くして構えた方が押されにくいという予想を子ども達は持つ．

　この予想が正しいかどうかは，基底面の広さが同じで腰（重心）の高さの違うバランス崩しをすればよい．

［実験・調査］

　「どちらの構え方の方が，押されにくいだろう？」というテーマでバランス崩しをする．基底面の広さを同じにして，同一方向から押したとき，腰の高低によってバランスが崩れやすいのは，どちらかを調べ，重心は低い方が安定することを確認する．

［結果の整理］

　基底面が同じ場合には，同一方向からの押しに対しては重心の低い方が安定することを確認する．ただし，実際の相撲では，足を広げすぎたり腰を低くしすぎたりした場合，かえって押されやすくなり倒されることにも気づかせる．

③C課題：「体の大きな人が押されにくそうだ．」に取り組むグループ

　子ども達は，力士のほとんどが体が大きくて太っていることに気づいている．つまり，体が大きい方が押されにくいと容易に予想する．そして，重い方が押されにくいと考える．これは，基底面の広さと重心の位置が同じで，質量の違うものを同一方向から押したときの力の入れ具合で比べればよい．たとえば，教室の机を利用し，中が空っぽの机と中に本をびっしりと詰め込んだ机を同一方向から押してみればわかる．このような活動を通して，基底面の広さと重心の位置が同じとき，質量の重い方が安定することを確認する．

3) 内容の発展・総合，集約（共感・交流）の段階

①内容の発展・総合

　学習によって導き出された安定の原理・原則である，外乱に対する基底面の確保，重心を低くする，質量を大きくするは，老人が杖を用いる意味，アウトリガーを出しているクレーン車や通常の三角コーン，基底面の広い三角コーン，さらには三角コーンに重しを載せる（図17-6）などの共通点や意味を考える活動を通して，身近な生活になかに安定の原理・原則に則っているものが多くあることを学ばせる．

②内容の集約（共感・交流）

　「組ずもうに勝ちたい」と切実に思っている子ども達にとって，各グループで得られた成果の発表活動は，共感・交流を促進させることができる．この学習を通して，体重の軽い子どもは，押される方向に対して，基底面を大きく広げ，腰をしっかりと落とした構えで対抗すればよいことを確認する．また，逆に「相手のバランスを崩すにはどうすればいいのだろう？」と問いかけ，相手を押し出したり，倒したりする方法を考えさせる．子ども達は，安定の原理・原則についての知識を習得しているので，その逆を発想し予想を立て，相手の基底面を狭くし重心を上げればよいと考える．

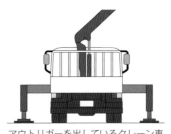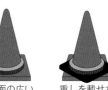

アウトリガーを出しているクレーン車

通常の
三角コーン

基底面の広い
三角コーン

重しを載せた
基底面の広い
三角コーン

図17-6　安定の原理・原則を応用した身近なもの
（後藤幸弘編（2016）相撲を題材にした楽しく奥深い授業の構築をめざして−伝統文化の指導
や身体接触に着目して−．26．「身体接触を伴う教材の教育効果（平成23・24・25年度）」の
科研費による資料集）

　課題解決の方法として，相撲や柔道における基底面の再構築を防ぐ目的の技をかけ
ている映像を子ども達に見せる．たとえば，相手の重心を高くするとともに相手の基
底面をなくす技として，相撲では寄り切りや吊り出しがあり，柔道では背負い投げや
払い腰などがあげられる．また，基底面の再構築を防ぐ技には，相撲では外掛けや足
取り，柔道では出足払いや大外刈りなどがある．これらの映像を見せ，何を目的とし
た技かを考えさせる．

4）安定の原理・原則を組ずもうのなかで確認・応用と新たな課題形成の段階

　安定の原理・原則，技の合理を確認・応用しながら，組ずもうを楽しむことができ
るようにする．また，新たな課題形成の段階では「大相撲○○小学校場所を開こう」
というテーマのもと，「大相撲のような相撲の大会をしたい」という欲求を持たせる．

5）新たな課題解決の段階

　子ども達は「大相撲のような相撲の大会を開くにはどうすればいいのだろう？」と
いう課題を形成し，大相撲のVTRや組ずもうの経験から以下の課題などが導き出さ
れる．

- ・力士が試合の前後にしている動作は何だろう．なぜ，あんなことをするのだろう．
- ・大相撲は審判ではなく，なぜ行司と呼ぶのだろう．審判と行司は何が違うのだろ
う．
- ・取り組みの前に力士の名前を呼んでいる人がいるけど，あの人は何だろう．力士
や行司以外にどんな人が働いているのだろう．それに力士の名前はどうやってつ
けるのだろう．
- ・力士は，横綱，大関などの地位があるけど，他にどんな地位があるのだろう．そ
の意味は何だろう．
- ・アナウンサーがかいなを返す，おっつけとかいっているけど，あれはどういう意
味だろう．

　子ども達の疑問は多様な広がりをみせるが，大きく分けて力士にかかわること，行
司にかかわること，力士以外の人（呼び出し，アナウンサー，解説者など）にかかわ

ること，相撲の用語にかかわることに分けられる．それぞれのグループのなかで課題を整理，分担して調べる．

　力士にかかわることを調べた子ども達は，塩をまくのは，己の穢れを払うためであり，四股をふむのは悪霊を払うためであるなど，力士の動作には，名前と意味があることを知る．このことは，「なぜ，相撲では，そのようなことをするのであろう」という問いを生起させ，力士の動きは，神事の表現になっていることに気づき，相撲は神事・信仰と深く結びついていることを知る．また，蹲踞，塵手水などの意味から，相撲は相手に対する礼を所作によって表現しており，相撲が単に格闘技ではなく，神事，芸能の要素を取り入れながら発展してきたことに気づく．また，横綱には相撲の技量だけではなく，最高位としての振る舞いや言動も求められることを知り，相撲が国技といわれるゆえんがわかる．

　行司にかかわることを調べた子ども達は，行司は勝負の判定をすることから競技における審判としての役目を果たしているが，その装束，持ち物，所作からは芸能として観賞の対象になっていることに気づく．また，土俵祭りを行うなど，神事を執り行う役目もある．これらのことから，行司は勝敗を判定する単なる審判ではなく，行司そのものが競技・芸能・神事と一体になった存在であることを知る．また，行司にも力士と同様に地位があることに気づき，行司の最高位には横綱同様，立ち振る舞いの美しさも求められることを知る．

　力士，行司以外の人にかかわることを調べた子ども達は，呼び出し，床山，相撲茶屋など，実に多くの人たちによって大相撲が支えられていることを知る．それが，1つの組織として機能することで大相撲が興業として成り立っていることに気づく．

　以上の調べ学習のまとめとして「大相撲○○小学校場所」を開催する．

　子ども達は，各部屋に分かれ，親方を決め関取衆になる．自分の四股名を考え，強い子どもが兄弟子となり稽古に励む．この際，胸を貸す，かわいがるなどの相撲用語に触れることで，相撲部屋は家族のような結束で結ばれていることに気づかせる．また，強い相手を求めての出稽古も考えられる．

　行司，呼び出しは，衣装だけではなく，その所作をしっかりと真似させる．これらの所作は，神事，芸能の表現であり，そこには日本人の信仰，風習，思想が色濃く反映されており，日本文化が築き上げてきた形式美や様式美があることを体感させる．

　以上の学習例は，高学年児童を対象に実践したものであるが，中学生・高校生にも適用でき，最後に「相撲は，日本だけものだろうか？」と問いかけ，世界の相撲への学習へと発展させ，国際理解教育に発展させることも可能である．

5．実技と知識の学習を関連させた授業プログラム

（1）陸上競技（短距離走・リレー）における事例

　平成20（2008）年告示の中学校学習指導要領解説保健体育編においては，領域ご

とに「（1）技能」「（2）態度」「（3）知識，思考・判断」が学習内容として示されていた．しかし，平成29（2017）年の改訂においては，「（1）知識及び技能」「（2）思考力，判断力，表現力等」「（3）学びに向かう力，人間性等」となり，知識と技能が関連付けられ，知識が最も上位に格上げされた．

　文部科学省は，体育理論を教える意義は「する・みる・支える」に関する知識を学ばせ，豊かなスポーツライフを実現するための能力を育成することにあるとしている．

　保健体育科の教科内だけにとどまらず，教科成立の基盤である身体運動文化（スポーツ）の総合的性格を活かしながら，他教科の教育内容とも関連付けて，保健体育科の授業を実践することの意義は大きい．

　ここでは，短距離走・リレーに内包されている多くの知識を，体育理論や保健，他教科の内容との関連を考慮しながら，教育内容として措定し，体育理論をはじめとした知識の学習と実技の授業を関連させた学習プログラムを提示する．

（2）教育内容の措定

1）100m走の誕生

　短距離走は，スタディオン走[注1)]→ディアウロス走[注2)]→100ヤード走→100m走という流れで変化してきた．

　スタディオン走は，競技場によって走る距離が多少異なっており，最短で167m，最長で210mと一定ではなかった．100ヤードは，91.44mであり，現在主流の100m走は，古代オリンピックでは行われていなかった．

　近世ヨーロッパにおいても100ヤード走が主流で，世界的に100m走に移行した背景には，フランス革命が大きくかかわっている．1790年代のフランスでは，地域によって長さの単位がまちまちであったため，国民公会でメートル法が決議された．近代オリンピックの第1回大会（1896）から100m走が行われているが，オリンピックの提唱者であるクーベルタンがフランス人であったことが大きく関係している．

　メートル法が確立されるきっかけになったのはフランス革命で，それまで地方によってさまざまであった長さの単位を統一すべきという提案が，天文学者によってなされた，という知識の学習と短距離走を関連させることができる．すなわち，中学校2年生の社会科で取り扱う内容であるフランス革命を体育の学習と関連して学ぶことの可能性が考えられる．また，1mはどのようにして決められたのかという地理の内容にもつなげることができる．また，陸上競技でなぜ400m走までを短距離走とい

注1）スタディオン走：古代ギリシャにおいて，1スタディオン（192.27m走）の直線走路を使って行われていた陸上競技短距離走のことで，古代オリンピックにおいては第1回大会（紀元前776年）から実施されていた．ちなみに，スタディオンは古代ギリシャやローマの長さの単位で，「1スタディオンは，太陽の上端が地平線にちらっと見えてから下端が地平線を離れるまでのあいだ（およそ2分間）に，人間が太陽に向かって歩く距離」とされている．

注2）ディアウロス走：1スタディオンの直線を各自2レーン利用して往復する古代ギリシャで行われた陸上競技の1つで，古代オリンピックにおいては第14回大会（紀元前724年）から実施された．

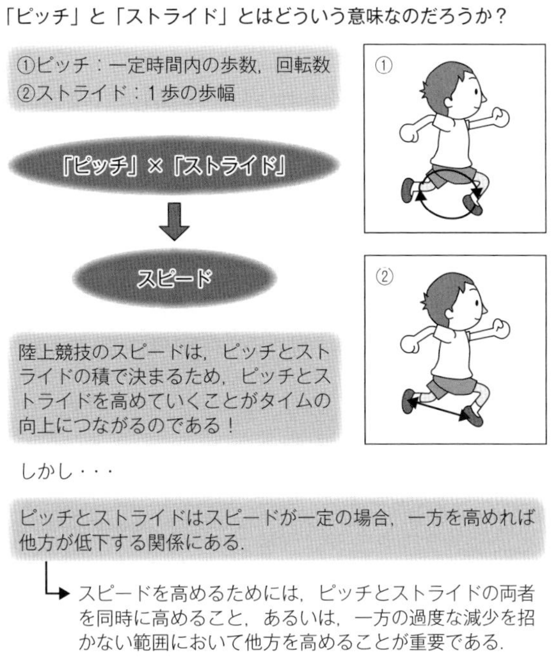

「ピッチ」と「ストライド」とはどういう意味なのだろうか？

①ピッチ：一定時間内の歩数，回転数
②ストライド：1歩の歩幅

『ピッチ』× 『ストライド』

↓

スピード

陸上競技のスピードは，ピッチとストライドの積で決まるため，ピッチとストライドを高めていくことがタイムの向上につながるのである！

しかし・・・

ピッチとストライドはスピードが一定の場合，一方を高めれば他方が低下する関係にある.

↳ スピードを高めるためには，ピッチとストライドの両者を同時に高めること，あるいは，一方の過度な減少を招かない範囲において他方を高めることが重要である.

図17-7　ピッチとストライドストライドの関係についての学習資料
(稲垣徳馬，日髙正博，宇土昌志，後藤幸弘（2020）実技と知識の学習を関連させた体育授業プログラム作成の試み−陸上競技（短距離走・リレー）における事例−. 宮崎大学教育学部紀要，95：41-54)

うのかを考えさせることは，エネルギー供給機構や無酸素性運動・有酸素性運動の概念の深化にもつなげ得る教育内容になる.

2）走速度の構成要因（ピッチとストライド）

　速く走れるようになりたいと誰もが思っている. 速さ（V：m/s）は，ピッチ（SF：times/s）とストライド（SL：m）の積で決まる. そのため，速く走るには，ピッチを高めストライドを伸ばすことが必要になる. したがって，このことに関する知識の学習が前提となる.

　次に，速く走るためにはピッチとストライドのどちらが重要なのか，という点については，100 m走を対象とした研究においても，統一した見解は得られていないのが現状であるが，一般生徒では，まずストライドを伸ばすことによって記録を向上させている. スピードを高めるためには，ピッチとストライドの両者を同時に高めること，あるいは，一方の減少を招かない範囲において他方を高めることが重要であることは，基礎的な掛け算の知識があれば容易に理解されよう.

　図17-7は上記の内容を生徒にわかりやすいように整理した学習資料で，速さはピッチとストライドによって決まることを理解させ，生徒から「スピードを高めていくにはどうすればいいのだろう」という疑問に対する解決策が生まれ，実践する活動へとつなげていくことができるよう工夫されている.

　また，走速度の向上に対する歩幅や歩数の関与率等の資料の提示や「100 mを14

秒でしか走れなかったA君が13.5秒で走れるようになりました．その際，100 mを走るのに要した歩数は55歩から53歩に変化していました．A君の記録の向上に対して歩数や歩幅がどのように関係しているかを求めよう」という課題は，数学の括弧付きの掛け算の理解を深めることにつなげ得る内容になる．

V = SF×SL

V（最初の速度）+ Δv（増加した速度）=（SF + Δsf）×（SL + Δsl）= SF·SL + SL·Δsf + Δsl·SF + Δsf·Δsl

Δv（増加した速度）= SL·Δsf + Δsl·SF + Δsf·Δsl

歩数の関与度（％）= SL·Δsf ÷ Δv×100

歩幅の関与度（％）= Δsl·SF ÷ Δv×100

両因子の関与度（％）= Δsf·Δsl ÷ Δv×100

幸いにして両因子の関与度が10％を超えることは起こらないので，記録の向上に対する歩数や歩幅の関与度が求められる．

3）短距離走のスタート法

陸上の短距離競技のスタート法に，スタンディングスタートとクラウチングスタートの2つがあることは多くの生徒が知っている．しかし，なぜクラウチングスタート法があるのかについてや，その意義を知る生徒はほとんどいない．

クラウチングスタートが世界的に広まった契機は，1896年の第1回オリンピック・アテネ大会であり，100 m走で優勝したトーマス・バーク選手が用いたスタート姿勢にある．それ以後，短距離走においてクラウチングスタートの優位性が理解され，世界的に広まっていき，現在では400 m以下の短距離走では，これを用いなければならないルールとなっている．

クラウチングスタート法は水平分力の創出[注3]の技術であることを理解させることが課題となる．これが分かれば綱引きの姿勢でどちらのチームが勝つか，相撲でどちらの力士が勝つかも予想できるようになる．また，後方に力を加えることは滑ることにつながるので，スターティングブロックが必要であることやスパイクシューズの意義を理解することにもつなげられる．これらのことは，理科の「力の分解・合成」や「摩擦」の教育内容を，実践を通して意味あるものにさせ得る．

4）道具の進化

短距離走で用いる主要な道具には，スターティングブロック，スパイク，電動計時の3点がある．いずれも，時代とともに大きく進歩し，現代の100 m走の記録の向上に大きくかかわってきた．

クラウチングスタート法が開発された直後には，スターティングブロックは開発されておらず，**写真17-1**に示すようにトラックに穴を掘って足が滑ることに対応し

注3）水平分力創出の技術：地面をより斜め後方にけることによって生まれる重心を前方に進める力．作用反作用の法則で地面を真下に蹴った場合，重心は上方にしか動かない（例：垂直跳び）が，立ち幅跳びで前方に進むのと同じ原理．

A. これはあるスポーツの開始前の写真です，何をし　　B. スターティングブロックが開発される前の100m
　　ているのでしょうか？　　　　　　　　　　　　　　走のスタート風景

写真17-1　スターティングブロックがない時代のスタート風景の写真（後藤，講義資料より）

ていた．しかしこれでは走路が傷むのでスターティングブロックが1927年に開発された．開発された当時，スターティングブロックを使用した場合にどの程度タイムが向上するかについての研究が行われ，100ヤードあたり，平均して0.034秒速くなるとされている．また，現在ではスターティングブロックにフライングを発見するための装置も付けられ，質の高いタイム測定にも大きくかかわってきた（図17-8）．

　スパイクに関しても，軽量化などの技術の進歩からオーダーメイドのスパイクが提供されタイムの向上に大きくかかわっている．

　電動計時については，手動計時と併用していた時代に，電動計時の方が手動計時よりも0.2秒程度遅くなることが明らかにされ，質の高いタイム測定が可能になり，競技の公平性に寄与している．

5）世界記録の変遷

　世界記録は追い風が2m以下の場合に認められ，それ以上であれば追い風参考記録となる．2mを超える追い風状況における記録は，各種大会の順位には用いられるが，参考記録になる．これに対し，標高1,000m以上の会場で行われたレースでの記録は高地記録という．しかし，高地記録は標高によって非公認の参考記録になることはない．レコードブックではAltitude（高地）の略であるAの文字が記録の前に付記されている．これらのことは，環境が短距離走の記録に大きく影響することを示している．

　平地と標高2,200mの地点で100mを走った場合を比較し，「走った場所の標高が違うだけでこんなにもタイムに差が出るのはなぜだろう」という疑問を生徒に持たせる．このことには，気圧が大きく関係していることを説明し，理科の内容と関連させる．

　最後に，自分たちの身近なところで気圧がかかわっている具体例（ニュースの天気予報で出てくるヘクトパスカル等が該当する）を紹介することで，理科の気圧に関する内容への興味喚起と，実生活への関連にも意識が向くように仕向けることが可能となる．また，追い風の知識は，海風・山風，朝凪・夕凪が発生するメカニズムや凪の漢字の字義にもつなげることができる．

スターティングブロックとは，短距離走のスタートに
使用する足留め台のことである．

スターティング
ブロック

スターティングブロックは，1927年にアメリカの大学生が開発した．

↕ 12年

スターティングブロックの使用が国際陸上連盟によって正式に認められ
たのは1939年のことである．

なぜ認められるまでに12年間もかかってしまったのだろうか？

認められなかった理由
　当時は選手全員分のスターティングブロックを準備できるような環境
ではなかったため，使っている選手だけがあまりに有利になるとの理
由から使用を認めなかった．

※その当時，スターティングブロックを使用した場合，どの程度タイ
ムが向上するかについての研究が行われ，100ヤード（91.44m）
あたり，平均して0.034秒速くなるという結果が出ている．

他にも，スターティングブロックにはフライングを発見するための装置
が付けられており，タイムの向上以外にも役割があるのである．

図17-8　スターティングブロックに関する学習資料
（稲垣徳馬，日髙正博，宇土昌志，後藤幸弘（2020）実技と知識の学習を関連させた体育授業プログラ
ム作成の試み−陸上競技（短距離走・リレー）における事例−．宮崎大学教育学部紀要，95：41-54）

6）オリンピック・パラリンピック

　中学校学習指導要領保健体育編（短距離走・リレー）の知識の内容に「古代ギリシ
アのオリンピア競技や近代オリンピック・パラリンピック競技大会において主要な競
技として発展した成り立ちがある」とあるように，短距離走はオリンピックと深くか
かわり合って発展してきた．

　100m走は，オリンピック・パラリンピックの第1回大会から主要種目として採
用されてきた．また，パラリンピックは障がいのあるトップアスリートが出場できる
スポーツの祭典であり，障がいの程度によってクラス別に分けて競技が行われている．
したがって，2016年のリオ大会では，100m走だけでも決勝レースが男子16レース，
女子14レースが実施され，30人もの金メダリストが生まれている．オリンピック・
パラリンピックについての知識の学習は，国際大会を開催することの意義である世界
平和への貢献について知ることが1つの目標である．

　以上のように短距離走・リレーにかかわる教育内容の措定の一部を示したが，他
にも体育理論の運動やスポーツが心身に及ぼす効果の内容をグリコの「1粒300mの
キャッチコピー」を題材として，運動のエネルギー消費量の計算などを通して，保健
の内容と関連させることもできる．

演習課題　・オリンピックの歴史を調べよう．
　　　　　　・聖火リレーはいつ頃から始まったのかを調べよう．

(3) プログラムの実際

図 17−9 は中学校 2 年生向けの「陸上競技（短距離走・リレー）」の学習プログラムの一部を示している．

第 1 クールでは，複数の短距離走を楽しませ，そこから生起される生徒たちの問題意識から課題を形成させるようにした．「速く走れるようになるにはどうすればよいか」という課題では，スタート課題や最高速度課題に意識が向くと予想され，これらの課題の解決にあたると設定した．そのなかで，クラウチングスタートや，ピッチとストライドという実技に関する知識と同時に，100 m 走の歴史や道具の進化なども配布資料を使って説明する．課題が解決された後は記録会を行い，解決された結果の有用性を確かめさせる．その際，体育理論のスポーツを支える内容にもつながるように，役割を分担させ大会を運営させる．そのような活動と関連させて，追い風参考記録などに関係する知識にも触れさせる．

第 2 クールでは，短距離走の学習で学んだ速く走るための知識を応用させるとともに，新たな課題形成のために生徒の意識の流れに沿う形でリレーを楽しませる．リレーの本質は速さつなぎで，利得タイムの創出に運動課題があることから，ゴーマー

	実技の授業展開	実技の技能にかかわる知識	体育理論	保　健	他教科	実生活にかかわる知識
課題形成	1. 50m走のタイム測定 ・前半と後半のタイム測定など 2. 学習課題を形成する 学習課題 速く走れるようになるにはどうすればよいか スタート課題 できるだけ早く最高速度に到達するには良いだろうか 最高速度課題 最高速度を上げるにはどうすれば良いだろうか	道具の進化 ・スパイクシューズ ・電動計時 ・スターティングブロック ・スタンディングスタート ・クラウチングスタート	・100ヤード走から100m走へ ・短距離走の歴史（スタディオン走，ディアウロス走） ・近代オリンピックの提唱者であるクーベルタン男爵 ・第1回オリンピック100m走の優勝者バーク選手(クラウチングS) ・クラウチングスタートの優位性		・フランス革命(社会) ・メートル法(社会) ・1mの定義(社会) ・アメリカの文化としてのヤード，ポンド法(英語)	・日本におけるメートル，グラム法
課題解決	3. 課題解決の活動 ・スタート課題→クラウチングスタートとスタンディングスタート ・最高速度課題→ピッチとストライド	・ピッチとストライド（世界記録時のピッチとストライド） 環境が短距離走に与える影響 ・高地記録にAを付与 ・追い風参考記録	・スポーツを「する」「見る」「支える」		・気圧(理科) 空気の重さによる圧力 ・風の起こるメカニズム ものの温まりやすさ	・ヘクトパスカル ・海風と陸風 ・凪の字義
課題の確認・応用	4. 記録会をして楽しむ ・走る際に標高と風速を測定する	・役割分担をさせながらの大会運営（審判，設営，測定，選手誘導，など） （スポーツを支える）	・国際大会を開催する意義 ・オリンピック ・パラリンピック(2016)における100m走の金メダリストは30人！	グリコ「1粒300mは本当か？」 ・運動のエネルギー消費量 ・グリコのモデル「カタロン選手」	・高地にある競技場(社会) ・幻の東京オリンピックの時代背景(社会) (嘉納治五郎)	・東京2020

図 17−9　作成した学習プログラムの一部と措定された教育内容の関係

（稲垣徳馬，日髙正博，宇士昌志，後藤幸弘（2020）実技と知識の学習を関連させた体育授業プログラム作成の試み−陸上競技（短距離走・リレー）における事例−．宮崎大学教育学部紀要，95：41−54）

ク位置の発見や利得距離，曲走路の走り方などが実技に伴う知識として措定される．また，バトンをつなげるということとの関連で，日本発祥の襷を繋げる駅伝にまつわる知識は，日本史の早馬・早籠に関する知識にも関連させ得る．

演習課題 興味あるテーマで総合学習プログラムを作成してみよう．

📖 参考文献

・後藤幸弘，松下健二，本間聖康，辻野昭（1983）筋電図による走の分析－歩幅・歩数の変化を中心として－，15-33．日本バイオメカニクス学会編，身体運動の科学Ⅳ．杏林書院．
・後藤幸弘，日高正博，筒井茂喜（2002）身体運動文化を中核にした総合学習のプログラムの作成．平成12・13年度科学研究費補助金（基盤研究（C））研究成果報告書．
・後藤幸弘，筒井茂喜（2009）伝統文化を体育でどう指導するか，pp102-105．中村哲編，伝統や文化に関する教育の充実－その方策と実践例－．教育開発研究．
・後藤幸弘，松下健二（2015）ランニングのバイオメカニクス総論．宝塚医療大学紀要，2：117-128．
・後藤幸弘編（2016）相撲を題材にした楽しく奥深い授業の構築をめざして－伝統文化の指導や身体接触に着目して－．「身体接触を伴う教材の教育効果（平成23・24・25年度）」の科研費による資料集．
・後藤幸弘，日高正博，越智祐光，宮城朋子（2022）舟，水，からだ，運動をキーワードとした総合学習プログラム作成の試み－ペーロンを取り入れている学校とそうでない学校の認識調査を基に－．兵庫教育大学学校教育研究，35：325-338．
・日高正博，藤田宏，本多弘子，後藤幸弘（2001）体育科としての総合学習プログラムの提案－身体運動文化の「遊び」「ボール（用具）」「運動（身体操作）」「からだ」の内容的側面の検討から－．Proceedings of the International Conference for the 20th Aniversary of the Jpanese Society of Sport Education，521-528．
・日高正博，後藤幸弘（2002a）総合学習のプログラム作成に関する予備的考察－教育的意義，教育内容及び方法の検討－．日本教科教育学会誌，24（4）：1-20．
・日高正博，後藤幸弘（2002b）「ボールを投げる」をテーマにした総合学習の実践－6年生児童を対象として－．兵庫教育大学教科教育学会紀要，15：33-46．
・日高正博，後藤幸弘（2008a）「バウンドボールゲーム」から「ドッジボール」を経て「新しいゲーム」を創る総合的な学習－「分かりの深まり」から見るプログラム適合性－．スポーツ教育学研究，24（2）：87-103．
・日高正博，後藤幸弘（2008b）「速さ・時間」をテーマにした総合学習－「分かりの深まり」から見るプログラムの適合性と編成原理の妥当性－．スポーツ教育学研究，27（2）：97-115．
・日高正博，後藤幸弘（2009）「スポーツと平等」をテーマにした総合学習－不平等性解消のための学習としてスポーツを取り上げることの有効性－．スポーツ教育学研究，28（2）：25-41．
・稲垣徳馬，日高正博，宇土昌志，後藤幸弘（2020）実技と知識の学習を関連させた体育授業プログラム作成の試み－陸上競技（短距離走・リレー）における事例－．宮崎大学教育学部紀要，95：41-54．
・日本オリンピックアカデミー（2008）ポケット版オリンピック事典．楽．
・小川勝（2008）10秒の壁－「人類最速」をめぐる百年の物語－．集英社新書．
・岡尾恵市（1996）陸上競技のルーツをさぐる．文理閣．

[日高正博・筒井茂喜・後藤幸弘]

第18章

評　価

1．評価とは

（1）評価の意味

　評価には2つの意味がある．その1つは，一定の基準に基づいてある事象の持つ価値を判定することというもので，教育評価は教育の成果を教育目標を基準として解釈する，あるいは達成の程度を基準に照らして判定する手続きである，という定義である．もう1つは，目標追求活動を調整するために行われる情報のフィードバックであるとするもので，教育評価は教育目標の実現をめざして行われる教育活動決定のために必要な情報を集め整理し，これをフィードバックする手続きである，という定義である．

　また，評価というと生徒のみを評価することだと思い，自分の授業を評価することなど夢にも思わない教師もみられる．しかし，教育場面の評価には，授業評価と学習評価がある．

　すなわち，評価とは，ある価値基準に照らして対象の状態を値ぶみし，価値判断することである．したがって，改善や改革，進歩や向上が目指されているところには，必ず評価行為が存在する．個々の教師の評価への認識の深まりが授業を変え，子どもを変革することができるのである．換言すれば，教師の評価意識，実践活動のなかでの評価行為の自覚化の過程は，子どもの発達にかかわる専門家として自らを成長させる過程であり，評価の本質はそこにある．

（2）保健体育科における評価の変遷

　保健体育科の評価の変遷と特徴は，図18-1に示すように12の時代にまとめることができる．

　平成29（2017）年の学習指導要領では，2020年に東京オリンピックが開催される機運も手伝って，スポーツをするだけではなく，みる・支えることも含めて，豊かなスポーツライフを実現する資質や能力を育成することを目標に掲げている．そのなかでは，運動の技能の評価ばかりでなく，観察学習や審判・得点・計時などのオフィシャルといった多様なかかわりのなかでの評価が求められる．著者らは，保健体育科は的確な判断に基づく行動力の育成を目指す教科と捉えることを提案している．これまでの学習指導要領でも判断力という言葉は用いられるようになったが，その評価法が確

1872〜1880年　評価のなかった時代	
1881〜1915年　点数による評価の時代	100点満点5段階評価
1916〜1927年　目標標準による評価の時代	観点「意志」「動作」
1928〜1940年　運動能力，調整力を評価した時代	観点「学習態度」「姿勢」「徳性」「機能」
1941〜1945年　心身一体を目指した時代	体錬科「体操」「武道」
1946〜1969年　パフォーマンスを数値化して評価した時代	記録で測定評価，5段階による評価尺度
1970〜1976年　体力重視の時代	体力テストによる評価
1977〜1990年　楽しさ重視の時代	学校独自の到達度評価
1991〜2001年　関心・意欲・態度重視の時代	新しい学力観
2002〜2010年　絶対評価の時代	教育内容・基礎基本の明確化
2011〜2016年　ICT活用の時代	情報機器の発達・教育の情報化
2017年〜多様なスポーツとのかかわりを評価する時代	豊かなスポーツライフの実現

図18-1　体育科における評価の時代区分とその特徴

(佐々敬政，芹澤博一，後藤幸弘（2020）学校教育における評価変遷を概観する−保健体育科にも着目して−. 教育実践学論集，20：265−276)

立していないため等閑視されてきた傾向がある．今後は，判断力の育成方法とともにその評価法の確立が大きな課題といえる．

（3）評価の果たす意義と機能

評価には基本的に3つの目的がある．すなわち，児童の自己理解・自己評価の援助となる学習目的，教師が指導の成否を確認し一層合理的・効果的にするために活かすフィードバック機能といえる指導目的，そして，成績通知表や指導要録の記載に活かす管理運営目的である．それぞれの目的に次のような意義を認めることができる．

1）学習者における意義

- ・学習のペースメーカーとなる：外的な評価のスケジュールに合わせる形で着実な学習の積み重ねが可能となる．
- ・自己認識の機会となる：外側からの評価によって，自分自身の姿に気づく．
- ・価値の方向に気づく：外側からの評価に接していくことによって，自分に期待されている価値の方向性に気づくようになる．

また，子どもが意欲的（主体的）になる評価の5原則は，①学習課題がみえる評価，②その解決にヒントの得られる評価，③努力・工夫が認められる評価，④伸びがわかる評価，⑤努力によって改善されないものを評価の対象にしない，とまとめられる．

2）教師における評価の意義

- ・指導の対象を理解する：評価することによって指導する当の相手，学習者の実態を知り，理解する手がかりを得る（診断的評価，形成的評価）．

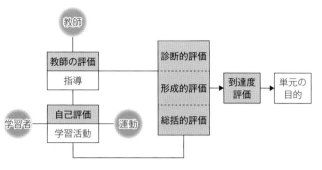

図18-2 学習評価の構造
（後藤幸弘（2009a）保健体育科の教育内容の精選と絶対評価基準の作成−球技と陸上
競技を対象に−．平成19・20年度科学研究費補助金（基盤研究（C））研究成果報告書）

・教育目標の実現状況を確認し，その十分な実現に向け新たな手立てを考える：教
える側が，教育活動を通じて相手に実現してほしいと願ってきた目標がどの程度
まで実現しているかを確認する（形成的評価，総括的評価）．

3）管理運営する側における意義

・教育の社会的責任にかかわるもので，学力保障と成長保障に役立つ．
・学習指導要録記載（1.評定，2.観点別学習状況，3.所見で構成（法的規制を受け
る））の基礎資料として活かす．

その他，学習評価の結果の活用の仕方として，その蓄積や統合により指導要領改善
のための資料にできるし，広く社会の認識を深め協力を得るための資料になるなど利
用範囲は広い．しかし，この場合，個人情報の取り扱いには十分な配慮が必要である．

（4）学習評価の構造

学習評価は授業のなかの学習や指導と一体となっていることから，その構造は授業
の構造に写し出されたものとして，**図18-2**のようになる．近年の体育授業の構造は，
生涯学習の理念，人間の生活文化における運動の意味の転換や学習観の変化を背景に
して，運動の外在的価値＝目的・教師中心，という仕組みではなく，運動の内在的価
値＝目的・学習者中心，という仕組みで考えられている．すなわち，学習者が運動に
対して取り組むのが学習であり，ここに学習評価の中心としての自己評価が存在する．

そして，この学習活動や自己評価を援助する働きとして，教師の指導・評価がある
という関係を構成する．さらに，学習者の自己評価や教師の評価は，単元学習へのレ
ディネスを知り（診断的評価），学習の過程でその進行を確かめ（形成的評価），最後
に単元としてのまとめを行う（総括的評価）という働きを通して学習の到達度（学習
成績）を目的との関係で吟味するというように，学習評価は構造化できる．

（5）評価に求められるもの

評価には，客観性・公平性，目標に準拠した評価で，指導計画・評価規準・子ども

表18-1　絶対評価・相対評価・個人内評価の基準と表し方

	評価の基準	その規準の性格		結果の表し方
絶対評価 criterion- referenced interpretation	教育目標達成の有無・程度	教育目標に対し直接的	生徒に外在的	1. 合・否 2. 素点(正答率) 3. 段階評定 4. 誤答分析等
相対評価 norm- referenced interpretation	所属する集団の成績分布	教育目標に対し間接的	生徒に外在的	1. 順位 2. 段階評定(%を考える) 3. パーセンタイル 4. 偏差値
個人内評価	同一生徒の示す他の教科・目標や過去の時点での成績水準		生徒に内在的	1. 長所・短所 2. 進歩の状況 3. プロフィル 4. 成就値等

(後藤幸弘 (2009a) 保健体育科の教育内容の精選と絶対評価基準の作成−球技と陸上競技を対象に−. 平成19・20年度科学研究費補助金 (基盤研究 (C)) 研究成果報告書)

の学びを見取る目・つまずきの要因とその解決法についての知見の得られることが求められる，指導と評価が一体化されている，必要がある．

　換言すれば，指導者にとっては，指導したことの評価，次の指導に活きる評価，指導プログラムの評価，学習課題 (教育内容) が明確になる評価，でなければならない．一方，学習者にとっては，学習課題がわかる評価，自己評価ができる評価，達成度がわかる評価でなければならない (表18-1)．

2．学習課題を明確にする評価法

　学習指導要領においては，それぞれの運動 (種目) の特性に応じた技能を高めたり，特性に触れた楽しさを味合わせることが強調されている．ここでは，陸上運動 (競技) を例に考えてみよう．

(1)簡易速度曲線記録法

　短距離走の運動課題は，定められた距離をいかに速く走りきるかである．したがって，運動成果としての疾走タイムを評価することが一般的であるが，疾走タイムからは学習課題はみえてこない．したがって，そのようなタイムを生み出した要因を明らかにする必要がある．学習に興味や関心を持たせる，運動についての思考・判断を育てる，運動についての知識や理解を深める，運動の技能を向上させるためにも，これらにつながる評価法が必要になる．これに迫るものとして，速度曲線とこれを構成する歩幅と歩数を記録する方法 (簡易スピード曲線測定法：**図5-1**, p28 参照) がある．

　これによって，運動課題解決のために必要なそれぞれの学習者の学習課題がスター

ト，加速，最高速度，最高速度の維持の4つのいずれかとしてみえてくる．**図5-1**の例では，速度維持が課題となる．その際の速度を構成する歩幅と歩数の変化や疾走フォームの観察から，何を改善すればよいかの学習課題が学習者にも明確になる．

（2）リレーの利得タイム

　リレーでは，スピードを落とさずにバトンの受け渡しを行うことができることが技能的目標であるとともに教育内容である．しかし，リレータイムの測定や着順をつけるだけでは，序列をつけるだけの旧来の相対評価になってしまう．リレーの運動課題の速さつなぎを解決するための方法がバトンパス技術である．これを上手に行えているかどうかは，各走者のフラット走タイムの合計よりも，リレータイムの方がどれだけ短縮されているかの利得タイムで評価できる（**表18-2**）．

　これにより客観的な絶対評価が可能となり，技能特性に触れているかについても判定でき，利得タイムがプラスになって初めてリレーをしていることになるのである．

　一般に，中学生では50m走タイムを2倍したものから1秒引いたものが100m走の記録になる．このことは，400mリレーで合理的なバトンパスが行われたとすれば，利得タイムを3秒生み出すことができることを意味している．

　リレーの運動課題である速さつなぎの課題を解決するための主要な内容は，ゴーマーク位置の発見とバトンパス技術の習得である．

　なお，**表18-3**は兵庫県の中学生の県大会出場チームの成績を基に作成したクラ

表18-2　利得タイムによる絶対評価基準

利得タイム	小学校4年生	小学校5年生	小学校6年生	中学生
3秒以上	十分に満足できる	十分に満足できる	十分に満足できる	十分に満足できる
2.25～3.00				
1.50～2.25				おおむね満足できる
0.75～1.50		おおむね満足できる	おおむね満足できる	
0.00～0.75	おおむね満足できる			努力を要する
−0.75～0.00			努力を要する	
−0.75～−1.50	努力を要する	努力を要する		
−1.50未満				

（後藤幸弘（2009a）保健体育科の教育内容の精選と絶対評価基準の作成−球技と陸上競技を対象に−．平成19・20年度科学研究費補助金（基盤研究（C））研究成果報告書）

表18-3　利得タイムによるバトンパス技術の絶対評価基準（クラブレベル）

評価レベル	男　子	女　子
十分満足できる	2.76以上	2.56以上
おおむね満足できる	2.47～2.75（平均±1/2SD）	2.02～2.55（平均±1/2SD）
努力を要する	2.47未満（平均以下）	2.02未満（平均以下）

（後藤幸弘（2009a）保健体育科の教育内容の精選と絶対評価基準の作成−球技と陸上競技を対象に−．平成19・20年度科学研究費補助金（基盤研究（C））研究成果報告書）

ブレベルの評価基準である.

　ちなみに，2008 年の北京オリンピックで 38.15 秒のタイムで銅メダルを獲得した日本チームの利得タイムを彼らのシーズンベストタイムを基に求めると 2.90 秒になる．金メダルを 37.10 秒の世界新で獲得したジャマイカ（カーター選手：9.98 秒，クレーター選手：9.97 秒，ボルト選手：9.69 秒，パウエル選手：9.72 秒）が日本並みの利得タイムを生み出せれば，リレーの世界記録はたちどころに 36 秒台に突入する．

（3）ハードル走

　運動成果をハードル走タイム，身体資源をフラット走タイムと設定したハードル走技術を評価できるハードル走診断表を提案している（**表 11-5**，p157 参照）.

3．技術の評価法

　運動成果としての記録は次式で表すことができる．

　記録（運動成果）＝〔体力（身体資源）〕×〔技術〕×〔意欲等の要因〕………………（1）

　子どもは基本的に意欲的であると考えられるので，技術評価を簡便にするため意欲以下の運動成果に及ぼすと考えられる要因を無視すると，

　技術＝運動成果÷身体資源………………………………………………………（2）

となる．

　この関係式を応用することによって，技術を客観的に評価する方法が開発できる．

（1）走り高跳び

　走り高跳びの評価には，到達度（アチーブメント），進歩度，HJS 指数があげられる．簡単に思われがちな技能評価も厳密に考えれば非常に難しい．

　走り高跳びで，A 児の記録は当初 110 cm であったが学習後は 130 cm の高さを跳べるようになった．一方，B 児は当初 90 cm であったが 120 cm であった．教師がこの走り高跳びの指導にあたって技能の具体的な学習内容としたものは，正面跳びの要領であった．

　到達度（アチーブメント）テストは，技能面に関しては学習の結果どこまで到達したかを問題にするものである．この例では，明らかに A 児の方が B 児より高く評価されることになる．このような評価は，容易で資料の客観性も確保しやすい．しかし，学習の良し悪しという点に対しての評価が欠如するという点で致命的である．また，到達度の支えになっている力が，具体的な学習内容としての正面跳びの要領を上手に身につけたからなのか，身長や筋力などの体格や体力の問題であったのかが，はっきり見極められない．すなわち，学習後の達成度の資料は，学習者がどこまで達しているかを教えるだけで，学習やその指導との関係については何ら説明し得ない

　進歩度は，学習による記録の変化，学習前後の変化を問題にするもので，学習との

関係を重視した評価になる．この方法では，B児の方が伸びたことになる．しかし，記録のレベルが高くなるにしたがって進歩が困難になることからすれば，B児の方が高い学習成績をあげたといってよいかについては問題が残る．このことには，運動の経験に関する個人差なども大きく関与し，決して単純な問題ではないのである．

　学習者の主体的条件によって生じる不平等を除き，走り高跳びの総体的技術を評価する方法としてHJS指数（点）がある．HJS指数は次式で求められる．

　　HJS指数＝（記録−1/2身長）÷垂直跳びの記録×100

　これは，体力や体格の個人差を取り除いた走り高跳びの踏切技術とクリアランス技術の総体を評価するもので，助走なしで跳べる高さに対する助走を用いて跳べる高さの割合で，助走の勢いをいかに高さに変えるかという走り高跳びの運動課題の達成度を評価している．競技の世界では，どれだけ高く跳んだかの絶対値を競争するが，体育の授業では，達成を競争する世界としなければならない．HJS指数によって，指導・学習したことが評価されることになり，競技の世界と異なる達成の競争を楽しむことができる．

　表18-4に走り高跳びの評価基準表を示した．理論的には，跳ばないでもバーをクリアできる高さは股下であるので80点以上であれば助走の勢いを活かしていることになり，走り高跳びの技能特性に触れたことになる．小学生であれば，90点以上を示せば十分満足できると評価でき，70点以下であれば努力を要するとなる．このHJS指数とフォーム得点との間には，図18-3に示すように有意な相関関係が得られ，評価法の妥当性が認められる．

（2）走り幅跳び

　走り幅跳びの運動課題は，助走の勢いをいかに跳躍距離に変えるかである．したがって，助走速度を身体資源とみて，それをいかに跳躍距離に変えているかの関係から技術を評価できる．表11-2（p152参照）に小学生用の走り幅跳び診断表を示したが，ここでは中学生用（男女別）走り幅跳び診断表を示す（図18-4）．

（3）サッカーのドリブル技術

　サッカーのドリブルにおいてもボールなしで8の字を走って回れる速さに対するドリブルでの速さの比で求めるものが考えられる．すなわち，図18-5に示したように3mの間隔に置かれた2つのコーンを30秒で回れる回数を測定し，前者を身体資源，後者を運動成果とし，両者の比でドリブル技術を評価するものである．この方法は，自分へのパスの連続であるドリブルによってズレを創って突くパス入れる速さを評価するもので，運ぶドリブルの速さを測定するものではない．イメージとしてコーンの後ろを回っているときはズレ・ズレを意識させ，コーンを斜めにクロスするときは突破を意識させるとよい．また，スキルウォーミングアップとしても用いることができる．この技術得点とボールリフティング回数（ワンバンドさせてよい条件による）

表18-4　走り高跳びの評価基準表（HJS指数）

	ランク	小学校5年生	小学校6年生	中学生
十分に満足できる	A	105以上	110以上	115以上
	B	90−105	90−110	95−115
おおむね満足できる	C	80−90	80−90	80−95
	D	70−80	70−80	70−80
努力を要する	E	60−70	60−70	60−70
	F	60未満	60未満	60未満

（後藤幸弘（2009b）技能の評価と指導の一体化を目指して−教育内容の明確な授業のために−. 体育科教育学研究，20（1）：15−26）

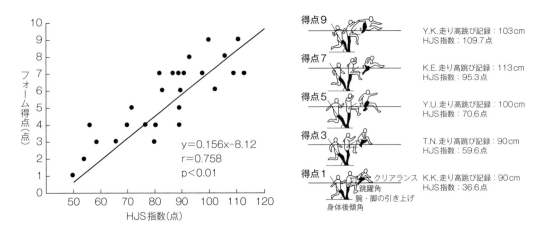

図18-3　HJS指数とフォーム得点との関係（高学年児童）

フォーム得点は，クリアランスフォームを類型化し，バークリアランス時の重心高とバーの距離が最も短くなるフォームを10点とする10段階評価による動作得点である．
（後藤幸弘（2009b）技能の評価と指導の一体化を目指して−教育内容の明確な授業のために−. 体育科教育学研究，20（1）：15−26より改変）

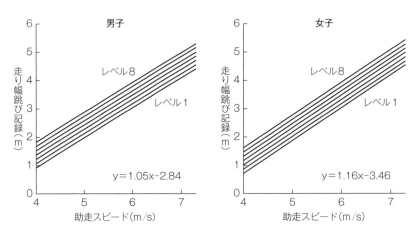

図18-4　中学生用走り幅跳び診断表
（後藤幸弘（2009a）保健体育科の教育内容の精選と絶対評価基準の作成−球技と陸上競技を対象に−. 平成19・20年度科学研究費補助金（基盤研究（C））研究成果報告書）

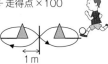

30秒間で3m間隔に置かれたコーンを何回回れるか？

ドリブル技術（点）＝ドリブル得点÷走得点×100

走　得　点：8の字1回で4点

ドリブル得点：8の字1回で4点

1m

	4年生	5年生	6年生
十分に満足できる	70点以上	75点以上	80点以上
おおむね満足できる	60〜70点	60〜75点	65〜80点
努力を要する	60点未満	60点未満	65点未満

図18-5　ドリブル技術の評価法と評価基準
（後藤幸弘（2009b）技能の評価と指導の一体化を目指して−教育内容の
明確な授業のために−．体育科教育学研究，20（1）：15−26より改変）

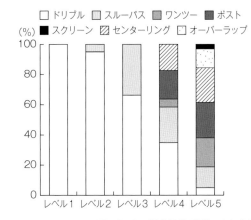

□ドリブル　□スルーパス　▨ワンツー　▨ポスト
(%)　■スクリーン　▨センターリング　□オーバーラップ

段階点	8の字ドリブル	リフティング	合計点
5	22点以上	36回以上	9〜10点
4	17〜21点	20〜35回	7〜8点
3	12〜12点	11〜19回	5〜6点
2	7〜11点	6〜10回	3〜4点
1	6点以下	5回以下	2点

	4年生	5年生	6年生
十分に満足できる	7〜8点	8〜9点	9〜10点
おおむね満足できる	5〜6点	5〜7点	6〜8点
努力を要する	4点以下	4点以下	5点以下

図18-6　個人技能別ゲームにおける戦術行動の出現率ならびに評価基準表
ボールリフティングはワンバウンドさせてよい条件による．また，合計点は8の字ドリブルとリフティングの段階点の和．（後藤幸弘
（2009b）技能の評価と指導の一体化を目指して−教育内容の明確な授業のために−．体育科教育学研究，20（1）：15−26より改変）

の間に0.70以上の相関関係が得られている．したがって，サッカーのゲームを楽し
めるボールリフティング回数の関係から，図18-5に示したように6年生では80点
以上あれば十分満足できるレベルと評価される．

　技能段階の異なる児童にゲームを行わせ，ゲーム様相（ゲームの実態）から作成さ
れた評価基準を紹介する．8の字ドリブルとボールリフティングの2つの能力から技
能レベルを5段階に設定し，技能レベルごとに実験的にゲームを行わせ，7つの戦術
行動の出現した割合を見たものである（図18-6）．

　レベル1（8の字ドリブル：6点以下，リフティング：5回以下）の技能段階では，
意図的なパスはまったく認められず，レベル3でスルーパスが30％強，レベル4以
上でドリブルとスルーパスに加え，ワンツー，ポスト，センターリングプレーがみら
れるようになる．したがって，6年生では，レベル4以上と評価されるリフティング
20回以上で8の字ドリブル22点以上，あるいはリフティング36回以上で8の字ド

リブル 17 点以上であれば十分に満足できるレベルと評価してよい.

　また，インステップキックの正確性は，キック距離が遠くなればなるほど低下する. したがって，測定距離を 5，10，15 m の 3 地点とし，それぞれ 3 回の試技を行わせ，ボール着地点と目標との距離と目標距離との直線回帰式を求め，回帰係数でキックの正確性を評価する方法も提案されている（後藤ら，2010）. さらに，足のスイングスピード（身体資源）とボール速度（運動成果）の関係の回帰式を求め，その回帰係数でインステップキックの能力を評価することもできる（後藤ら，1987）.

4．集団技能の評価法−ゲーム記録の意義と方法−

　ボールゲームにおいて集団技能という用語が用いられるがこれを客観的に評価する方法については，これまでほとんどみられない. この傾向は，特に，サッカー，バスケットボールのような攻防相乱型シュートゲームで顕著である. 著者らは，下記の種々の指標を提案している.

（1）ボールゲームで集団技能を評価する方法
　・攻撃完了率（作戦成功の指標）＝シュート数÷ボール獲得数×100
　・連係シュート率＝パスを使ったシュート数÷ボール獲得数×100
　・アシストパス率＝アシストパス数÷ボール獲得数×100
　・アシストパス分散率＝アシストパスを出した人数÷ゲーム参加人数×100
　・シューター分散率＝シュートした人数÷ゲーム参加人数×100

　攻撃完了率は，マイボールになった攻撃機会の内，何回シュートに持ち込めたかの割合で，作戦成功の指標となるものである. 連係シュート率はそのシュートがパスを受けてからのものであるかの指標である. これらの指標を求めることによって，チームのゲーム様相レベルが客観的に把握できる.

　ちなみに，シューター分散率ならびにアシストパス分散率とゲームで感じる楽しさの関係を示せば，図 18−7 のようになる. すなわち，バスケットボールにおいては，チームの半数の人がシュートを打てていないとゲームを楽しいと感じられないことを示している. アシストパスについても同様の傾向がみられる.

（2）バスケットボールの評価基準
　表 18−5 は，中学校段階におけるバスケットボールの絶対評価基準（おおむね満足できる）範囲を，普遍的価値と考えられるゲームの楽しさを基準に求めたものの一覧である.
　なお，それぞれの測定法の概要は以下の通りである.
　・レイアップシュート：ゴールに対して，右 45 度（直線距離 10m）からのドリブルシュートを行わせた際の 10 本中の成功数.

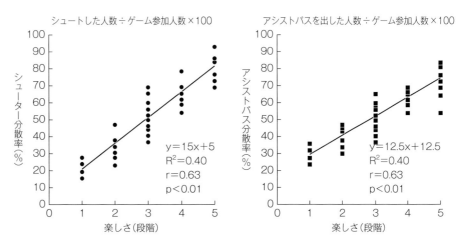

図18-7　楽しさとシューター分散率・アシストプレーヤー分散率との関係

(後藤幸弘，芹沢博一，下田新（2009）普遍的価値（技能的・機能的特性）を拠り所にした絶対評価基準設定
の試み−中学生男子のバスケットボールを対象として−．日本教科教育学会誌，32（2）：21-30)

表18-5　中学校段階におけるバスケットボールのおおむね満足で
きるレベル範囲（男子）

評価項目	中学1年生	中学2年生	中学3年生
レイアップシュート(本)	3～6	4～7	5～8
ワンハンドシュート(本)	3～5	4～6	5～7
ドリブル得点(点/30秒)	11～14	13～16	15～17
攻撃完了率(%)	41～63	47～67	53～72
シュート成功率(%)	5～19	9～25	12～30
速攻創出率(%)	5～6	5～10	6～14
連係シュート率(%)	5～31	10～32	16～34
認識度テスト(戦術)	25～32/40点		
認識度テスト(技術・ルール)	32～44/60点		

(後藤幸弘，芹沢博一，下田新（2009）普遍的価値（技能的・機能的特性）
を拠り所にした絶対評価基準設定の試み−中学生男子のバスケットボー
ルを対象として−．日本教科教育学会誌，32（2）：21-30)

・ワンハンドシュート：制限区域内で，ゴールに背を向け，ボールをトスアップし
てキャッチした後，両足で着地し，4種類あるピボットターンを自由に選択して
の反転シュートを行わせた際の10本中の成功数．

・ドリブル得点：バスケットコートのセンターサークルとフリースローサークルの
2つ（半径1.8 m，円間8.2 mm）を8の字にドリブルし，30秒間で何回まわれ
るか（8の字1回で4点）．

・戦術理解度：著者らの作成した，戦術，技術・ルールについての認識度テスト（表
18-6）を用いた．戦術に関する設問が8つ，技術・ルールに関する設問が12
で構成されている．戦術に関する問題は最も適した回答を5点とし，5段階の基
準による減点法で採点した．また，技術・ルールに関する問題は，正答，正答に
近い回答，理由なしの回答，誤答の4段階の基準（5，3，1，0点）で採点した．

表18-6　戦術，技術・ルールに関する認識度テスト

1~6の設問は記号に○をつけて，それぞれ理由もつけて回答してください．
7~12の設問はそれぞれの回答様式で回答してください．

1. ゴール下でボールをもらったときに，決まる確率が高いシュートはどれと考えますか？
　　また，それはなぜですか？
　　　　A　レイアップシュート　B　ワンハンドシュート　C　ツーハンドシュート
　　　　（　　　　　　　　　　　　　　　　　　　　　　　　　　　　　　　　　　）
2. ドリブルでノーマークの状態のときに用いるのに適切なシュートはどれと考えますか？
　　また，それはなぜですか？
　　　　A　レイアップシュート　B　ワンハンドシュート　C　ツーハンドシュート
　　　　（　　　　　　　　　　　　　　　　　　　　　　　　　　　　　　　　　　）
3. ピボットの果たす最も重要な役割はどれですか？　また，それはなぜですか？
　　　　A　パスコースの創出　B　トラベリング防止　C　相手からの防御
　　　　（　　　　　　　　　　　　　　　　　　　　　　　　　　　　　　　　　　）
4. ピボットを攻撃の技術と捉えるのと守備の技術と捉えるのでは，どちらがバスケットボールを楽しく
　　できますか？　また，それはなぜですか？
　　　　A　攻撃時　B　守備時
　　　　（　　　　　　　　　　　　　　　　　　　　　　　　　　　　　　　　　　）
5. ピボットのパターンは何種類ありますか？　また，それはなぜですか？
　　　　A　2種類　B　3種類　C　4種類
　　　　（　　　　　　　　　　　　　　　　　　　　　　　　　　　　　　　　　　）
6. ピボットは両足同時着地と，片足ずつ着地するのでは，どちらが有利になりますか？
　　また，それはなぜですか？
　　　　A　両足同時着地　B　片足ずつ着地
　　　　（　　　　　　　　　　　　　　　　　　　　　　　　　　　　　　　　　　）
7. 相手の動きと時間差をつけるプレー（技術）を何と言いますか？
　　　　（　　　　　　　　　　　　　　　　　　　　　　　　　　　　　　　　　　）
8. 相手の動きと時間差をつけるプレー（技術）にはどのような技術がありますか？
　　また，その技術をどのような場面で使用しますか？
　　　　（　　　　　　　　　　　　　　　　　　　　　　　　　　　　　　　　　　）
9. パスの役割が3つあるとしたらどのように考えますか？
　　　　（　　　　　　　　　　　　　　　　　　　　　　　　　　　　　　　　　　）
10. パスは通常仲間へボールを送ることを言いますが，ドリブルは何へのパス，シュートは何へのパスと
　　いうことができますか？　また，ゴール下でボールをもらったときにまず何を考えればよいでしょう
　　か？
　　　　（　　　　　　　　　　　　　　　　　　　　　　　　　　　　　　　　　　）
11. 制限区域内に滞ってはいけないバスケットボール独自のルールを何と言いますか？
　　また，なぜこのルールができたのか記述してください．
　　　　（　　　　　　　　　　　　　　　　　　　　　　　　　　　　　　　　　　）
12. バスケットボールは，ボールを持って走れません．このルールを何と言いますか？
　　また，なぜこのようなルールができたのか記述してください．
　　　　（　　　　　　　　　　　　　　　　　　　　　　　　　　　　　　　　　　）

（後藤幸弘，芹沢博一，下田新（2009）普遍的価値（技能的・機能的特性）を拠り所にした絶対評価基準
設定の試み−中学生男子のバスケットボールを対象として−．日本教科教育学会誌，32（2）：21-30）

（3）バレーボールの評価基準

　　表18-7は，バスケットボールと同様の考え方により設定した，バレーボールに
おけるおおむね満足できる範囲を示したものである．

　　ゲームで感じられる楽しさと個人技術（たとえば，オーバーハンドパス回数）との
関係を中学校1年生（男女共修，12時間）を対象に検討した結果，両者の間には，単

表18-7　バレーボール初心者（中学1年生）の「おおむね満足できる」レベル

評価項目	努力を要する	おおむね満足できる	十分に満足
オーバーハンドパス	<	8～14回	<
アンダーハンドパス	<	7～12回	<
オーバーハンドパス距離	<	6.5～8.5m	<
サーブ成功率	<	65～85%	<
サーブ得点率	<	20～40%	<
サーブ継続率	<	35～60%	<
ラリー回数	<	1～2回	<
平均触球数	<	1～2回	<
3段攻撃出現率	<	8～12%	<
ゲーム発展指数	<	80～110%	<

（長井功，後藤幸弘（2002）小学校4年生から中学3年生の学習成果の学年差
から見たバレーボール学習開始の適時期について. 大阪体育学研究, 40:1-15）

元はじめ，なか，まとめ，のいずれの段階においても有意な相関関係と直線回帰式が
得られた．また，単元経過に伴いわずかに回帰係数の大きくなる傾向がみられたが，
ここでは，多様な学習者への対応を考え，単元全体の回帰式と標準偏差を基に「まあ
まあ楽しめる」レベル範囲の数値で求めた評価基準である．

　たとえば，オーバーハンドパスで連続10回以上トスできるようになればゲームを
楽しめることを意味し，最低でもそのレベルまで技能が高まるように指導することが
求められる．また，ゲームでは，ラリーが2回程度は続き，そのラリーの応酬10回
の内1回は，3段攻撃ができるようにさせてやることが望まれる．

　なお，ゲーム発展指数は，技術項目の定義と測定方法に示す式によって求められる
もので，ゲーム進行上重要と考えられるサーブ継続率，ラリー回数，仲間での連係が
あったかどうかの平均触球回数の3つの指標を基に考案したゲームの評価法である．
それぞれ47.2%，0.76回，1.20回以上であればゲームを楽しめていると考えられた
ので，それらの達成率を考慮し，また，3つの指標の重み付けを数字上同一にするため，
ゲームにおける楽しさとの関係の寄与率0.150，0.341，0.175の比（1対2.27対1.17）
が乗じられている．最後にこれらの係数の総和（4.44）で除し，100点を超えれば，
バレーボールを楽しめるゲームができていると判定できるようにしたものである．な
お，それぞれの技術項目の定義と測定方法は以下のとおりである．

・オーバーおよびアンダーハンドパス：半径1mの円内で1m以上直上にパスす
　る連続回数（30回を限度に，2回の試技の平均）
・オーバーハンドパス距離：頭上にトスしたボールをとばせる距離（2回の試技の
　平均値）
・サーブ成功率：サーブの入った数÷サーブ打数×100
・サーブ得点率：サービスエース数÷サーブ打数×100
・サーブ継続率：（サーブを入れられた数－エース数）÷相手のサーブ打数×100
・ラリー回数：ボールがネットを越えて相手コートに入った回数（サーブを除く）

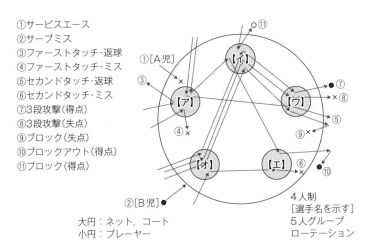

①サービスエース
②サーブミス
③ファーストタッチ・返球
④ファーストタッチ・ミス
⑤セカンドタッチ・返球
⑥セカンドタッチ・ミス
⑦3段攻撃(得点)
⑧3段攻撃(失点)
⑨ブロック(失点)
⑩ブロックアウト(得点)
⑪ブロック(得点)

4人制
[選手名を示す]
5人グループ
ローテーション

大円：ネット，コート
小円：プレーヤー

図18-8　バレーボールのパスソシオグラムの記録法
(長井功，後藤幸弘（2002）小学校4年生から中学3年生の学習成果の学年差から
見たバレーボール学習開始の適時期について．大阪体育学研究，40：1-15)

・平均触球数：1回のラリーでボールに触れた回数の平均
・3段攻撃出現率：3段で返球した回数÷攻撃のチャンスボールの総数
・ゲーム発展指数：（サーブ継続率÷47.2×1＋ラリー回数÷0.76×2.27＋平均触球回数÷1.20×1.17）×100÷4.44

(4)ゲームの記録法

　　ゲーム記録の1つの有効な方法にパスソシオグラム法がある．**図18-8**は，バレーボールでの記録法を示している．

5．判断力の評価法

　　判断力を評価する方法として，ある局面でのビデオを見せその続きのプレーを予測させるものや，記述による戦術テスト等がある．これらの方法は，頭のなかにある知識を測るのには有用である．しかし，授業のなかで用い学習者の自己認識の方向性に気づかせるのには適さない．また，その時々の状況に合わせ，いかなるプレーを選択するのか，という瞬時の判断力を測れないという弱点を持つ．これらの問題を克服するものとして，バスケットボールを対象に開発した判断力の評価法を紹介する．

(1)P&Sバスケットを用いて遂行されたプレーから評価する方法

　　P＆Sバスケット（第14章5，pp208-211参照）を用いて，頭のなか（ブラックボックス）で行われている判断を発揮されたプレーから評価しようとするものである．
　　攻撃側のプレーヤー3人以上がフロントコートに入り，ボール保持者がフロントコートで止まった時点を起点とし，シュートに至った場面におけるすべてのプレー

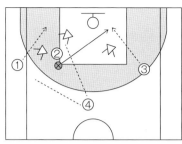

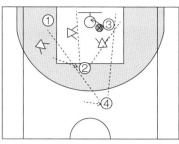

プレーヤー	パス1	パス2	パス3	合計
①	4	2	1	7
②	4	5	1	10
③	2	5	5	12
④	2	0	3	5

②から走り込んだ③へパス

① : Sとしてパスコースを確保したので2点.

② : Bとしてノーマークの③にパスしたので5点.

③ : AとしてノーマークでBになったので5点.

④ : Cとして対応する事象がないので0点.

③がシュート

① : Sとしてリバウンドのコースを確保したので2点.

② : CとしてゴールとボールとBをみていたので1点.

③ : Bとしてシュートしたので5点.

④ : CとしてゴールとBと他の2人をみていたので3点.

図18-9　状況判断遂行能力得点の算出法

A：アタック，P：ポスト，S：サポート，C：カバーリング，B：ボール保持者.

（中島友樹，後藤幸弘（2012）判断力の評価について，309．後藤幸弘，上原禎弘編著，内容学と架橋する保健体育科教育論．晃洋書房）

ヤーが遂行したプレー事象について，**図18-9**に示したように評価するものである.

①それぞれのプレーヤーが，アタック（A），ポスト（P），サポート（S），カバーリング（C）のいずれの役割（**図18-9**）にあたるのかを，ボール保持者（B）との位置関係から判断する.

②1回のパスがなされる間に遂行されたプレー事象を，**表18-8**に示した事象と対応させ，数値化する（対応する事象がない場合は0点）.

③シュートに至るまで繰り返す（途中で攻撃権を失った場合は，評価の対象とはしない）.

④各プレーヤーの②③で得られた得点を合計する.

少数回の評価場面を対象とした場合，その時点での役割によって点数の偏りが出るので，全員にポストマンの役割が一巡（味方がシュートを打てば順次交代）する4回以上を評価対象場面とし，獲得点数の平均値を状況判断遂行能力得点とし評価する.

なお，ここで用いている評価規準（**表18-8**）は，4つに分類されるサポートの型（アタック，ポスト，サポート，カバーリング）において果たすべき機能から設定し（**図18-10**），これらの役割のなかで遂行できるプレー事象を戦術行動のセオリーに基づき価値の高いプレーから得点化している.

本評価法によって得られた得点と，技能レベル，ならびに指導熟練者による主観的評価の間には，高い相関関係が認められている（**図18-11**）. すなわち，技能レベルの影響を完全に無視はできないが，主要な部分は判断力を評価している方法としての妥当性を有している.

表18-8　状況判断遂行能力得点の評価基準表

対象	評価	遂行事象	対象	評価	遂行事象
B	5	シュート／ノーマークのA, Pへパス	P	5	ノーマークでBになる
				4	ディフェンスを背負い, Bになる
	4	A, Pへパス／ゴールへのドリブル		3	Bになる
				2	Bから離れ, パスコース確保
	3	Sへパス／ドリブル		1	パスコース確保
	2	Cへパス	S	5	−
	1	攻撃権の保持		4	A, Pへのパスコースを確保し, Bになる／スクリーン
A	5	ノーマークでBになる		3	Bになる
	4	Bになる		2	Bから離れ, パスコース確保
	3	ゴールに近づき, パスコース確保		1	パスコース確保
	2	ゴールから離れ, パスコース確保	C	5	−
	1	パスコース確保		4	−
				3	カバーリング（体の向き：ゴール＋B＋2人）
				2	カバーリング（体の向き：ゴール＋B＋1人）
				1	カバーリング（体の向き：ゴール＋B）

B：ボール保持者，A：アタック，P：ポスト，
S：サポート，C：カバーリング，

（中島友樹，後藤幸弘（2012）判断力の評価について，310．後藤幸弘，上原禎弘編著，内容学と架橋する保健体育
科教育論．晃洋書房）

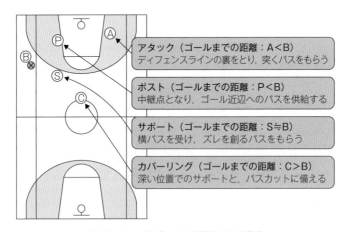

図18-10　サポートの種類とその機能
A：アタック，P：ポスト，S：サポート，C：カバーリング，B：ボール保持者
（中島友樹，後藤幸弘（2012）判断力の評価について，310．後藤幸弘，上原
禎弘編著，内容学と架橋する保健体育科教育論．晃洋書房）

（2）実際のプレー場面を反映した評価の方法

　記述による戦術テスト（図18-12）では，実際に競技行為を行わないため，実際のプレー場面と異なる判断を回答することが多い．しかし，体育授業という多くの人数を短い時間で評価することが求められる環境においては，その簡便性は捨てがたいのも事実である．

　図18-13は，プレーする際の空間認識の捉え方について，初心者は，自己中心的に空間関係を捉えるルート的視点である一方，熟練者は，空中に作戦図を書くように表現するサーヴェイ的視点であることを考慮して作成されたものである．

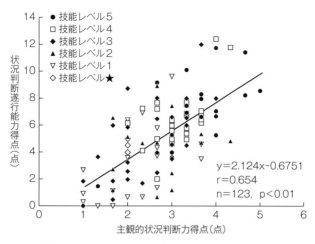

図18-11 状況判断遂行能力得点と主観的判断力得点の関係（技能レベルを反映）
（中島友樹，後藤幸弘（2012）判断力の評価について，310．後藤幸弘，上原禎弘編著，内容学と架橋する保健体育科教育論．晃洋書房）

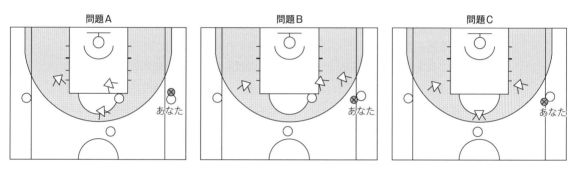

図18-12 コート全体を俯瞰した目線からのコート図による戦術テスト
（中島友樹，後藤幸弘（2022）バスケットボールにおける状況判断力の評価方法の検討－体育授業に適用できる評価方法を求めて－．第72回日本体育・スポーツ・健康学会発表資料）

図18-13 プレーヤー目線からのイラストによる戦術テストとその回答例
①問題用紙（A4用紙に1問ずつ）に描かれたゲーム場面を見て状況を確認する（5秒）．
②回答を［→パス・シュート，⇒ドリブル］で記入する．なお，一度回答しはじめた内容は変更できない．
（中島友樹，後藤幸弘（2022）バスケットボールにおける状況判断力の評価方法の検討－体育授業に適用できる評価方法を求めて－．第72回日本体育・スポーツ・健康学会発表資料）

　　初心者においては，プレーヤー目線からのイラストによる戦術テストにおける回答は，実際にプレーした際の判断との高い相関が確認されている．

バスケットボール（表18-6）を参考にあなたの得意な種目で認識度テストを
作成しよう．

6．認識面の評価法

　教育内容が明確になれば，認識面の評価法の作成は**表18-6**に示したように比較
的容易である．

　表18-9は，小学6年生を対象としたバスケットボールの授業における学習カー
ドに記述された上位10語の言葉を，状況判断能力の下・中・上位群毎に示したもの
である．

　また，**図18-14**は，それぞれの群に特徴的な言葉とその関係を示したものである．
図の原点付近にプロットされた言葉は，全体に共通的な言葉．原点から離れ各群の近
辺にプロットされた言葉は，それぞれの段階に特徴的な言葉と解釈される．このこと
から，状況判断能力の低い児童は自分の技能発揮に集中すること，高い児童は味方と
の連係を模索することに認識の中心がおかれていることが示唆される．

　これを，RichardsonとHenninger（2008）の示す戦術的状況判断能（TDC）の4
段階のレベルと照合すれば，学習中の児童・生徒の認識の段階を4つに分けることが
可能となる．すなわち，レベル1は自分のことのみを念頭に判断している段階，レ
ベル2は自分と味方のことを考えている段階，レベル3はレベル2に加え相手チー
ムのことを考えている段階，レベル4はこれらのことに加え相手チームに勝利する
ことを考えている段階，である．

表18-9　群別にみた頻出上位10語とJaccard係数

下		中		上	
バス	0.154	シュート	0.175	バス	0.154
ボール	0.119	ノーマーク	0.140	ノーマーク	0.137
今日	0.045	人	0.112	思う	0.109
取る	0.038	ボール	0.100	相手	0.082
動く	0.035	試合	0.074	ディフェンス	0.081
練習	0.033	自分	0.070	チーム	0.063
入れる	0.032	決める	0.065	今日	0.062
頑張る	0.031	チーム	0.062	次	0.057
取れる	0.027	ディフェンス	0.062	味方の名前	0.052
キャッチ	0.026	ゴール前	0.058	たくさん	0.046

（中島友樹，後藤幸弘（2022）バスケットボールにおける状況判断力の
評価方法の検討－体育授業に適用できる評価方法を求めて－．第72回日
本体育・スポーツ・健康学会発表資料）

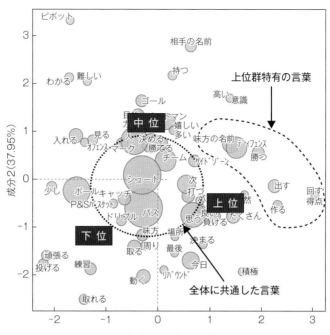

図18-14　各群に特徴的な言葉とその関係

（中島友樹，後藤幸弘（2022）バスケットボールにおける状況判断力の評価方法の検討－体育授業に適用できる評価方法を求めて－. 第72回日本体育・スポーツ・健康学会発表資料）

7．情意面の評価法

（1）よい授業への到達度調査

　子ども達が体育の授業にどんな思い（態度）を抱いているかを知るための方法として，小林（1978）が作成した態度測定による体育の授業診断の方法や高田（1977）のよい体育授業への到達度調査がある．よい体育授業への到達度調査を**表18-10**に示したが，オリジナルでは「はい」と「いいえ」だけを答えるものであったが著者らは，その理由も記述させるように改変している．

　それぞれ「はい」と答えた者の割合を計算するだけではなく，その理由の記述内容をカテゴリー分析すれば，子どものわかりやできるようになるプロセスを読み取ることができる．すなわち，形成的評価にも用いることができるし，次時の授業の重要な資料にすることもできる．

　この調査は簡単に実施でき，その結果を踏まえて自分の授業の計画を手直したり，言語力の育成にも利用できる．

（2）態度測定による授業診断法の開発

　授業に対する好意的反応を高めることが，授業の基底的条件であるとする立場に立って，態度測定による体育授業診断法が開発されてきた．この方法は，授業に対す

表18-10　よい体育授業への到達度調査

1. 精一杯，全力をつくして運動することができましたか.
　　は　い　→　特に，どんなことですか（　　　　　　　　　　　　　　　　　　　　　　）
　　いいえ　→　なぜですか（　　　　　　　　　　　　　　　　　　　　　　　　　　　　）
2. ワザや力を伸ばすことができましたか.
　　は　い　→　特に，どんなことですか（　　　　　　　　　　　　　　　　　　　　　　）
　　いいえ　→　なぜですか（　　　　　　　　　　　　　　　　　　　　　　　　　　　　）
3. 「アッ，ワカッタ！」とか「アッ，ソウカ」と思ったことがありましたか.
　　は　い　→　どんなことですか（　　　　　　　　　　　　　　　　　　　　　　　　　）
　　いいえ　→　なぜですか（　　　　　　　　　　　　　　　　　　　　　　　　　　　　）
4. 班（またはクラス）の人たちと，力を合わせて仲よく学習することができました.
　　は　い　→　特に，どんなことですか（　　　　　　　　　　　　　　　　　　　　　　）
　　いいえ　→　なぜですか（　　　　　　　　　　　　　　　　　　　　　　　　　　　　）

（高田典衛（1977）体育授業の方法. 136-140, 杏林書院より改変）

表18-11　体育の授業についての調査表（小学校高学年用）

氏名 [　　　　　　　　　　]

今までの体育の授業を思い出して，次の30の意見のそれぞれに対して，賛成なら○を，反対なら×を，どちらともいえないときは△を，マスの中に記入してください.

1. 体育の学習のあとは，気持ちがすっとする …………………………………………………… □　1
2. 体育は，はりつめた心やからだをほぐすことができる ……………………………………… □　2
3. 体育の授業がある日はたのしい ………………………………………………………………… □　3
4. 体育の学習では，たのしいことより苦しいことが多い ……………………………………… □　4
5. 体育でいろいろな人といっしょに活動することはとてもたのしい ………………………… □　5
6. 体育の学習で，仲良しの友だちをつくろことができる ……………………………………… □　6
7. 体育のときは，自分から進んで汗を流し，からだをきたえようという気持ちになる …… □　7
8. 体育では，先生に言われたとおり動くだけでなく，自分たちで考え，活動することができる … □　8
9. 体育は，国語，算数，理科などいろいろな学習の中でも，とくに大切なものの1つだ …… □　9
10. 体育の授業時間は少なすぎる …………………………………………………………………… □　10
11. 体育の学習はキビキビした動きのできるからだをつくる …………………………………… □　11
12. 体育の学習は体力づくりに役立つ ……………………………………………………………… □　12
13. 体育の学習で，ほがらかで活発な性格をつくろことができる ……………………………… □　13
14. 体育の学習で，ねばり強くがんばる態度が身につく ………………………………………… □　14
15. 体育の学習で，どんなときにも正々堂々とがんばる習慣が身につく ……………………… □　15
16. 体育の学習で，おたがいに助け合い協力し合う習慣が身につく …………………………… □　16
17. 体育の学習では，運動のやり方だけでなく，なぜそのようにするのがよいのかというわけを学ぶことが
　　できる …………………………………………………………………………………………… □　17
18. 体育の学習では，心がおどるほどうれしかったりたのしかったりすることがときどきある … □　18
19. 体育の学習は，中途はんぱでまとまりがない ………………………………………………… □　19
20. 体育の学習はその場限りのもので，いつまでも思い出に浸るようなことはない ………… □　20
21. 体育の学習で，とてもよいチームワークをつくり出したり，うまいチームプレーをしたりするのはむりだ …… □　21
22. 体育のときは，うまい人やわがままな人が勝手にする ……………………………………… □　22
23. 体育の学習のとき，体育をするよろこびを味わうことができろのは一部の人にすぎない … □　23
24. 体育の学習のときは，教室での勉強のときよりも，人のわがまま（自分勝手）がそのまま出る … □　24
25. 体育のときの仲間は，体育の時間だけの仲間である …………………………………………… □　25
26. 体育の学習は，なにも考えずに，先生にいわれたままにうごく人をつくりやすい ……… □　26
27. 先生が，ふだん体育についていわれていることと，じっさいの体育の学習のしかたはちがっている … □　27
28. 体育の学習は，なんの目的でやっているのかわからない …………………………………… □　28
29. 体育は，ほかのべんきょうにくらべ，先生がいなくても自分たちでできることが多い … □　29
30. 放課後に自由に運動できる時間や場所があれば，体育の時間はなくてもよい …………… □　30

（小林篤（1978）体育の授業研究. 171, 大修館書店）

図18-15　態度構造の経年的変化

カッコ内の数字は各因子の項目数を示す.
(梅野圭史, 中島誠, 後藤幸弘, 辻野昭（1997）小学校体育科における学習成果（態度得点）に及ぼす教師行動の影響. スポーツ教育学研究, 17（1）：15-27)

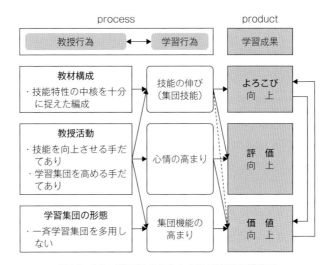

図18-16　態度得点を向上させる要因の構造図
(後藤幸弘, 野田昌宏, 中島友樹, 梅野圭史（2018）体育授業に対する愛好的態度を高める要因の構造化−小学校高学年授業の事例的分析から−. 兵庫大学論集, 23：95-107)

る一般的な子どもの態度（感じ方, 考え方, 行い方）を因子分析法により抽出し, それらを尺度として自らの授業を評価・改善しようとするもので, 小学校から大学生までのすべての学年について使用できる尺度とその診断基準が作成されている. 学習成果（プロダクト）を測定する診断的・総括的評価の1つである.

　表18-11は, 小学校高学年用の調査表である. これは, 体育授業に対する子どもの態度を測定するための尺度で, 体育授業でのよろこびの感情を測る「よろこび尺度」（項目番号1〜10）, 授業内容に対する評価を測る「評価尺度」（11〜20）, 体育授業に対する価値を測る「価値尺度」（21〜30）という3つの尺度からなっている. この調査表は, 学期（または単元）の始めと終わりに, 学級全員の子どもに回答してもらう. そして, 各項目点と態度スコアの学級平均値とその変化について診断し, 診断表（小林, 1978）に基づいて判定する.

　一般に, 体育授業に対する子どもの態度は, 図18-15に示したように加齢的によろこびから評価が生まれ, その後価値観が形成される傾向にあり, 感情的尺度であるよろこびの因子が態度の基底をなすものである.

図18-16は，態度得点の高い授業とそうでない授業の分析から態度得点を高める要因を構造的に示したものである．

プロセスにおいては，教材編成，教授活動，学習集団の形態の3要因が学習行為に強い影響を及ぼす．教材編成は技能の伸びに，教授活動は技能の伸び・心情の高まり・集団技能の高まりに，学習集団の形態は集団技能の高まりにそれぞれ作用する．こうした教授＝学習過程がプロダクトである態度得点を向上させる構造にあることを示している．すなわち，個人種目における技能の伸びはよろこびと評価を高め，集団種目において集団技能を高めることはよろこびと評価のみならず価値を高めることに作用することを点線で示している．また，心情の高まりは評価と価値を，集団機能の高まりは価値をそれぞれ高める．したがって，これらの関連構造を心にとめて授業に臨めば，体育授業に対する愛好度の高い学習者を育て得ることを示している．

8. 子どもの自己評価・相互評価

(1) 子どもの自己評価・相互評価についての指導・助言

子どもの行う自己評価や相互評価では，何についてみたらよいか，善し悪しをどのように判断したらよいか，それらの評価活動をいつ，どんな場で行ったらよいかを知らせる必要がある．何をみるかの問題は具体化されている学習のねらいや，活動の仕方についてであり，教師の工夫の一番のポイントは，善し悪しの判断の仕方に関しての助言や指導である．子どもが評価する場合には，子どもの使える（わかる）モノサシ（尺度）を準備する必要があり，この見方の根拠や尺度の意義についての指導が特に重要である（第5章の簡易スピード曲線記録法はその1例である，pp28-29参照）．

子ども達に自己評価や相互評価を行わせた場合，教師の行う評価との間にズレの生ずることがある．ズレの要因には，子どもの認識や考え方，学習したい課題や道筋などが教師のそれらとの間にギャップがあるために生ずる場合や，子どもの側に間違いがある場合と，教師の側に問題がある場合がある．いずれにしてもズレを生じさせた要因の吟味とその対応について留意する必要がある．

(2) ルーブリック評価

ルーブリック（rublic）とは，レベルの目安を数段階に分けて記述して，達成度を判断する基準を示すものである．学習結果のパフォーマンスレベルの目安を数段階に分けて記述して，学習の達成度を判断する基準を示す教育評価法として用いられている．これまでの評価法は客観テストによるものが主流を占めていたが，知識・理解はそれで判断できたとしても，パフォーマンス系（思考・判断，スキルなど）の評価は難しい．ポートフォリオ評価などでルーブリックを用いてあらかじめ評価軸を示しておき，何が評価されることがらなのかについての情報を共有するねらいもある．

学習指導要領で求められるまでもなく，体育においても言語能力や発表の能力は養

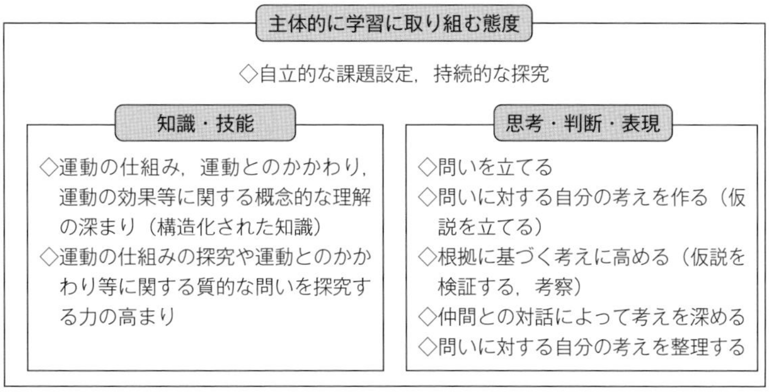

図18-17 資質・能力（見方・考え方）の評価
（野津一浩（2023）見方・考え方を鍛える体育の授業づくり−学習評価の視点から体育
授業を見つめ直す−. 体育科教育, 71（2）：61-69）

わなければならない．ここでは，5段階評価の「劣っている（1）」「よい（3）」「優れ
ている（5）」についてルーブリックの観点を示しておく．

- ・劣っている（1）：①疑問やその重要性を述べずに発表している，②トピックス
  は不明瞭で適切な結論も述べられない，③話し方はわかりにくい，④準備した様
  子はなく，組織立ってもいない，⑤最も基本的な答えしかないか，答えない
- ・よい（3）：①探求した疑問と結論を述べるがレベル（5）ほど説得力のあるもの
  ではない，②話し方や文章の構成はほぼ正しい，③準備したり組織立てたりした
  という証拠がいくつかみられる，④視覚的な補助資料についての言及がある，⑤
  質問に答える
- ・優れている（5）：①探求した疑問を明確に述べ，その重要性の確かな理由を提
  示している，②結論を支持する特定の情報が示されている，③話し方が人を引き
  つけ，アイ・コンタクトがなされている，④熱心に取り組んだ強い証拠がみられ
  る，⑤視覚的な補助資料が，発表に効果的に用いられている，⑥質問に，適切な
  情報で明瞭に答える

9．これからの学習評価に向けて−学習指導要領における評価の観点−

　これまでの運動種目を主体とした体育授業では，運動を上手くできるようにするこ
とが目的の中心に置かれ，運動を上手くするための学習活動を展開するなかに，評価
の4つの観点を対応させてきた．たとえば，関心・意欲・態度として練習に繰り返
し粘り強く取り組むことができる，思考・判断・表現として上手くなるための練習方
法を工夫できる，技能として運動が上手くできるようになる，前よりも上達する．知
識・理解として運動の行い方や上手くなるためのコツがわかる，のようにである．

　観点別学習状況の評価は，教育目標や内容の再整理を踏まえて4観点から3観点
に整理されたものであるため，教科の学びの目的がこれまでのものからどのように捉

え直されているのかということに目をむけることによって，評価の観点の意味を捉えていくことが重要である（図18-17）．評価論は目標論を規定するものといわれることからも，評価について検討することは，子ども達にどのような資質・能力を身に付けさせていくのかを検討することである．

📖 参考文献

・東洋，梅本暁夫，芝祐順，梶田叡一（1988）現代教育評価事典．金子書房．
・後藤幸弘, 小俵主也（1987）サッカー技術の指導に関する基礎的研究（I）-スイングスピードとボールスピードを指標としたインステップキックの筋電図的分析-．スポーツ教育学研究，7：41-52．
・後藤幸弘（2005）アプローチショットの正確性に関する研究-アプローチ距離とボール落下点の目標との偏倚の関係から-．ゴルフの科学，17：1-8．
・後藤幸弘（2009a）保健体育科の教育内容の精選と絶対評価基準の作成-球技と陸上競技を対象に-．平成19・20年度科学研究費補助金（基盤研究（C））研究成果報告書．
・後藤幸弘（2009b）技能の評価と指導の一体化を目指して-教育内容の明確な授業のために-．体育科教育学研究，20（1）：15-26．
・後藤幸弘, 芹沢博一, 下田新（2009）普遍的価値（技能的・機能的特性）を拠り所にした絶対評価基準設定の試み-中学生男子のバスケットボールを対象として-．日本教科教育学会誌，32（2）：21-30．
・後藤幸弘, 望月康一, 日高正博, 越智祐光（2010）インステップキック技術の「正確性評価法」作成の試み．兵庫教育大学研究紀要，36：143-151．
・後藤幸弘, 上原禎弘編著（2012）内容学と架橋する保健体育科教育論．晃洋書房．
・後藤幸弘, 野田昌宏, 中島友樹, 梅野圭史（2018）体育授業に対する愛好的態度を高める要因の構造化-小学校高学年授業の事例的分析から-．兵庫大学論集，23：95-107．
・後藤幸弘, 藤井隆志（2023）マット運動の「技」の評価基準作成の試み．学校教育学研究，36：1-12．
・小林篤（1978）体育の授業研究．170-223，大修館書店．
・文部科学省（2016）幼稚園，小学校，中学校，高等学校及び特別支援学校の学習指導要領等の改善及び必要な方策等について（答申）平成28年12月21日．中央教育審議会．
・文部科学省（2020）「指導と評価の一体化」のための学習評価に関する参考資料【小学校体育】【中学校体育】．国立教育政策研究所教育課程研究センター，東洋館出版社．
・長井功, 後藤幸弘（2002）小学校4年生から中学3年生の学習成果の学年差から見たバレーボール学習開始の適時期について．大阪体育学研究，40：1-15．
・長井功, 後藤幸弘（2003）小学6年と中学1年から学習した生徒の縦断的成果の比較からみたバレーボール学習開始の適時期．大阪体育学研究，41：7-17．
・中島友樹, 後藤幸弘（2012）判断力の評価について，308-310．後藤幸弘, 上原禎弘編著，内容学と架橋する保健体育科教育論．晃洋書房．
・中島友樹, 後藤幸弘（2020）状況判断能力の違いからみた子供の表象の特徴-学習カードへの記述を手がかりにして-．日本教科教育学会第46回全国大会発表資料．
・中島友樹, 後藤幸弘（2022）バスケットボールにおける状況判断力の評価方法の検討-体育授業に適用できる評価方法を求めて-．第72回日本体育・スポーツ・健康学会発表資料．

・日本体育学会監修（2006）最新スポーツ科学事典．平凡社．

・野津一浩（2023）見方・考え方を鍛える体育の授業づくり−学習評価の視点から体育授業を見つめ直す−．体育科教育，71（2）：61-69．

・Richardson KP, Henninger ML（2008）A model for developing and assessing tactical decision-making competency in game play. Journal of Physical Education, Recreation & Dance, 79（3）：1-58.

・佐々敬政，芹澤博一，後藤幸弘（2020）学校教育における評価変遷を概観する−保健体育科にも着目して−．教育実践学論集，20：265-276．

・鈴木宰，梅野圭史，辻野昭（1985）ALT-PEシステムを用いた体育科の授業分析に関する研究．スポーツ教育学研究，4（2）：59-70．

・高田典衛（1977）体育授業の方法．136-140，杏林書院．

・高橋健夫，岡沢祥訓，大友智（1989）体育のALT観察法の有効性に関する検討−小学校の体育授業分析を通して−．体育学研究，34（1）：31-43．

・高橋健夫，岡沢祥訓，中井隆司，芳本真（1991）体育授業における教師行動に関する研究−教師行動の構造と児童の授業評価との関係−．体育学研究，36：193-208．

・梅野圭史，中島誠，後藤幸弘，辻野昭（1997）小学校体育科における学習成果（態度得点）に及ぼす教師行動の影響．スポーツ教育学研究，17（1）：15-27．

[後藤幸弘・中島友樹・佐々敬政・野津一浩]

第19章

教育実習と学習指導計画

1. 教育実習

（1）教育実習の目的

　教育実習は，学校現場における実践と大学における研究の往還を通して，教師としての実践的指導力を育成することを目的としている．教育実習の具体的な目的には，大学で学んだ知識や技能を実際の教育現場で活用することを通して教師としての基本的な実践力を習得する，子どもとの触れ合いを通して子ども理解を深める，学習指導だけでなく日常的な学校業務の実際に携わり教師の職務について理解を深める，等があげられる．

　これらを通して，大学で学んだことを学校現場で実践し，その経験について大学で省察し，新たな課題を見つけ教育現場で実践していく営みである．

（2）教育実習の実習計画と実習内容

　とはいえ，学校教育実習（第1・2免許実習）のみにおいて上述の目的を達成することは不可能であるため，それ以前における学校現場での体験や実習を通して基礎的な力を培うことが計画されている．

　表19-1は，鹿児島大学教育学部における，学校教育実習（第1・2免許実習）とそれにつながる各種実習の例を示したものである．

　大学における事前指導では，教育実習の目的と意義，実習内容・方法などについて講述し，実習生の諸活動のあり方，参加の心構えや態度について指導する．また，実習校でも事前講話を受ける．特に生徒のプライバシー保護とその対応について十分に指導する．

　実際に教育実習が始まると，観察実習は教育実習期間を通して実施される．教師と子どもの言動と特性，授業環境や授業展開の要点，学級経営や生活指導などについてできるだけ正確に観察し，理解することをめざす．参加実習では，指導教師の補助者として子どもに直接的に接触し，教育活動への主体的な理解，実践的な認識を深める．学級活動・学級経営実習では，健康観察，朝の会・終わりの会，給食指導，清掃指導などの場面において，指導教師の指導・監督の下，自ら主体的に学級づくりに取り組み，学校教育全般について深い理解を得ることをめざす．学習指導実習は，教育実習の最も中心的な実習課題である．この実習のポイントとしては，単元目標・本時目標

表19-1　学校教育実習とそれに繋がる各種実習の例

学校現場での教育実習	目　的
1年次：学校体験実習（4日） ・学校教育活動へ参加	教師に求められる心構えを考える 学校の果たしている社会的役割を知る 児童・生徒とのかかわり方を考える
2年次：参加観察実習（5日） ・授業を中心に参観	授業における児童・生徒の学びをみる力を鍛える 授業づくりの基本を学ぶ 条件に応じて教育を実現するための発想を育む
3年次：学校教育実習 （第1免許実習） ・授業の実施と省察	教科・領域の本質をつかみ，授業を計画・実施・評価する 授業をデザインする力と，授業中の即興的判断の力を鍛える 自分の教育実践を省察することを経験する
4年次：学校教育実習 （第2免許実習） ・授業の実施と省察	教科・領域の本質をつかみ，授業を計画・実施・評価する 第1免許とは異なる校種，専門による違いを理解する 専門をこえ，教育実践を省察することを経験する

（鹿児島大学教育学部（2023）をもとに作表）

表19-2　教育実習の実習計画とその内容

実習計画	内　容
事前指導	大学におけるオリエンテーション，事前指導 実習校におけるオリエンテーション
第1期：観察 実習の予備的理解と観察	実習校における学校・学年・学級の特性についての理解 配属学級や指定学級，指定教科指導の参観 実習計画に基づく担当児童・生徒および教科の確認 児童・生徒の観察 地域の実情の把握
第2期：指導・授業 教育活動への参加と研究	教科指導の実践 道徳・特別活動の指導の実践 実習生による授業公開 教材の自作，教育機器の利用研究 総合的な学習の時間の指導の実践 上記以外の学級活動・学級経営への参加と研究
第3期：授業・評価 教育活動の拡充と発展	公開授業と研究授業 学習評価の実地研究 教師の研修活動についての研究と自己の研究課題の発見
事後指導	各種記録の提出とまとめ 大学における事後指導

（鹿児島大学教育学部（2023）をもとに作表）

の理解，子どもの既習内容の理解，教材研究・教材づくり，授業展開の構想づくり，授業シミュレーション，学習指導案の作成，板書計画・ワークシート・提示資料等の準備，実験材料，参考資料等の準備の8つがあげられる．事後指導では実習記録等をまとめ，実習期間の出来事を振り返りながら，自己反省をもとに次への自己の研修課題を発見することが重要になる．

　表19-2は，一般的な教育実習の実習計画とその内容をまとめたものである．

（3）学習指導実習

1）教材研究

　教材研究は，「何を」「どのように教えるのか」ということの研究であるから，目標に基づいて内容を具体化するため，授業の成果を決定する要因になる．体育科の授業では，運動は目標を達成する活動そのものであることから，目標との関連から運動の特性を捉えることが重要で，次の3つが考えられる．1つ目は効果的特性で，運動の身体的発達に対する効果に着目するものである．2つ目は技術構造的特性で，運動の技術的な仕組みに着目するものである．3つ目は機能的特性で，運動の欲求や必要を充足する機能に着目するものである．

　すなわち，授業を設計する場合，目標に即してどの特性を重視して運動を行わせるかについて吟味するとともに，いくつかの特性を組み合わせて，児童・生徒がより運動の意味や価値を実感できるように工夫していく必要がある．

2．指導計画の作成

（1）指導計画の種類

　指導計画は，体育の目標と内容を実際の授業に効果的につなぐという機能を果たすものである．また，その役割や性格，時間条件によって，年間計画，単元計画，単位時間計画（指導案，本時案）などに区分することができる．

1）年間計画

　年間計画は，1年間の学習指導をどのように進めるのかの見通しである．すなわち，目標達成するために，どのような内容を，どのようなまとまり（単元）として，いつ，どのように指導するかを明らかにしたものである．年間計画は，ややもすると単なる「年間の予定表」として，教材（内容）を年間に配当した概略的な計画ととられがちである．しかし，子どもや地域の実態，さらには，教師，施設・用具，視聴覚機器など学校の諸条件を学習指導に最大限に活かしていくための総合的な計画であり，授業を効果的に進めるための基本計画としてきわめて重要なものである．したがって，年間計画作成には，目標との関連を明確にし年間の見通しと関連づける，各学年の単元配列をわかりやすく示す，教師・施設・用具・視聴覚機器の条件にも十分かつ柔軟に対応できる，学校全体の体育に関する指導の全体計画との関連を適切にとれる，といった力が必要となる．

2）単元計画

　単元は，一定の活動として子どもが習得する内容または経験のまとまりとして捉えられる．これは，学習の内容を断片的ではなく，有機的なまとまりを持ったものとして組織・構成し，学習させようとする立場から生まれた考え方である．すなわち，単元計画は年間に配列された一つひとつの単元（教育内容）を授業としてどのように展開していくのかの見通しを立てたものであり，毎時間の学習指導に結び付ける展開計

画としての役割を担うものである．したがって，単元計画作成には，時間毎の展開だけでなく単元の学習指導に対する基本的な考え方や見通しを示す，各時の授業評価の観点を提示する，といった力が必要となる．

3）単位時間計画

単位時間計画は，指導計画のなかで最も具体的な計画で，指導案，本時案，時案と呼ばれ，1時間の授業をどのように展開するのかの見通しを示したものである．したがって，単位時間計画作成には，授業の目標，学習指導過程，評価の観点と方法などを記述する力が必要となる．

4）単位時間計画（指導案）作成の留意点

- ・指導案に盛り込む内容や形式は自分の考えによればよいが，自分にも他の人にも理解しやすいように書く．なるべく具体的に，明確に文章化することである．その際，自分が授業展開について考えていること，困っていること，願っていることなどを率直に丁寧に書き込むことが授業力を高める上で重要である．
- ・この教材（授業）を通して，自分は子どもにどのような変化を起こさせようと願っているのかを明らかにすること．また，なぜこの教材を選択したのか，このように構成したのか，その内容についてどう考えているのか，それらを項目立てて整理することが大切である．
- ・子どもの活動の量と質を高めるためのストラテジー（方略）を明確に示しておく．
- ・授業展開の予想において，子どもの追求すべき事実や課題に対する反応や，子どもどうしの交流や響きあいを示しておく．「予想される児童の意識」の流れである．また教師が一人ひとりの子どもを思い浮かべて指導案を作成するなかで，個人の名前を書きこむことは大まかな見方から脱却でき子どもの状態把握が真剣になり，授業中子ども一人ひとりに目を向けるようになる，という効果が生じる．

5）教育機器の活用法

体育授業で視聴覚機器を用いる意味は，学習者に運動のイメージを明確にもたせたり（モニタリング），その運動についての技術ポイントを理解させたりするところにある．また，学習者に学習成果をフィードバックしていく機能を有している．さらに，その運動への興味や関心を呼び起こし，学習の動機づけを与える意味も持つ．

📖 参考文献

- ・兵庫教育大学学校教育学部「教育実習の手引き」
- ・鹿児島大学教育学部（2023）「教育実習の手引き」令和5年度版．
- ・文部部科学省（2018）高等学校指導要領解説 保健体育編．

[中島友樹・後藤幸弘]

おわりに

　序文でも述べたように，体育科の主要な目標は的確な判断に基づく行動力の育成にあると考えている．換言すれば，子どもは，「どこで・いつ・どのくらいの力で・どのように」身体を動かせばよいのかという技術，身体にかかわる知識，人とかかわる知識，スポーツの技術やそれにかかわる知識等，多様な身体運動文化に関する知識をよりよく生きていくための知恵・技能として身につけ，生涯にわたって身体運動文化を享受できるスポーツ観豊かな人間に育って欲しいと思っている．このような人間を育成するためのテキストとして本書を作成した．

　最後に物事を論理的に考えるための5つの手続きと図の作り方を示すとともに，後藤が推奨する8つのスポーツ（運動）を紹介し，本書のまとめに変えたい．

（1）論理的思考のための5つの手続き

1）具体←→抽象を行き来する（言い換える）
2）規準（観点）と基準（レベル）（比べる，比較，対比関係）
　　※規準と基準を変えると話が変わる
3）概念を変える（視点を変える）
　　見方を変えることで，男女差を個人差と言い換える例である．
4）話を5つ続ける（なぞる，筋を通す）
5）図に表す（構造図）（要素とその関連を明らかにする）
　　水は，水素二分子と酸素一分子でできている（H_2O）．しかし，要素は同じであるがH_2O_2となれば過酸化水素水（オキシドール）になる．また，構造図の書き方によって哲学を表すこともできる．

　また，図の作り方も円だけで6つの概念を表せるし（図1），さらに，矢印（対立，連続性，双方向性，場面の展開，収束）を組み合わせれば，すべて構造図化ができる．

（2）義務教育段階終了までに経験させておきたい8つの運動

　私論ではあるが，義務教育段階終了までに経験させておきたい8つの運動を以下に示す．

1）ダンス：人類のコミュニケーションの原点
　　音楽に合わせ踊るのは人間らしさの原点である．言語獲得にも深くかかわり，あらゆる文化の出発点でもある．
2）サッカー（よい意味での分業を学ばせ得る）
　　ポジションの自由度が高いので役割先取機能，役割付与機能を学ばせ得る．
3）バドミントン（サーブレシーブの難易度が低い）（技の多様性）
4）ゴルフ（スナックゴルフ）（完全自己責任型ゲーム）

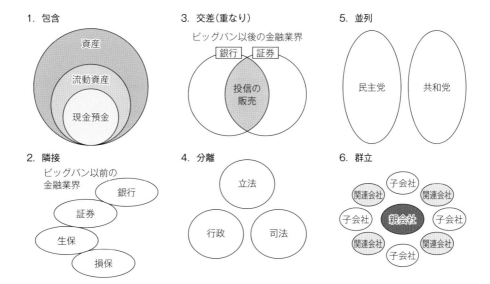

図1　円を用いた構造図作りの例
（久恒啓一（2002）図で考える人の図解表現の技術−思考力と発想力を鍛える20講−. 27, 日本経済新聞出版）

　　道具を多く使うので年齢に関係なくできる．ハンディキャップ性の確立（勝利
　の未確定性の工夫）．自然を対象とする．

5）水泳（持ち歩ける浮き輪）：マリンスポーツを楽しめる基底．

6）コンディショニングエクササイズ：身体を整える．

7）相撲（身体接触がある．日本文化を学べる）

8）ドラゴンボート（チーム完全一体型のスポーツ）

📖 **参考文献**

・久恒啓一（2002）図で考える人の図解表現の技術−思考力と発想力を鍛える20講−. 日本
　経済新聞出版.

［後藤幸弘］

編著者

後藤 幸弘（ごとう　ゆきひろ）

　　1946 年生まれ．大阪教育大学保健体育科卒業，大阪教育大学教育専攻科修了

　　現在，兵庫教育大学大学院名誉教授．（医学博士）．

　　　　兵庫教育大学大学院連合学校教育学研究科 D マル合教授

　　　　大阪体育学会顧問

　　　　元大阪体育学会会長

　　　　元日本体育・スポーツ・健康学会常務理事，

　　　　元日本スポーツ教育学会副会長

　　　　元日本体育科教育学会副会長

著　者

佐々 敬政（さっさ　たかまさ）

　　1974 年生まれ．三重大学教育学部卒業，兵庫教育大学大学院修士課程修了

　　現在，宮崎大学准教授，修士（教育学）．前兵庫教育大学附属小学校教諭．

田中 譲（たなか　ゆずる）

　　1951 年生まれ．大阪教育大学保健体育科卒業，大阪教育大学大学院修士課程修了

　　現在，大阪産業大学教授．博士（学校教育学）．前大阪教育大学附属天王寺高校教諭

筒井 茂喜（つつい　しげき）

　　1962 年生まれ．滋賀大学教育学部卒業，兵庫教育大学大学院修士課程修了，兵庫教育大学連合大学院博士課程修了

　　現在，兵庫教育大学大学院教授（D マル合教授）．博士（学校教育学）．前明石市立林小学校教諭

中島 友樹（なかしま　ともき）

　　1976 年生まれ．兵庫教育大学卒業，兵庫教育大学大学院修士課程修了

　　現在，鹿児島大学講師．修士（教育学）．前西宮市立甲陽園小学校教諭

野津 一浩（のづ　かずひろ）

　　1972 年生まれ．岐阜大学教育学部卒業，兵庫教育大学大学院修士課程修了，兵庫教育大学連合大学院博士課程単位取得修了．現在，静岡大学准教授．修士（教育学）．前北町町立北町小学校教諭

日高 正博（ひだか　まさひろ）

　　1964 年生まれ．宮﨑大学教育学部卒業，兵庫教育大学大学院修士課程修了，兵庫教育大学連合大学院博士課程修了．

　　現在，宮崎大学教授．博士（学校教育学），前長崎大学教育学部准教授

2024年6月1日　第1版第1刷発行

内容学と架橋する普遍的保健体育科教育論
定価(本体2,700円＋税)　　　　　　　　　　　　　　　　　　検印省略

編著者	後藤　幸弘
発行者	太田　康平
発行所	株式会社　杏林書院

〒113-0034　東京都文京区湯島4-2-1
Tel　03-3811-4887(代)
Fax　03-3811-9148

© Y. Goto

http://www.kyorin-shoin.co.jp

ISBN 978-4-7644-1600-1　C3037　　　　　　　印刷・製本：三報社印刷
Printed in Japan